岩崎敏夫著作集

東北民間信仰の研究　上

名著出版

籠　り　屋—福島金沢の羽山籠り—

木戸の注連張り—福島金沢の羽山籠り—

まいりのほとけ—平野　昌所蔵—

銅板巡礼札—天文 4 年，中尊寺蔵—

巡 礼 板 札—天正 14 年，中尊寺蔵—

猿 曳 馬—山形市日枝神社—

曳　　馬—石巻市零羊崎神社—

神楽面掲額—福島県川内村—

双 鷹 貼 額—いわき市飯野八幡神社—

南　部　駒―青森県七戸市―

日吉神社の浜下りに潮水をくんで神輿に捧げる―福島県鹿島町，昭和 43 年―

はしがき

私は代々福島県相馬の修験本寺の家に生まれ、父祖の影響もあるとみえ、また好きな道でもあったので国学院大学に入り国語漢文を学んだ。卒業後昭和十年から縁あって柳田国男先生について民俗学を勉強することができた。もちろん学校でではなく先生の著書により、まれには手紙で質問し、もしくは上京の節などに指導を受けるだけであったが、それが先生の亡くなる昭和三十七年まで続いた。

その間福島県下の磐城女子・相馬・相馬女子の各高校で教鞭をとっているうち、二年ほど母校国学院大の講師をつとめたが、昭和四十一年、東北学院大学の小田忠夫学長、文学部史学科主任の古田良一教授から話があって、史学科にはじめて民俗学の教科が設けられ、講義を担当することになった。東北地方の大学でははじめての試みであった。

私も本気になって柳田国男のはじめた民俗学をできるだけ忠実に祖述することに目標をおいて講義を続けているうちに、民俗学で卒業論文を書く学生も年を追うて増加し、同時に私もいつか古稀といわれる年齢に達した。高校や大学の卒業生から祝詞を受けているうち、著作集出版の話が持ち上がり、私もまだまだ元気なところを見せる必要もあって、それに応えることにしたわけである。

最初五、六巻を予定、その中の一冊に学位論文のもとになった既刊の『本邦小祠の研究』を入れることになり、複刻出版してくれた株式会社名著出版に諒解を求めたところ、それよりも名著で出したらということに話が変り、結局のところ出したばかりの『本邦小祠』の方はこの際は見合わせて、新しいものも加えて『東北民間信仰の研究』としてまとめることになり、さしあたり今度の上・下二巻になったのである。

この本について言ってみたいことの一つは、将来、東北地方の民間信仰に一つの体系らしいものを与えてみたいと考えたこと、そのために、これまで雑誌などに発表した論考の幾つかを収録したことである。もう一つは、指導した卒業論文の中からも問題になりそうな点を新しく取り上げて、どういう研究課題が東北では考えられているか、また考えられなければならないか、というういわば問題提起についての提案である。且つ上巻では岩本由輝君が私の人となりを書いてくれたり、桜井徳太郎氏が下巻に解説を書いて下さることになっていたりして、面はゆいやらありがたいやらで一杯である。この本の出版は、先輩・同僚はもちろん多くの卒業生の協力でできたことに感謝し、今後も幸いに健康が許すならば続刊を期して、民間信仰のみならず東北の民俗のいよいよ明らかになる日を念願してやまないものである。

昭和五十七年七月

岩崎敏夫

目　次

第四篇　中世の庶民信仰

第五篇　民間信仰の種々相

目　次

第一篇　東北民間信仰の特質

東北民間信仰の特質

東北地方の民間信仰の特質となれば、まず東北という地域を問題にしなければならないわけであるが、東北に限ってという問題はあまり無くても、東北なるが故に他の土地と比して特色があるという点はかなり見られる。それで特質の意味も少しひろげて、実際に集まっている資料によって特色のいくつかを挙げてみたい。且つ民間信仰の特色らしいものは祭や年中行事の中に残っていることが多い。

一　稲作中心の観念

東北地方は一体に気候が寒く、本来暖国型の稲の栽培には予想外の苦心をはらい、古い時代ほど、神の力に頼らなければならなかった涙ぐましい努力のあとがまざまざと見られる。これというのも縄文の狩猟時代から弥生時代の稲作文化に移った時、従来の肉食中心の生活を惜しげもなくやめて、山を下って水辺に就き、米の生活に魅せられたからである。

これはおそらく日本人にとって、もともと肉食よりも植物性の食物の方が嗜好に合い、これに魚貝のような動物性のものがあれば充分だったのだろうと思われる。

そのため肉に代ってたちまち主食になった米は、南の暖かな地方ではよいとして、冷害の多い東北地方では当然出来が悪いのに、それを充分承知の上で、うまい米を食べたさに無理をしながら稲作に全力を傾けてきたのである。こうして人々の日常の生活は稲作中心型となり、天候と水に一喜一憂する、神頼みの生活が長く続いたのである。農業技術のめざましい向上などはついつい近年のことである。

暦のろくに無かった時代は、山に消え残る雪型を見たり、田植桜の開花の模様で農耕の時期を知った。岩手山は「種まきおんじ」、秋田駒ヶ岳は「苗取り爺」、その前に「代かき馬」が出た。磐梯山も「虚無僧」になったり「蛇」になったりで、雪の消え方で気候のうつり変りがわかった。会津伊佐須美神社の薄墨桜のように、諸所に「種蒔き桜」があった。岩手山麓では、種籾の蒔き終りを知る種蒔き桜とは辛夷（こぶし）のことであった。この辛夷も農作と関係づけて考えられる大切な花で、「作見こぶし」といい、この花のたくさん咲いた年は作柄がよいという。福島県相馬の飯舘には「作見の井戸」があり、立春の朝、井戸の底をのぞいてみて水の多い時はその年作がよいとする。この類の自然現象によって作柄を知る方法ははなはだ多い。

後でも言うが、祖霊神なる作神のすむ高山にも稲作信仰を示すものがあり、例えば鳥海山には山頂に近く「お田」と称する草原があり、岩手山には「お苗代」があり、飯豊山には「いなご原」があり、月山にも似た信仰がある。岩手山などは山そのものを「田の神様」と呼んでいる人もあった。

苗と狐の伝説は東北にも多い。天竺から稲籾を盗んできたお稲荷様(狐)が、それを日本に持って来て植え、土をかぶせてここには何も「無い無い」と言いふらしておいた。そこへ稲の芽が出たので苗と言うようになったという話である。

福島県磐城地方では近年まで、苗代の種蒔きがすむと、苗代の中央に「苗見竹」を刺して田の神の依代とし、入り水口には牛王の札を立て季節の花を飾り焼米を備えたものだ。宮城県升沢の船形山神社のように神社に上げたボンデンを頂いて帰り、少しずつ分けて家々の田圃に立てる風もひろい。岩手山で参詣の折、這い松の枝をとってきて田畑に立てて虫よけとするのと似ている。

田植は田の神の祭であったから、どこでも心をこめて行われた。もともと田の神を祭る主役は女性で「さおとめ」と呼ばれ、今は全く残っていないが、おそらく昔は、何日か山ごもりをして潔斎をし、サツキのような山の花をかざしながら山を下り、田に下り立ったものに相違ない。それは四月八日前後であったはずである。磐城地方では今でも神々の浜下りの非常に大切な日で、人々は近年まで「田の神迎え」と称して山から花を採ってきて軒にかざす風があった。福島県双葉郡辺では、今でも浜下りなさる神輿を花で葺く風が見られるのは、明らかに仏教以前からの花祭の名残である。

苗取りや苗運びは男でもよいが、田植は女でなければならなかったとはよく聞くことであり、その田植には一番先に田の中央にニワトコや楢の枝を立てて田の神の依代とし、そこから植えはじめることになっていた(いわき市・福島県田村地方)。早乙女たちが、神のみことのまにまに田植をした様は、鎌倉時代の書写という会津恵日寺の「田植歌」によく残っている。神は磐梯明神であった。

田植に際して田の神の降臨を願うことをサオリと言い、田植がすんで田の神を饗応し天に帰ってもらうことをサノボリというのだと言っている。サノボリはサナブリとなって各地に広いが、サオリは宮城県辺でも聞かれる言葉である。しかし別の説もある。

田植神事や田植祭が多いといっても、ほんとうに田に下り立って田植をする祭は大体福島県止まりで、北の東北地方の大部分は稲作田植の模擬、単なる祈願神事になっているのは、これも寒い土地柄を示すものである。つまり南から北上してきた関西型の田植様式が、気候の関係で限界の福島県で一旦止まった時代があり、当時の田植の様式が会津高田の伊佐須美神社のお田植神事として固定したもののように考えられる。当社の「昼田植」は、伊勢の朝田植、熱田の夕田植とともに三田植といわれる所以も、関西型の田植様式の北限を示すもののように思われる。近くの会津慶徳の稲荷神社の田植も、実際に田に稲苗を植える祭で、高田と同じく行列には田植人形が出る。この人形も依代の変化したものであろう。高田のには催馬楽もついていた。

福島県棚倉八槻の都々古別神社の田植の神事は、旧暦一月に行われる予祝行事で、社人によって演ぜられる狂言風な「田遊び」であり、演目は、せき検分、めばらい、田うない触れ、田うない、水取り、代かき、くろぬり、あしおとめ、お種祈禱、種まき、鳥追い、田植触れ、田植、水口祭、昼食となっている。

同県岩代町広瀬熊野神社のお田植は一月六日で、寄せ刈り、堰払い、田うない、はねくわ、代かき、苗代しめ、種まき、田植、稲刈りとなっていて、用具の鍬などは四角の餅をぬるでの木の長い太枝の先に刺したものである。とくに種まきはこの祭の中心をなす作占いで、灯を消した暗闇の本殿の中で、目かくしをした神官が、大拍子の上に呪詞を唱えながら米をまき、後で松明に火を点して、米のまかれ具合によって作柄を占うものである。

福島市金沢の羽山ごもりは別に詳しく例にあげる通りである。

宮城県古川市米倉の鹿島神社の祭は、秋の収穫の新嘗の典型的なもので、中世以来佐々木同族によってはじめられたものが、次第に地縁的になった中にも頭屋風な形態も見られるものである。

祭の中心は献膳行事で、九月九日に行われている。献膳はみな熟饌とし、直ぐ神が召上れるようにつくるという。調理に無くてならないものは雌雉子、あわび、鰹、大根であり、これに汁と高盛りの飯をつけ、柳の箸を添える。別に拝殿には穂付きの稲束を初穂として両柱にむすびつけてある。

祭典儀式の次第は、巻簾の儀、献膳の儀、陪膳箸付の儀、俵振りの儀、堂実献の儀、神酒拝頂飲の儀、喜歌振舞の儀、鬼祓の儀など、今は意味が忘れられてしまったものもあるが、よく見ると新穀を神に捧げて神人共食のよろこびを尽くし、稲俵にこもる稲魂を目覚めさせて顕現せしめ、稲魂を囃して来年の豊穣を約束する整った新嘗の祭であった。

田植などの農耕神事がそのままの姿で神社に保存されている一方、芸能化・風流化されて華やかな踊りになってゆく過程も、福島県などではよく判る例を見る。上に述べた伊佐須美神社の祭で、神田の田植をしている側で、催馬楽が歌われ、佐布川部落の華やかな田植踊がくりひろげられているようなものである。都々古別のお田植は祈願神事であり、金沢羽山の田遊びも芸能以前であり、御宝殿熊野の田楽は芸能化の進んだものである。

二　祖霊観と祖霊

霊魂の不滅

人が死ねばその霊魂は肉体を離れていずれかへ去るものと考えられ、残された肉体は霊無きカラとなってしまう。ここに魂呼ばいが起こる。すなわち霊魂を呼びもどして止めようとする手続きで、可能ならば蘇生させ、不可能ならば死をたしかめ確実なものとして、死と断絶させる忌みけがれの問題にうつるためである。

魂呼ばいの方法は、屋棟に上って死者の名を呼んだり、枡の底を掻いたり、井戸の底に向って呼んだりその他いろいろ見られるが、恐山の辺で屋根に上って恐山に向って死者を呼ぶのは、死ねばその方へ行くと信ぜられている魂を呼びもどすためといっている。また肉体を離れた魂は、四十九日の間は屋根や屋敷のイグネの辺から離れないともいっている。

多くの人の考えている魂の形はまるいものだという。赤い火の玉の飛ぶのは私も二度ほど見たが、人魂ならば青いという。死者が別れのために青い火の玉となって現われた話はよく聞くところである。

いわゆる両墓制も霊魂遊離に伴うもので、肉体を埋めた埋め墓の方は死穢を恐れて近づかず、別に参り墓を立てて遊離した浄い魂の方を祀り、こちらには石碑も立て長く祖先の祭を絶やさないようにしている。福島県の海岸地方にも埋葬地と石碑を立てる祭場とが別々になっているところがある。山の方にも海岸にも見られる。ホトケッパとトウバヅカであり、ホトケッパの方は死穢につながる恐ろしい所でむしろ早く忘れようとし、トウバヅカの方は浄い霊をまつる所で、石碑も立て長く祭祀を絶やすまいとする。前者は村境などの淋しい所が多く、後者は高い見晴らしのよい所が多いのは、後述のように霊魂が山に住むという観念につながっているからである。

肉体から遊離した霊魂の行く先は、天上、地下、山、海、西方極楽浄土などいろいろに考えられるが、霊の住む国と人の住むこの世との境を「塞の河原」ということに注意したい。『古事記』に出てくる仏教以前の古いヨミノクニや、境に居るサヤリマス神についても考えてみたい。

縄文時代の貝塚についてもまた、埋葬に伴う霊魂の問題を解明するよい手がかりとなるもので、考古学以外民俗学の立場からもよく見直してみたいものである。貝塚は単なる塵捨場などでは決してない。

祖霊山に住む

肉体を離れた霊魂が諸所に行くと考えられる中で、とくに山に行って住み、そこから子孫を守っていてくれるという考えが東北地方の山々に多く見られる。

その山は村の周囲の端山（はやま）であり、森の山であり、所によっては国見山である。神と仏の区別はあまり考えられていないが、漠然といえば死んだばかりのケガレの多い霊魂は森の山に行き、ケガレの少なくなった清い霊は神となって端山に住む。国見山も国つ神になった霊が山上から麓の子孫を見守る姿と思われる。

端山の神は祖霊として春、田の神となって田に下りて農耕を見てくれ、秋、収穫がすむと子孫から新嘗の祭を受けて、山へもどって山の神となって休むという。農耕を手伝う鼻取り地蔵や田植地蔵も田の神の化神であった。岩手の方ではこれに薬師が出てきて助けてくれる話があるが、薬師も山の祖霊と習合したものと考えられる。

霊の行く山は、わが住む村近くの端山・森の山ばかりではなく、月山、羽黒山、湯殿山、鳥海山、岩手山などの高山があった。恐山円通寺、平泉中尊寺、山寺立石寺、会津高野山の八葉寺その他岡をなしている霊場はいくつも見られる。古い山寺はほとんど霊の集まるところであった。

それらの山から霊はやってくるが、端山などでは対象は浄い祖霊で神と考えられているから、春農耕のはじまる季節に田の神として下りてくることが多い。あるいは正月神・年の神として年のはじめに訪れてくると考えられている。岩手辺で正月の門松を山から採ってくるのを年神迎えと言うのは祖霊を神と見て迎えることであり、同じように馬ッコツナギの習俗は田の神信仰で、祖霊を田の神と見ているわけである。

しかしモリノヤマをはじめとし、山からの祖霊迎えは一般にはホトケとして迎えるのであって、時期は盆が多い。盆というよりは、仏教以前から、この時節の満月の晩に月の光に乗って訪れてきたのであろう。のちに仏教の行事にかさなったものである。

上述の寺々の仏の来訪はむろん盆の時であるが、月山の麓などでも仏は月山から八月十五日に来るものだといっている。

今でも出羽三山をはじめ東北の高山には、分骨を納めて行く人があり、また登山した時の行衣をとっておいて、死んだ時に着せて葬る風習も諸所に見られる。登山して先祖の供養をしてもらうことも多い。

また別にも述べたように、高山に稲作関係の伝承があるのも祖霊を通じて考えられることである。

氏神になる観念

仏も年月がすぎてけがれが無くなると神になるという。どれぐらいの年月を要するかはいろいろであるが、大体三十三年というのが多い。つまりけがれのあるうちは仏で、けがれが無くなると神になるという考えである。

宮城・福島辺でよく見かけるのは、三十三年すぎるとウレツキ塔婆と称する杉の心のある葉付きの一、二メートルの木を立てたり、Ｙ字形のまた木の塔婆を立てることが多い。そしてこれをもって仏としての供養の最後とし、あとは神様になったものとして、特にはまつらない。普通弔い上げといい、仏止め（ぶっとめ）などという所もある。

杉の木を立てる意味は判らないが、これで仏の供養はスギましたということを現わしたものだとも言い、股木の塔婆は再生を意味する呪術のためとも言っている。再生といえば芽の出やすい柳の塔婆を用いることもある。

いわき地方では、三十三年すぎた仏は氏神になるといい、その証拠に家々の氏神は祭神を先祖とし、氏神祠は本家にしか無い。相馬辺では氏神祠はイヌイ（西北隅）の方角が多いが、いわきでは多くセド氏神というように家の裏の山にまつり、ここから家を守ってくれているという感じである。とにかくこの辺の氏神は祖霊神で血縁的なものに考えられている。

浜下り神事

福島県の海岸を中心に、宮城県や茨城県にも、神社の神輿が祭の日を期して海岸に下り潮垢離する習俗がある。祭に仕える人々が潮水に浴するのはわかるが、神が潮水を浴びるのは単なる潔斎ではなくて、塩の力によって霊の若返りを期する神の蘇生復活のためと思われる。

人間も神も眠った魂を目覚めさせ新しく活力を得るためには、機会あるごとに若返る必要があった。その機会の多いほどよいわけであって、その代表のようなのが繰返しの正月である。「月よみの持たる変若水(をちみづ)得てしあらば醜のおきなもまたをちなむぞ」のをち水も正月の若水と同じく、飲めば若返る呪力をもっていた。そして夜の食国をしらす月読の神が若返りの呪力を持つ神であった。生の前提として死のある所以である。

霊の蘇生復活には潮水を浴びるのがもっとも効力があると思われて居り、時期は年のはじまる正月から農耕の開始の卯月ごろが多かった。

福島県海岸地方の神々の浜下りが卯月八日ごろに圧倒的に多く見られるのも、万物生成とくに農耕のはじまるにあたって、神々の生々とした新しい活力が要請されるからである。すでに前年の秋からハヤマのような作神系の神々は十月八日前後の秋祭、稲魂を対象とする魂静め魂振りの神事が行われて、静かに春を待つ神々も多いが、この四月の浜下り祭に改めて神々の潮垢離が行われるのである。

浜下りの神事は、神体を直接潮水に入れる宮城県宮崎の熊野神社のような古い姿は福島県では見られなくなって、神輿をかついで水に入るが、これも近年は少なくなって、榊に浸した潮水を海浜に安置してある神輿にふりかけるか、桶にくんだ潮水を供えることが多いようである。

塩の効用は別に述べるが、もっとも清い潮水は、沖の方の渦巻をなしている所から汲んでくるというのは、そこがけがれのない海の浄界に通じているからだという。しかし渦巻紋様そのものにも意味があるのではないかと考える。

結論から言えば渦巻紋は生きている生命体を表わすものとしては格好のもののように思われるからである。私の友人にもこの考えを持っているのが居てよく話し合うのであるが、自然界にあっては空の竜巻や海の渦巻は巨大なエネルギーのかたまりであり、古代人にとっては偉大な神の力の現われであった。目くるめく光を持つ太陽もおそらくはそう見えたであろう。渦巻紋を見つめていると、錯覚と言われようと動く様がよく判る。渦巻を崩したものが卍であり、巴であり、ともに信仰のシンボルとして寺や神社の紋に用いられる。基督教の十字も同様である。また巴の一片は曲玉で霊魂を形として示すものと思われる。

渦巻に霊力があるという考えは古代からのもので動かないが、さらに進んでエネルギーを示したものと考えれば、古墳の壁面などに描かれている渦巻の紋様は霊魂の再生を意味するもののように思われ、相馬の原町市粟野神社に神体として祀られている渦巻の石なども何となく意味が解けてきそうである。

以上主として潮による若返りについて述べてきた。それと同時に『古事記』のイザナギノ神のミソギと、ミソギの際に三貴子が次々に生まれたことから、塩そのものの効力も考えたいが後の機会にゆずる。

三　祖霊の来臨

忌みとけがれ

神祭にもっとも嫌うのはけがれであり、ことに祖霊神はもともと仏でもあって、それが穢れを払拭して浄い神となったものであるから、いずれにしてもけがれを去り厳重な忌みごもりの徹底が祭には要請される。けがれの発生でもっとも恐れられるのは死穢と産に伴う出血のけがれとであり、これを防ぐためには死者や産婦に近づかず、その触れたものにも近づかず、けがれから隔絶した場所で積極的な忌みごもりの生活を送ることが多い。そのためには生ぐさを食わず、水を浴び、塩で清める方法をとることが普通である。羽黒山では祭に仕える松聖（まつひじり）が二人、忌み屋にこもって長期の物忌みを続け、大物忌神社でも期日を定めて厳しい物忌みを社人たちが行うが、ことに大物忌のものいみは、鳥海山の噴火に伴う古代から続いているもの忌みと言われている。とくに火に対する考えは古く、火ほど清浄でしかも火ほどけがれ易いものはないという考え方、とくに噴火の火は自然の神のつくった極度に清浄な火であった。噴火は神の怒りによるもので、その被害は甚大であったからなお恐れられたのである。火そのものを恐れるよりは火をけがすことを恐れたのである。

端山でも湯殿でもお山がけの際には、本人はもちろん留守の家族も代垢離を厳しくしたのは、潔斎が不足であれば、神の怒りにふれて山で不慮の災厄にあうと信ぜられたためである。また祭に仕える人々が潔斎を厳しくするのは、神人合一の無雑の境地に入って神の言葉を正確に聞き神の心を的確に知るためである。けがれが少しでもあるとそれが不可能と思われていたのである。

産屋の忌みも昔は大変気を配られたもので、家族も多くて家で守りきれない別火の生活は、外の産小屋に移ってなされることも多かった。その産小屋も少なくなったが、山形県などに残っている所があり、宮城県には産仮小屋という地名で残っている所がある。

祖霊の来臨と盆と正月

祖霊が子孫の家を訪れる代表的なものは正月と盆であり、これがわが国の年中行事の基礎になっているものと思われる。年中行事は行事の繰返しであるが、年ごとのくり返しばかりでなく、春あるものは秋にもある祭などの例のように、年の中にも月のうちにも繰返されるものがある。

春祭・秋祭が目に立つのも祖霊神の来訪が基礎になっているからであるが、盆と正月もそうであった。正月は祖霊が年神(神)となってやってくるもので、その依代となる松を山から採ってきて年棚をつくってまつる。盆には祖霊が精霊(しょうりょう)(仏)として訪れてくるから、その依代となる盆花を山から採ってきて盆棚をつくってまつる。

そして正月も盆もともに満月の晩であるのは、祖霊は月の光に乗って来臨するものと思われていたからである。なお祖霊は火によってものぼり下りすると思われていた。盆の迎え火や送り火も、下りてくる仏の単なる目印ではなかったのである。正月送りの正月小屋焼きも、正月様は火や煙に乗って行かれるものだと思われている。

神の意志を知るために――祭の祖型

神の意志を知ってその通りに実行するのが祭の本来の目的であるが、そのためには神から直接言葉を聞く託宣型と、間接に神の意志によって推測する卜占型その他がある。

託宣の代表的なものの一つはハヤマのノリワラである。

阿武隈山系に多い端山にはハヤマの神が祀られて居るが、この神は祖霊神で作神の機能をもっているから、祭には人々が集まって潔斎の上で、ノリワラを通して神の託宣を聞く。そのことは本論に詳細に述べたつもりである。他の一つは、イタコとかオカミサマとかワカなどとも呼ばれる巫女を通してほとけをおろしてもらい、仏と話をすることである。これも「東北の巫女」(下巻)のところでやや詳しく述べるつもりである。

ここには諸々の卜占の類から実例をあげてみたい。本論中に書いたものと重複するものもある。

岩手山では御苗代の湖で、お賽銭を紙に包んで水に入れ、すぐに沈めば運がよいと占うが、青森県の猿賀神社でも紙をまるめて沈め、その様子によって占っているのを見たことがある。

鳥海山の大物忌神社で、吹浦と山頂と飛島の小物忌神社との三ヶ所で燃す火を合せて作占をすることは、猪苗代湖畔の小正月のサイノ神焼きの火によって作占をするのに似ている。

磐梯明神の船曳神事は、米俵をのせた船に綱をつけ、部落が二手に分れて勝負を競い作占をするもので、福島県保原の俵引き、同じく会津坂下の俵引きと同趣旨である。

白河神社の相撲のように、やはり勝負によって作占をする風はひろく、村の神社の祭の草相撲や綱引きのような競技の起源も信仰にあるといわれている。

いわき市錦の御宝殿の熊野神社の祭に次のようなものがある。鳥居の所に横たえてある二本の太竹があり、その先端には、それぞれ兎と三本脚の鴉の絵をかいた鉾が取りつけられてある。この鉾を二つの部落の人々が持って神社の前まで走って行き、早く立て終った方をよしとする。兎は山を現わし、鴉は海をあらわすといい、勝負によって豊作か豊漁を知るのである。

象潟の諏訪神社の「おためし」は、地上に神幣を立てて何日か後に、その雨風によるよごれ具合によって天候作柄等を占うという。

宮城県箟岳白山神社のお弓の神事は、二人の潔斎した少年に十二ヶ月をかたどる十二本の矢を射させて、当り外れによって天候を占うもので、諸社にある弓射の奉納も、単に武芸上達を祈るものばかりでなかったことがわかる。諸社ことに八幡社においてよく行われるヤブサメの奉納も同様、卜占の意味をもつ神事に糸をひいていることが多い。

野馬懸け神事の行われる相馬の小高神社の少し東の大井に益田嶺神社があるが、ここの馬おろし神事は今は無くなったが注意したい祭であった。太平洋戦争の途中昭和十九年を最後として廃絶したが、近年のことなので覚えている人がたくさん居る。

神社の東方に垂谷峰（たりや）なる丘があり、昔は旧暦四月八日の日に、この崖上から谷底めがけて、三頭の馬を、早稲、中稲、晩稲ときめて一頭ずつ追いおろし作占をするものであった。上より下まで約四〇メートル位、急傾斜をした上、V字型にえぐられた谷になっている所である。そこを一直線に半ばすべり下るのである。神事に奉仕する青年全員は、七日間毎朝馬と共に塚原の海で潮垢離をとる。非常な危険を伴う神事の故に、潔斎の不足を極度に恐れた。宮司も潔斎をして別火の生活をする。

祭の当日、神輿も浜下りしてオシオコリの神事があり、終って垂谷の峰の上に神輿を安置する。神官の祈禱ののち、馬おろしの神事がはじまる。まず一頭の馬を早稲と定めて一人が乗り、左右に四人ぐらいずつ付添うのであるが、馬も崖上に立たされると恐怖のために大きな涙をこぼすという。馬を押さえあるいは抱え込むようにしてすべりながら崖を下りる心持といったらなかったという。一番組の早稲がおりると、二番組の中稲となり、最後に三番組の晩稲となる。馬のおり方によって今年の出来、秋の豊凶を占ったという。

十二本の葦を十二ヶ月になぞらえて、鍋に刺して粥を煮る管粥とか筒粥と呼ばれる神事ももとは広く行われた。葦の茎に入る粥粒の多少によって作占をするもので、鳥海山の大物忌神社や宮城県佐倉の諏訪神社でも行われていた。

このほか青森県岩木山神社や猿賀神社の七日堂神事、鬼沢の鬼神社の祭、秋田県の保呂羽山波宇志別神社霜月祭の湯立て、東湖八坂神社の祭、山形県大物忌神社の種蒔神事、牛王、玉酒等の神事、飛島小物忌神社の火合せ、羽黒神社の松例祭、綱まき、験競べ、岩手県大原の水かけ祭、黒石寺の蘇民祭、宮城県では大和町の船形山神社のボンデン倒し、犬卒塔婆の羽山祭の作占、金成町小迫の白山祭、宮崎町焼八幡の火祭、福島県では相馬野馬追祭、川俣の春日神社の湯の花、田島の祇園祭、大倉の葉山祭、東和町木幡の幡祭等々、私の見た東北の祭の中にも卜占の意味をもつものが大そう多い。

卜占は民間の年中行事の中にも見られることがある。夢判断などはその例であろうが、私なども子供の時、よい夢を見るようにと、次のような歌を紙に書いて舟に折り、枕の下に敷いて寝たものである。

ながきよのとおのねぶりのみなめざめなみのりふねのおとのよきかな

そしてよい夢を見ればよし、もし悪い夢の時は、南天の木の所に行って話せば、悪夢もよい夢にかわるといわれたものである。

いわきの辺で小正月の時に、早稲、中稲、晩稲ときめて餅か米を一つまみずつ田畑の隅に置き、物かげから「オカラースノ＼」と鴉を呼んだ。鴉が飛んできて一番先についばんだのが早稲なら、来年は早稲をまくと豊作になるというのである。

これに似た小正月の行事は大層多い。これは今でも行っている所があるが、いろりの火の周囲に十二個の豆を並べて十二ケ月の天候を占う、あるいは塩水を入れた椀にやはり十二の豆を一粒ずつ落として沈み具合で占う。宮城辺の臼伏せは、米粒の上に餅を載せ、臼を伏せて一晩おき、臼を起こしてみて餅に付いた米粒の多少によって年占をするものである。小正月でも火伏せの行事となると呪術に入るものが多く、似たところはあるが呪術は呪術で別に考えた方がよい。

ただ、遊びの中の地蔵遊びは注意してよい。大人たちが地蔵をおろして一人に付け占いをしたものであったが、真似をして子供の遊びとなったものである。目かくしした一人を中に入れて、子供達がぐるぐるまわるうち、中の子供に地蔵がつき、これに失せものなどを聞く遊びであった。最近は見られなくなった。

四　食物を神と共に

貴重な米

東北の「振米の伝説」は面白くも悲しい話であった。寒くて稗しかとれない岩手県あたりで、病気で死にそうな老人が「稗でなく、米が食べたい、せめて音でも聞いて死にたい」というので、息子が竹筒に少しばかりの米を手に入れてきて振って聞かせたら、老人は病気がよくなったというのである。笑い話であっても、米に病気を治す力のあることを教えた話である。

米の飯はオヤシナイと言われるぐらい力のあるものであった。それを神に供え、一そう神の力の付いたものを下げて一同で頂き、神の力を各自に分けるのが晴れの食物の食べ方であった。

晴れの食物といえば第一に餅がある。これを神の好むまるい形にして供える。次にシトギ（粢）がある。強飯、粥、団子がある。酒も米からつくるもので、こうしてみると神に供える晴れの食品はみな米である。

右の粢も古い食べものであった。米を水に浸けておいたものを臼でこづいてまるめたもので、今はまずいから食べる人がないが、かつては食べたものという。

コメカミという語もあり昔生米も食べた名残だというが、それほど米は魅力があったものと見える。強飯のようにかつては日常の食品であったのがその後人の嗜好が変って用いられなくなっても、神仏にだけは事ある際に今でも供えているのである。

お年玉ももとはまるい餅であった。霊魂はまるいものだと思われていたから、よい魂をたくさん持っている年上の人から、まだ足らない魂の幼い人々が頂いて、自分の魂の充実をはかるものだと言われている。飯でも神へ上げる時は高盛飯とする。ことに作神系の神まつりに高盛飯を供え、また一升餅・一升飯を食べる風習のあるのは、お蔭でこんなにたくさんの米がとれました。来年も沢山とれますようにとの感謝と祈願をあらわすものである。

また茶碗に高盛りにした「一杯飯」を食べるのは誕生の時と、結婚の時と、死んで葬式の時の三度だと言われるが、東北地方で成人式の際にも食べるところがある。これらは古い霊魂が新しく再生する際に食べる食べ方のように思われる。

鶴岡の椙尾神社の祭礼の日、神輿が町を巡行してお旅所に休まれると、付近の人々が夏のこととて茄子や胡瓜などを持参して神輿に供え、拝んで再び神前の供えものを頂いて帰るのを見たが、これが本当なのである。

いわき市辺では、小正月に正月神を送るための「鳥小屋」をつくる。もとは部落ごとにつくられ、十五日の未明に正月の松やしめ飾りとともに焼くのであるが、その前、子供たちが小屋に集まって正月神をまつり、おでんやでんがくをつくる。付近の人々は七小屋参りと称して次々にまわり歩き、若干のお賽銭を上げておでんなどを貰って食べる。そうすればその年風邪をひかないというのも同じことで、神の力のついた食物の効用なのである。

五月節供に柏餅ができれば隣家に贈り、隣家からもできた柏餅を貰うというのも、神への供えものの応用のようなもので、自分にある魂を他に分かち、自分に無い魂を他より貰って各々の生命力の充足をはかることに起因していると思われる。

宮城県・岩手県辺に見られる「ミタマノ飯」も注意されてよい。多くは大晦日に十二個の握り飯をつくり、各々に箸を一本ずつ刺し立てて、箕に入れて仏に供えるもので、『徒然草』の、亡き人の来る夜とて、魂まつるわざは、この頃、都にはなきを、東の方には、なほすることにてありしこそ、あはれなりしか。

の室町時代の名残が、東北にそのままに残っているのはまことに珍らしい。

塩の効用

祭のさいに神に供える食物の基本的なものは米と塩とである。

今に伝わる陸前の塩釜神社の藻塩焼の神事は本文(下巻)にも詳しく紹介するが、第一日は松島湾から藻(ほんだわら)を刈ってくる。第二日は潮水を汲んでくる。第三日は塩釜神社の摂社の御釜神社の境内にしつらえた塩釜で塩を煮るのであるが、釜の上に渡した竹で編んだ簀の上に載せた藻を通して潮水を注ぎ溜め、下から火を燃して煮つめる方法であった。多賀城時代の製塩の面影を残しているものといわれている。なお境内には御釜神社の神体になっている平釜が四個あり、溜っている水の色の変化によって大事を占った記録が残っている。例えば伊達政宗病気の時には、釜の一つは柿色に一つは萠黄色に変ったという類である。

別にも述べた神々のお浜下りも、みそぎによる塩の効力で、『古事記』にもあるイザナギノ神の筑紫の日向の橘小門の阿波岐原でみそぎをした話は有名であるが、みそぎに二つの意義があるように思われる。一つは塩にある浄祓力であり、一つは塩に生成の力のあることである。浄祓力のことはよく知られているが、ものを生み出す力のあることはあまり知られていない。右のみそぎの段に、

ここに、左の御目を洗ひたまひし時に、成りませる神の御名は天照大御神、次に右の御目を洗ひたまひし時に、成りませる神の御名は月読命、次に御鼻を洗ひたまひし時に、成りませる神の御名は建速須佐之男命

とあるように、三貴子が次々に生まれたとある。そう言えば、イザナギ・イザナミ神が、天の浮橋に立たして、天神から賜った天の沼矛（ぬぼこ）をもって、

塩こをろこをろにかき鳴して、引き上げたまふ時に、その矛の末よりしたたる塩、積りて島となる、これ淤能碁呂島（おのごろじま）なり。（『古事記』）

とある。すなわちわが国でもっとも早くできた島は、塩がこり固ってできたというのである。

食物にしても海のもの、塩気のあるものはいずれもめでたいものであった。魚にしても貝にしても海藻にしてもそうであり、これらは陸の米に対して、海の代表的なハレの食物である。

五　民間の神々の中から

来訪神

度々の祖霊の来訪のほかにも、時を定めてあるいは臨時に訪ねてくる神があった。ナマハゲもカセドリも、チャセゴもその例である。男鹿のナマハゲは知られているが、女鹿のアマハゲも同じものであった。丁度女鹿で見る機会を得たが、他所からの見物客などの一人もない波の音する淋しい暗い夜を、面をかぶった若者たちが戸ごとに正月の祝福の言葉を述べて歩く。各家では多少の御馳走を用意して待っている素朴なものであった。奥松島には少年達が、声を揃えて各戸を祝福して歩くエズノワルの行事がある。

これらはほとんど年のはじめの祝福行事で、海岸の地方などでは、海の彼方の常世の国から神々がやってきて、家家に少しずつ幸福をおいて行った古代の名残が伝承として残っているのかも知れない。これら正月の来訪神の代表は

年神のお正月様であった。このほか正月にはアワシマ様、シンメイ様など神々があとからあとから家々をまわってきたものであった。獅子神楽も万歳も歓迎された訪問者であった。

神送り

正月の神の送り迎え、盆の精霊の送り迎えの外に、定期にあるいは臨時にする神送りも多かった。

近頃福島県内の年中行事を調査しているので、よい行事を見ることも多い。

本文にも書いたが船引町の人形祭は、大きな人形をつくって村境に立てて、ここから災厄の村に入らないことを祈るためのものであった。

矢吹町の熊野講では、千本杵で大勢でついた餅を、各々杵の先につけたまま、村境まで走って行ってときの声をあげ、帰って一同で頂くものであった。

三島町のサイノカミは、小正月に一同でサイノカミ迎えと称して雪の中を山から杉の木を運んできて、藁を巻いて太い柱とし幣やしめかざりをつけて立てたものである。湖南のサイノカミは、下組の柱を何本も円錐形に立ててこれに各家々から持集った正月のしめ飾りをつける。いわき市鎌田のは「鳥小屋」と称し、小屋をつくりボンデンを立てたものであった。これらを十五日未明焼くことはどこも同じで、意味は正月神送りである。この火は呪力あるものといい、持参の餅などを焼いて食べると病気にならない、などという。

虫送りはいわき辺で、田植後の休日などによく行われた。田圃の虫を紙袋に入れ、竹竿の先につるして、子供達が鉦太鼓の音もにぎやかに部落境まで送ると、そこには別の子供達が居て、受取り、次々と送って、しまいに川か海に送るのである。

疫病送りもいろいろあったが、私など覚えているのは疱瘡送りで、うえ疱瘡の家では、大きな草鞋を家の入口に下げ、下に俵ボッチに赤い御幣を立て赤い御飯の握り飯がのせられてあったものだ。はやり神はこの大草鞋をはいて早くどこかへ行ってくれろ、という意味であった。これも数年前偶然見つけたことであったが、近所の橋の柱に「病ん目安売り一銭五厘」と書いた紙片がはってあった。これは流行目（はやりめ）のためで、川への神送りであった。

その他の神々

オシラサマとオシンメサマは東北の民間信仰の代表的なものの一つであるが、本文に詳しく述べたように、心を木でつくり、顔部に目鼻をつけた、男女一対の人形である。まれに馬頭や僧形のもある。また包頭のもあれば貫頭のもある。福島県ではオシンメイ様と呼んでいるほかは東北一般の呼び名はオシラサマである。祟りやすい神とか遊行を好む神とかいわれるが、もともと旧家などにある家の神で主婦のまつるべき神だったようである。「オシラ遊ばせ」という言葉があるように、時々手にもってふり動かすと喜ぶ神様だという。神像で頭をさすれば頭痛が治り、肩を叩けば肩の凝りが治る。御礼に布切れを神像に着せて上げるが、これをオセンダクという。東北地方では中世からの信仰を持っている神像がいくつも残っている。

岩手県のザシキワラシは、今はほとんど聞かなくなったが、古い家などに住む子供の姿をした一種の精霊で、このワラシの居る家は裕福であるが、居なくなると貧しくなったなどの伝承が多い。『遠野物語』にもいくつかの例が出ている。金田一温泉の緑風荘は、ザシキワラシの時々出た家なので、私も一度訪ねて、ワラシの出たという座敷を見たことがある。

カマ神、あるいはカマド神、カマ男などと呼ばれる神像が、宮城県北部から岩手県南地方に多く見られる。竈の側の柱などに入口を向いて掛けられてある忿怒相の面で、木で作ったのも土でつくったのもある。火の神で、家を守ってくれているという伝承である。併し古い家が解体されるごとに、カマ神の数も無くなってゆく。新築してもカマ神の面を新しくして祀る家は無いからである。

道祖神はほとんど男性器を形どったものばかりで、近年までは縁結びにおもに信仰されていたようだが、今はこれもほとんど目に入らない。ただ男女双体の神像が南から来て福島県南まで分布をもっていることは注意してよい。有名な宮城県笠島の道祖神は現在どうなっているか、そのうち見たいと思っている。

安産信仰も近年まで盛んであり、神社から小枕を借りてきて、安産の後もう一つ新しいのをつくって二つにして返す信仰があった。宮城県小牛田の山神などとくに有名であった。安産の神には山神、箒神、厠神などもあり、子安明神、子安観音、子安地蔵もあった。

六　ノリワラ・イタコの霊おろし

近頃、福島県教育委員会で県下の巫女の調査をしたが、かなり多くの神おろし・仏おろしのできる巫女のいることが明らかになった。それでも東北としては少ない方だと思われる。

福島県でも数少ない男性憑依者はハヤマのノリワラで、秋か冬のハヤマの祭の際に、作神であるハヤマの神をノリワラにつけて、来年の作の豊凶を知るものである。ことによく古風を残しているのは福島市松川町金沢の羽山ごもりで、これは本文中に詳細に紹介した。

相馬の大倉の葉山神社の祭にも似た行事が行われる。ここでは麓の寺を祭場とし、葉山の神をおろしてノリワラに付け、神の託宣を聞くものである。参加の全員、なまぐさを断ち水垢離をとって神前に並ぶが、庭に燃す薪の火を渡ることもある。潔斎が足らないと火傷を負うという。一同声をそろえて「つき山は山湯殿の権現……」の唱詞をくり返すうち、葉山の神がノリワラについて、作のよしあし、村に災厄のあるなし、病気の有無まで聞くにしたがって教えてくれる。託宣がすめばノリワラは正気に返る。翌日は一同で葉山岳の頂上に神を送る。

ノリワラの一般巫女と違うところは、職業的でなく、祭の日にだけ神の言葉を伝えることである。

ノリワラにくらべて巫女の数は非常に多くもちろん東北全域におよんでいる。南部・津軽辺ではイタコと言い、宮城辺ではオカミサマ、会津の方ではワカとも呼ばれている。岩手県の薄衣には大乗寺があって戦後イタコ達の本山となって居る。この外イタコの集まる所は恐山や金木など諸所に見られる。

恐山には私も三度ほど行ってみたが、円通寺の地蔵盆の日、数十名のイタコ達が地蔵堂の周辺に集まって、参詣者のもとめに応じてホトケおろしをしている様は見ごとなくらいであった。みな盲目の女性で、つらい修行の結果、師匠から許されて巫業についたものであるが、近年は盲目でもほかにつくべき職業があるので、巫女になるものは非常に少なくなったという。

しかしとにかく憑依というような極めて古い信仰形態は、おそらく千年以上も前から続いていると思われ、それが近代文明の真中に存在しているのは注意すべき価値ある現象だと思われる。

七　特色ある講など

社会機構が変って、従来種類の多かった講もにわかに少なくなってきた。講には信仰的なものと経済的なものとがあるといわれているがそのいずれもがすたれつつあるのは、社会の要請に応えられなくなったためである。
ここには信仰的な講の二、三の例をあげるが、絶滅前に、心ある人になるべく記録をとってもらいたい老婆心からである。

庚申講。福島県郡山市館は猪苗代湖の南岸にある部落であるが、ここの庚申講などは大変特色があって、六十年目の庚申には、村の道路の両側に一対になるよう二つの壇を築くものである。標木には杉や松その他が植えられている。昭和六年の調査では二十基あったが、開墾されたりして現在六基になって残っている。

昭和五十五年は庚申の当り年で、幸に六十年前の大正九年に壇を作った人々も生存して居て、今度も作ろうということになり、六月十七日、高さ一・五メートルの壇を二基築き、全戸集まって法要を行った。上には松と杉の若木をそれぞれ植えた。

安産信仰の例としては、福島県浜通りでは、十九夜講はいわき地方に、二十三夜講は相馬地方に多い。

昔は医療設備が乏しく、わずかに村の産婆に取上げてもらうていどであった。私が訪ねた阿武隈山中の村での話であるが、田で草取りをしているうちに腹が痛くなってきたので急いで家に戻り、夫に産婆の家に行ってもらったが産婆は里に出かけて不在であった。医者も居ない村であるから、あきらめて夫に湯をわかしてもらっているうち生まれたので、這いずりまわって臍の緒も自分で切ってやった、など今の若い娘が聞いたら失神しそうなことを話すのである。この老婆は七人の子供のうち四人まで自分で取上げたといっている。しかし自分はいずれも自家で生んだからよかったが、隣の誰とかは、田圃からの帰り途、間に合わなくなって途中の一本松の所で生んだなどの話もあった。それぐらいだから難産で死ぬ人も多く、女だけで講をつくり、講の日には宿に集まって豆腐のでんがくぐらいで、結構楽しんだものであった。共に月待ちの信仰で、十九夜は観音様の、二十三夜は勢至様の掛軸をかけて拝み、月の出を拝んで解散した。

山形県の三山といわれる月山、羽黒山、湯殿山は作神信仰で、遠くから講中の人々が組をつくって登拝した。たいてい村の行屋に寝起きして水をあびて潔斎を厳しくし、「お山掛け」をしたが、この風習も戦後すたれて見るかげもない。

馬産地の馬頭観音講も、農業形態が変って機械化し、馬が居なくなり、いたずらに石の供養塔が草むらの中に横たわっているだけである。

東北のハヤマとモリノヤマの考察

わが国の固有信仰として、人は死んでもその霊は肉体から遊離して里近い端山にすみ、常に子孫を守ってくれると信じられた。正月や盆には家々に帰ってきて子孫と飲食を共にし、歓を尽くして再び山へ帰って行く。その霊の住むところがハヤマでありモリノヤマであった。発生は少なくとも稲作のはじまった弥生時代にさかのぼると思われるが、おおまかに見て東北地方南部の福島・宮城あたりはハヤマとして稲作信仰に結びついて、より神道的・修験道的に発達した。中部の山形から北部の秋田・青森にかけては、南秋田の岡本のモリのようなハヤマに近い例もあるが、普通モリノヤマとして、より仏教的に精霊まつりとして発達し、岩手はハヤマと称するが、内容的には仏教の要素の多分に見られる中間型のようである。中間型といえば福島県にも富岡町上手岡の麓山のように、盆の十五日のハヤマの祭に山に火を焚く仏教のモリノヤマに近いものもある。モリノヤマも広くはハヤマの信仰であるから、その共通点や相違点を検討してみたいとするのが本論の趣旨である。

一　山にすむ祖霊

霊魂の不滅を信じた古代人は、死後肉体から遊離した霊は次第に浄化して、祖霊神となってわが住む郷村の近くの端山・繁山に鎮まり、山上から子孫の生活を守っていてくれると信じた。六月大祓の祝詞に見える「国つ神は、高山の末、短山の末に上りまして、高山のいほり短山のいほりをかきわけて聞こしめさむ」の国つ神である。

ただ、けがれの多い身から聖なる霊になるためにはかなり長い年月を要すると考えた。それにはいろいろな形で行われる潔斎、みそぎの類の必要があった。それも神自身によって行われる場合と、周囲の者が神に代って行う場合とがあった。

こうして霊は徐々に浄くなって山の高きに移って行き、ついには高山の頂に達し、まったく俗的人間性から脱して清浄な祖霊神となる。それがハヤマの場合は神道的・修験道的——というよりは古来のままの日本人の慣習にしたがって行われてきたハヤマの信仰でありそして夜籠りであり、祭であったと思われる。なお、ハヤマは葉山・端山・羽山・麓山・早馬などいろいろに字を宛てるが、要するに奥山に対して里近い端山の謂である。

それがモリノヤマの場合は、ハヤマのようにけがれの除去行為に重点をおくよりは、死者の成仏を願う死者供養に重きをおく。納骨の風習も含まれる。つまり、ハヤマは火葬骨などの出る一、二のハヤマの例を除いては、普通けがれのすでになくなった神を対象として考えているのに対して、モリノヤマ信仰は、死霊の集まっている森における精霊供養に重きをおいているから、ハヤマに比してよりなまなましい仏臭い感じがある。神になる以前の姿と言える。

森の山には往々、鶴岡市の清水のモリの藤墓のような埋墓を伴うことがあるが、ハヤマは純然たる祭場であることが普通である。右の清水のモリや、山形県東田川郡立川町三ヶ沢のモリなどは美しい山容で、祭も古い姿をよくとどめているようである。盆に家々を訪れた精霊を厚くもてなし、終れば家族中で花や線香をもって森へ送る。また歯骨を納める風も残っているが、それは供養のためであって、モリといえども祭場であることを主とし、埋墓に対して詣墓に相当すると見てよい。

モリノヤマは森の山であるが、東北地方北部ではモヤ（靄山）ともいう。菅江真澄の『遊覧記』にはこのモヤについて、「高からず低からず独立する山をモヤといひ、モウヤなどと云ふ。モヤは靄をさしていふ方言なり。この山の名、出羽、陸奥にいと多く云々」（「すみかの山」）と見える。

二　弔い上げと氏神になるという観念

ハヤマ・モリノヤマを通さなくても、諸所に見られるトムライアゲとホトケが神になるという考えはたいせつである。たとえばいわき地方では三十三年忌の仏の供養を弔い上げといい、これを機に仏は氏神になるという。むろんこの場合のホトケは仏教の仏菩薩のことではなくて、死者が誰でもなれる民間信仰のホトケの謂である。したがって氏神の祭神を先祖そのものとしているところが多い。陸前の海岸地方では、やはり三十三回忌の供養の時、杉のウレツキ塔婆を墓に立てたり、マタギの塔婆を立てて、仏としての供養をきりあげることを仏に告げる。またマタギの塔婆や柳の木の塔婆を立てるのは、やがて霊の生まれ替ることを祈る呪術のためともいう。仏から神への再生も似た趣旨である。ハヤマの再生のことについては後に述べる。

福島県相馬地方では、奥の三山や葉山に参詣したことのある人は、登山した時の行衣（ぎょうい）をとっておいて、その人の死んだ時に着せて葬り、ボンデンは新しい墓に刺し立て、ご先祖のいるお山へ迷わずに行けよと祈る風が今でもある。

ところで岩手のハヤマは、ハヤマと称しながらもモリノヤマの性格を兼ねているところがある。たとえば岩手県下閉伊郡豊間根のハヤマのごとく、イタコを呼んで口寄せする所があり、江刺の米里のハヤマのように両墓制になっていて、山の方にある注連縄を張った祠をフルハカと呼び、中に御幣をまつるいわゆる詣墓で、埋墓は下の別の所にある。

三　子孫を守ってくれる年神ともなる

祖霊として山上から子孫を守ってくれるゆえに、ハヤマもモリノヤマも里近い山でなければならず、ともに山上から麓の民家や田圃の一望される山が多い。そして祖霊は時々山からおりてきて子孫の家族と飲食を共にし、楽しみあって再び山へ帰り去る。その代表的なのは正月と盆の時であった。わが国の年中行事の、ことに春秋のくり返しの基礎は、祖霊の時を定めての来訪にあると見てよい。

なお、ここで注意してみたいのは、岩手県北上市口内の麓山や陸前高田の葉山で、正月の松飾りをそれらのハヤマからとってくるのは、松につけて祖霊なる年神を連れてくるのであるが、ハヤマの神は田植ごろからは田の神になり、年の暮れには年神様になるからだといっている。また正月はもちろん盆にも、祖霊を迎えてにぎやかに楽しむのが本当だとは岩手のそちこちのハヤマで聞いたことであった。大晦日や元日に供えるみたまの飯は、岩手では年神に上げるものといい、宮城ではホトケの飯ともいうように仏様に供えるという。

四　田の神としての信仰

これはモリノヤマには見られないが、ハヤマによく出ていて特色づけているものである。子孫の生活の中心は農耕であったが、寒冷な東北地方は始終凶作に苦しめられ、五穀豊穣を神仏ごとに身近な祖霊神に守ってもらうことが最大の関心事であった。それをハヤマの神がひきうけてくれて、春は田の神として田に下りて田植から秋の収穫までを見てくれ、収穫がすんで新嘗の饗応を受けて再び山に戻る。これを田の神と山の神の交替というところもあるが、実は別々の神でなくて、祖霊としてのハヤマ神の機能の両面に過ぎないのである。

阿武隈山系に属する村々にはことにハヤマが多く、春四月八日、秋は十月八日に祭が行われるが、この春秋祖霊神来臨の両日が正月と盆のように、年中行事の繰返しの基礎の一つになっているのである。そして山の神としての信仰よりは作神としての信仰が強い。前記岩手県の豊間根の羽山のある部落では、三月十六日にはお農神様が作物を仕付けに天から下りて来る、六月十五日には馬に乗って田圃を見てまわる、九月十五日には天に帰る、といい、この田の神のために「馬っこつなぎ」といって二匹の藁の馬をつくる。これに似た風習は遠野でも見た。福島市金沢の麓山や福島県相馬郡飯舘の羽山の祭には、ハヤマの「神つけ」があって直接にハヤマの神の口からの神託によって翌年の作柄を占う古い神事が残っている。また金沢には「田遊び」も古い形で残っている(国指定重要無形民俗文化財)。

何の神でもおろせば下りてこないわけではないが、とくにハヤマの神の現われやすいのは祖霊神のゆえである。祖霊神なるがゆえに神託も容易に行われるのであって、それでとくにハヤマの祭がたいせつに考えられているのである。

なお馬産地だけに岩手県のハヤマなどには馬の信仰を伴うことが多いが、右の馬っこつなぎの馬のようにはじめは神の召物としての考えからきているのであろう。陸前高田の葉山では、馬の絵を紙に描いたものをたくさん用意しておき、祭の日に葉山から薬師堂までの参道両側にまきながら行く。これは葉山さま(祖霊)が馬に乗って薬師堂まで来て、薬師とともに庶民の病気を治してくれるという伝承であって、ハヤマと薬師とは同一祖霊と見ていた証拠である。もっとも駒の絵をハヤマの境内に放す風習は福島市のハヤマなどひろく見られるところである。

ことに福島県でも船引町を中心とする田村地方は馬産地であっただけに、どこのハヤマもほとんど例外なく馬産信仰の対象となっており、オエンマ(絵馬)放しの風習は、ボンデンを持ってのお山掛け、成年式の面影をのこすとともに、とくに観音(馬頭)信仰と結びついているのが特色で、祭も十一月十七日が多い。

五　ハヤマの祭とモリ供養

ハヤマの神祭でもっとも多いのは、阿武隈山系の大部分のハヤマのように春は稲作開始の四月八日、秋は収穫の十月八日である。いわゆる卯月八日は万物生成の季節で、ものみなが蘇生復活する時である。福島・宮城あたりの海岸地方では、浜下り神事の行われる日であり、多くの神々は山を下りあるいは川を下って海に幸し、神みずから潮水に浴してその機能を回復し、活動力を旺盛にして、もっとも大切な来るべき春の農耕にそなえるのである。

この卯月八日を中心とする神々のミソギ・タマフリ・カミサビなどによる機能回復すなわち神の蘇生復活は、ハヤマの神に限らずすべての春の神々に必要なことであったが、とくに田植を目前にひかえて、山から下りて田植を見てくれるハヤマの神にとってはとくに大事なことであった。福島県会津高田の伊佐須美神社の御田植祭、同県棚倉の都都古別神社の御田植神事など名高いが、いずれも高山から降臨する山神である。会津磐梯山の磐梯明神が春、田に降りて、早乙女たちを指図しながら田植を行うさまは、今も恵日寺に残る鎌倉時代(建治二年)に書写したという奥書をもつ田植歌に歴然と残っている。その一節に、

みなわかきたれ　ひぢりこかきよせて
おとめらが　さとめらが
うゑわたす若苗　みとしろもせきまで

うゑわたす　神のさとめらが
うゑわたす若苗
磐梯山に　雲ゐ棚びく　たなびきて
雲ゐたなびきて　をさめそぼふる
とれや早苗　ううれや　さをとめ
かさもきるな　をがさもかぶるな
ううれや　ううれや　大御田
とりにとれ　早苗　ふしたたぬまにや
さ　ふしたたぬまに

田植歌の目的は、田の神のみことのまにまに早苗をとる早乙女たちを、気もそぞろに囃し立ててよい田植をすることにあるが、この田植歌などはよくその気持があらわれている。

十月八日を中心とする収穫祭には、新穀を餅について祖霊に捧げて山へ神を送るのであるが、この時多くの村々では夜をこめて「ハヤマの夜籠り」をして神をおろし、託宣によって来年の作占をする。福島市松川のハヤマ籠りなどは毎年十二月に行われるが、潔斎した人々だけが、暁闇の雪の羽山岳上で、神のついたノリワラから翌年の作柄を聞くもので、私も雪の中で水を浴び精進の上、祭の庭につらなったが、この世のものとも思われない強い印象を受けたことであった。神つけは相馬の飯舘村大倉の葉山でも行われている。宮城のハヤマでは神つけは残っていない。

一方、山形・秋田などのモリノヤマにあっては、祭はどこでもほとんど盆の精霊行事として行われてきた。常には森の山にいる精霊を家々に招き迎えて、食物を供えて饗応の誠を尽くし、再び家族で森へ送るものである。

六　霊魂の再生

ハヤマ祭には、原始神道ないし中世あたりの修験道の行法が多分に影響しているが、阿武隈山系のハヤマの火ツルギをはじめ祈禱の言葉のはしばしにまでハヤマ・湯殿・月山・羽黒などの修験の名残りが見られる。たとえば唱詞には「月山(つきやま)、はやま、羽黒の権現、ならびに湯殿の大権現……」とあり、これらの山へのお山掛けにはとくにやかましい水行があった。このお山掛けの行法の基礎には、五穀豊穣の祈願はもちろんであるが、前にも述べた霊の再生復活にあやかろうとする人々の悲願があった。魂鎮め・魂振りの大事な所以である。

たとえば、福島県安達の木幡のハヤマ祭には、頂上近くにある巨石の割れ目を苦心してくぐりぬけて生まれかわるしぐさをする成年式の行事を伴っているが、宮城県白石の羽山をはじめ諸所の霊山によく見られる。会津の飯豊山などの十三参りもそうである。羽黒山の修験道の行法の基礎も山中蘇生にあるという。

人生にとって死は最大の悲傷事であり、それ故にこそ霊となって生きつづけていくことを念じ、さまざまな呪法呪術が工夫されてきた。それを儀礼化したものが祭である。肉体も霊魂も古くなれば活動がにぶる。時々回復させ蘇生させなければならない。眠っている神を囃し立てて目を覚まさせ、力をつけて上げるのがハヤマの祭であり、森の供養である。祭をくり返すことによって霊の存続が永く確保されるのである。

山形県庄内地方のモリノヤマのように、供養をかさねて高い仏性を得たホトケは、村々のモリからさらに高い山へうつり、ついには月山や鳥海山へ行けるという考えも同じことである。

七　ハヤマと薬師との関連

神仏習合以降のハヤマには、本地仏として薬師がまつられていることが多い。阿武隈山系のハヤマはほとんど皆そうであり、岩手県でも東磐井郡千厩の葉山、矢越の羽山、陸前高田の葉山、気仙郡上有住の葉山などみな薬師をまつっている。薬師の祭日は四月八日であるが、宮城県のハヤマも多くは四月八日を祭日とし、雄勝郡大浜の葉山のごとく、明らかに薬師をまつるところも見られる。

薬師の信仰は諸仏に先がけて日本に入ったと言われているが、東北地方でも観音信仰とともに、あるいは観音よりも一歩早くひろまって、古くは山(薬師岳)にまつられたようであり、在来のハヤマの祖霊と結びついたものと思われる。諸所に見られる卯月八日の山遊びに、飲食して楽しむ習俗も山の祖霊との交歓がもとであったことは明らかである。

卯月八日は仏教では薬師の祭日であるとともに、釈迦の誕生日でもあり、キリスト教の復活祭も近い頃である。わが国でも古来ハヤマの祭日として、田植を目前にしてとくに田の神系の機能復活のもっとも要請される大切な日であった。春の神々の復活は東西共通するものがあったわけである。

山から花を採ってきて軒にかざして田の神をまつる習俗は、いわき市あたりでは近年まで見られた古い花祭の名残りである。また各地に見られる田植地蔵・鼻取り地蔵の役目を陸前高田の葉山では薬師様が引き受けているのは面白い。いずれも祖霊の依代であった。

これを要するに、日本人の祖霊観として、肉体を離れた最初けがれの多い霊魂も、潔斎や供養をかさねることによって浄化され、国つ神となって山に住み、山上から麓の子孫の生活、とくに農耕をみてくれる。時には年神となり、時には田の神となり、もちろん精霊のままでも盆や正月など時を定めて家々を訪ね、家族と団欒を共にして再び山に帰って行く、これが長い間日本人の考えていた神であり仏であったと思われる。

福島金沢の羽山籠り

一　由緒

福島県福島市松川町金沢字宮前に鎮座する本宮黒沼神社は祭神を欽明天皇の皇子渟中倉太珠敷命とし、近くの羽山岳を奥宮としてここには羽山津見命を祀る。

由来金沢郷は、往古は山の内と称し、宮人の落人によって拓かれた所と伝える。伝説によれば、治安元(一〇二一)年という年のこと、神社の南方蟹沢という山間に大蟹が棲息し、農作物や人畜に大きな害を与えるので、当時の在家七軒がこれを退治しようと、一同黒沼神社におこもりをなし、神の稜威によって無事退治することができた。よって山の内郷を改めて蟹沢村としたという。また、鳥羽天皇の保安二(一一二一)年に至り、愛滝(現在鮎滝)という阿武隈川の沿岸に大蛇が棲み、これ亦害を与えたので、在家は協議の結果、このたびも黒沼神社におこもりをして退治することができた。これが羽山ごもりの起源とされ、天明の凶作にさえ休むことなく今日におよんでいるという。現在もおこもりは黒沼神社の社務所で行われ、同神社の神明井戸によって心身を清浄ならしめ、大神の御取子となることを自覚し、同族の繁栄、国家の安全を祈願するものである。大正十五年十二月には一千年記念祭典を執行した。

なお、この調査報告は、昭和三十一年旧十一月の神事をもとにした宮司半沢正富氏の「金沢羽山ごもり由来記」

（『日本祭祀研究集成』第三巻所収、名著出版刊）をもとに、三十二年以降数回にわたる調査を以て補ったものである。年号をとくにことわらない写真の大部分は懸田弘訓氏の昭和五十三年度の調査に負うところが多く、一部は鹿野正男氏その他によるものである。

二　おこもりの制度、機構

以下、おこもりの制度、機構その他について記述する。

一、女人禁制　老若を問わず出入は禁じられている。

一、日時　旧十一月十二日から十八日までの一週間（小姓に限り）、一般信者は十五日のヤワラ（御飯）から加わる。

一、年齢　老幼を問わず氏子の資格者は信者になることができる。明治時代の年少者は、字高槻の加藤清助八歳、字根木内の斎藤平八九歳、字久保の丹治増吉十歳等の例を見る。

一、宮司　先達　黒沼神社宮司

一、役員　カシキ（役員）は推薦制できめる。カシキにオッカァ、バッパァ、およびヨメの三段階があり、オッカァ（一人）が祭事の中心となる。人数は年によって多少違いあり、現在はオッカァのほか曽バッパァ五人、ヨメ二人計八人が

羽　山　岳（昭和32年ごろ）

居る。
ヤワラ係　二人
ハシル(汁)係　二人
カシキ手伝　二人
待用人　二人
このほかにノリワラ(神がかりして神言を宣る人)、一人客分として先達の次席に居る。

一、供物
お供物は毎日二回ヤワラの際に献納する。

一、小姓制
初めて信者になる者を一年コソウといい、二年三年四年と四年制である。

一、食器並に什器用具その他の名称
水　オナガレ
水浴　コリトリ(垢離)
御飯　ヤワラ
南蛮味噌　ハゴ
鍋　ウシ
へら　マネキ
箸　ヨセ
火　オヒカリ
火箸十能　ブンスケ

福島金沢の羽山籠り

コリトリ（15日より）
神事に仕える人々神明井戸で水を浴びる

燃料　キ(木)
飯米　オハナ
米とぎ　ハナモミ
衣服　ミノ
汁　ハシル
餅(羽山様に上げる)　オミネモチ
椀　クボミ
杓子　スクイ
箒　ナデ
下駄　ウマ　履物一切は、他のものを用いず、こもりや独特の杉の下駄を用いる。

一、衣服・履物

綿入羽織は許されているが、股引、足袋、襟巻等の防寒具は堅く禁じられ、空脛空足たること、但し冠用として手拭一本新しいものに限り用意する。参詣の際、神前と雖も手拭を冠として戴き起立の事。外出の場合と雖も冠を略することができない。また籠り屋内においては、草履を用いず、ウマに限ること。夜分と雖も布団や毛布を用いることが禁ぜられている。結願の日のお山がけだけは藁製の草鞋の類を用いる。

三　十一月十五日の神事

十五日払暁、小姓、世話人起床、まず近くに湧き出ている神明水を数回浴びて身心を清浄にし、黒沼神社に参拝の上、こもりや(社務所兼用)に入る。この間先達は、カシキの張り廻した注連縄内で炉などを清め、その他一切の器具什器を清める。次いで一般信者も同様水垢離をとって入り、一同挨拶をする。一同は炉辺において煖をとるうちにヤワラ係はヤワラ、ハシル係はハシルを用意する。ハゴも準備する。ハナモミ、ナガレクミ、飯炊きは小姓の役目である。

一同は神前に冠をいただいて参拝、起立の上、同音に左の祝詞を合唱する。

天津神国津神祓い給え清めて給う（三十三回繰返す）

ああやに畏し天照皇大神
〃　豊受姫大神
〃　熊野三社大神
〃　八幡大神
〃　八坂大神
〃　愛宕大神
〃　川の三水神
〃　月山羽山大神

〃　黒沼大神
〃　諏訪大神
〃　稲荷大神
〃　東家（とうけ）本家（ほんけ）の守護神
〃　羽黒二十一社

神前での祈願（15日）　籠り屋のなか

〃　伊弉諾伊弉冉大神
〃　白狐稲荷大神
〃　古峰大神
〃　家内の守護神

以上、先達の振鈴と発声とによって、一同厳粛に起立の裡に声高らかに合唱する。

お祈りが終ると、一同は炉の周辺で煖をとる。小姓は飯台を並べて食事の用意をする。

神前の間の飯台には、先達を筆頭に、のりわら、かしきの順に着座する。小姓は四年小姓を頭として、向って左側に列座する。

着座がすむと、ヤワラ係、ハシル係によってクボミに用意されたヤワラとハシルを順々に配り、最後にヨセとハゴを配る。次々に全部滞りなく整えられると、かしき手伝より、「お先達様お養い」と申上げると、お先達様はこれに応じて「どなたもお養い」と言う。今度は列座一同「どなたもお養い」と異口同音に答え、はじめてヨセを手にして食事につく。一膳がすむと一同が終るまで人々はクボミを飯台にのせたまま待っている。全部済んだところを見計らって、係が第二膳目のマネキを取って一同に配る。ハシルも同様にする。二膳目がすんだ時に、ヤワラ係から、「御信心の方に少々オタチが参ります」という。こんどは自由に希望者は食べられるのである。

ヤワラが終るとゴコゾウであるが、これはヤワラ、ハシル両鍋をよく洗い、これにあたためたナガレを入れて一同に配る。このゴコゾウという飲料は、一滴も残さず飲んでしまわなければならないので、相当人数の御信心の方が無ければ容易でないが、希望者によって調整されている。

次がミズキリ(水切)と言い、清水をもってめいめいの食器をきれいに払拭しこの水も飲み終る。次に神前に供えてあったゴクを頂く。

以上で食事は終了し、この他の湯とか茶とかは一切用いることができない。飯台等は小姓が整理することになっている。

以上、食事の概略であるが、いかにも厳格でかた苦しいようであるが一面、女人禁制のこもりやに和やかな気分も必要からか、役員の名称もオッカァ、バッパァ等とり入れたのかと思われる。なお食事は相当の時間もかかるので、疲労する場合には、かしき手伝から、ゴコゾウの間、お先達を通して、少々の間マガリ(足をくずす)のお許しが出て横になることもできる。

朝のヤワラが終ってからは、この日は夕方のお峰餅つきの儀があるので、その準備のため、またその他の仕事の協議をする。

信者はつとめて水垢離をとって黒沼神社を拝みお祈りを続ける。ことにヤワラの後のシジュウハッドは、神明井戸で水垢離をとり黒沼神社への参拝を四十八度くり返すものである。

夕方ヤワラ係の準備万端できると餅つきの儀がはじまる。先ずお峰餅はカシキ二人で横杵でつく。次に祝の餅は大勢で千本杵をもってつく。

共に藁を敷いた臼の周囲に集まってつくのであるが、全員、口に三、四寸ほどに切った藁をくわえてつくのは、お峰餅の神聖なことを自覚しての結果であって尊い餅つきと言わねばならない。つくにしたがって、傍から掛声勇ましく太鼓を打って相呼応し、百姓の豊作気分を取入れて餅つき歌をうたいながらめでたくつき終る。餅は神前お供分として十個適宜なまる形にまるめて五重ねとし奉納する。お峰餅をつき終ると食べる餅をつく。これは信者一同で頂くことになる。

餅　つ　き（15日）

一同水ごりをとり、第一回の今朝の朝礼のように、大神への参拝が済んでから、飯台に並んで頂くのであって、ただ塩味の小豆餅とタカトウと称する大根おろしを用いるだけで、砂糖その他は許されない。食事の儀は朝同様礼儀正しく、残部があるとか、器具の清浄が粗略であるなどは決して許されない。これがすむと各自思い思いに黒沼神社に参拝して休むことになっている。

四　十一月十六日の神事——小宮参りの儀——

午前三時ごろ、暁闇をついて水垢離をとり黒沼神社に参拝する。係は精出して準備にいそしみ、御護符並に御神酒とワッチ(神に供える輪切りの生大根)を献上、信者一同起立の上祈願をこめることは前の通りであって、暗いうちに済ませることを原則とする。

小宮参りの儀とは、信者氏子のもとに鎮座の各小祠に一同で祈願することである。とくに一年小姓の家には悪魔払いの祈願、家内安全の祈願を行うのであるが、途中、氏子からの願があれば随時これに応ずる。たいていの氏子から願があるので、一日のうちに済ませることは容易でなく、そのために二手に分れて小宮参りをすることが通例になっている。すなわち黒沼神社には全員で集合し、神社前で二手に分れてまわる。そして帰りも一緒になるように、早い方は時間を見計らって、黒沼神社前に集合の上、こもりやに帰るのである。但し先達は宮司であるので、ノリワラかカシキかが一方の先達となって、振鈴を合図に祈禱するのであるが、その祝詞は、「天つ神、国つ神、祓い給え、清めて給う」であって、朝暗いうちに出発する。服装は別段のことなく、手拭を冠にかぶり、オソフキかツマゴを空脛につけた程度で、いかに積雪の多い、また寒風のはげしい極寒の時と雖も防寒具は用いない。先達も同様である。こうして信者一同は、昼食もろくにとる暇もなく、夕刻まで、氏子の希望によりたいていの家庭を訪れて祈禱して帰るのである。

この小宮参りの際、信者の用意するものは、放シ駒と称して、白紙七枚に、三四、五四、七四、九四、十三四、三十三四、四十八四と神前において駒形を押捺したものを篠竹に結付け肩にさし、神社参拝の折に一枚ずつ離して置いてくるのである。外にシッペイと称する、三角形に畳んだ白紙に男女の密所を書いたものを腰につるして行くが、昔は、藁で実物のようにつくってあったという。但し放シ駒のうち四十八匹は、羽山神社結願の日に、羽山神社の境内に放すのである。駒は神の乗りものとして奉納するものと思われる。

五　同十六日の神事——作祭並にヨイサァの儀——

この儀は、氏子のもっとも力を注いで稲作の大豊作を祈願する意義深い行事で、田植の実況を各神々に奉納する祭と言われている。午前午後と小宮参りについやし、帰ってから夜のヤワラにかかるが、前同様各大神にお祈りをすませてからはじめる儀式である。

この祭は、相当激しい動作もあるので、先達はもちろんカシキの役員達も目を配っている。まず神前には、五十匁百匁など多くのろうそくの燈明があかあかと点され、先達によって炉は清められ、そのほか信者から器物什具に至るまでもっとも清浄なることを旨とし、祭事の無事安全が祈禱され、先達はカシキとともに、神前において終るまで油断なく注意が払われる。

しろかき（16日）　馬を担ぎあげて押合う

いよいよ時機到来となれば、鍬頭が出て一同に対し、「今日は幸いにもお天気も上々、田の水加減も至極よろしい。早速代かきをやって、見事な

コズハン（16日）
田植途中の小昼飯で参拝者にもふるまう

田植をいたしたいから、みんな蓑を脱げ」という。一同衣服を脱いで褌だけの裸体になる。これは代掻準備の掛声であって、早速鍬頭は鼻取り役となって元気な馬(人)を引出すのである。ところが元気な馬はピンピンして鍬頭をすぐには寄付けないが、さすがは手練の鍬頭であるから、馬も力およばず出てきて代掻がはじまる。たまたま蓑を脱がない者を見つければ次々と脱がせてまわる。アラクレの代かきは、容易には土が均せないと見えた時、鍬頭は何匹も新馬を見つけてひき出してくる。そこでいよいよ真剣になって代を掻く。

やがて天候がにわかに曇り、雷様が鳴り出す(太鼓)。これは大変だと、掛声諸共、「ヨイサァヨイサァ」と総がかりで一所懸命となる。いよいよ熱してくると、「ヨイサァ、ヨイサァ、ヨイサッサ、サッサァヨイサッサァ」と猛烈に腕前をふるって掻きまわし、「あの隅はまだ出来ない、この隅はまだか」と、時には深てに入って馬諸共倒れるなど数回繰返す。このもみ合う様は壮烈なもので、相当長時間にわたってなされると、鍬頭は充分地ならしが出来たと見、神前に参り、「本日のアラクレもよくできたようでありますので、御神馬をお出し下さい」とお願いする。するとカシキ役員が承知して、御神馬が現われ、仕上げの代かきができ上る。

これで代掻が終ってすぐ苗打ちとなる。小姓等は苗に見立てられて転々と適当に打出される。次にカシキを鍬頭として田植がはじめられ、田植歌が合唱され、太鼓や囃子の音頭によって田植がはかどる。天候もよし水かけも上々、田植もこの上もなくよく出来た、というので、先達を頭に、カシキ一同招かれて、信者一同のサナブリ祝がある。一升ますを盃とする朗らかな祝宴で、バッパァ、オッカァという具合に盃が進められ、高砂の謡からはじめて、民謡、隠し芸におよんでもよい。かくて本年の作祭も無事に過ぎ、併せて来年の大豊作疑いなしの期待をつよくするのである。

六　十一月十七日の神事

暁に起床、水垢離をとって黒沼神社に参拝することは例の通りであって、今朝もヤワラ以前に神前において、一同起立のまま祈願をささげる。昼、垢離後少時休養して後、明日の結願の準備その他の仕事があり、本日も相当の苦業と忍耐とが要求される。

昔からの言い伝えで、小姓づとめをした者にかぎり、満六十歳以上の男は、夜のヤワラから加わればよい。明治、大正と非常時のころには非常に大勢のこもり人の数であった。もちろん一夜こもりでも水垢離をとって入り、服装も一般信者と変りはないのである。

今夜の祈願には、氏子または各地の信者から、特に祈禱の依頼が受付けられる。内容は種々であるが、その個人の祈願の目的に添うように、こもりや信者一同が同調して奉願するのである。例えば家内安全の場合とすれば「何の某家内安全、天津神、国つ神、祓い給え清めて給う」という風で、蚕安全、身体堅固、火難盗難災難よけ、病気平癒等に至るまで受付けられる。そして信者の個人名が読上げられ、先達の振鈴とともに祈願が続けられる。

これが済むとヤワラになるわけであるが、例の通り配られて、いざ御先達お養い、となろうとする時、神前に列座

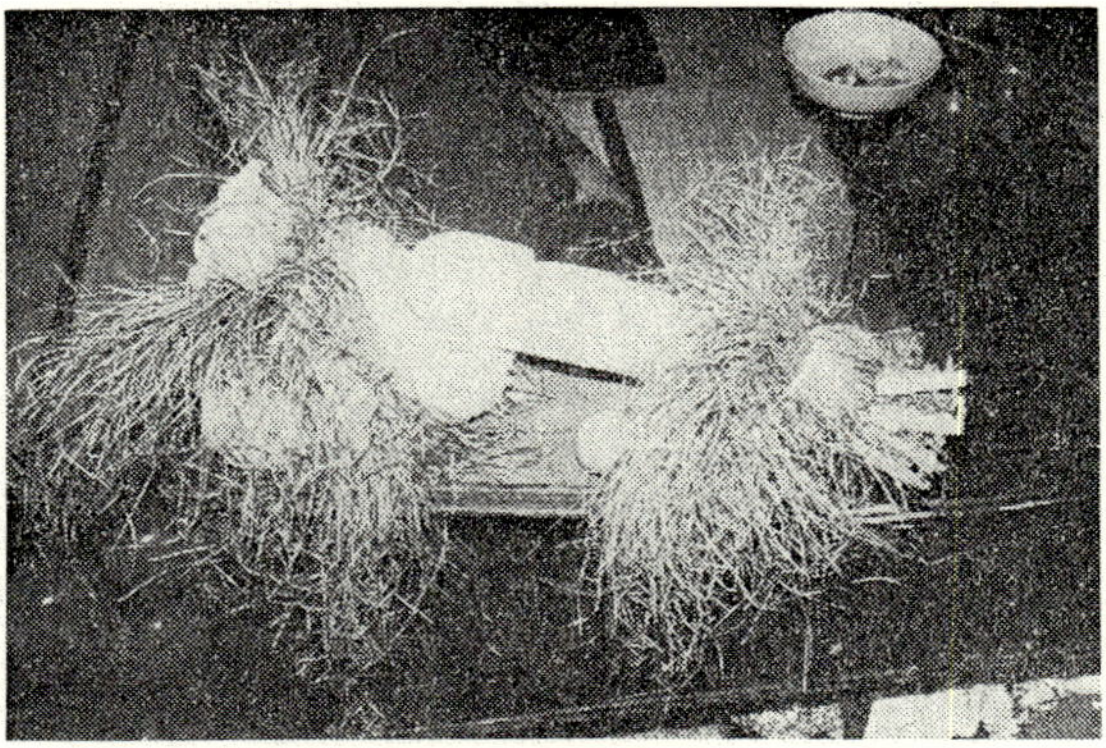

カシキへのお土産（17日）

のカシキから、「カシキ手伝にお願いがありますから、ここまでお出でを願います」との発言がある。それはヤワラ、ハシル、ヨセと準備怠りなく配られて、カシキ手伝より「皆さん落ちなく取付けましたか」との発言もあったのであるがよく見れば小姓のヨセは、長さ二尺以上のカッポ木でつくられたものであり、ハシルの身は、大根をゆでた塩気もないマラ形の大根なので、これを見つけたカシキ役員は大いに同情し、これを助けようとしてカシキ手伝を呼んだのである。そこでカシキから「本年の小姓はまことによくつとめて、何ら懸念されるような点がないから、どうか大ヨセをゆるしていただきたい」とのお願いがある。そこでカシキ手伝から、「了解したから仰せの通りにいたします」と、大ヨセを取りかえてくれる。カシキへのお土産と称する男女を形どったごちそうも運ばれてくる。それからカシキ手伝から、「お先達お養い」と申上げると、お先達が「どなたもお養い」、一同もまた「どなたもお養い」と申述べて食事がはじまる。

ヤワラの儀がすむと、ヤワラ係から、お先達並にカシキ役員に対して「これからクボミの検査があります」と申述べ、ろうそくをともして各自の前に至り、差出された一個一個を中から外から検査をする。人々はあらかじめこのことを承知しているので、たいてい検査に合格する。

次にヨセ刈りと称して、順々にヨセの刈り集めがあるが、時には蜂が出てきて、ヨセ刈り当事者はかなり苦痛を感ずる場合もある。

次に小姓は許されて小憩ののち、全部のクボミやマネキ、スクイ等を神明水をもって洗い清めるが、この際には信者のお手伝いがある。これがすむと小姓一同は、四十八回の水垢離をとって、一回ごとに黒沼神社鳥居先で礼拝祈願するのであるが、先輩の信者が同情して、代りに垢離をとって小姓を救う習慣がある。これが代垢離なのである。

次に神前ではノリワラの神事が行われる。これは明日結願のために羽山岳にのぼり羽山大神に参詣して種々神の御託宣を受ける予定である。そのために万一不敬のことや手落ちがないように、また、成就不成就の吉凶等を前以て伺いたてまつるために行うものという。すなわちこの際は一般信者を遠ざけて、先達とカシキ役員のみで執り行われる神事である。

オヒカリ木（18日）
一番お山の先頭を行く

七　十一月十八日結願ノリワラの神事

今日こそは結願の日で、いよいよ祈願満ちて、大願成就を思わせるもっとも大事な最終の神事である。

午前一時ごろともなれば一同起床し、水垢離をとって心身を清めて黒沼神社に参拝、各々羽山岳に登る出発の用意をする。カシキの命によっておこもりをした信者一同万端滞りなく着装の上、炉辺に集合、先達をはじめとして、御神酒を各自クボミをもって少しずつ

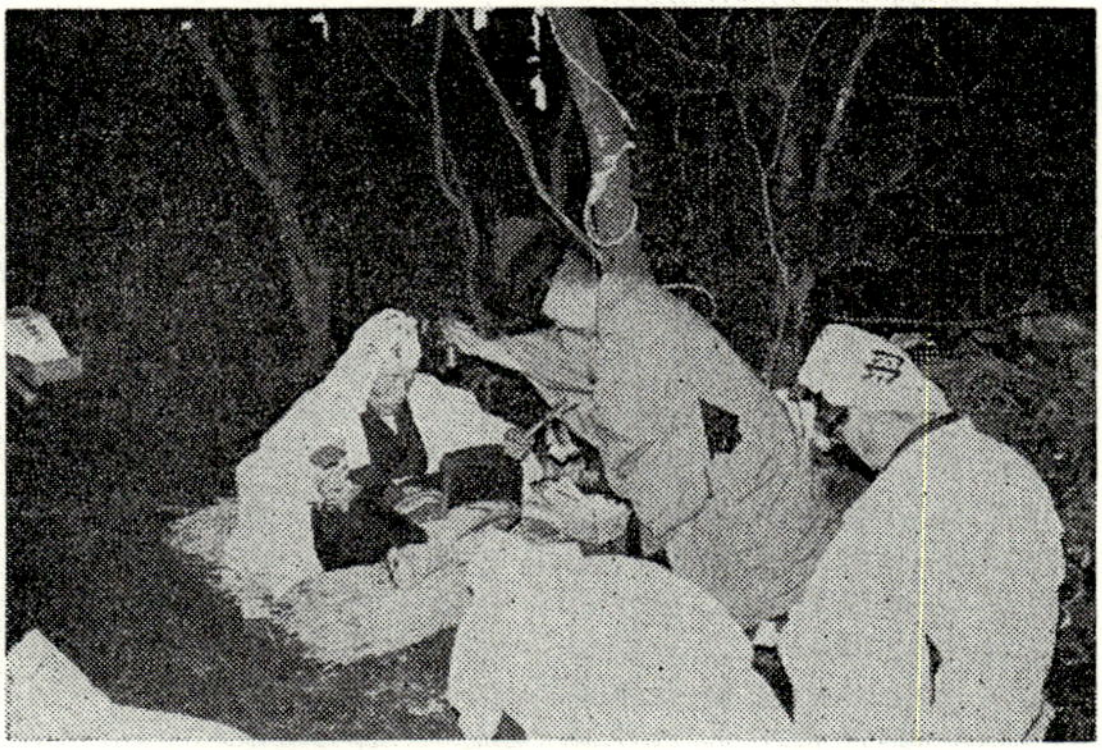

ノリワラに神をつける（18日）ノリワラの託宣はじまる

頂く。一方オヒカリボクには炉の火から点火される。準備落ちなくなされたのを確めて出発となるが、たいてい午前三時ごろになる。出発の順序、役割は左の通りである。

一番お山　オヒカリ木を先導として大太刀二、大ぼんでん一、太鼓、新しい俵二(一俵はお峰餅、一俵はハナシ駒やヨセそのほかこもりや使用のもの一切)、内注連外注連二、新菰(俵を利用する)

二番お山　燈台一(持人はヨメ)、羽山大神御神体(持人はオッカァ)、先達、ノリワラ、秘書二名(筆記用具を持つ)

三番お山　主に役員以外の一般小姓達で、二番お山に引きつづき、行列をつくって登る。小宮参り同様、冠、空脛、藁具足に限る

途中はもっとも謹厳を極め、信者は各々、「羽山も繁昌、六根清浄、身体堅固、大願成就、五穀成就」等声高らかに合唱しながら登って行くさまはこの世のものとは思われないばかりである。

頂上には社殿は無い。内注連外注連が張りまわされて、臨時に羽山大神の祭場が設けられ、近くにはかがり火が盛んに焚かれる。境内神前には新菰が敷かれ、先達を頭に、ノリワラ、カシキと順々に着座する。但し一年小姓は正面に向くことが許されないので、各信者の後列に後向きにすわる。二年小姓は向って左側に西向き、三年小姓は右側に東向き、四年小姓だけが一般こもり信者同様、神前正面に向って礼拝できる。かくて一同着席がすむと、カシキが順順にお供物を供える。それが終ると先達の祝詞があり、次に先達の振鈴合図により、こもりや信者一同によって、左

の祝詞が厳かに奉唱される。

「きんじょう再拝、羽山の神社御前をおろがみまつる」

これを三十三回奉唱する。終って各々大願成就の心願を申上げる。

次にノリワラの神事が羽山神社大前において行われるが、これには小姓は参列できないことになっているので下山する。

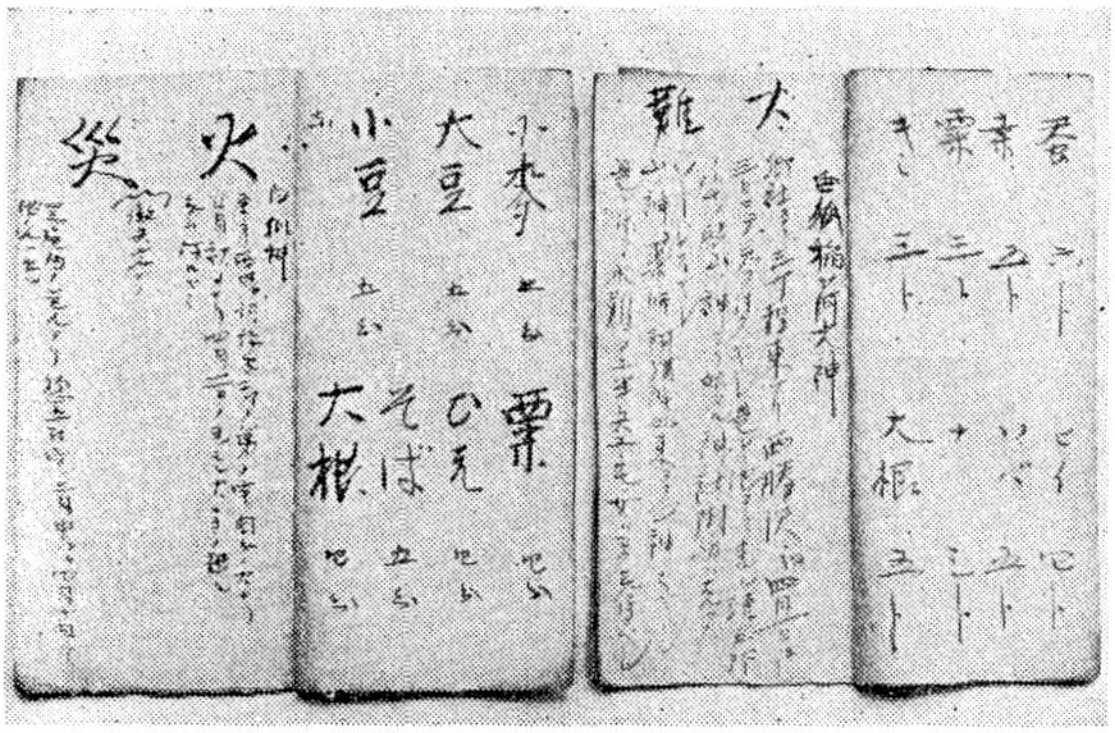

託宣控

ノリワラの儀は、一同着座ののち最も厳粛裡に行われる。神前には正面にノリワラ、向って右に先達、左にカシキ、ノリワラの後には秘書二名、その後方に信者がひかえる。

先達の祈禱によって、ノリワラを通して神勅が拝されるのであるが、大体左の項目の順序によって、先達並にカシキが仲立ちとなって承るのである。

世の中、日、雨、風、五穀、大麦、小麦、大豆、小豆、粟、きび、そば、ひえ、大根、煙草、蚕、桑、火難、盗難、病難、災難、霜害、稲作

以上の外でも、先達の了解した点についてはおたずねできることになっている。秘書は一々これを帳面に書きとめる。神が降臨して神言を宣る間は村中不思議にさびしく静まり返り、ことに羽山岳の麓などはとても通れないとはよく聞くことであった。

かくて御神託を残りなく拝承して結願となり、一同晴々とした気持で下

山するのであるが、途中カンムリを神明水に浸してゆく。これをオエキナガシという。時間は曙ごろで、陽の上る直前の終了となる。一同籠り屋で休息し、はじめて俗人に返った感じになる。

この日(十八日)は黒沼神社境内の神明宮の例祭日でもあるので、山から帰ってからその祭もある。なお、羽山岳での託宣には、羽山以外の神も出現することがあり、神明もそうなので、託宣にはここに祭られている二対の神明像も羽山の祭場へ運ばれて安置される。

すべての行事が終って午後、社務所で御神酒開きが行われる。一同起立、先達の発声で五穀豊熟、氏子安全、火難盗難災難霜害などの一切無いように祈願し、終って先達、カシキ役員の胴上げがあって羽山ごもりの神事は全く終了、たいてい午後五時ごろを期して解散する。なお最後の直会は、一般の希望により女性たちのお手伝いによって進められ、精進あげの意味で魚もつく。また次年度の羽山ごもりの中心になって世話をしてもらうカシキ(役員)をきめ、これを社務所に迎えてヨメトリの式もある。

〈付記〉現在の羽山ごもりの神事は、旧十一月十六日夜から十八日までに短縮され、したがって小宮参りも実施されておらず、十六日夜のヨイサァの儀より行われる。

また託宣の記録は、明治半ばごろよりのものが残っている。

八　補　遺

「金沢の羽山ごもり」(『福島市の文化財』)その他によってなお若干補う。

十二日。カシキ、小姓たちがこもりやに集まる前、すでに各自の家では別火の生活に入る。集まる時に、自分たちの食いぶちの米、味噌、野菜など七日分持参し、また小姓は栗の一年枝で作った小ヨセ、カッポ木でつくった大ヨセ、草鞋などもつくって持ち集まった。小姓のこの日の仕事は、こもりや、炉、神明井戸の掃除、馬(下駄)の緒たて、焚木集め、障子張り等。時間のあいまにカシキは羽山ごもりの歴史やこまごました行事を教える。

十五日のお峰餅つきは、四人が一組になって千本杵で搗く。側では太鼓をならしながら調子を合せて餅つきの歌をうたう。はじめオッカァがつき、次に若オッカァが相どりをし、ヨメが返して、バッパァが太鼓を打って歌い、人々が唱和する。

みなさま頼むぞこの餅つきは　羽山ごもりのお峰餅
めでためでたとつくこの餅は　氏子繁昌の祝い餅
梅の小枝に鳴く鶯は　お山繁昌と歌います
お山繁昌と願をこめて　搗けや羽山の神の餅
心願成就の願をこめて　嫁こよくつけよくこねろ
金沢作田に秋風吹けば　五穀豊穣の穂波音
めでためでたとたび重なれば　天の岩戸もおし開く
金沢作田の蛙でさえも　心願成就とこもりする
羽山の森に雨雲かかりゃ　今年ゃ豊年満作だ
嫁こよく見ろこの餅つきは　氏子そろってつく餅だ

つき上った餅は、水ギリといって粉を用いずに藁を敷いた台の上にのせて六重ねつくり、五重ねは羽山様へ、一重ねは神明様に供える。

十六日の小宮まいりに用いる放し駒は、一枚の半紙六分一を御幣のようにつくり、それに三匹、五匹、七匹、九匹、十二匹、三十三匹と書き別に半紙四分一の大きさの紙には四十八疋と書き、そのどれにも馬の印を押して、この七枚の紙を二〇センチぐらいの篠竹につけてはさむ。またこれには、シッペイという半紙を三角に折り合わせたものに、富士山と太陽、また男女の陰部を向い合うように書き、放し駒と一緒に竹にはさんでおく。これは小宮まいりを終えて、最後の四十八匹の放し駒とともにお山に納めることになっている。このほか、この放し駒と同じくつくった紙を別に散ラシ駒といって、小宮参りの先々でまき散らしてもよいことになっている。そして養蚕が当るようにともいう。

ヨイサァの行事は、こもりやの中を田圃と見立てて行われるのであるが、鍬頭につかまった一人が馬にきめられる。馬は普通二頭出る。代かきの仕上げには御神馬を借りるが、御神馬には普通オッカァが選ばれる。次に早稲田植が行われるが、樽の御神酒を一升ますにくんで先達にさし上げてから一同飲みまわす。

苗打ちは小姓があてられる。小姓をつかまえてこもりやの中ほどに投出すので、小姓へのしごきともなるという。田植は全員が神前にならび、田植歌をうたいながら手拍子をとって前進と後退をくり返し、太鼓と手拍子で田植をする。

豊年作祭田植歌

1　はじまる田の神はや目をさませ、こんにち様に負けぬよう、朝おりて苗代見れば、苗取りに水こんこん困った、神のせき七せき八さき、じゃ籠とめて水を引く　やーれ

2　苗の中の鶯とりは、何が何とさやずる、やーれ、おぐらおますにとかきを添えて、俵を積めとさやずる、やーれ

3　この苗を取上げたなら、蝗はどこにとまる、そんそんやーれ　金沢の薄をかけて　すすきの枝にとまる、とんとんやーれ

4 あさはかのいちみなくちに、生いたる松は何松、やーれ、五葉の松の三階枝に　黄金の鶴が巣をかけ　やーれ
巣の中を手をかけ見れば　黄金の卵が九つ、こんこん九つ　一つ取りてはおかま様に供えて、あとの八つは
長者になる　やーれ

5 金沢作田に姑を持てば　あじなるものを見てきた　やーれ　かのしかに馬鍬を添えて、お馬の鼻取りを見てき
た　やーれ

6 今日の田植の田んのし様は、大金持だと聞こえた、奥は奥州南部や津軽　外が浜までも聞こえた　やーれ

7 四の休に乗り出る舟は、奥の女郎が乗りでる　やーれ　蛇の目から傘あとよりさして　しゃなりこなりと乗り
でる　やーれ

8 今日の田植の田んのし様は、裏に小蔵が八つある　八つの小蔵に米積んだなら、いかなるおかみさんも喜ぶら
やーれ

9 今日の田植の田んのし様は、臼が八からでよねをつく、臼が八からで杵の数が十六本、おなわの数は三十三人
やーれ　三十三人あるその中で、どいつが旦那さんのおめかけ　やーれ　赤いたすきに紅化粧つけて、お色
の白いのがお妾に、やーれ

10 お昼めしにもはよなりました、お汁の実には何々　若めの汁によれかつ入れて　お皿は鯛の焼きもの　やーれ

11 七つさがりに田植を見れば、前田の早稲田がそよめく　やーれ　七歩打てば九つますも取れましょ　八穂では
十ますもとんとん取れましょ　やーれ

12 鎌倉ののぼるさきには、女に似たる石があり、男より手をかけ見れば、なおよりかかる石がある、やーれ

13 蒔いた種は一石三斗五升まき　それをみんな植付け　やーれ　馬鍬とりいに手をかけならし　また来てござれ

田々の神　やーれ

小姓のヨセの取りかえがすみ、マガリの許しもでたころ、カシキ手伝は笊の中に入れたゴッツォ(御馳走)と称するものを藁のつばのついた長い木刀でかついで先達やカシキのところへもってくるが、中に入っているものは大根、唐辛子、密柑などでこしらえた男女の陰部をかたどったものである。

ヨメが神前から下げて御護符として一つまみずつ各自の手に配るものは大鉢に盛ったヤワラである。次にワッチという大根をうすく輪切りにしてその半面に縦横に包丁できずをつけたものが廻ってくるから、切目に沿って少しずつ欠いて頂き、次にまわす。

ゴコゾウのあとでクボミの検査があるが、クボミのナガレでクボミ自身をよく洗い、その洗い水も飲んでしまって後を布でふきとっておく。

十八日夜に翌日のお山がけのことをハヤマ神に伺いを立てるノリワラの神事のおおよそは次のようである。一同祝詞斉唱ののち平伏する。先達のくり返す振鈴の間にたちまちノリワラに神がつく。即ちノリワラは両手に握った御幣を耳のあたりに着け夢中になって上下に強く振りはじめるのは神がのりうつったのである。平伏したカシキの一人が恐る恐る「羽山の大神にお尋ねいたします。明日の結願の御山の行事が無事終りますようおさとしを願いたいと思いますが、まず明日の出発は何時ごろがよろしうございましょうか」と聞く。これに対してノリワラは「何時」というように簡潔に答える。このように明日の御山の行事についての諸注意に関して、予め神の意向をきいておくのである。一応聞き終えてから、先達の鈴がとまると、神はノリワラから離れ去り、ノリワラは平常の人に戻る。

十八日のお山がけには、一番お山と二番お山の者は白オリと称する白衣を着る。お光木は炉の火に入れて点火する。出発に当り黒沼神社にまず大梵天を納め、途中神明井戸にも上げてからお山へ行く。一の木戸につくと一番お山が持ってきた木戸注連を張る。垢離をとらない信者はここからは登れない。

一番お山が羽山頂上の奥宮(本来社殿が無く石の小祠があるのみ)に着くと篝火はお光りぼくからつける。注連を張り神の降臨すべき祭場をつくる。すなわちノリワラや先達の座を注連の中につくる。

山上でのノリワラの儀の大体は次の通り。「謹上再拝々々、羽山の社の御前におろがみまつる」を三十三回くり返して二礼四拍手で拝礼する。終って一同平伏する。先達は太鼓と鈴を鳴らして小声で祝詞をくり返すと、ノリワラの御幣が上下に動いて、神がかりの状態となる。カシキは御託宣を受ける。これを「符付け(分づけ)」という。その順序は「かしこき羽山の大神に申上げます。本年の世の中は一般にどのように向いましょうか、お伺い奉ります」。それに対してノリワラの口から神の託宣がある。分づけ、日、雨、風、五穀、大麦、小麦、大豆、小豆、粟、きび、蕎麦、稗、大根、煙草、蚕、桑、火難、盗難、病難、災難、霜害稲作の計二十二種についてのお託宣をいただき、書記はこれを書きとっておく。託宣が終ると先達は祝詞を唱し鈴を止めるとノリワラは平常にもどる。なお、「託宣控」は古いのは無くなったようであるが、明治三十三年以降のものは欠けるところなく保存されている。

終って峰バッ(峰初穂)とて各々お賽銭を上げる習いである。

お山の託宣が終ると、お光りを消し、山に塩をまいて清めながら神前を向いたまま下山をはじめる。帰途神明井戸で冠の片隅を濡らしオエキナガシをして清めてから、黒沼神社に参拝してこもりやに入る。

お峰餅は細かに切って御護符とし、御託宣を印刷したものとともに各戸にあとで配る。

次に嫁トリと言って来年のカシキをきめる相談がある。カシキは小姓の修行年次によって定められ、オッカァの推薦はその人によって選ばれる。ワカオッカァは次の次の年のオッカァになるべき人が選ばれる。

精進あげは家々の主婦達の奉仕による。終りにダイモチといって先達、オッカァ、ノリワラの順に三回ずつ胴上げがある。

祝宴の終ったあと、ホドジメと称して炉の火を消し炉に塩をまいて清めておく。

九　考　察

はやまは端山、麓山、羽山、葉山などいろいろに書くが、奥山に対する端山であって里の田圃の望まれる山のことである。山の神、田の神の信仰をあわせ持つことが多い。祭神をハヤマツミの神とする。はやま信仰は東北地方南部に多いが、中部にも見られ、中部から北部にかけてのモリノヤマ信仰も似た信仰で、もとは同じかと思われる。

信仰のもとの形を言えば、人は死んでも霊魂は不滅と見、山へ上ると信ぜられた。山へ上って国つ神となって山上から麓の子孫の生活、ことに農耕を見てくれると信ぜられていた。祝詞の「六月晦大祓」にある「国津神波高山之末、短山之末爾上坐氏、高山之伊穂理、短山之伊穂理乎撥別氏所聞食武」の国つ神である。

そして春は山から下りて田の神となって仕事を助け、秋収穫がすむと子孫と飲食して歓を尽くし、山の神となって山へ戻る。山の神とも田の神とも見えるが、要は同じ祖霊の持つ二つの機能にすぎない。田の神となり山の神となるのも神々の一種の蘇生復活であり、それはこの世への神の降臨とも一致する。正月も盆も同様であり、この外にも臨時に来臨することがしばしばあったと思われる。日本の年中行事は祖霊の来臨が基礎をなしているのである。

阿武隈山系に多いはやま祭は、ほとんど農耕のはじまる四月八日が多い。秋は十月八日であるが、はやま神の浜下り神事は四月八日にだけ行われるのは、神自らも潮こりをして神さびする機会だからである。山の神になったり田の神になったりするという伝承のある所以である。田植地蔵や鼻取り地蔵が田植を援けてくれる伝承も祖霊と結びついている信仰であることはいうまでもない。

また四月八日は花祭の日で、仏教の降誕会と結びついているが、山から、田の神の依代となるべき花をとってきて飾ることは仏教以前から広く行われている習俗である。花はつつじ、さつき、卯の花、こぶしなど季節の花が多いが、とくに農作と関係深い花が見られる。また四月八日は高山と呼ばれたり、実際に山にまつられてある薬師の祭ともなっているが、どこでも薬師はハヤマ神の本地仏になっている。即ち四月八日という日は、山に居る祖霊の祭とも思われているのである。

東北地方南部のハヤマはきまって作神信仰であるが、山との関係が深い故に古くから修験道と結びついて、祭は修験道的に発達してきたところが多い。水垢離もそうだが、羽山の火ツルギとか火渡りなどはことに修験道の行法そのままである。

福島県などに多いハヤマ信仰が神道的・修験道的なのに比して、山形・秋田県辺の森の山信仰は全く仏教的で、祖霊そのものを対象としている。そして四月八日などでなく多くは盆の行事になっている。すなわち死霊は常には森の山へ行ってすんでいて、盆には各家庭に帰ってくるが、盆がすむと同時に森の山へ帰るという信仰である。青森辺では森の山とは言わなくても、死霊は恐山など高い山へ行くことは他と同じである。

ハヤマ祭の特色の一つは夜籠りにあるが、普通夜ごもりは神を祭るための潔斎のためであることが多い。ハヤマのお籠りもそれには相違ないが、多くは神の託宣を聞くためである。村人のもっとも関心をもつことは作の善し悪しであった。従ってハヤマの託宣を聞く秋の祭は十月八日前後のことがもとは多かった。それに神託をもって子孫に知らせるということは祖霊神の特色であるから、ハヤマの神の託宣が農家にとって非常に重んぜられたことも当然であった。

福島県内にも戦前までは託宣するハヤマは数多くあったが、戦後急激にほろびてしまい、現に残っているのは福島の松川のものと、相馬の大倉のものぐらいになってしまった。

祖霊をまつるハヤマ信仰が土地土地に落ちついてその土地の生活と結びついて展開し、あるいは田遊びを主とするものとなったり、あるいは成人式に力を入れるものになったりさまざまな中に、託宣がまだ厳存して、神の声によって稲の作柄を知ろうとする金沢の羽山の祭のごときは神人合一の古代の遺風を伝えるまことに貴重な無形の民俗文化財である。

なお、この神事は国指定重要無形民俗文化財である。

山形県清水のモリと三ヶ沢のモリ

東北地方のモリの中で比較的古い姿を残しているモリ供養の様子を記録しておく。昭和四十九年八月の調査を主としその後のものをもって補う。

一　清水のモリ供養

鶴岡市清水にあり、樹木のよく茂った山容のよい山で、三つの森をもつので三森山ともいう。また東田川郡の三ヶ沢の森を東のモリというのに対して西のモリとも呼んでいる。頂上からの見晴らしはよく庄内平野を一眸におさめ、やはり霊の集まるという金峰山も彼方に望まれる。現在山への登拝口は、中清水口、下清水口、森片口の三個所になっているが、昔は上清水にもあった。モリ祭は昔は旧七月二十一日から二十四日まであったが、今は新暦八月で日はもとと同じである。参拝者は、自分の家から鶏頭花や米などを持参、または麓から山上までの途中の山道で臨時に店を出して売っている花やホケェ餅(ホケェ団子)、魔除けになるというホオズキなどを買求めて、途中所々にあるマイリボトケを拝みながら山上へ行く。モリ参りの人々の服装は、もとはたいていアカトリ(白い襦袢)に長いタンポ袖、コテ、一重帯、頭には麦わらの一文字、足にはコカケ(草鞋)ときまっていた。

山上近く、下の方からまず下の森（優婆堂、閻魔堂、大日堂、観音堂がある）があり、少しのぼると中の森（勢至堂、地蔵堂）があり、その少し奥に上の森（阿弥陀堂）がある。中の堂の勢至堂裏一帯を藤墓といい、海難者や交通事故死者など非業の死をとげた人の霊が集まる所という。そのため酒田、新潟などの海岸地方からの参拝者も多い。

モリには各地域の部落のきまった参り墓（堂）があり、各部落から来た者は必ず自分の部落の属する墓に詣でる。歯骨もここに納めた。昭和三十年ごろまでは、清水の村の掟として、墓のある台地から仏たちが自分たちの部落が見渡せるように、眺めをさえぎる木は伐払ってよいことになっていたというも、自分の村を守ってくれている祖霊の便宜を思ってのことであって、ここにも祖霊と部落との密接なつながりを見ることができる。

清水のモリ

祭の日の参拝者は檀家とのみはかぎらず、由良、水沢、秋田県由利地方その他からも見えるが、やはり多くは近い麓の部落であって、部落ごとの詣り墓と呼ばれる山上の御堂の所属の寺もきまっている。

優婆堂　下清水　天翁寺　昔は二十二日早朝天翁寺からウバサマを背に負って、灯を消さぬようにして山の堂に上げた。三年続けて負うと子宝が授かるなどといわれた。

閻魔堂　中清水　桑願院　昔は祭の日には閻魔さまを山上の堂に運んだ。

大日堂　上清水　善住寺　この周囲も一帯昔から歯骨などを埋めた古墓になっている。

観音堂　中清水　桑願院　浜中の人々が来る。

勢至堂　下清水　天翁寺　主に由良・温海の海岸の人々が来る。

地蔵堂　中清水　桑願院

阿弥陀堂　上清水　善住寺　戦後戦死者の供養もするようになって参拝者が多い。

中の堂後の藤墓　中清水　隆安寺　もとは隆安寺以外の僧も来て供養した。

もともと清水の森は下清水の天翁寺（曹洞宗）、中清水の桑願院（曹洞宗）、隆安寺（浄土真宗）、上清水の善住寺（曹洞宗）の四個寺で共同管理することになっているもので、現在は三森山森会と称し、四個寺の代表者（檀家総代を含む）と住職とがその中心である。十八歳以上の大若衆も参加できたが、以下の小若衆は未成年で参加できない。はじめて参加する若者をハツアガリという。

寺の中では天翁寺が役割分担がもっともはっきりしていたようで、役割の中に総取締りとか堂詰めとかあり、堂詰めは受付その他を分担する。堂以外一般の墓若者（はかわかぜ）を取締るものを棒ツキといい、役棒、墓棒とも呼ばれるように樫の六尺棒を手にして取締りに当った。清水部落の戸主とか長男にかぎられ、聟や養子は許されない。なかなか権限をもっていた。棒ツキの服装はきまっており、昔は裸足であったが今は草鞋をはく。ハカワカゼは登下山の時以外は裸足である。昔は素草鞋を正式としたという。このほかに茶と水を上げる人などもきまっていた。またモリの上でのできごとは下におろさず、すべて山上で解決するたてまえであった。

二十・二十一日を裏盆といい、二十三日と三十日を地蔵盆という。清水では森参りの期間中、毎日何度か時間をきめて全山の僧侶が中の堂に集まって施餓鬼供養をするので、これに合わせて参詣に行く人も多い。昔から修験者山伏たちも供養に関与していたようで、今でも清水の山伏にともなわれて中の堂の施餓鬼に参列する人も見られる。また藤墓での供養に関与するのは浄土真宗の隆安寺であるが、もとは清水以外の修験僧なども参加したという。

優婆堂にはウバサマをまつる。ウバは地蔵の化神ともいわれるから、したがって堂は一番下の森にあり、ここが現世と霊界との境でサイノカワラに当る。山にはそちこちに供養碑や古墓石の類など供養の場所を思わせるものもあり、山全体として霊場にふさわしい感じである。中清水登拝口には、血の池と呼ばれる産で死んだ人の霊の集まる所がある。

現在僧が詰めて供養の行われているのは、下の森の観音堂、中の森の勢至堂、上の森の阿弥陀堂の三個所で、当日は三堂各々で供養がなされる。もともと藤墓でなされた無理死や戦死者の霊の供養も今は阿弥陀堂でなされているようである。いずれにしても早く極楽に行けるための供養だと考えられている。

参拝の人々は山上に着くと、堂の受付でボンデン(梵天)と称する御幣とコッパ(木端)仏などとも称する笹塔婆を求め、塔婆には仏の戒名や死んだ年月日などを書いてもらう。堂内で僧に供養してもらったのち、現在は中の堂の向って左側戸外に臨時に設けられた施餓鬼棚に持参の供物とともに供える。なお供養の際に新亡のある家では新仏の歯骨を持参して納める人も多い。これは二十三日供養終了後に施餓鬼棚の下に埋めるというが、もとは阿弥陀堂の裏や大日堂のまわりの空いている所に埋めたという。施餓鬼棚の所には施餓鬼と呼ばれる若者が居て、「茶湯水(ちやとうみず)を上げます」、「花水を手向けます」といいながら、鶏頭の花に茶とう水を含ませて三界万霊塔にふりかけてくれる。

仏へ上げるために山へ持参した米は、余っても持帰ることはしないで、米や銭の施しを受けに山へ上ってきているヤッコと称する子供たちに、帰りがけに施すことになっている。これは無縁供養のために米を撒いたことがもとであるが、それではもったいないからヤッコに与えるようになったのだといっている。施しを期待して上ってくるヤッコは、供養されずに迷っている無縁霊の現われだという見方でもある。ゆえにヤッコも大事な役目であり、貰ったものはわが家までは持帰らないことになっている。

家族づれであるいは親戚知己と一緒ににぎやかにのぼる参詣の人々は、山上の休小屋で持参の重箱を開いて酒を飲み弁当を食べ、先祖の話をしながら仏と共に歓を尽くすのである。

彼岸や盆の前に巫女に仏オロシをしてもらって死者の希望を聞いてからモリ参りに行く人も多い。また三年続けてのぼると亡き人に会われるともいう。モリ供養がすむとよく雨が降るが、森のアカナガシといっている。二十四日モリが終ってすぐ山にのぼると餓鬼にとりつかれるともいう。

二　三ヶ沢のモリ供養

山形県東田川郡立川町三ヶ沢にあり、東のモリとも言うのは、約十七キロへだてた清水のモリ(西の森)に対しているからである。ここもうっそうと茂った森の山で、白狐山光星寺の後にそびえているが、宇賀の森ともいうのは近くに稲荷社があるためという。清水ほどではないが、モリ供養の古い姿を留めている。

三ヶ沢の森の起源についても、田川太郎の命日の七月二十三日に清水の森で

三ヶ沢のモリ

供養したのを習ったとする説や、七月二十一日から三日間有縁無縁の供養を始めたとする説、清水のように三ヶ沢ももとは海が近く、津波などの死者の霊を供養したなどの諸説があるが、やはり一般祖霊の静まる山で起源はもっと古かろう。

ここのモリ供養は八月二十一日から二十三日までで、二十一・二日は遠方からの人が多く参詣し、二十三日は三ヶ沢の人が多いという。

花や供物を持った人々は、光星寺の本堂の受付でボンデンを求め、笹塔婆に先祖の戒名を書いてもらう。新仏の遺歯を納める人は寺の僧侶に供養を依頼する。人々は寺を出て、途中の石地蔵に米や銭を上げながら登って行く。戦前は途中にヤッコがたくさん居て施しを受けている姿が見られた。また以前は家々では子供たちや娘たちが路に店を開き、キキョウやオミナエシを山からとってきて売った。

山腹に大きな堂があり光明堂という。堂の側には石地蔵の立並ぶ施餓鬼棚や三界万霊供養塔がある。ここから上へは登れないのは、霊界と人間界との境で塞の川原に当る所だからである。人々は水売りから水を求め、ボンデンとともに施餓鬼棚に供える。ろうそくに火をともして上げる。笹塔婆は堂内で僧たちが声高に仏前で読上げる。三日間とも午後三時ごろから光星寺の僧侶たちの総供養があり、納められた歯骨は、以前は施餓鬼供養後、後方の山(モリ)の土中に納めたというが、今は納骨堂があるのでここに納める。前年のモリから一年以内に死んだ人の骨を納めるという。

受付やその他供養のために世話をする役はいろいろあるが清水のモリのように組織だったものはなく、光星寺の檀家総代と檀頭数名でこと足りる。男たちはモリの準備と塔婆書き、女は米一升と野菜を持ち寄って寺のまかないの手伝いをする。

寺の縁起によれば、光星寺は千余年も前の開山で、モリ供養も、そのころ浜辺であった三ヶ沢の海岸の道しるべの地蔵供養がはじめであったと伝えているが、ここのモリ供養はとくに地蔵信仰が表に出ているようであった。施餓鬼棚の辺にも地蔵が並んでいるのは、死人を霊界に迎えてくれる受取地蔵の役目をしているのである。仏教以前はこの地蔵はサイノカミであったはずである。

以前は巫女を森の山によんで仏オロシをしたが、今も春秋の彼岸に口寄せをしてもらって仏の希望を聞いておきモリへ行く人も多い。三ヶ沢周辺では、巫女は藤島、清川、余目に居る。昔は夜念仏や乞食も多く集まった。

二十三日モリの終るころ降る雨をここでもアカナガシという。また親を亡くした人がモリ供養に行けば親に似た人に会うことができるものだという。

三　考　察

モリノヤマは森の山で、樹木のよく繁った山容のよい森であることが多い。人が死ねば行って住むべき所であるから、必ず子孫の住む麓の村の見渡せる所がよいわけで、場所は奥山に対するハヤマ(端山)と同様見晴らしのよい所が多い。祖霊の住む点で東北南部のハヤマと同じで、中部・北部はだいたいモリノヤマになっている。

ただモリノヤマの方は、けがれの充分除去されないホトケで居る期間に当り、モリ供養の行事はほとんど盆に集中しているのは、仏教以後はその影響を受けたことが明らかである。すなわち盆になると、モリから精霊をわが家に迎え、飲食を共にして楽しみをわかち合い、盆が過ぎると家族で花や線香を持って再び森の山へ送っていくというのが一般的な風習である。

遺体は麓の部落に葬って、霊魂の祭はモリで行うのが原則と思われる。もっとも遺体もモリに葬る例も少しはあったようであるが、多くは分骨という形で遺歯・遺髪などをモリの山に埋めたり、モリにある堂祠に持参して僧に供養してもらってから納めて帰る。似た風習は福島県会津の八葉寺などには現在も残っている。これが埋め墓と詣り墓と違う所以であって、モリは原則的には詣り墓の方に属する。ただ清水や三ヶ沢のようなモリ詣りの古風さは近年崩れてきて、麓の寺院でモリ供養をする風がふえてきているようである。

モリに居る霊を呼んでくれる巫女も、麓の村には少しは残っていて、これらの巫女から前もって仏の希望などを聞いておいてからモリへ行く人もある。

また、サイノ川原をもつモリもある。それより上は仏の世界としてのぼることを禁じているが、三ヶ沢のモリにもそれに当る場所があって、ここから上には上ることを遠慮する。

わが国の固有信仰として、けがれのある霊魂も山の高きに就いて供養を重ね、次第に浄化して神になるという考えであるが、モリの山のけがれ多いホトケも、年月がたてばさらに高い山へも行くことができ、遂には神になると考えていた。その高い山とはこの辺でいえば月山や鳥海山だという伝承である。要するにモリ信仰は遠く古代にさかのぼっても、現在のようなモリ供養の形態は仏教が入ってきてから確立されたものであろうと思われる。

第二篇　東北民間信仰の原点

「遠野物語の成立」はしがき

――東北民間信仰の原点として――

『遠野物語』は、日本民俗学の原点としてだけではなく、私にとっては民間信仰の原点としてもとらえたい。

『遠野物語』は後に詳述するように、柳田国男が遠野の伝承を土地の佐々木喜善から聞いてまとめたもので、明治四十三年にできた日本民俗学の最初の記念すべき本であるが、内容とするところは、神々や霊異等民間信仰に含まれるものが大部分を占めている。これは遠野の伝承にそうしたものが多かったばかりではないのであって、後の民俗学といわれる学問の中でも、もっとも早くから興味をいだき、取りくもうとしたのは信仰の問題であったことは、『遠野物語』より一年早く『石神問答』が出ていることでも明らかである。柳田先生をもっとも尊敬して居られた折口信夫先生は、私が国学院でお習いした先生であるが、「柳田先生は本来は神道学者ですよ」と言われたことがある。さらに思えば、柳田先生が民俗学の全般を通して且つその一生をかけてとり組まれた課題は信仰の問題ではなかったかと思う。最初のこれら一連の著述から、最後の大著『海上の道』にいたるまで一貫して、信仰を基盤において日本人の思想の源を知るための究明に費やされたように思われる。国家神道もよいが、民間信仰に本当の日本の姿が残っているはずだと言われたことを忘れることができない。

全国に蔓延した熊野信仰の中心を見たいと思いお尋ねすると、肝心の紀州には何も残っていないから、国のはしばしに残っている資料を丹念に調べて、民間に残る熊野信仰を知るほかはあるまいと言われたこともある。もちろん国家神道は根本的な大事なものであるが、この方は記録にも残されてあるていどわかっている。地方の小さな祭祀などにかえってもとの姿が残っているもので、無くならないうちに明らかにしておかなければならない、ということらしく思われた。

日本の固有信仰であるところの、山にすむ祖霊の国つ神が、時々麓の子孫を訪れるという祝詞にある記事を、特に私に注意させて下さった先生であった。それは国学院大学に神道の講話をされるために出かけられる時のことで、私を誘って下さったのであった。柳田国男の祖霊観の基礎もここにあって、その展開をつねに考えて居られたのである。こうした考えが『遠野物語』にははっきりした形でなくても歴然と底に流れているというのが私の『遠野物語』観なのである。

私が東北のハヤマ調査を手がけ、民俗学的観点から何とか論文にまとめあげた時点でまず先生に見ていただいた。それが後に本になった『本邦小祠の研究』であるが、その中心はハヤマ信仰についてであった。「君の調べているハヤマは、私が長年かかってやってきた祖霊の問題そのもののようだ。この中には自分の気付かなかったこともたくさんある。これで国つ神は祖霊でハヤマの神でもあることがはっきりした。」「そういう意味で君の論文で教えられることがたいそう多い。」「自分は他人の論文をこんなに丁寧に見たことがなかった。ただあまり年をとりすぎてしまって、新しい研究はできそうもないから、君が続けてやってごらん。私の考えもいろいろ話しておきたいので計画的に上京してもらいたい。」とのことであった。若かった私は感激して、先生一生かかってやり残された祖霊信仰の問題を、その片端なりともお手伝いしたいと考えたのであった。その後も先生からハヤマに対する意見をカードに書いて寄こされたこともしばしばであった。

その後、阿武隈山系のハヤマを主に調査していたことから、東北地方の中部・北部にひろがっているモリノヤマ信仰におよんで今日にいたっているが、これも東北南部はよくわかったがその他はどうなっているかと問われて気付いた調査の発展であった。

このようなわけで、私は『遠野物語』は、民俗学のみでなく東北の民間信仰の源泉のような感じで愛読しているのである。

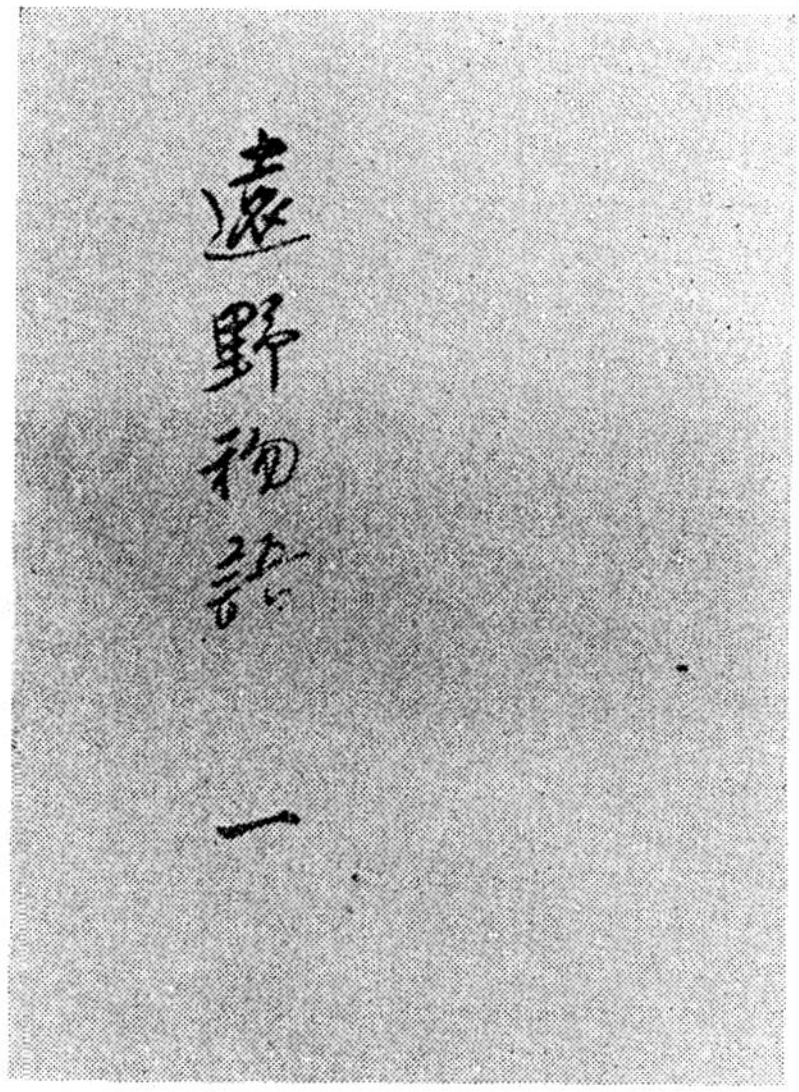

『遠野物語』原本原稿
（東京・池上隆祐氏所蔵）

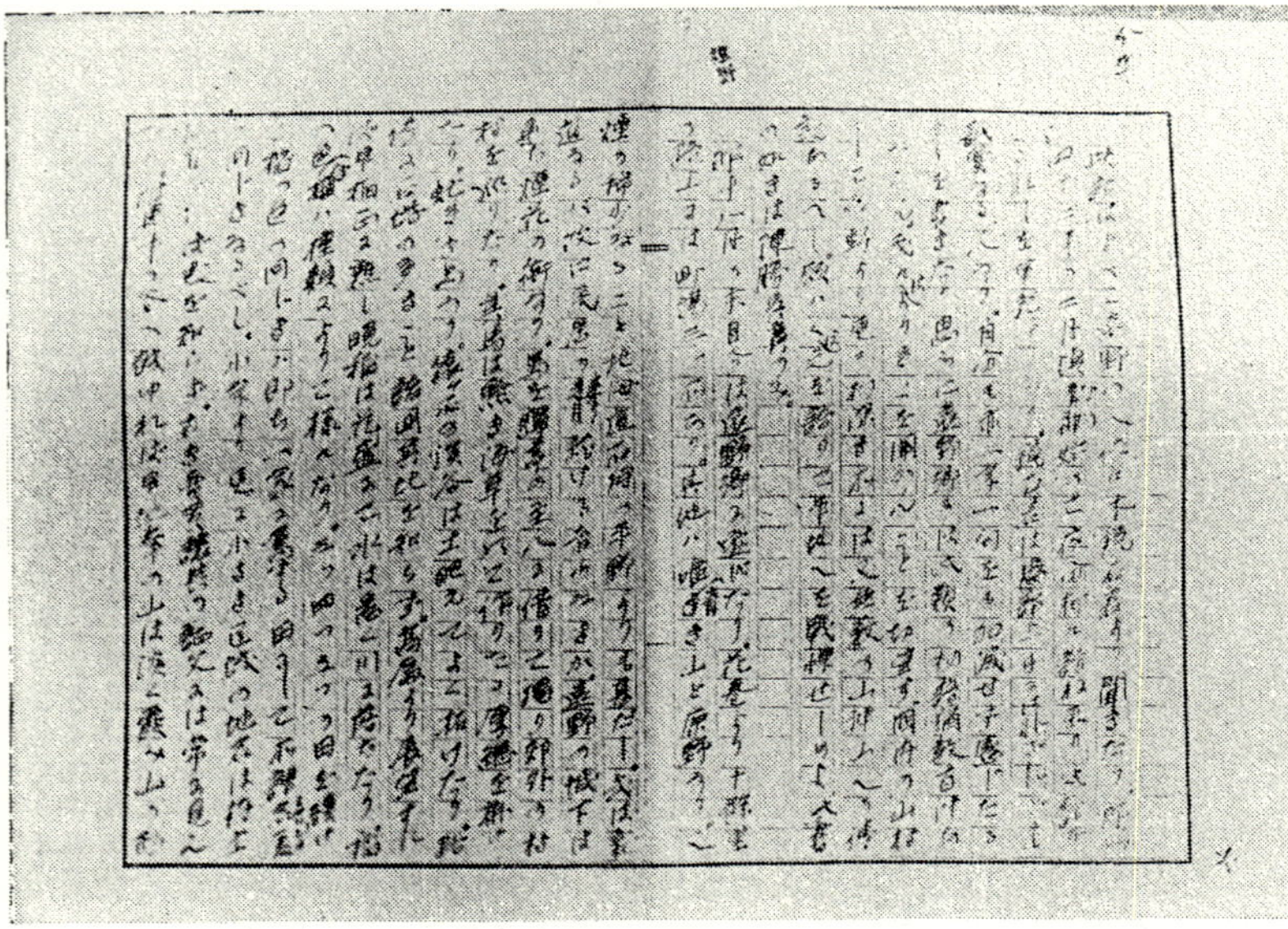

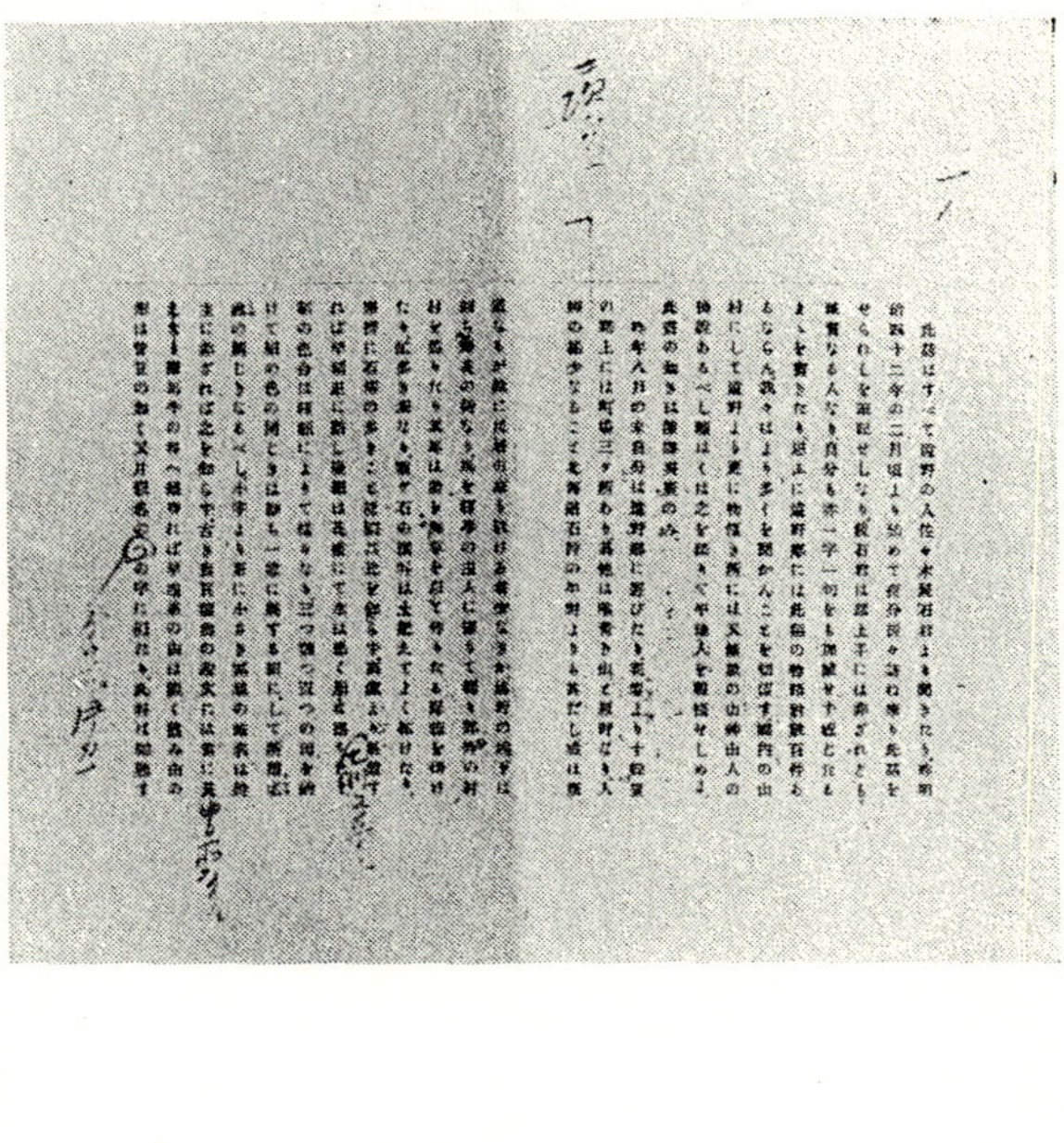

遠野物語の成立

『遠野物語』は、柳田国男によって創められた日本民俗学の最初の著書で、明治四十三(一九一〇)年六月刊行されたが、なぜ彼が最初に岩手県の遠野を選んでこの物語を書くようになったか、その事情を明らかにしてみたい。民俗学は土地に即する心の学問である故に、心にいだいていたこの学問の花開く場を遠野に求めたのは、伝承に古風を残す土地柄と人との条件が適合していたからであったと思われるのである。同時に、『遠野物語』の意義と価値というようなものを考えてみたい。以上が本論の趣旨である。

一　遠野物語の背景

柳田国男が遠野を訪れたのは、前後三回あった。第一回は明治四十二(一九〇九)年三十五歳の時である。はじめて佐々木喜善を知って遠野の話を聞き出したのは明治四十一年十一月であるからその翌年にあたるわけで、その目的はまだ本を出すためではなく、伊能嘉矩や佐々木に会うためであったと彼自身言っている(「民俗学と岩手」『岩手日報』昭和二八・一・一、柳田と伊東圭一郎対談)。定本の年譜にも「八月二十三日〜三十一日、東北旅行。はじめて遠野を訪れる。二十四日、伊能嘉矩を訪問、『遠野旧事記』という記録をみる」とある。菊池照雄氏ら地元のその後の詳細な調査を参考にすれば、柳田は八月二十二日に上野を発って、二十三日に花巻に着き、人力車で土沢、宮守、鱒沢を通って遠野に夜八時ごろ着いて、この夜は高善旅館に泊った。翌二十四日は郡役所に行き、地図を貰って、馬で土渕村に佐々木喜善を訪ねたが、この日は佐々木はまだ東京より戻らず、大いに失望すと柳田の日記にもあるという。そこで喜善の祖母の出た家である北川氏を訪ねている。旅館での夕食後、伊能嘉矩を訪ねたが、あいにくここも不在なのでそのまま宿に戻った。

　翌二十五日、高善より馬で松崎から忍峠（しだとうげ）を通って附馬牛（つきもうし）に行き役場に寄り、書記の末崎氏と福田という小学校長と、東禅寺小学校の教員の北川氏との三人の案内で、東禅寺跡を訪ね無尽和尚の墓に詣でている。この中で北川氏だけは、はじめから忍峠を越しての案内役を引受けてくれていたようである。その帰途、天神の森に寄って折からの祭を楽しみ、高善旅館に帰っている。

　この日は往復ともに忍峠を通ったが、帰りの夕暮時の眺望がよほど印象に残ったと見えて、『遠野物語』の序文にも次のように残っている。「盂蘭盆に新しき仏ある家は紅白の旗を高く揚げて魂を招く風あり。峠の馬上に於て東西を指点するに此旗十数ヶ所あり。村人の永住の地を去らんとする者とかりそめに入り込みたる旅人と又かの悠々たる霊山とを黄昏は徐に来りて包容し尽したり」。霊山は早池峯である。紅白の旗とは、今でも新盆の家では杉の葉を先につけた竿に、男なら白、女なら赤い布切れを下げるムカイトロゲのことである。この短い文にも爾後展開されて行く山に住む祖霊が盆に子孫のもとに帰ってくるという彼の祖霊観をかいま見ることができる。私の特に印象に残るのは『遠野』という書物に書いてある序文の次の一節である。「弘い世界の中でも、我々日本人の来世観だけは、少しばかりよその民族とは異なつて居た。もとは盆彼岸の好い季節毎に、必ず帰つて来て古い由緒の人たちと、飲食談話を共にし得ることを、信じて世を去る者が多かつただけで無く、常の日も故郷の山々の上から、次の代の住民の幸福をじつと見守つて居ることが出来たやうに、大祓の祝詞などにははつきりと書き伝へて居る。乃ち霊はいつまでもこの愛する郷土を離れてしまふことが出来なかつたのである」。これは「遠野物語解説」(大藤時彦、角川文庫版『遠野物語』所収)よりの引用であるが、柳田が飛行機で遠野を飛んだ時の感想の一部であるから、やはり遠野を実際に見た実感から展開された思想であった。

『遠野物語』の序文中に見える天神の山の祭の様子も、その豊かな文学的表現と相まって読者の心を引く。

天神の山には祭ありて獅子踊あり。茲にのみは軽く塵たち紅き物聊かひらめきて一村の緑に映じたり。獅子踊と云ふは鹿の舞なり。鹿の角を附けたる面を被り童子五六人剣を抜きて之と共に舞ふなり。笛の調子高く歌は低くして側にあれども聞き難し。日は傾きて風吹き酔ひて人呼ぶ者の声も淋しく女は笑ひ児は走れども猶旅愁を奈何ともする能はざりき。

この日宿に帰ってみると、留守の間に伊能が宿に訪ねてきてくれたことがわかったが、遅かったと見えて翌二十六日になって伊能を訪ねた。そして後述のように二十七日遠野を発ったように地元の調査ではなっているのであるが、『柳田国男集』の年譜の編集にたずさわった成城大学の鎌田久子氏の「遠野物語下染め」(『岩手日報』昭和五〇・二・二四)には、「明治四十二年八月二十三日夜遠野を訪れた柳田先生は、翌日新屋敷の伊能先生宅を訪問し、そこで数々の遠野の歴史書を見、さらにオヒラサマ(おしらさま)、藁人形などを見せて貰っている。あるいは『東奥古伝』という書にある白髭水の怪談のこと、早池峯のふもとに明治維新の前まで穴居の人々のいたこと、当時すでに行方知れずになっていたことなどを語りあっている。二十六日出立の朝にも伊能先生に会い、この日の昼ごろ綾織、上宮守、達曽部(たつそべ)を経て夜盛岡に入っておられる。」と見える。しかし二十四日は伊能を訪ねても不在であわれず、二十五日には伊能の訪問を受けてもこんどは柳田の方が不在で、実際に会ったのは二十六日伊能宅に於いてであった筈だからしたがって本の話もこの日であったと思われる。

ところで年譜にも見える『遠野旧事記』のことになるが、もともと柳田の民俗学への方向づけによい影響を与えてくれた初期の一人は伊能であり、伊能を通じて知った遠野関係の本に『東奥古伝』とか『遠野古事記』があり、かねがね見たいと思っていたので、この日さっそく話に出したらしい。それで前者は伊能が持っていたので借り受けることができたが、『遠野古事記』の方は持っていなかったと見え、これはあとで大学(多分東京大学)から借りて写してもらい、一本を伊能に送ったことが後日の柳田よりの手紙によってわかる。それには、『遠野古事記』は二、三日前大学より借り受け、課員に依頼してうつさせているから、できたら送ってお目にかける、上中下巻を写して次々に送るから、佐々木喜善にも見せて貰いたい、と書かれてある(明治四四・二・二五日付)。私が柳田文庫で見たのはこの時の写しと思われたが、和綴の写本で、『遠野古事記』上、中、下の三冊に分れ(全体としての本の題箋は『諸国叢書』)、遠野の古事を書集めたものである。宇夫方広隆の著で、序文に宝暦十三年癸未年季秋吉日とあるもので、奥書を見ると明治二十二年四月、文科大学教授星野恒が採訪写したものとある。ところで混同されやすい『遠野旧事記』の方は、古事記の前身のようなもので、広隆の父親も学者であったので、旧事記に当るものをすでに書集めておいたのを、子の広隆が集成して『古事記』にしたのだろうと伊能らは言っている。柳田は菅江真澄の『遊覧記』などもこのころ見ているが、とにかく古記録の渉猟のためには千里も遠しとしないような当時の彼の熱心さであった。

なお、この日(二十六日)は遠野に居た南部男爵に会って南部家文書も見ることができたようであり、当地の郷土史家鈴木吉十郎、及川忠兵衛なども一緒に集まっていた。

二十七日十一時ごろ人力車で高善を出たが伊能も見送ってくれた。そして盛岡に向ったことは年譜の通りである。

以上、『遠野物語』の成立に直接関係のあった明治四十二年八月の遠野訪問について記したのであるが、実は物語の聞取りの関係でその前年からすでに柳田は遠野への関心を抱いていたことは、年譜の「明治四十一年(一九〇八)十一月四日、水野葉舟がはじめて岩手県遠野の佐々木喜善をつれてくる。佐々木の話をそのまま書きとめて後に(四十三年)『遠野物語』として出版」とあることでわかる。佐々木はこのころ早稲田大学の学生であった。彼は明治十九年十月遠野の土渕村に生まれ、岩手医学校を中退上京して井上円了の創めた哲学館(後の東洋大学)で幽霊などに興味をもって勉強したが、四十年早稲田大学の文学部に転校、四十三年まで東京で勉強したが、柳田訪問は丁度このころのことで、短篇小説などを書きはじめていた。水野は佐々木と親しく、その書簡が今も佐々木の家に残っている。水野と佐々木のことは、水野の弟子の山田清吉氏の「水野葉舟と佐々木喜善」(『風炎』一〇ノ一)にくわしい。

それによれば葉舟は喜善より三歳年長であった。喜善がはじめて葉舟に誘われて近くの下宿の葉舟の部屋を訪ねたのは明治三十九(一九〇六)年十月十七日であったが、喜善の日記に「夜、水野君を訪ねて十一時半まで話す。初対面なれど互ひに心うちとけて話し、怪談はじまる。雨、頻りに降る」とある。水野は当時怪談に興味をもっていたので、この時も遠野の怪異話を聞いたわけである。水野の怪談は明治四十一年六月の『趣味』に載り、さらにその少し前の四十一年一月の『新小説』に発表した小説「北国の人」には佐々木との出会いを載せているので、それらを見た柳田は興味を覚え、相識の葉舟に喜善のことを尋ねたものと思われると山田氏は言っている。葉舟が佐々木に会った時の印象は後に述べる。

ところで喜善は神経衰弱気味で四十年春一旦郷里に帰り、葉舟との文通を続け、そして別に記したように四十一(一九〇八)年十一月の、水野に伴われての最初の柳田訪問となるわけである。柳田は佐々木にはじめて会った時のことを次のように述べている(「民俗学と岩手」)。「小説を書いている水野葉舟が、ある時、珍しい男が居る。昔話ならいくらも知っている。いつでもつれて来ましょうという。私も会いたかったからつれてきてもらった。はじめは訛りがひどくて言葉が通じなくて何とも困ったがだんだんわかるようになった。ともかく話を知っているのにはびっくりした」。初期の柳田の民俗学志向に、遠野の伊能はよい影響を与えたと前に言ったが、伊能との関係をもう少し見てみたい。

伊能嘉矩は、慶応二(一八六六)年五月遠野に生まれ、十九歳の時に東京に遊学、二松学舎に入ったが、学資に窮して岩手県師範学校に入り直し、その後卒業をまたず再度上京、日本教育新聞の編集長などをやり、明治二十六年東京人類学会に入り坪井正五郎氏の指導を受けた。二十九歳の時、日清役直後、わが国に割譲されたばかりの台湾に渡り約十年滞在、その間台湾総督府に勤めながら宗教、民俗、地理、歴史、言語等の幅ひろい研究を行い、その成果は歿後柳田の世話で名著『台湾文化志』(昭和三)となって集成刊行されたが、別に民俗関係では、『遠野方言誌』(大正一五)がある。また、古い『人類学雑誌』九巻(明治二六)には「奥州地方において尊信せらるるオシラ神について」なる論考があるが、柳田がオシラに興味をもって手がける十五、六年も前にあたる。

伊能は明治三十八年郷里に帰ってからは、台湾の研究をまとめるかたわら、郷土研究にしたがっていたから、柳田のこのたびの遠野訪問は、この尊敬する先輩に会うことが主たる目的であったことは、柳田自身の言葉にもあり、爾後の二人の往復文書からみても明らかである。それに伊能の師坪井正五郎博士は日本の近代学問に新風——人類学といっても最初は後の民俗学・民族学なども含むような幅ひろいものがあった——を導入した大学者で、柳田も非常に尊敬していた人であった。

現在伊能家に残る柳田よりの手紙十一通のうち、もっとも早いのは明治四十二(一九〇九)年九月二日付のものであるから柳田の遠野行の折である。「過日は突然参上仕候処、速に御引見被下光栄に存じ候、云々」とあり、その際話に出た南部文書の公刊を企画されたいとの希望を述べ、「鈴木翁にも御慫慂被下、何とかして今の内に御編纂、御考証相成候はゞ、学界の幸、此より大なるものなかるべく候。」と言っている。この鈴木翁とは『遠野小誌』の著者吉十郎氏であろうが、当時の遠野の郷土研究家は伊能、鈴木、佐々木喜善らだったと思われる。北川真澄、及川忠兵衛などいう人とも交遊があった。

なお、柳田より伊能宛書簡のうち十通は、上の明治四十二年九月のものを最初として四十五年七月一日までの約三年間のもので、あとの一通は伊能の死後、遺稿の散佚を心配して刊行を考慮したいと思うと述べた大正十四年十一月九日付の伊能夫人宛のものである。これが後に実現して『台湾文化志』となって世に出たのである。

伊能あて柳田の書簡の内容は、彼が熱中しはじめた事柄、すなわちもっとも初期の民俗学のテーマとすべき心ひかれるものを選んでは次々と資料を集め論考を書くために、手紙をもって先輩友人の示教を乞うたものである。彼の民俗学の進展展開を知るに非常によい便りとなる。その中にはシャクジがあり、象坪、精進場からサイノカワラ、サイノカミ、歓喜天、センゾク、ヒモロギ、古四王、アラク畑、ダイラ法師その他各方面におよび、彼の興味が石神や地名、また方言などにあったころの驚くほどの熱心な研究意欲がわかる。韓国の民俗も知りたいからそういう本も見たく、そのためには韓語の勉強もしたいと言い「是、余閑少き俗吏が力の限の野心に候、御憫笑被下べく候」といっている。明治四十四(一九一一)年一月十一日の書簡には、伊能の著述『台湾蕃政志』を贈られた礼を述べている。

ついでながら柳田文庫所蔵の遠野関係資料の中でもう一冊目にとまったものに『遠野小誌』があったが、明治庚戌(四三年)孟春鈴木吉十郎編とあるこの本の序文の筆者は伊能であった。のみならず彼のペンで「郷友の近著を以て柳田大人の案下に呈す、幸に曽遊を回憶せらるゝに資けあらば本懐に過ぎず、伊能嘉矩生」と認めてあるのをみれば柳田氏に献呈したものであることがわかり、曽遊とは前年の明治四十二年を指すことになる。なお、明治四十三(一九一〇)年に出た柳田の『石神問答』に資料として伊能の手紙が載せてあるが、このことについて柳田は、『人類学雑誌』に台湾のことばかり書いていた伊能が、喜田貞吉博士や白鳥庫吉博士のと並べて自分の手紙が役立てられたことを喜んでくれたと言っている（「民俗学と岩手」）。伊能にしても自分の民俗研究が柳田によってはげまされたことを喜んだことと思われる。

柳田の遠野訪問の第二回目は大正九（一九二〇）年八月十四日三陸海岸の豆手帳の旅の時であった。柳田は気仙の高田からこの日遠野に入り、この月はじめから調査のために佐々木の家に滞在していた松本信広と会い伊能や佐々木と一緒になり、この夜は多賀座という芝居小屋でフォクロアの講演をした。そして翌十五日松本をつれて気仙に帰り、ここから八戸に出かけて行った。この第二回目の遠野訪問は年譜には見えないようである。

柳田の第三回目の遠野訪問は伊能の追悼式の時で、年譜に「大正十五年（一九二六）五十二歳、七月、東北旅行。三十日、遠野町大慈寺にて伊能嘉矩追悼式に出る」とあるのは一周忌の法要であった。伊能の死んだのは大正十四（一九二五）年九月三十日五十九歳であった。墓は大慈寺にある。一周忌法要に出たついでに、「松村瞭、金田一京助と共に講演。郷土学会設立の話も出る」と年譜にもあるが、大正十年（十三年ともいう）ころから伊能を中心に遠野郷土研究会ができて佐々木喜善、鈴木重雄らが会員で毎月例会を開いている。伊能が亡くなって伊能先生記念郷土会になったのは大正十五年一月であった。鈴木重雄が館長をしていた遠野郷土館も大正十三年一月八日開館以来、主に民俗資料を保存展示し、郷土館報として『遠野』第一号が大正十三年九月に発行された。

前記伊能の『遠野方言誌』には、伊能の死んだ翌大正十五年六月柳田が序文を書いているがその中で、「伊能先生は東奥遠野のみの恩人では無かつた。日本一国の学者の態度を以て其郷土を研究し、又其郷土愛に立脚して、弘く内外の事相を学ばれた。仮令学問は奥遠く、人の生涯はよし短くとも、其志は永く諸君の間に活き、且つ成長することであらう。」と言い、伊能先生のあとに続けと、一周忌を前にして土地の後進をはげましている。

伊能は草深い遠野に生まれながら柳田より八歳ほど年上であり、まれに見る識見高い学者であったから、伊能を学問の先達としてことのほか尊敬してわが師と呼び、度々の書簡にも宛名を伊能先生とか伊能大人と書いている。『台湾文化志』の序文は柳田が書いているが、それにも「とくに自分の尋ねてみやうとしたのは、此地方の学問の由来であつた。何物の機縁が当代の文運に際会して、かゝる山間の一盆地にわが師伊能氏のごとき希有の篤学者を産するに至つたかといふことは、実は不審と名付けてもよい程の内心の驚愕であつたからである。」といっている。佐々木喜善への手紙にもよく、伊能先生によろしくの一言が書添えられてあったという。

柳田の宿泊した宿屋は高善旅館といって、後年旅館業はやめたが、建物は今も残っていて一日市町にある。

遠野訪問の直後の伊能宛の書信(明治四二・一一・一三)に、「山水にも文章にも誠に縁薄きものは官途に有之候、今夕宮内省の一室にて六角牛山麓の借馬が海草の蓑を着たりしこと、附馬牛の村道にて黒き鳥の小さき雛をつれて走りしことなど想ひ出し、頻に旅をなつかしみをり候」と書いているが、これが後の『遠野物語』の序文になって現われている。この序文は折口信夫の跋文とともに名文であるが、遠野を髣髴させるために少し抄出してみたい。「昨年(明治四二)八月の末自分は遠野郷に遊びたり。花巻より十余里の路上には町場三ヶ所あり。其他は唯青き山と原野なり。人煙の稀少なること北海道石狩の平野よりも甚だし。或は新道なるが故に民居の来り就ける者少なきか。遠野の城下は則ち煙花の街なり。馬を駅亭の主人に借りて独り郊外の村々を巡りたり。其馬は黔き海草を以て作りたる厚総を掛けたり。虻多き為なり。猿ヶ石の渓谷は土肥えてよく拓けたり。路傍に石塔の多きこと諸国其比を知らず。高処より展望すれば早稲正に熟し晩稲は花盛にて水は悉く落ちて川に在り。(中略)附馬牛の谷へ越ゆれば早池峯の山は淡く霞み山の形は菅笠の如く又片仮名のへの字に似たり。此谷は稲熟すること更に遅く満目一色に青し。細き田中の道を行けば名を知らぬ鳥ありて雛を連れて横ぎりたり。雛の色は黒に白き羽まじりたり。始めは小さき雞かと思ひしが溝の草に隠れて見えざれば乃ち野鳥なることを知れり(下略)」。文中三ヶ所の町場とは土沢、宮守、鱒沢であろう。例の天神の山の祭の獅子舞や、雨風に打たれた路傍の藁人形もここに出てくる。そして「以上は自分が遠野郷にて得たる印象なり。」と結んでいるように、文学的にもすぐれた表現は別に価値づけられるとして、これが『遠野物語』を生んだ土壌であり、同時に柳田の見て感じた遠野であった。そしてこの自然環境を柳田のために価値あらしめた伊能嘉矩や佐々木喜善その他が遠野の人的土壌として新しい学問を起こそうとする柳田を援けてくれたのである。

二　遠野物語の成立

柳田は『遠野物語』の成立について、同書の序文に「此話はすべて遠野の人佐々木鏡石君より聞きたり。昨明治四十二年(一九〇九)の二月頃より始めて夜分折々訪ね来り此話をせられしを筆記せしなり。(この頃柳田は市ヶ谷加賀町に住み、佐々木は小石川の武島町に居た。)鏡石君は話上手には非ざれども誠実なる人なり。自分も亦一字一句をも加減せず感じたるまゝを書きたり。」とある。この辺の事情について鎌田久子氏は、直接柳田の残している手帳などによって調査されたものらしく「遠野物語下染め」に詳細に述べられているがその中に、柳田先生と佐々木喜善氏とのはじめての出あいの日であった明治四十一(一九〇八)年十一月四日のことについて先生は「佐々木は岩手県遠野の人その山ざとはよほど趣味あるところなり、其話を其まゝかきとめて遠野物語をつくる」との柳田の手帳の文を引用し、翌五日「遠野物語をかく」、十三日の項には「竹島町に佐々木繁をとひて、遠野物語に書入をなす、十八日夜再話をきく約束」、十八日の項には「夜、佐々木及水野来、又佐々木君の遠野話をきく、夜十二時迄」。この状態が翌年初夏まで続くようである。なお、鎌田氏は続けて、明治四十一(一九〇八)年という年は柳田先生は宮内書記官となり、宿直などもあって生活環境もややかわり、仕事と学問の峡にあって迷っておられる気配が多いが、秋に佐々木氏に逢ってからは「いよいよ計画ある仕事にとりかからねばならずとおもふ」とか、年の暮には「それよりもうれしきは学問の上に新しき希望多く出来たることとなり、ねがはくば諸国の学者に求めらるるやうなる本を著はさん」とかの柳田自身のメモを引用されているのは、民俗学という新しい学問を起こそうとする彼の心の推移と決意とを確認するものとしてまことに貴重な資料になる。

要するに、遠野という民俗学の発生に好適の伝承資料に恵まれた自然環境と、伊能、佐々木らの人的資源、直接には話者の佐々木、佐々木を柳田に紹介した水野らがあって、条件がそろって柳田に味方し、未だ形をなさずに考えていた「民俗学」の構想と合致するところがあって『遠野物語』は生まれたのである。佐々木の話を聞いているうちに、かねがね自分の研究している問題にとって仲々いい材料だと思ったと、最初の感想を柳田が水野に話していることでもわかる(水野葉舟「遠野物語を読みて」『読売新聞』明治四三・一・一八)。

こうして当時まだ民俗学の名は無かったが構想は着々と進み、ことに佐々木の持ってくる話が材料としてぴったりなことを喜び、一気に民俗学の構想を遠野の伝承を通して『遠野物語』として実現にふみ切ったものと思われる。官途を辞して野に下り、日本ではまだ誰も考えつかなかった新しい学問を、外国のフォクロアをふまえた上で、とくに日本に適するように展開させようとしたのである。時に柳田は三十五歳であった。初版がでたのは明治四十三(一九一〇)年六月で、三百五十部限定の自費出版であった。彼は自序の中でも「思ふに此類の書物は少なくも現代の流行に非ず。如何に印刷が容易なればとてこんな本を出版し自己の狭隘なる趣味を以て他人に強ひんとするは無作法の仕業なりと云ふ人あらん。されど敢て答ふ。斯る話を聞き斯る処を見て来て後之を人に語りたがらざる者果してありや。其様な沈黙にして且つ慎み深き人は少なくも自分の友人の中にはある事なし……」と言い、これまで往々見る妄誕多き物語の類と比肩されることをいさぎよしとしなかった。「要するに此書は現在の事実なり。単に此のみを以てするも立派なる存在理由ありと信ず」として、現に庶民の間に伝わる生活や信仰等の伝承の価値を認めたのは、とりもなおさず現在の学問としての民俗学の創始の宣言に外ならず、言葉こそおだやかでも、内に秘めた烈々たる新学問への意欲と気魄とを感ずる。

　折口信夫は柳田門の高弟として、時には先生をしのぐ碩学とわれわれにも思われたが、柳田先生を思うあふれるような真情と敬虔な心とははたの見る目にも美わしいものがあった。折口には「遠野物語」という長歌があるが、はじめてその『遠野物語』なる本を町の露店で見つけた時の喜びを昨日のごとくにいきいきと歌いあげている。「……軒の端の一つの店の、かんてらもいまだ照り出でず、ふすぶれる油煙の底の、ほのかなる明りの照りに、我はもよ見出でたりけり、これの世の珍宝、わが為の道別きのふみ――」。五銭を出して一冊を求め、急いで町角まできて、がす燈のもとでとどろく胸をうち鎮めながら立ちながら頁をめくり、「喜びは渦汐なして、うつそみの心ゆすりぬ――、風の音の遠野物語」と歌っている。これは柳田との出あいの前であったと見え、「物語書かしし大人のみ面すらいまだ知らずて、おもかげに恋ひける時に、ゆくりなくわが得しみ書、膝に置きつくゐにふせて、歎息せしことぞ幾たび――、早池峯の雲とそそりて、猿ヶ石の湍ちと深く、仰ぎ見も俯みも及かね、五分しんのらんぷ掻上げて、さ夜深く読み立つ声の、わが声を屢々ひそめ、若ければ涙たりけり、遠野物語の上に」と歌っている。

　こうして『遠野物語』の成立は、折口自身の学問展開の基礎となり、師の分身とも言える折口の学問の方向をも決定的なものにしたのであった。

　また柳田に師事した金田一京助は、柳田と佐々木の邂逅によってできた『遠野物語』をたたえて「この聡明敬虔な魂と純真素朴な魂との邂逅、それによってのみ生れ得た遠野物語一巻の出現は、ゆくりなくも日本民俗学の呱々の声となったのである」(『増補版遠野物語』、『朝日新聞』読書欄)と言っている。

なお、『遠野物語拾遺』の成立事情については、大藤時彦氏の解説(角川文庫『遠野物語』所収)に詳しい。

三　遠野物語の意義と価値

民俗学が新しい近代科学として登場し、独立を認められたのは、もちろん柳田国男の功績であるがその理由を検討してみたい。

要するに従来あまり人の気付かなかった庶民の生活を民間伝承の面から資料として取り上げ、比較検討することによって、学問にまで引き上げた体系化がまず考えられる。『遠野物語』に取り上げられた内容は今から見れば当然の項目であるが、当時としては無から有を出したようなもので、後の民俗学の項目に一致するところにまず意義がある。『遠野物語』は、神の始、里の神、家の神、山の神、神女、天狗、山男、山女から、昔々、歌謡等にいたる三十四項目百十九話であり、拾遺の方は四十四項目二百九十九話より成って雑然としているが、後にこれらの項目に更に多くの項目が考えられ、それが整理分類されて、衣食住、冠婚葬祭、年中行事その他今では常識となっている民俗学の基本項目となるのである。例えば後には民俗学の資料の重要な一項目となっている昔話にしても、『遠野物語』の時には昔話という名も定まらず、「御伽話のことを昔々と云ふ」などとあるていどで、内容とするところも「牛方山姥」や「瓜子姫」などの名もはっきりせず、山母とか紅皿欠皿などとして僅かばかり紹介されているに過ぎない。しかしさすがに話の終の「コレデドンドハレ」の語は落とさないで採っている。しかしこの二、三の採録が研究の土台となって、とくに昔話に興味を以て受けつぎ、後のさかんな土地の昔話研究にまで導き展開させたのは佐々木であった。かくして昔話に限らず衣食住でも年中行事でも『遠野物語』をふみ台としてそれぞれ発展していったのである。

遠野には遠野の土地があり、遠野の人が居る。『遠野物語』の故地に東北辺陬の遠野が選ばれたのには意味がある。従来の優雅階級を中心とする都の文化はあるていど文献記録によって明らかになっていようが、記録にとどまらない鄙の歴史などは長く問題にされなかった。田舎には歴史が無いものだとさえ思っている人も居た。今までは英雄や為政者の歴史であったかもしれないが、これからは英雄や為政者を支えてきたかげの力の庶民の群の歴史も歴史でなければならない。柳田はかつて子間引の絵を見て貧しい庶民の生活から脱却してよりよい社会を志向しようとする考えから、将来の民俗学へ傾斜して行ったというが、民俗学の発祥の地として遠野を選んだこともわかる気がする。しかし遠野はただ貧しいからではなかった。日本のもっとも典型的なよいものを残し伝えて持って居り、素地が整っていたからである。柳田の周到な計画の結果と言える。

遠野を選んだ別の理由は、『後狩詞記』に関連があると思われる。民俗学のもっとも初期の作品ということからすれば明治四十二(一九〇九)年三月のこの『後狩詞記』、明治四十三年になって『石神問答』、『遠野物語』が相次いで出版された。新渡戸稲造宅で郷土会が創められたのもこのころ(明治四三・一二・四)で、世の風潮は新しい郷土研究、のちの民俗学を目ざして活発な活動がはじまったころであるが、活動の中心は柳田であった。これら一連の出版物は、日本民俗学の先駆的なかがやかしい存在となったが、他の二書のせまくやや専門的にかたよっているのに対し、『遠野物語』はのちの「民俗学」そのものを髣髴させるものを持っている。おそらくこの本を書くに当っては、内容として平生考えていた新学問の夢の実現をこの書に託そうとしたと思われる以外に、前の『後狩詞記』では南方の宮崎県椎葉を選んだから、今度は北の奥州の遠野を選んだかとも思われ、そこに彼のよく言う比較論や、重出立証法、方言周圏論などの出発点の萌芽があるように思われる。

『遠野物語』の意義の一つは、方法論から見て後の民俗学研究の基準をつくったことである。民俗学は資料にそくして考えるものであるという考えを確立し、その資料には民間の伝承を重んじ、いわゆる重出立証法によって確める作業を怠ってはならない、ということである。つまり従来の漠然とした郷土の研究に何の型もなかった時分に、一つの形式を考え出しそれによって始めた最初のものだということである。

民俗学は史学の一部であるとしても研究の方法論においてよほど違う。従来の文献記録一点張りの史学者には、文献以外の民間の伝承資料などは不正確で取るに足らないと当時映ったのも当然であった。庶民の生活に記録が無いのは普通のことゆえに、だからといってそのままにはすておけず、無限にある伝承を資料として活用せよ、しかし人の記憶は不正確なものゆえ、重出立証法によるのがよいというわけである。

言うまでもなく『遠野物語』は、土地の佐々木喜善が土地の人の感覚で話した土地の生きた話を、柳田が感ずるままに筆録したもので、この方法が後の民俗学の採録の型を示してくれたことになる。ことに佐々木は伝承者型の性格を多分に持った人だったというから、一そうこの本を民俗的に出色のものとしているのである。そして伝承資料故に現在あるいは現在に近いほど確かな資料が豊富に得られる。『遠野物語』も現前の事実ばかりであった。しかし現在は過去と未来に果てもなく続いている。現在を知るためには過去からの推移を知らねばならない。庶民の心を知る学問である民俗学では、人と人との心の触れ合いを大切にしなければならない。人を信頼してはじめて真実が得られる。

『遠野物語』は美しい。それは内容の美しさと表現の美しさとから来ている。内容の民俗学的であり、そのために民俗学の原典になった価値については別に述べたが、美しさから言えば、従来貴族の優雅さばかり見なれた目に気付かなかった庶民の内にある美しさを発見したという点であろう。それは田舎の自然の美しさと、そこに住む人々の心の美しさであろうが、柳田自身のもつ心との触れ合いから生まれたものと思われる。

むさくるしく泥くさい筈の内容をもつ『遠野物語』がこれほど高雅に見えるのは、もう一つには柳田の詩人的文学的素養にもとづく文章の表現から来ている。

当然、民俗学など夢にも考える人の他に無かった文学の時代に、それも仲間から文学者として考えられていた柳田が、こんな本を書いたのであるから、誰でも文学の尺度で批評しようとしたのは当然で、戸惑っているらしいのがまた大変面白い。柳田自身、再版覚書にも「遠野物語のはじめて出た頃には、世間はこれだけの事物すらもまだ存在を知らず、また是を問題にしようとする或一人の態度を奇異とし、好事と評して居たようである」と書いている。例えば当時の同僚田山花袋は新しく刊行された『遠野物語』を評して、内容よりも材料のとりあつかい方が印象的芸術的な匂いがする。粗野を気取った贅沢と批評し、島崎藤村は観察の豊富な旅人と見ている。泉鏡花は、内容が柳田によって生かされている、これは彼の筆の力だという意味のことを言っている。柳田としては一つの意図をもって普通の文学書と一線を画して書いたつもりであったが、しかしそれに気付かぬ文壇の人々は、今までの行きがかりで文学的作品として評価しようとしたのだからやむを得ない批評であった。それにしても従来の文学作品のわくからは明らかにはみ出ているから、ことに自然主義の作家などの中からはおそらくこれで文学作品といえるかという非難めいた批評も聞えそうである。かなり後のことだが中国の周作人にいたって、立派な民俗学の本だとして紹介した。ただ、水野葉舟だけは、よく事情を知っているだけに、ことに友人の語る同じ話を柳田と一緒に聞く機会もあったから、この本の出来たことを二人のためにも非常に喜び、柳田氏の意図している仕事は決して好事家のもの好きなどではないといい、且つ柳田氏の人間的な美しさをすばらしいと讃えている（水野葉舟「遠野物語を読みて」、山田清吉「柳田国男と水野葉舟」）。

こうした文壇のとまどった批評からみても、『遠野物語』は、当時としてはまだ理解されない得体の知れないものであったが、明らかにわが国における新しい学問民俗学の最初の本と言えるのである。古くは伝承を主とした『古事記』をはじめ、『宇治拾遺物語』『今昔物語』等々は別にしても、江戸時代になってからも橘南蹊、古川古松軒、菅江真澄のような伝承をありのままに書いた学者が居た。今から見れば民俗学的な文学作品に近いすぐれたものであったが、ただそれだけであって、一つの学問を意図するものではなかった。然るに柳田のは、先進諸国のフォクロア、エスノロジーの行き方を極めた上で方法論を工夫し、日本にふさわしい日本民俗学という小さいながらも一つの独立した科学を新しく樹立したのである。

普通われわれは民俗調査の際、古老の話をそのまま正確に記録しようと心がける。それはそれでよいのであるが、そして正確な民俗誌はできるかもしれないが、『遠野物語』の文章の持つ魅力ある格調の高さは柳田氏だけが持っているもので、それも表現の技術だけではなさそうである。彼の持つ心の高さに帰着する。

『遠野物語』は文語体であり、又、文語体で書かれた故に成功しているのである。彼は明治四十年ごろから、文体について関心をもち、よく当時の『文章世界』などに書いているが、彼の持論は口語体である。彼曰く、論文の文体は文語体でないと論文らしくないとか力が弱くなるとかいわれているが、それは因襲にとらわれた陋見だ。文章は思想を現わす手段だから文体はできるだけ思想と密接なものを選ぶとよい、といって自分でもほとんど口語体を用いている。しかし一方では候文体のすぐれていることも認め、あれほど簡潔で品格があって且つ自由なものは少ないといい、また、言文一致体も感心しないと言っている。言文一致体は口語体であるが、おそらくあまりに安易に過ぎて文章としては推敲の余地もなく軽いと見ていたからだと思われる。

口語体論者の筈の彼が敢えて『遠野物語』を文語体で書いたのはそれだけの理由があったからに相違ない。画期的な新しい学問を表現する意欲が推敲自在でしかも重厚なこの文体を最適として選ばせたものであろう。彼自身、『遠野物語』の文章には苦労したと述懐している。洗練された詩的表現と言いたいくらいである。

柳田の初期にだけしかない新体詩は、その後、詩作をやめて続けなかったために、文壇からの批評は少ないが、もっと高い評価が与えられてよいものと私などは思っている。彼としては最初の記念すべき作品を、自信の持てる文語体を使用することによってより効果あらしめたかったのであろうし、文語体のよさは、人が敬遠しがちな候文体を推奨していることにも通ずるものがある。その上彼の文語調の詩がすぐれているように、彼の持つ詩情を『遠野物語』を借りて表現している、即ち彼の持つ詩情に通うものを『遠野物語』は持っていると言いたいのである。それは所詮表現の問題ではなくて、柳田の持っている本質的な心の問題なのである。

次に『遠野物語』の文章で興味を覚えるのは佐々木喜善が口頭で話した話がどのように柳田によって表現されているかということである。もちろん論旨に大きな相違は無い筈であるが、しかし中にはかなり内容まで違う部分も見られる。同じ佐々木から同じ時に同じ話を柳田と水野が聞き取り、水野は水野で『葉舟小品』(一九一〇年)や『日本勧業銀行月報』(一九〇九年)その他の雑誌類に載せ、佐々木自身も『郷土研究』第一巻(一九一三年)、『人類学雑誌』第二八巻(一九一二年)などに載せているわけで、佐々木と水野のはそれほど違わないようだが、柳田のにはかなり違うところがある。佐々木の話を「自分も亦一字一句をも加減せずして感じたるままを書きたり」とある感じたるままが、聞いたままと異るところというのはこの辺を指すのであろう。話者の話を忠実に筆記するだけではあきたらず、話の本質なり論旨なりをそこなわず忠実である上に、さらによりよい表現を工夫しようとしたのであって、それが『遠野物語』をして民俗学的価値に、彼独自の文学的価値を加えている所以である。

『遠野物語』の文章を知るのに一番よい便りとなるのは水野葉舟の文で、同じ話を柳田と水野がどんな風に表現しているかを比べてみるのも興深い。水野と柳田の関係については、水野の弟子山田清吉氏のよい研究があるが、近頃山形大学の岩本由輝君も興味をもって調べて居り、改めて水野の資料をいろいろ見せてもらったので、二、三感想を述べてみたい。

一例を遠野三山の山争いにあげれば、『遠野物語』には「四方の山々の中に最も秀でたるを早池峯と云ふ、北の方附馬牛の奥に在り。東の方には六角牛山立てり。石神と云ふ山は附馬牛と達曽部との間に在りて、その高さ前の二つよりも劣れり。大昔に女神あり、三人の娘を伴ひて此高原に来り、今の来内村の伊豆権現の社ある処に宿りし夜、今夜よき夢を見たらん娘によき山を与ふべしと母の神の語りて寝たりしに、夜深く天より霊華降りて姉の姫の胸の上に止りしを、末の姫眼覚めて窃に之を取り、我胸の上に載せたりしかば、終に最も美しき早池峯の山を得、姉たちは六角牛と石神とを得たり。若き三人の女神各々三の山に住し今も之を領したまふ故に、遠野の女どもは其妬を畏れて今も此山には遊ばずと云へり」とあり、これが水野葉舟の「北国の人」(『新小説』一九〇八年)には「……その山にも面白い話があるのです。その三つの山って言うのは、大昔三人の姉妹だったのだと言います。一番の姉は一番いじ悪るで、末のが一番おとなしかったのです。そこで母さんの神様が、皆でそのA……山を欲しがって居るから、どうかしてその末の妹にやりたいと思って、三人に、今夜お前達が寝て居るうちに、箭を射るから、誰れでも自分の枕元に箭の立って居たものが、A……山の持主になるがいいと言って、三人の寝ている間に、そっと来て、末の妹の枕元に箭を立てて行ったのです。すると上の姉が夜中に眼をさまして、自分の処に無かったので、ひどく悔しがって、こっそり妹の枕元から、持ってきて自分のところにおいて知らん顔をしていました。夜があけて、三人は起きてみると、箭は姉の処にあったので、末の妹はひどく泣いたのですが、仕方なしにC……山に、中のがB……山に別れて行ってしまったのだと言って居ます。」とある。

この話はどうしてか姉と妹が入れかわって語られている。

『遠野物語』は、用語を選び推敲を重ねた、われわれの考えているよりはるかに手のかかったものだったと思われる。過日（昭和五四・六・一）遠野博物館が開館された日に特別に展示された柳田自筆の『遠野物語』の原本（池上隆祐氏所蔵）を見ることができたが（七七頁写真参照）、刊本原稿の前にすでに初稿本ができていたし、それすら佐々木からの聞書そのものでなく整理されたものであった。紙面をふさぐようでもったいないが、彼の文章の推敲のあとをたどるために、例の炭とりのくるくるまわった話を初稿と刊本原稿と並べ、さらに別の意味で水野の話を載せてみる。（原本話の番号はともに二十二）

「二十二、佐々木氏の曽祖母年よりて死去せし時、棺にとりをさめて、親族の者も来集ひ、仏の娘にあたる女の、乱心にて離縁せられしも、共に坐敷に打臥してありしに、此程は火の気を絶やすことを忌むが所の風にて、母と祖母と二人、大なる囲炉裏の両側に坐り、母人は側に丸き炭籠を置きて炭を継ぎてありしに、ふと裏口の方より足音して来る者あるを見れば亡くなりし老女なり。平生衣の裾を引ずるを三角に取上げて前に縫付けてありしが、まざまざと其通にて、縞目にも見覚えあり。あなやと思ふ間もなく、二人が坐れる炉のわきを通り行くとて、裾にて炭取にさはり、丸き炭取なればくるくるとまはりたり。母人は気丈の人にてあとを見送りたれば、人々の打ふしたる坐敷の方へ近よりたりと思ふや否や、狂女けたたましき声にてお婆さんが来たと叫びたり。外の人々は此声に眼をさまして、ただ打おどろくばかりなりしとぞ。」（初稿）

「二二、佐々木氏の曽祖母年よりて死去せし時、棺に取納め親族の者集り来て其夜は一同座敷にて寝たり。死者の娘にて乱心の為離縁せられたる婦人も亦其中に在りき。喪の間は火の気を絶やすことを忌むが所の風なれば、祖母と母との二人のみは、大なる囲炉裏の両側に坐り、母人は傍に炭籠を置き、折々炭を継ぎてありしに、ふと裏口の方より足音して来る者あるを見れば、亡くなりし老女なり。平生腰かゞみて衣物の裾の引ずるを、三角に取上げて前に縫附けてありしが、まざ〱とその通りにて、縞目にも目覚えあり。あなやと思ふ間も無く、二人の女の坐れる炉の脇を通り行くとて、裾にて炭取にさはりしに、丸き炭取なればくる〳〵とまはりたり。母人は気丈の人なれば振り返りあとを見送りたれば、親類の人々の打臥したる座敷の方へ近より行くと思ふ程に、かの狂女のけたゝましき声にて、おばあさんが来たと叫びたり。其余の人々は此声に睡を覚し只打驚くばかりなりしと云へり。」(刊本原稿)

水野の話は、次のとおりである。

「これも、人の死んだ時の事。ある家の隠居が死んだ、その通夜の晩の事である。

一同のものは、もう疲れて、棺のある次の間で寝て居た。その家の嫁さんと、年よりとが炉の切ってある室(へや)で、寝もせずに炉に炭をついで居た。そして夜が更けて行く。と、すっと音がして人が入って来た。気が付いて振返ってみると、亡って今現に棺の中に入って居る人が、歩いて来る。死ぬまでの着物を着て、屈(かが)んだ腰をして、ずっとその室に入ってくると、嫁さんの傍(わき)を知らぬ顔して通って行った。その時に、着物の裾が触って、わきに置てあった炭とりがクルッと廻った。そして、そのままズッと奥の室に入って行った。すると奥で寝ていた人達が一時にウーンとうなされた。」(水野葉舟「怪談」『趣味』)

一方、これに似た通夜の晩、幽霊の来た話が、メーテルリンクの「侵入者」にもあることは、柳田自身古い『文章世界』(一九〇八年)にも紹介している。

奥山に茸取りに行って、小屋掛けしていた時の不思議なできごとは、水野は一つの話にしているが、『遠野物語』では第一一話の草刈鎌で母親を斬る話のほか、一〇話にも分けて書き、女の叫び声は別の話にも出てくる。

このほか『遠野物語』にある第五〇話カッコ花の話、四一話狼の大群の通り過ぎた話、七七話人の亡くなった葬式の夜に家の入口に死んだ男の姿を見せた話、七八話幽霊が垣根を越して向う側へ行った話、八二話茶の間と座敷との境に幽霊の立っていた話、九三話の顔赤く目の光る妖怪の話、九九話津波で流された女が亡霊となってきた話、一〇〇話狐が妻に化けた話、一〇一話の狐の化けた話など、同じ話をとくに怪異に興味をもって水野はいろんなものに発表しているが、話の趣がかなり異る。前に触れた佐々木の「遠野雑記」(『人類学雑誌』二八―四)に載っている話にも『遠野物語』と同じものが幾つもあるが、この方は佐々木の直接の文章で聞取りでないから省略する。

また『遠野』の第八話にある松崎村寒戸の婆の寒戸は柳田の聞き誤りで、実際の地名は松崎村登戸であった(佐々木喜善『農民俚譚』)が、今では寒戸でも通じているのはおもしろい。

最後に『遠野物語』に話者として、話を柳田に提供した佐々木喜善のもつ性格なり気質なりも参考にしてよいと思う。彼は伝承型の人であったことは一寸触れたが、委しくは、彼の友人で、佐々木の遠野の話についてはおそらく柳田に次いで関心を抱いた友人水野葉舟に聞くのがよい。水野が明治三十九(一九〇六)年の秋はじめて佐々木繁(喜善)を知って以来行きたいと思っていた遠野行きが実現したのは数年後の明治四十二年三月のことで、これも『葉舟小品』(明治四三)に詳しく載っている。ことにその中の「土渕村にての日記」には、日ははっきりしないが(三月十三日か)夜十二時近くに雪の降りしきる中を佐々木の家に着いた様子がくわしく記され、その後土渕に約二十日間滞在したとある。

佐々木喜善とのはじめての出あいや、佐々木の性格についての葉舟の描写は、同じく『葉舟小品』の中の小説「北国の人」にかなり詳細に述べられている。文中荻原とあるのが佐々木で、水野は同じ下宿(神楽坂上)で同居中(実際はすぐ近所の下宿であった)の佐々木に初めて知りあい急速に仲よくなり、交遊はその後ずっと長く続くのであるが、最初の日の出合いを水野は次のように述べている。はじめて水野を訪ねて彼の部屋に入ってきた荻原(佐々木)は、無口でぐずぐずしてのっそりした感じの東北訛のつよい男であった。はじめのうちは話が一向はずまなかったが、荻原の郷里の迷信だの呪いだの巫女などの話になると、彼のおどおどした風がすっかり消えて、独りで興にのって話し続け、「平常底の底におしこまれていた感情が一時にぱっと上に出てきて、それに花を咲かせたようだ」。遠野三山の話などもここに出てくる。この時の話者の様子について「荻原の目に陰鬱な火のような表情があらわれた。心が燃えて烈しく慄える様子が見える。その話もごつ〳〵していながら、その中におのずから抑揚の調子が出てきて、人を魅する力がこもっている。」と評している。「同じ下宿だから翌朝も顔を合わせたが昨晩の興に乗った調子が無くなると、またもとの通りで、日向に出たのがまぶしいように、薄暗い曇った顔をしてぽつりと坐って黙っている」。

水野の佐々木評は続けて「荻原のは明らかにそれを指すものは無いが、生存ということに向って強い恐れを持っている、一種の霊魂教の信者だ。そして絶間なしに空想から妄想の中をさまよっている。かと思うと、夢の中にでも見るような、とりとまりのない美しい色彩のある感情にあこがれている。こういう風の一種の神秘主義だ。透明な信仰にはなっていないが、しかし何処か心の根の張った感情で、何時も議論さえすればそこに落ちてしまう。」「そのうち荻原は幻覚になやまされるようになり、郷里に帰り、帰ってからも苦痛を訴える手紙をしげしげとよこしている。」と「北国の人」の文を結んでいる。

事実友人おもいの薬舟は、喜善の病気を心配して、上京して自分の家に滞在しながら療養したらとすすめてもいる。ついでながら、佐々木喜善の年譜によると、佐々木は明治四十三年持病の腎臓病で郷里に帰り、四十四年から昭和二年まで、土淵村の村会議員や村長におされ、傍ら昔話や民俗の研究に熱中したが村政の処理が思うように行かなかったり、それやこれやの事情で経済的にも困り、昭和三年仙台に居を移してからの晩年は不遇な生活が続いて、昭和八(一九三三)年八月、四十八歳で死去した。

ところで上に述べたような水野の見た佐々木観は、全部がその通りでないにしても、喜善のもつ性格なり感情なりがかなり適確に写されていると思われるにつけても、話者としての喜善の投影が、聞き手としての柳田の書いた『遠野物語』の上に見出されることを思うのである。つまり伝承者特有の一種不思議な迫力が影響していると思われるのである。

以上、『遠野物語』の成立事情と、意義と価値等について考察したが、要するに柳田の民俗学は、新しい郷土研究の試みという形で出発し、資料の収集整理は国内の郷村であるが、方法論的には、英国初期のフォクロアをはじめひろく諸外国の研究を参考にし、庶民生活の伝承に重点を置くようなわが国に適する一国民俗学としての「日本民俗学」を樹立した。そして最初の対象地域を遠野に求めた。

したがって『遠野物語』は、民俗学そのものから言えば未完成品であるが、柳田が常々郷土研究とか民間伝承とかあるいは新国学などと呼びながら心に暖めていた夢と企画とを「日本民俗学」という一個の独立した科学として新しく宣言した書というところに大きな価値を見るのである。なお『遠野物語』だけについて言うならば、表現を含めてのこの書の持つ高さは結局は柳田の持つ心の高さに帰着すると思われるのである。

第三篇　東北における祖霊観

霊魂の再生と祖霊観
――東北の民間信仰を中心として――

一 神とほとけ――日本人の神・仏観――

いわゆる神道と呼ばれるものの中にあって考えられている日本人の神観念は、これまた現在盛んに信仰されている仏教やキリスト教などとはかなり趣を異にしている。仏教やキリスト教は倫理的宗教に属し世界的に広がりをもつものであるが、神道は狭義の上からは教義も教典も教祖もないが、広くは自然宗教に属するものといわれて居る。そして対象として多霊を信じ、呪術から宗教へ発達する途中の段階で未組織のままに残った形である。いわば宗教の素材のような原始信仰的な、例えば巫術、呪術、卜占の類が東北地方の各地に、とくに祭や年中行事の中に数多く残っているのである。

信仰の上から見て、古代人の生活と思想の根底に横たわるものは、自然に対する畏敬と霊の存在を信じた二点であったろうと思われる。ことに祖霊の信仰に重点がおかれ、祖霊崇拝は直接祖先崇拝に連なるゆえに、神道を含めて日本人の考え方は常に概して道徳的である。この意識が日常の生活を規制しているかに見える。東北地方どこの農村にも見られる五穀豊穣を祈る春祈祷、津軽・南部にとくに多いイタコの仏おろしをはじめ、山々に消え残る雪形で種まきの時期を定めたり、その他春祭・秋祭などに見られる信仰の中心は、多くはささやかな祖霊を中心とした神々であった。正月や盆に都会から多くの人々が帰省するのも決して無目的なレジャーのためばかりでなくて、気付かぬながらも郷里に待つ祖霊と呼ばれる神や仏が居るからである。日本の神は仏教・キリスト教のようなひろく人類を対象とするような大きなものではなく、家庭中心のせいぜいおのが郷土中心のものが多かった。

庶民の神観念は案外曖昧としたものである上に、神の国を考えて見ようともしないのは、現世謳歌のうえに深刻な思索を苦手とする日本人の楽天的な性格、言わば宗教を発達させるに適しない国民の間に発生したためであろうと思われる。『記紀』にも見られるような国生みの神話には世界共通な所を持ち、神々の住むタカマノハラや死んでイザナミの行った夜見国も仏教の地獄極楽やキリスト教の天国に通ずるものを感じ、筑紫のアハキ原のみそぎにも神々の再生復活の萠芽が見られるにもかかわらず、それだけで先が無く終っているのは、この世が楽しければよい、という現世的な考えの方がより強く、あの世のことを考える興味をもたせなかったためであろう。仏教であの世を幾段階にも分けて、微細に展開させ、現在、過去、未来と結んで因果関係論におよんでいるのに比し、わが国の来世思想はあまりにも簡略に過ぎる。

それに他の宗教の唯一絶対の偉大な神と異り、自然界・人間界の多くのものに神を見ようとしている国民であるから、いきおい神観念も分化され稀薄なものになることも考えられる。

一応日本の神を自然的な自然神と人間的な人格神とに分けて見る。しかし太陽や山や川のごとき自然は人類発生の以前からあり、神成立の対象とされる自然に附随しておこる自然的現象機能も人間以前より存在していても、人間の生活に必要な神を自然の中から考え出したのは人間であるから、わが国にあってはもろもろの神の中で祖霊を含む人間神の方が表立っている。また自然界の神にしてもいかにも人の考えた神らしく多分に人格を持っている。われわれの周囲にはそうした小さな愛すべき無数の神々が居り、人の生活に必要な神は大切にされ、必要でなくなると疎略にされる。そしてこれら無数の小さな神々の中心は、いつの世にも子孫の日常の生活と結びついて離れない祖霊神であった。

日本人は神と仏の区別をあまり苦にしない。仏教が入ってきてから神と仏とは一応分れたが、人々の神観は変らなかった。変らなかったと言うよりは、従来の神観で新来の仏教を眺め、従来の神観をそのままにして動かすことなく自然に受容できる最大範囲に、つまり都合のつくよい所はみな受容したのである。本来仏とは仏教の仏陀 Buddha あるいは浮図、浮屠の転と言われ、その浮図も仏陀のことであるというが、わが国民間信仰のホトケは肝心な本来の仏陀のことよりも日常われわれの周囲の祖霊、死霊を指すことの方がむしろ多い。つまりブツはもちろんホトケも梵語から来ているというが、柳田国男などはホトキという容器で仏にものを供えたことからきている名称であるまいかと言っている。要するに仏教以前は神と呼んでいた人間霊をも名称だけは仏陀なみにホトケと呼んであやしまないことは、すこぶる日本的とも言える特徴である。つまり従来の自然神はそのまま変らずに神であり、『記紀』以来の固定している人間神もそのままであるが、仏教以後は仏教で取扱う範囲であっても、考えをひどく広げて死んだ人間はみなホトケと呼ぶようになったのである。従来とても自然界のものでも人間界のものでも霊的な尊い、つまり神性の高いものほど尊い神として見たのであるが、そうした考えをさらに広めて、人は生より死に移ったとたん霊的なものになったとして、神としての待遇を与えようとするわけである。これは肉体よりも肉体に宿っていると思われる霊魂の方が大切で、死によって肉体は腐蝕しても霊魂が残るからその霊魂を神とも仏とも見るわけである。そしてつい今まで俗っぽい人間であったのに、目を落とすとすぐに遺体を北枕にして屏風を逆さに立て、一杯飯を供え線香をともして「ホトケサマ」といって手を合せて拝んで少しも不自然と思わない。この場合のホトケは仏教以前のカミに当る考えであって、庶民間の信仰から言えば、神であろうと仏であろうと本質的に差違は無く、尊い価値ある霊であればよいのである。かつて古い時代我が国に行われた神仏混淆も明治初年行われた排仏毀釈も本質的には神道・仏教各々を少しも傷つけるものではなかったのである。

二　死と祖霊観の発生

1　魂呼ばいとタマ

これまで肉体に宿っていたと信じられたタマ(霊魂)は、死によって遊離すると考えたとすれば、生命のもとは魂で、魂の離れた肉体はナキガラとなる。しかし魂は必ずしも死によってばかりできるのではなく、臨終のせまったころもと び出して不思議なシラセとなったりするから、死の前後しばらくの間は魂の不安定な時期があると見なければならない。ここにタマヨバイ(魂呼ばい)が必要になる。多くは臨終の時か息をひきとった直後間をおかずに枕元かあるいは屋根に上り、もしくは井戸をのぞいて大声で死者の名を呼ぶことが多い。例えば青森県西津軽郡では人が死ぬとすぐ家族が屋根に上って死者の名を呼ぶところがあるが、危篤の病人の時井戸をのぞいて名を呼ぶところもある。南部地方では急死、産死の時に屋根の棟にまたがって恐山の方を向いて名を呼ぶのは、死者の霊は恐山に行くと信ぜられているためである。(1) 同様な例であるが下北地方で産婦が難産で危篤になると、親類の男二、三人その家の屋根に上って恐山の方を向いて産婦の名を呼び、「○○子まだ行ぐな、戻って来い」とくり返すという(2)(目名・大間)。石巻市牧浜では息をひきとる直前、病人の着ている着物を持って寺へ行って魂呼びをする。(3) 福島県会津にも臨終の際に棟に上り、一升ますを伏せて棒で叩いたり櫛で引っかく方法があるという。(4) 同県いわき辺でも屋根で呼ぶことをヨビカエスと言っている。井戸で呼ぶのはここからあの世に続いていると考えているからである。いずれも不安定な魂を呼び戻して再び肉体につけようとする呪術であった。

直接のタマヨバイでなくても臨終近い夢うつつの間をさまよっている病人から魂がぬけ出して寺へ行ったり知人のもとに暇乞いに行ったなどの話は無数にあり、一方地獄極楽などにしても、彼等が夢幻に見た仏の世界と僧から教えられた仏教の教典などの知識が一緒になって想定される場合もあるようである。また、私が福島県の某巫女に私の祖父をおろしてもらった時に、祖父の霊から聞いた極楽とは、あつくも寒くもない所、いたくも痒くもないところと言い、花咲き鳥笑うような所ではなかった。感情のない水のような所に思えたが、そういう所なのでお前はそう急いで来なくてよいということであった。一方某老女が一旦死んだ時、孫達が声を限りに呼んだら蘇生して、あとで話した彼女の見た世界とは、ひろびろとした野原を一人行くところで大層気持ちがよかったという。祖父の極楽もけっきょくは巫女の経験内の潜在意識の外に出ないものと思われるが、何れにしても幾つかの類型におさまるものかと思われる。私は恐山に行った時に、地蔵堂の裏山から呼ばれた仏が降りてくる、夏なら汗をふきふき降りてくるというので、手拭やハンカチを麓の樹の枝などに掛けてあるのを見、また仏の生前好んだ菓子やタバコや酒など、石を台として供える人の多い中でも、中年の女性が泣きながら山をふりあおいで死人の名を大声で呼んでいた姿が今だに印象に残っている。

霊魂は現実にはまるい火の玉となって飛ぶことがあるという。青いのは人魂で、死ぬ間際に世話になったところに挨拶のように行くのはこの方であるともいう。私は赤い火の玉は二度ほど人と一緒に見たことはあるが実態はわからない。よく見る人があるもので、私の知っている女の子などは五回ほど見た中で、小高い丘の上の墓地からもつれながら降りてきた青い火の玉は二個だったという。以上いずれも福島県相馬のことであるが、もう一つ相馬郡飯舘の知人が墓でちょろちょろ燃えている青い火を二度ほど見たが、二度とも少し霧がかった夜で、近寄って靴でふみにじっても二つ三つに分れてなかなか消えなかったから燐ではあるまいかという話であった。幽霊もある種の幻も魂のなすわざであろうが、概してタマとも呼ばれるようにまるいものと考えられていたようである。そして心臓の形からみちびかれたものとも言われるのは、死とは心臓がとまることと考えたとすれば合理的な説のようにも思われる。しかし直接には現実に見られる火の玉などは魂の形としては格好のものだったであろう。盆にはよくまるいものを仏に供える。餅、団子、瓜、ほうずき、茄子、胡瓜、芋などみなまるい。これをのせる蓮の葉もまるいし盆花のききょうの蕾など蓮の花のふくらんだ蕾と同じくまるい。秋田県象潟の辺で盆に供える赤いはまなすの実を売っていたが、聞けばお仏さまはまるいものがお好きだから、という答であった。

会津地方の葬式に、タマシイ袋と称する四角の紙袋を僧につくってもらい、これをふくらませて棒の先につるして棺側につき、位牌や竜辰（りゅうたつ）などとともに墓地に送る風があるが、この袋の中に死者の魂が入っていると信じられているものである。袋は棺とともに土中に埋め、棒は墓側にわん曲させて刺し、魔よけとする(大沼その他)[5]。何処でも見られるシヵ花も位牌などとともに魂の一時の依代かと言われている。かくて四十九日の間屋棟に止まっていた魂は、牡鹿郡女川町江ノ島などでは屋棟を去って天へのぼるとか、極楽へ行くとか思い思いの方にとんで行くのだという。いわき市辺ではとび立つ時にイグネ(屋敷まわりの樹木)の切株に腰かけるので杉の切株からは芽が出ないのだという。

霊魂は形の有無はとにかく、融通無礙天上地下自由に飛んで所を移すことができるものと信ぜられた。そういう目に見えない霊魂を呼び寄せる能力を持っていると思われているのがイタコであり、オカミサマ、ワカ、その他いろいろに呼ばれる巫女である。南部の恐山の地蔵盆に集まるイタコ、同じく津軽の金木川倉の地蔵堂に集まるイタコの群れなどに、ひどく古風な仏オロシ、仏ヨセと言われる風景が見られる。恐山を例にとってみれば、多くの巫女に共通することは、前にも触れたように仏たちは地蔵堂の裏の鶏頭山から手拭で汗をふきふき賽の河原に降りてくる。出やすい仏・出にくい仏ということもないが、新口（しんくち）の場合は百ヶ日すぎていないと降ろしにくいのは、新しい仏は地獄極楽の区別もつけることができてないからだ。妊娠五ヶ月以前の子供は降ろせない、仏は五十年過ぎると人間に生まれかわる、などともいう。概して仏おろしは巫女の経験外のことはできないように思われる。(6)仏おろしは宮城県玉造郡岩出山町のように葬式後直ぐに行うところもあるが、一七日（いちしち）とか四十九日とか一周忌とか、ことに盆とか彼岸に行う所が多い。また岩手県東磐井郡藤沢のように新口は葬式後すぐするが、古口は盆や彼岸にするところもあれば、石巻市渡波のように新口は死後三十五日、四十九日ごろからおろすが、直ぐには降ろすことができず、古口の先祖様一人をまずおろしてから新口に入るなどさまざまである。イッキンと称する弓の弦をビンビン引きならしながら唱えると仏が降りてくるというのは、普通の祭でも奏楽で神をおろすのと素朴であっても似たところがある。(7)山形県のモリノヤマでも、また会津の高野山といわれた八葉寺でも霊魂の集まる霊地には巫女が居て活躍していた。こうしたシャーマン的な現象は、古代に発生した宗教現象の原初的形態であるが、昭和の今の世に古い形のまま残っているのはまことに珍しい。

2　忌とけがれ

タマヨバイは去ろうとする魂を止めようとするところに意味があるが、もう一つは死を確実にするための手続きの一つでもあった。死によっておこる霊肉分離のはじまる平衡を失した危機で、死体から生ずる大変なけがれの上に、他からとり付き入りこもうとする諸々の邪悪な霊を可能なかぎり防ぎとどめなければならず、そこに忌（いみ）が生ずる。一つにはけがれの強いほど自己が破壊されるという観念、一つにはケガレが他人にもうつって迷惑をかける。何としても強い死穢に負けないように、被害を最少限度にくいとめるように、けがれのある家族だけで家で謹しみの生活をする。家で守りにくい時は墓所など外に喪屋をつくってそこですることもあったし、『徒然草』にあるように寺で中陰を過すこともあった。シラセといわれる葬式の二人使いなども種々説はあるがやはり強い忌穢に負けないためであるらしいことは、やむなく一人の時には人形を持たせる、あるいは提燈を持たせると言い、また「仏さまにくっつかれる」とてどんな遠方への使いでもけっして泊らずに帰る例が宮城県などにあることからでもわかる。(8)名取市秋保辺では、シラセには提燈とタツガッシャ(竜頭)を持っていったが、これも同様の趣旨からであった。ことに火は魔よけにもなる。私など小学生のころ家族のものが亡くなって何日かの忌引休があった。子供のこととて早く学校へ行きたがるのを親は見かねて、忌引途中ですまないが、どうぞ登校を許可していただきたいと校長先生に願書のようなものを出してもらったのを覚えている。この場合目に見えない死穢が同級の誰彼にもおよんでよくない禍事が起ってはと親は心配したのである。秋田県秋田地方では、家に死人が出ると家族は一週間、三日のところ一日のところもあるというが、小学生なら学校へ行くのに笠を被って行き、村はずれに預けておいて、帰りにまたその笠を被って帰る。また死人が出ると忌火といって村人も喪家の火に近づかず、忌火の家ではもとは門口に竹矢来を結って外へ出ない、水くみにも行けなかった。どうしても必要なもののある時は門口に笊を下げておいて欲しいものを書いて入れておき、誰かに買ってきてもらった。また、四十九日の間の精進に男は髪を刈り女は忌中まげを結っているところもあった。(9)大晦日などに亡くなった人の家に居あわせた時はブッコムと称してわが家に帰れず、十六日わが家の正月のあけるまで喪家にいなければならない風は、ことに磐城地方などに広く見られた。どうしても自宅へ帰りたい時はわが家の正月の松飾りをとりのぞいた。また、正月中に死人が出ても悔みに行くことができず、止むを得ない時は喪家の門外で大声で挨拶した。従って否応なしに葬式は正月あけてからにした。[10]

忌穢というように、穢だけで放っておいておさまる性質のものでないために、穢のあるところには必然的に忌が必要になる。忌には、祭の際に神に仕えるように自から進んで穢をはらい清浄を求める積極的なものと、死穢や産穢のように他からふりかかる穢を最少限にくい止めるべくなるべくじっとして慎しみの忌みごもりをする消極的のものとがある。この期間は火を別にし、なまぐさを用いないいわゆる精進の生活をした。爪も切らず髪もくしけずらずというのも、太陽をはばかって笠をかぶるのもこの期間においてであった。出血がプラスされる産火のけがれの方がより恐れられたが死火（しにび）も恐れられ、狩、漁はいうまでもなく田植なども同じで、死火を食った者が田畑に入ると作物が枯れるとさえ青森辺では言うところがある。[11]

夜見の国で妻のイザナミ命の死体に蛆たかれところいでいるのを見てはイザナギ命ならずとも逃げ出したくなるわけで、普通、葬式で埋葬後、履物の緒を切って棄ててきたり、ふり向かずに帰ってきたり、あるいは同じ道を帰らないなどいうのも、墓で転ぶなというのも、死霊の附着を恐れて死の国との断絶を意図するもので、このほか葬式に伴う呪術の類にそうした類のものがなお多い。何といっても穢のかたまりは腐乱をはじめている眼前の死体であり、未だ神にも仏にもなれない恐るべき物体であり、再び戻られては困るのである。

忌みごもりの期間すなわち喪に服する期間は、いみけがれの強弱により、被る人と死者との親疎によっても差があると思われるが、仏教では七日七日を区切りにしながら供養によって穢もうすらいでゆくように考えられた。けがれを去る方法は『古事記』のイザナギのみそぎ以来、今も塩水による潔斎が行われている。本来は多く四十九日であったが、今はずっと早く葬式の日埋葬がすむと百ヶ日ぐらいまでの法要をくり上げて済ませ、同時に各自塩水を南天の葉などでわが身にふりかけて身体をはらい清め、火を改め、魚肉を使った膳についていわゆる精進アゲをする、火も新しくする、そして、魚のあるめでたい普段の生活に戻ったとするのである。

もともと葬式は異常なものであるが、異常性の強い場合など、魂に関するもろもろの禍事が起りやすい。東北の海岸地方ではどこでも同じであるが、船で流れ仏に遭った場合は、供養してやるから漁をさせてくれと言いながらおもかじからあげる(宮城県牡鹿郡江ノ島)。所によりとりかじからというところもある。こうした溺死者の場合は家の中に入れずに縁側などから葬式を出すというのもどこも同じであるが、異常死ごとに海を漂い流れている間にくっ着いてきた邪霊を避けるためだと思われる。本人の死体の上らぬ時は水施餓鬼をするが、なお本人の髪の毛とか、枕とかあるいは人形を棺に入れてカラソウシキをする(岩手、宮城、福島の海岸)。一年のうちに同じ家で二つ葬式を出す時は、二度目の葬式には棺にツチンボ(わらうち用具)を仮仏として入れて送り、二度あることは三度あるという凶事を未然に防ぐ方法もひろいが、妊婦の死んだ時もやはり藁人形などを入れることが宮城県の海岸地方ではよく見られる。このほか、癩病で死んだ場合はあと生まれて来ないようにと鍋を被せて葬る例は福島や宮城にあり、そういう時は墓でなく荒地に埋めるともいう(宮城県牡鹿郡江ノ島)。はた織りに用いる筬を棺に入れてやれば、筬の目数の多いように年が経っても生まれて来ないといい、生まれる度に死んで困るときには、あと生まれて来ないように鰹節を入れる例が福島に見られた。しかし別にも述べるように魚を入れるのはむしろ反対でこんどはよく生まれてくるようにとのまじないでなかったかと思う。

誕生とは産婆によって新しい生命が冥界からこの世にとり上げられることを意味するとすれば、間引はモドスとか追ッ返スといわれるように誕生して社会的承認を得る前にあの世に戻してやる方法であった。生児を門口に捨てておき翌日まで生きていたら育てるというのをイタダクと言ったのも、そうまでしても生きているのは神様の授かりものと考えたことと神の恩寵を身に受けて新しい子になったと考えたのである。

葬式には着物の左前、逆さ屏風、逆さ水、そのほか数々の逆さごと、常時と著しく異ることをするのは、みな死をきわだたせて意識して忌みけがれの観念を強くし、早くこの穢れた世界から隔絶しようとするためである。葬式の形態は全国共通のものが多く、また古い形態をとどめてあまり変化のあとの見えないのも同じ気持であって、半ば儀式として固定しているものは忌穢から言ってこれが一番よいという考え、下手に改善しては却って縁起がよくないと思う、葬式こそはもっとも因襲を重んずる儀礼と言える。

3　霊肉分離と両墓制

埋め墓と詣り墓の二つを持つ風習は東北地方にも散見する。ことに福島県の海岸地方から宮城県のやはり海岸に多くの例が見られる。例えばいわきの薄磯、戸田、草野、小良ヶ浜、相馬の浪江町室原、小高町村上、鹿島町小池その他、宮城県石巻市祝田などの報告があるが、青森県南津軽郡碇ヶ関、西津軽郡木造町出来島の例が『日本の民俗・青森』にも報告されている。相馬の鹿島辺では埋め墓はホトケッポとかホトケッパと呼び、ここは肉体を埋めたところゆえ気味悪く、人魂といわれる青い火の玉が飛んだり馬が怪我したりするのはいつもこちらの方で、多くは村境のさびしい所で普段は荒れるにまかせている。大事なのは詣り墓の方でトウバヅカと称し、忌日忌年ごとに丁重な祭がくり返される。いわき市草野馬場辺では古老の話によれば、昔は山中に死体を埋めて、寺に拝みに行った。寺が詣り墓の役目をしていたのだという。今は墓をラントウというが、墓石を立てるようになったのは明治以降とも言っている。石巻市祝田浜では両墓制になっているのは阿部家五戸だけといい、埋め墓を身墓（みばか）、詣り墓を空墓（からばか）と呼ぶ。碇ヶ関では埋葬地を山ノ墓と称し丘陵地の斜面にあり、丘の下には墓石の並ぶ下ノ墓があって死後二、三年は山ノ墓に詣るがあとは年忌も下ノ墓でする。

共通して言えることは、腐蝕する肉体をおそれて埋め墓の方は早く忘れてしまおうとし、従って墓は荒れてもかまわない、肉体から遊離したと信ずる魂こそはこれから永く生き続けて子孫を見てもらわねばならないから、高い丘とか寺とか村の浄所にまつろうとするわけである。墓を二つにしたはじめの年代はわからないが、死魂は山に行くとか聖霊は山に宿るという古代の思想に糸をひくことは確かであろう。なお庶民の墓地に碑を立てることの一般化したのは元禄少し前ぐらいかららしく思われる。

4　霊魂の行く方

肉体から遊離した魂はどこへ行くと考えられたか、漠然としているというよりは古代人の考え方はむしろおおらかであり自由であった。環境にもよろうし、考えの自由からくる個人差もあって、どこときまってはいなかったと思われる。朝夕眺め暮らしている瑞青垣(みず)のような山に、死んだら行って住んで見たいと思うのも自然であり、青海原を眺めて暮らしている人は海の彼方に理想的な常世の国を思い画くのも自由である。しかも霊魂とは自由自在に天翔けることができると考えていた古代人には一個所に定着する要はなかったのである。

霊魂の行くところは一つは地下であった。『古事記』の昔からの土葬を思えば、否応なく一応は考えなければならない夜見の国であった。支那の黄泉、仏教の地獄に似た暗いじめじめした国と想像する。アイヌにも地下の暗い国がある。しかし夜見の国をくわしく言わないのは死体を埋葬するだけのところとしてとらえ、霊となって再生し永住する場所と考えなかったからである。

次に仏教の影響による一口にアノヨと呼ばれる極楽や地獄がある。十万億土で方角は西の方といい、死ねば北枕西面にするのは西方極楽浄土から仏菩薩が迎えに来るに便りよくするためという。本来日本は太陽ののぼる東方を崇ぶ国民であるが、仏教は日の沈む西方を崇ぶ。仏の後光も西の夕陽であり、栗の木の塔婆が好まれるのも西の木だからという。石巻市渡波、祝田浜でも死後直ちに死人を北枕西向きにすることを「仏に直す」と言っている。相馬地方でもとくに丁重な儀式には寺の須弥壇の阿弥陀像の手から墓地まで五色の糸を引くのを見たが、『方丈記』の記事を思わせる。その糸につかまって仏の国へ死者は導かれるわけである。

次に海、海の彼方に行くという考えは当然海岸に住んで毎日海を見て暮らしている人々の間に起り得るわけであって、常世の国、竜宮などに似た来世観をもつのは日本だけではない。それは環境上からの単なる想像からも起り得ようが、日本などの場合、案外古代の日本人が何れはどこかの遠い所から海を越え渡ってきたという、そのもとの母の国を慕う観念が冥々のうちにあるのかも知れない。また東に海をもつ場合なら太陽の上る彼方に理想の国があるという観念と一緒になっているかも知れない。仏教以前は西方よりも日の出る東方を重視したらしいことは文献や伝承に見ても明らかなことである。古墳における埋葬の死体の置き方にもそれと思わせるふしがあり、船形の石棺は明らかに船に乗ってゆく霊魂の姿を思わせる。盆の精霊を迎えるのに海岸のさいの河原で火をたく所もいわき市などに見られるが、それよりもまこもなどで盆船をつくり供物を添え、線香をともして、見えざる海の彼方に精霊を送る風景は、東北地方の海岸に今も残る印象に止るものである。陸前江ノ島ではアノヨとは海の彼方にあるものだからそこに送るのだともいっている。(12) 盛岡市や北上郡辺では北上川で舟ッコ流しをする。牡鹿半島の小竹浜では藁のショウジンブネであった。「秋の彼岸にまたござれ」といって流してやるところもあった(石巻、気仙沼、いわき市)。宮城県の出島では本家筋の庄屋とよばれる家では六尺ほどの木造の盆舟をもっていて、盆の送り日には親類中の供物を集めて載せ沖までもって行って流してくるが、舟は持ち帰る。(13)

次に霊魂の行く先を天と考えるのは一般的なことで、霊魂の行く対象としての天は高くそして広いものでなければならなかった。それは古代人の考えた魂というもの、宇宙に遍満するというか自在に天空をかけることができて一所に止まらずともよいもの、いつも都合のよい所に居られるものという考えにぴったりしたものであった。タカマノハラもそうした神霊の多く居る所であり、古語の天翔(あま)ケル、国カケルも霊の働きを示す言葉である。

次に霊の行く所の一つは山であった。結局のところ、宇宙は天と地に分れ、地上の肉体が亡びても霊は天上に再生して永続するというのが古来の考えとすれば、山は地から天へのかけはしの役を負う。霊は高きを好むとするのが原則であるから、山は天に近い上に現実にも人の力の及ぶ範囲にあり、肉体を埋葬することもでき、霊魂をまつることもできる。そういう山は昔ほどわが住む村の周囲にあって、死ねばさし当ってそこへ行くという考えは当然うまれた筈である。山に山上墳と呼ばれる古墳があり、また神社がたち寺ができるのも霊の集まる所ゆえに当然なことであった。祭もよく山で行われる。死んだら魂はお寺へ行く、などというのは法要のためで、寺は必ずしも魂の安住の所ではなかった筈である。尤も平泉の中尊寺、山形の立石寺、会津の八葉寺のように、もともと霊の集まる山として見られる寺は別である。ただし金色堂の結構に善美を尽くし、堂内を極楽浄土と見て遺骸を安んじたのは、霊魂も亦この堂内で生活できるようにしたもので、古墳時代の横穴墳など、屋根型につくり、ハニワを並べ、壁画に生前の生活を画き、食器を供えなどして、死後も生前のような生活を続けることのできるようにした構想のひき継ぎであろう。それに仏をまつる考えが一緒になって奈良朝以降寺院ができてくるのである。

以上のごとく、人が死ぬと霊魂は天へ昇るというのが基本と思われるが、現実には天以外の諸所方々へ行くことになって居り、それが必ずしも矛盾していない。霊魂は海の向うに行くという陸前江ノ島の例を先にあげたが、死ねば魂は天へ昇るのだ、と思っている人も同じ島に居るのである。これは人の考えのまちまちというより、むしろ魂とはそういうものだと考える方が自然のように思われる。ただ東北地方には普陀落渡海のような事例はまだ管見に入らない。

5　山と祖霊

人が死ねば魂は山へ行くという考えが東北地方にひろい分布をもつので、これを取立てて述べてみたい。その代表的なものの一つはモリノヤマ信仰で、武田恵子君の報告によれば山形県を中心に秋田・青森県におよんでいることがわかる。戸川安章氏は『日本の民俗・山形』で、死者の霊は死後一定の期間近くの山にとどまる。年月が過ぎると穢がなくなってさらに高く尊い山にこもって山の神となり、そこから子孫の営みを見るが、春の農耕期山を下りて田の神となる。秋の収穫期が過ぎると再び山に帰る。祖霊には山の神と田の神という性格が複合している、と言い、モリノヤマは村に近く多くあったのが、山から遠い地帯へ新田集落が移って行ったので、しだいに統合されていったとも考えるとも述べている。村近くにもっと多くあって村人の需要に応えていたモリノヤマは必要度がうすれて消滅するか、あるいは信仰がわざわざ登らなくてもいい麓の寺に「森供養」の形で移ったりして近年は数少なくなったが、それでも鶴岡市下清水、東田川郡立川町の三ヶ沢など古態をとどめている所が二、三個所見られる。私もつぶさに見ることができたが、ともに普段に人の登らない霊の集まっていると信ぜられる樹木のうっそうとした形のよいそう高くない茂山であった。モリから迎え食物を捧げ共食して楽しんだ盆の数日が終ると、家族達が花や線香を持って再びモリの山にわが家の精霊を送る行事である。それは大そう楽しいもののように見えた。私が清水の森に行った時は村の八十歳近い老婆と一緒であったが、彼女は小さな風呂敷包を背負い、杖をついて坂を上るのであるが、子供の時から何十遍何百遍のぼるかわからないが、やがて死ねばだまっていてもお山に登れるんだ、と言って笑った。魂の行って住むべき所を生前から持つことのできるこの老婆など村人は幸福なことだと思う。人々は途中にある地蔵などのマイリボトケを拝みながら山頂近くの供養場に行き、茶を上げ花や線香を供えて拝礼し、あるいは僧に供養してもらい塔婆を書いてもらう。供養の対象は先祖代々と新しい仏の誰彼で、彼の老婆などは嫁に行って死んだ娘の供養も頼んでいた。遺骨ことに歯骨を納めていく人も多く、いかにも死霊のしずまる山というたたずまいである。モリノヤマは供養の日以外はのぼらない、のぼれば亡き人にあい、あえばその年のうちに死ぬというのも結界の厳しさを示すものである。モリノヤマで浄化された霊は鶴岡辺ではさらに高い金峰山や羽黒山、酒田辺では胎蔵山などに行くというが、完全に浄化すると月山や鳥海山に行けるとも伝えている。(14) モリノヤマには新しい霊も、また迷いの境地に居る霊もいるので、山へ持っていったものは決して持ち帰らずにそれらの孤独霊・無縁霊に残らず施してくる。またモリノヤマへ行かずに麓の寺で先祖供養をする風がふえてきたが、鶴岡市大谷のように村の寺の境内の石地蔵の前にモリと称する塚を築いて、五色のボンデンや花や団子を供えて供養をしているが、塚をつくるのが寺におけるモリ供養のはじめの形かも知れない。

別にも言うように、森の山からさらに霊のゆく山も東北の諸所に見られた。出羽三山と呼ばれる月山、羽黒山、湯殿山もその一つで近くの葉山もそうであった。三山に登れば死んだ人に会われるというのも死霊のすむ山なることを思わせ、今でも三山に参詣した人の行衣は保存しておいて、その人が死んだ時着せて棺に納め、己が部落に埋葬し、魂をしてお山に帰らせ先祖とともに住めよと願うことは福島県相馬、宮城県志津川、江ノ島、出島その他にひろく見られる風習である。相馬などではお山(湯殿山)に登る時用いるボンデンまで村の寺の住職につくってもらい埋所に立てるが、明らかに死体は村の墓に埋めても魂は湯殿山に送るという意識である。相馬の鹿島の大内重春氏の話であるが、同氏の父親が亡くなる時遺言して、自分が死んだら屋敷を見おろせる山に葬ってくれ、神になって子孫を守ってやるからと言ったそうである。私の分家の初代の伯父は、生前墓碑を共同墓地に建てたが通路も方角も無視してある方角に向けて立てた。聞けば本家の方を見るのだという。こういうのが村にすむ人の日本人らしい考えであったのである。なおいわきの辺で祖霊をまつるという氏神の祠は、セドウヂガミとも呼ぶように裏山にあることの多いこととも関係がある。死ねば行くという山は、けっして有名な南部の恐山ばかりではなかったのである。

モリノヤマをはじめ今述べたような山々は、仏教的な祭り方が表立っている山であるのにひきかえ、神道ないし修験道風に祭られる山はハヤマ信仰を伴うものである。これも東北地方各地に散在するが、もっとも盛んに見られるのは阿武隈山系においてである。ハヤマとは思うに原義は端山であり、奥山に対して里近い山を言い、そこにはハヤマの神が居る。『記紀』などの羽山津見神、羽山戸神の羽山も端山の意と思われるが、羽山津見の方はイザナギ神がカグツチの神を斬った時カグツチの右の手のところに成りました神で、『紀』には五柱の山神の一柱としている。羽山戸神の方はやはり端山処の意味で山の神であろうと言われているが、この方は大年神の子であり妻は大気津比売なので全く農耕に無関係とは見えない。しかし民間信仰というものは、必ずしもすべてが中央よりの移入でもなく、もとは中央の模倣にしてもまるで変容したものもある。

阿武隈山系のハヤマ信仰の特色は古代のミムロ山とかカンナビ山の信仰に連なるものであり、東北で言うならば上に述べたモリノヤマの信仰と基を一つにしていると思われる。諸所のハヤマ信仰に共通している点を挙げるならば一つは祖霊信仰だということ。人は死んでも霊魂は肉体から分離し、清くなってだんだん高い山へ上る。山といっても奥山でなく里近い田圃の見える山であった。そして山の上から子孫を守り、子孫の生活のなかでもっとも大切だった農耕を見てくれる。それで春に山を下りて田の神となって田植を見てくれ、秋の収穫を見とどけて新穀による神人相饗の楽しみを終えて再び山に上って山の神となる、という考えが基本だと考える。故に山の神といっても本来の山神は別にあるので、山の神になったり田の神になったりするのは祖霊神のもつ二つの機能に過ぎない、という見方である。祖霊神は山に居る故に在来の山神と混同して考えられ、毎年里を訪れる年神と一緒になったりしているが、本来多霊信仰の民間にあっては強いて山の神は即ち祖霊でなければならない、年神も祖霊と同一神でなければならないと考える必要もないと思われる。

ハヤマ信仰の第二の特色は農耕神としての性格の強いことであり、第三は祭日に旧四月八日が多いこと、第四に薬師信仰の伴うこと、第五にこのころを山遊びの日とすることなどであり、これらのことが一緒になっていることが多いが、いずれにしてもほとんど卯月八日の行事になっている。そしてハヤマの秋祭の中心は、収穫の一応終えた旧十月八日である。

東北各地の四月八日の例を少しずつあげてみれば、青森県ではこの日を農事と関係多い日とし、農神さまが山から下りてきて田畑をまわるといい（南部地方）、各地の山に多い薬師のまつりで豊作を祈願する。岩手県では此日農家では近くの山に上る「山見」の行事があり、山上で酒を飲む風が多いが、オヤマカケともいう（上閉伊郡砥森山）。室根辺では矢越山の薬師に参る。北上市二子の辺のヤマミは北上川東岸の国見山に上って弁当を開いて遊ぶことであった。山形県でもこのころ山に上って酒を飲めば運が開けるなどと言う。秋田県では、社日と称して農家では作神をまつるが、やはり諸所の薬師岳も祭日に当る。北秋田郡の森吉山では、青森とど松の枝を杖として持帰って参拝できなかった人にわけてやるがこれをモロビワケという。これを座敷のなげしや門口に下げておくとよい。仙北郡の山間地方では薬師の祭日として山の神の掛軸にシトギを供え一同も食べて山の豊作をいのるという。宮城県では四月八日、あるいは初酉や八十八夜とする所もあるが、花見といって野山に遊ぶ風が諸所に見られ、加美郡小野田辺では薬萊山にのぼって薬師に参る。

以上のように卯月八日は薬師の縁日であり、また釈迦の誕生日にもなっているが、地方の民間信仰には仏教以前の固有信仰がまだ色濃く残っているように見える。おそらく祖霊と祖霊との関連による農耕とがこの日の大きな意味をもつものと考えられるが、私はさらに後にも触れる神の再生、祖霊神が田の神になって田植にあらわす神さびの行為、従ってそれに伴う諸々のタブーが卯月八日のもっとも重要事と考える。そして柳田国男も注意した祝詞の「六月晦大祓」にある「天津神波天磐門乎押披氐天之八重雲乎伊頭乃千別爾千別氐所聞食武、国津神波高山之末短山之末爾上坐氐、高山之伊穂理短山之伊穂理乎撥別氐所聞食武」の国津神は端山の祖霊神よりほか考えようが無く、国つ神が国見山に登って国見をするのも同様である。従って諸所に散在する国見山は端山と似た性格を持つものが多いかと考えられる。同時にある意味ではモリノヤマとも共通点を持っているので、福島県には端山ばかりで森の山は無くても信仰に少しも事欠かないのである。

6　他界とさいの河原

人の霊は遊離してあの世に行ったとしても、当分の間は何らかのつながりが考えられる。葬式の時墓に立てる息ツキ竹などもその例で、全国共通の風習である。陸前高田辺では七本の息ツキ竹を立て七日毎に一本ずつ抜くという。普通、毎日墓参ごとに棺に届かせて立ててあるこの竹を動かして生き返ったかどうかをたしかめるなどというが、高田の例で言えば四十九日で死が確かなものになり、同時に死者との断絶が確定すると考えるのである。七日の間墓に火縄を点す風習も宮城県海岸地方によく見られるが、これは悪い動物や魔をよける呪いである。

アノヨすなわち他界には善神や聖霊だけではなく邪神も居れば、仏教で言う浮かばれぬ迷える霊も居よう。そこで一応の境を設定し、善神は来てもらいたいが邪霊はこれを防がなければならず、種々の工夫がなされる。普通賽の河原と呼ばれているあの世とこの世の境は現実にどういう所にあるかというに、氏家常雄君の調査によると東北地方二十四個所のうち山がもっとも多く、海岸と平地が半ばしている。(15) しかし平地といっても大切なのは地形で、多くは村はずれとか山あいとか辻とか何らかの境をなしている所とか寺域などである。たいてい石原か川原をなし石積みにも便利なところになっている。私も山なら蔵王山、吾妻山、磐梯山、安達太良山、鳥海山、月山その他幾つか見たが、多くは山頂近くの荒涼たる石原であり、海岸にしても飛島やいわき豊間などの例を見ても寂しい所が多い。潮流の関係であろう、そういう場所にきまって溺死者の死体が寄りつくという所もあった。恐山の賽の河原も心にしみる寂しさであった。たいていの賽の河原は、そこから奥は霊の集まっている所という感じで人のふみ入らない所が多い。『古事記』などに見られる塞(さや)ります神の居る塞(さい)の河原と習合したことについては早くから柳田国男の論考がある。塞と呼ばれる地は賽の河原と結び、塞の神は道祖神や地蔵と習合して現在に見る信仰になったわけであるが、東北地方に散在する賽の河原を見ても、地域地域の特色を示しながらもなお変遷の過程をあるていどとらえることができそうである。

青森県北津軽地方にひろい地蔵信仰の中心は旧六月二十三・四日の金木町川倉の地蔵祭であるが、この地にサイノカミ川と賽の河原があり、この地方の人は死ぬと魂はここに行くといい、ことに子供の供養のための石積みがある。なお中津軽、北津軽地方では、春農耕のはじまる前、彼岸の中日などに地蔵をまつってその年の豊作を祈る風がある。西津軽郡岩崎村森山には、海岸につき出た岬に賽の河原地蔵堂があり、石を積む子供の供養が主になっている。下北郡では子供が死ぬと恐山にのぼって行くと伝え、親達は早く子供を地獄から天へのぼれるよう願うという。ここにも三途の川があってあの世とこの世の境となっているという(16)。

秋田県南地方では部落の境の小高い丘に、外に向けて藁人形が立てられていることがありサイノカミという。又ニオウさんとも呼び武器を持ち男根をつけているのは道祖神と信仰が一つになっているのであろう。村の外から入り込む邪神を防ぐ。藁衣の着替えは四月八日という。併し道祖神と呼ばれるものは別にもあって、やはり道しるべとして道路を守り邪神の村に入るのを防ぐというから、これも塞の神との習合である。やはり四月八日祭るという。[17]

山形県の例では、月山の賽の河原は八合目と九合目の二個所にあって、死霊が月山に行く時、途中ここを通るといい、同時に子供の信仰も見られる。この上は霊の集まっている聖地というわけであるが、今は登山を禁じているわけでないから、稀れには遺骨を抱いて登り石蔭などに葬って行く人があるという。登れば先祖にあわれるから、と言って登拝する人はまだ多く見られる。湯殿、羽黒とともに三山の頂上のお宮で先祖を供養する人も多い。羽黒山の賽の河原は、地蔵や小石の積み重ねの跡はあるが盛んではないようである。庄内地方のモリノヤマは別にもいうように死霊の行く代表的な森であり、賽の河原を伴うものである。[18]

宮城県刈田郡蔵王山も昔から死者の霊魂の集まる山と伝え、大黒天までは仏様の山、それより上は神様のすむ山といい、霊魂は高い山や清浄な所を好むという伝承がある。賽の河原は言わば仏の領域で、子供の供養の習俗があり石積みの風も盛んである。子供は親にあうために百箇の石を積むのだが、九十九箇になると地獄から鬼が来て崩すので、地蔵に助けを求めるのだという。蔵王寺の本尊は地蔵で、ここにも分骨を納める風習が見られる。七ヶ宿町の関に横川という川があり、ここの賽の河原を通って霊魂はあの世へ行くために近くのハヤマにのぼるのだという。関部落では旧九月のミクニチのうちの二十九日は賽の河原の祭をする。石積みの風もある。唐桑半島の賽の河原は地福寺境内のはずれにあって子供を亡くした母親が行って石を積む所というが、この地域にはサイノカミ、道祖神などの地名があり、サイノカワラと一緒になっている所もあるように見える。金華山の東岸にもサイノカワラと呼ぶ自然の石原があり、子を亡くした親にはその声が聞こえるなどというが別に地蔵も石積みも無いようである。[19]

岩手県遠野の賽の河原は栃内、大沢、早池峯山の三個所にあり、栃内のは地獄谷とも呼ばれて居り死人の魂の行く所という。

福島県ではいわき市豊間海岸の賽の河原はよく知られ、死ねばここへ行くとは土地の人の信仰であった。ことに結婚前の若い霊や子供の霊も多く集まるという。うす暗い洞窟の中に石地蔵や石碑、それに無数の石積みが見られるが、満潮の時分はおし寄せる波がガラガラと積石を崩してゆくのは何とも言われない寂しさであった。盆や彼岸にはとくに参詣する人が多い。水死人もよくこの辺に上るものだという。会津の田島町の近く七ヶ岳も、四十九日がすんだ死人の霊は家を離れてのぼり、仏様になるという信仰がある。子供の信仰も石積みの習俗も見られる。この地方には道陸神や地蔵が多く、サエノカミ祭もある。正月二日山入りをして大サエノカミと小サエノカミと称する二本の木を伐ってきて、地蔵や道祖神のある所でドンドヤキを行う。サエノ神は年ノ神だという。西白河郡西郷村甲子山も霊山であるが、ここの賽の河原には地蔵と石積みがある。安達郡東和町近くハヤマの麓にも賽の河原があり、山木屋、田沢、北戸沢三地区の境になっている。[20]

以上の例を見ても、仏教の賽の河原と、河原につきもののようになっている地蔵、あるいは地蔵の化身のように思われているショウヅカ婆、その場所は山であっても海岸であっても、それより奥は死霊あるいは聖霊の住むべきところで、そこを境している所が賽の河原である。その賽の河原は例にもあるように仏教以前の古い塞（サイ）と名付けられている所にあることも多く、そこには後世の地蔵に当るサイノカミ、道祖神の祭られてある例が東北地方にもまだしばしば残っているのである。その塞の地は平地ならば村境にあることが多く、邪神往来の通過地として疫病送り・虫送り等の行事の行われることは周知の通りである。平地以外の塞の地、ことに塞の河原で境されているモリノヤマ、ハヤマなどを含む諸所の霊山は、高きに就くことを好む祖霊の寄り集まる所として源を仏教以前に求めることが容易にできる。しかし死霊は穢の多いものであるから、はじめはおそらく例にもあり、また諸所にある地獄谷のような所に埋葬することが多く、これも蔵王の例にもあるように、ここまでは仏、ここより上は神というように、霊の浄化の段階があって、最後には人の霊と雖も聖化して山の頂の尊い自然霊と肩を並べることができたのである。

註

(1)『日本の民俗・青森』第一法規出版
(2)『青森県民俗資料調査報告書』第一集、青森県教育委員会
(3)『東北民俗資料集(三)』萬葉堂書店
(4)『日本の民俗・福島』第一法規出版
(5)『日本の民俗・福島』、『福島県の民俗』福島県教育委員会
(6)『東北民俗資料集(三)』
(7)『東北民俗資料集(三)』
(8)『日本の民俗・宮城』第一法規出版
(9)『東北民俗資料集(三)』
(10)『福島県の民俗』
(11)『日本の民俗・青森』
(12)『東北民俗資料集(一)』萬葉堂書店
(13)『東北民俗資料集(一)』
(14)『日本の民俗・山形』第一法規出版
(15)『東北民俗資料集(七)』萬葉堂書店
(16)『東北民俗資料集(七)』、『日本の民俗・青森』
(17)『日本の民俗・秋田』第一法規出版
(18)『日本の民俗・山形』、『東北民俗資料集(七)』
(19)『東北民俗資料集(七)』

（20）『東北民俗資料集㈦』

三　霊魂の再生

1　貝塚の意義

霊魂の再生復活の観念はいずれの国においても宗教の根底をなし、ある意味では祭の原点にもなっている。ことに祖霊観に見られるように、死があってはじめて生がある、死と生とは一連のものと見られる。しかし死んで死体を放置しておけばよいというものではなく、よい再生のためには古来諸種の呪術が工夫され、また手厚い供養が必要であった。そういう意味では死体を放棄するというようなことはあり得べからざることであった。そして死屍の蘇生は不可能であるから霊体となって再生すると考えるのである。

日本人の祖霊観の成立は遠く縄文時代にさかのぼらせてよいと考える。普通、貝塚は縄文時代の人々が食した貝殻を棄てた塵捨場という説が多いが、これには多くの疑問点がある。[1] 今その理由を詳しく述べる暇はないが、福島県新地町三貫地の貝塚を見ても多くの人骨が屈葬や伸展葬の状態で整然と埋葬されていて投棄などとは考えることもできない。その他祭祀用と思われる完形土器、信仰の対象としたと思われる土偶、土面、土版の類、それにもまして積まれた貝殻の厚い堆積、古代は一代一穴主義と思われるから、且つ死体を住居址から遠く離さない筈であるから、おそらく貝塚は葬場であり祭場であったと思われる。聚落の大小によって貝塚の大小があるのは当然で、それにしても貝殻の一面の散布ではなく、塚をなす集積は明らかに意図するところがあってとよりほか考えられない。古代人の霊魂信仰はこのころすでにあって、後世になってからも、安産、蘇生、再生の呪術の具に貝を用いるがそういうことをすでに知っていて貝の塚を築いたのではなかったかと思う。おそらく貝を敷いて死体を置き上にも山と貝を積んで死後霊の再生を祈念したに相違ない。今でも神霊を祭るに塚をつくる風があり、塵捨場は塚になる筈がない。貝は尊いものでこれに穴をあけて紐を通し堂社に奉納されているのを今も見ることが多いが、安産を祈る子安貝の信仰も今なお残っている。墓を貝で覆った外国の貝墓の例を聞けば、わが国の前方後円墳は帆立貝の形から思いついたものでないかとも思う。貝のもつ呪力はけっきょくは潮水の塩のせいで、塩のもつ生成、浄化の力はここにのべるまでもない。なお思えば貝塚に葬られてある人骨は貝殻と同じ成分で腐蝕しないから、それが霊魂の永遠不滅とも結びつく考えもあったと思われる。要するに祖霊観のもとをつくる霊魂の分離ないし再生復活の思想は、形に残るものとしてはこの辺からはじまっていると考えられる。

古墳時代の墳墓から中世・近世の塚、古墓にいたるまで、民俗学的にも考察して見たいものであるがそれはしばらくおき、近代にまで名残をとどめている墓制、というよりは埋葬法や弔い方について触れてみたい。それは必ずしも霊魂の分離を明らかに示している両墓制には限らない。ただ魂の再生という点を主としてながめてみたい。

2　弔いあげと霊の再生

人間最後の願望は生きかわり死にかわりして何らかの形で永続してゆくことにあると思われるが、それには霊魂自体の浄化と、それを助ける周囲の人々の努力が必要であった。仏教では供養と言い、その丁重なくり返しが、死者の魂を浄化させ早く仏にし神に昇華させることができると信じたのである。

宮城県各地の弔いあげは五十年、まれに百年とするのもあるが、おおかたは三十三年をもって仏でする供養の最後とし、普通トムライアゲとかトムライオサメと称し、これで個人追福の一切が終って、あとは盆、正月に家を訪れる仏として供養する。江ノ島の辺ではそのあとは仏は神になる、氏神さまになる或は無縁仏になるといい、墓に生木の葉付きの塔婆を立てたり、柳や栗の二股塔婆を立てる。(2) 名取郡秋保辺の伝承も仏が神になるといっていた。この伝承は牡鹿郡をはじめ桃生郡、石巻市、亘理郡、名取郡、柴田郡など海岸に近い地方にことに多いようであるが、位牌はそのままにしておくとも寺に納めるとも、まれに焼却するというのもあった。ウレツキ塔婆の場合は杉の木が多いが柳も多く、柳はすぐ根づくから仏が生き返ることを祈って建てるのだと言っている(桃生郡鳴瀬町)。弔いあげではないが石巻市牧浜では、石を海岸から拾ってきて死者の枕元におき、埋葬後に墓上に移し塔婆とするというのは霊の依代とするわけである。また栗の股木を立てる風習もひろくあるのは、栗は西方の木で極楽浄土に縁があるからである。股木塔婆は牛馬犬猫などの畜類を埋めた時、辻や道端、寺の入口などに立てることの方が多いが、鳴瀬町などではクリ木マッタは人間の三十三年の弔い上げの供養にのみ用いるといっている。これは宮城県に限らないが、弔い上げに立てる塔婆のことから、弔いあげのことをタテアゲ、杉ボトケ、柳トウバ、栗ノ木トウバ、松トウバ、ウレツキ塔婆などさまざまに呼ぶ。これを立てて仏の魂はその家の先祖神となり天に昇るという(3)(牡鹿郡大原浜)。また七日の法要ごとにけがれをうすく忌が軽くなるというのは県下どこでも言う。亘理、名取地方では子供の供養のために七本ボトケと称する七本の塔婆を立て、竹かごに石を積んで石積みの手助けをする。柴田町辺で杉のしんを塔婆にするのは、杉はしんを切ってしまえばそれっきり伸びないからだと言っている。(4)

福島県では弔いあげは三十三年か五十年であるが、相馬辺でもとは五十年であったが近年三十三年になったという所もある。この時小高辺では杉塔婆を立てるが、葉ツキ塔婆とかウレツキ塔婆、スギボトケなどという。いわきも会津も大体似ているが、いわきでは三十三年すぎて杉を立てるのは、これで供養はスギマシタという意味だと解している。会津ではホトケ棒などと塔婆のことを呼ぶ向きもある。相馬辺では埋葬後喪家に戻り、一七日から百ヶ日ぐらいの仏の供養をしてしまうことをホトケタテというが、岩手県九戸地方などで実際に墓に塔婆を立てることをホトケタテと言うのと似ているが、ある供養の期間もすぎて、いよいよ浄い聖霊としてこれからは取りあつかわれることを意味するものであろう。いわき地方ではどこもほとんど例外なく五十年とか三十三年忌がすぎると氏神さま(ご先祖)になるという。その家か同族の神なので必ず屋敷まわり、多くはセド氏神といわれるように裏の山の高い所にまつる。氏神祠は古い本家にだけおき、分家では九月の節供に新穀でつくった赤飯やオノリ(粢)を持って本家に参るところもあれば、分家でも氏神祠をこしらえて本家の氏神様と並べてまつっている所、そのほかいろいろである。相馬の小高辺でも氏神として先祖様をまつり、家を守ってくれるという信仰がつよい。同じく飯樋辺では三十三年をブットメと称し、栗の角塔婆を墓に立て、投餅をして祝い、その後は氏神さまとしてとりあつかう。(5)

青森県の例は、とむらいあげはやはり三十三年か五十年であり、目名の辺で三十三年で位牌を焼いてしまうことをカサカブリという。(6)秋田県平鹿郡では柳の木を逆さにしたものに戒名を書いて墓に立てる。(7)岩手県でも三十三年でヤナギボトケといい、柳のマタギ塔婆を用いる所が多いという。(8)青森県も三十三年のようであるが、やはり五十年も見られる。弔い止めなどといい、松、杉などの葉つきの生木を塔婆とする。(9)山形には三十三年の弔いあげの時に、川原に行って目をつぶったまま拾った石をもち帰り、寺で戒名を書いてもらって墓に立てる風習もあるという。(10)

以上の諸例のごとく、先に肉体から分離したけがれの多い霊魂も、積極的な浄化作用を重ねて(仏教になってからは供養におきかえられてきたが)、神となることができるとした。それは見方をかえて言えば肉体から霊魂への再生であり、仏から神への誕生としてとらえられた。神になるためにはけがれの完全な払拭が必要であり、庶民の観念としてはホトケとはケガレの多い人の域を出ないものだったのである。塔婆に杉を使うのは、弔いあげという単なる供養の終結を意味するよりはホトケよりのけがれの完全な除去の確認であり、再生しやすい柳を用いるのは新しい霊の生命の誕生を呪力の面から効果あらしめようとするのである。

霊の復活、再生は広い意味にとらえてよいと思われる。肉体から霊化するのはもとより、霊化するにもさまざまの類型がある。また別にも触れたように祭毎に神霊が神さびするのも年中行事の一環として年ごとに霊が新しくなることも含む。例によって東北各地の例を二、三挙げる。

青森県などには百日以前の児が死ぬと、死体を入れた箱に干魚などの生ぐさ（なま）や粟の穂などを入れて「早くマレゲロよ」（生まれ替れ）といって葬る例があるという。鱈の頭を入れることもあるという。また六歳までは仏の中に入らないといって焼干を入れて埋める（目名）のも、南部辺で「七歳以下は神のうち」といってやはり子供の口に干鰯をくわえさせ、紫色の着物を着せて葬るというが、魚貝はいわゆるめでたい塩気あるものでものを再生させる呪力あるものと考えられていたからである。イザナギ命が潮水で目鼻を洗うごとに三貴子が誕生したことに通ずる。粟の穂も米の力と同じオヤシナイの呪力に富むものであった。葬式の時墓地においてひっぱり餅をするが背後に投げた餅が遠くに行くほど生まれ替った死者の屋敷がひろくとれる、といっている（襲月）。また埋葬の時には男はうつぶせに女は上向きにするというのは（天間館）、その方が本来の姿で、生まれ替わり易からしめる呪いでないかと思う。死体をエジコに入れて笠を被せるところがあるというのも（広船、胡桃館、大宮、一ノ渡）幼児の姿を思わせるもので再生に関係があるのかも知れない(11)。

宮城県では三十三年忌に柳塔婆を立てるのは生きかわるためとはっきり言って居り（桃生郡鳴瀬町）、その塔婆は生の柳を用いる。柳は根つきやすいので再生能力を人に当てはめて霊魂の再生を願ってするという。股木を使う意味は股木は俗にマッタ木といい、仏の供養はこれでキマッタのだと心もとない解釈がなされているが、同じ県内でも伊具郡の辺では可愛がっていた犬猫などの動物が死んだ時に股木の塔婆を立てるのは、女の股の形を使い再生を祈るためだと言っている。そういうことが認められるとすれば、いわき市の貝塚から石製の道祖神と鮑貝とが一緒に出土したが、再生を祈る男女の呪具と見られぬこともない。名取郡の辺では畜生供養に股木を道の辻に立てる時、今度生まれてくる時は畜生の皮を被って来ないように、と唱えるという。陸前江ノ島では六歳未満の子供が死んだ時は昔は一人前にとりあつかわず縁の下などに埋めたなどいうが、ほかの地方も同じで、こうする方が、そして土葬の方が生まれやすいと信ぜられていたのであった。生まれて年月たたず幼い故に現世よりは冥界に近いせいであろう。また石巻市、渡波、祝田浜などで、五十年すぎた死霊は山の上から天へ登って祖霊になると信じられていた。鳴瀬町や利府町、また小牛田辺でも同じだが、人間六十になると役に立たないとて木の股にはさんで捨てられたので六十歳を木の股年と言うと伝える。おそらくこれも暦でいえば還暦で最初に還る年であるから、古い魂から脱却して生まれ替ることを意味したものとすれば、弔い上げの股木は葬送よりはむしろ葬送の次に来る段階の再生の呪いに役立つもののように考えられる。また木が妊娠の呪いに用いられる例としては、阿武隈川の河口の荒浜の箒神の祠の近くにあるまた木に祈れば妊娠するという。(12)

岩手県では水沢市黒石と江刺市大田代の境に爺ゴ沢、婆ゴ沢があって、ここにも棄老伝説がある。また死者を合掌させ手に数珠をかけ「必ず早く来い」と呼ぶというのは(舞草)生まれ替って来いの意であろうか。(13)

秋田県能代市榊村などで、葬列が墓に着くと列中の者が二人でヒッパリ餅をする。二人で引っぱって肩ごしに後に投げた餅が遠くまでゆくと、死人が生まれ替る時、宅地のひろい家に生まれるという。そのため青森県にはヤシキ餅と呼ぶ所もあるという。(14)秋田市太平村では三十三年忌にやはり杉塔婆を立て、仏は生まれ替ったものと考えるという。

ヒッパリ餅の効果は山形県酒田市辺でも同様に伝えて居り、ただここでは左手で投げ合うという。山形市に棺に入

れるものの中に貝殻を入れるというのは格別に意味が無いものか、それとも呪力を考えてのことか。(15)

葬式の行列が喪家であるいは寺でまたは墓地で左まわりに(右まわりの所もある)棺自体をまわす風習が広く、死霊が喪家に戻れないように迷わせるためだと解釈しているのが普通のようであるが、山形市などに例が見られるように棺のまわりを三回南無阿弥陀仏と唱えながらまわる方が古いのではないか。死人のまわりをまわるのは却って生き返ることに何か関係ある古い呪術がもとをなしていなかったかとも疑われる。また近頃までは屈身の姿で納棺することが多かったが、これも縄文時代の屈葬に糸をひくもので、このように赤ん坊の形で早く生まれて来いよとのこれも呪術の上から見るのが妥当のように考えられ、石を抱かせて埋葬するのも一種のあやかりの観念と思う。

3　一杯飯とミタマの飯

福島市金沢の羽山の夜ごもりでは神人相饗の食事(主に餅であるが)をオヤシナイというように現し世の人はもちろん神も仏も(すなわち祖霊)生命、それはたとい肉体から離れた霊的生命にしても永続させるためになくてならないのは米の飯であった。それで死後ただちに炊いて高盛りにし、一本の箸を立てて死人の枕元に供え、離れ去る霊魂に食べてもらうのが一杯飯とか枕飯、枕団子といわれるものである。まるく高盛りにするのは霊の好む形であり、箸を立てるのと共に新生の魂の注意をひく異常な形である。人間は一生のうち高盛飯を食うのは誕生、結婚、死去の三度というがそれは三度とも新しい霊魂の誕生に関する時ばかりである。即ち誕生は霊界からこの世への肉体をもつ新しい生命の誕生であり、結婚は一度死んだ二つのいのちが結婚によって新しく生まれかわる時であり、葬式は上述のように霊魂としての新しい出生と見る。このほか成人式の時も高盛飯を食べる風習が東北に見られる。そしていずれの場合も食物を必要とするのである。口の無い仏壇の仏といえども毎日の供膳を喜ぶのはそのためである。氏神にものを供えるのも同じ趣旨と考えられる。

ミタマの飯もまた同じであった。東北地方諸所で正月ミタマノメシと称し十二個の握り飯を箕に入れて祖霊に供えるが、まるい形にしたり箸を一本ずつ刺すことなどは霊魂に供える特色をよく示している。『徒然草』にある「亡き人の来る夜とて魂まつるわざは、このごろ都にはなきを、東の方にはなほすることにてありしこそあはれなりしか」という室町時代の習俗が、昭和の今も東北地方には見ることができるのである。握飯は箕に入れて供えるところが多いが、箕や俵、藁づとあるいは臼、枡などは神聖なものを入れる器であり、時には神体の仮座に当てることさえあった。常には山に在って麓の子孫を見てくれると信じられている祖霊は、年に何度か子孫の家を訪れてくる尊い来訪神として心待ちされるものであった。祖霊はすなわち年神、正月神とも考えられていることがわかる。そして年神の祖形を祖霊に求めなければならないかと思われ、祖霊から分化して他の神性も得て独立していったのが年神のように思われる。

岩手県水沢辺ではミタマノメシと言って、大正月の間十二個、閏年では十三個につくったまるい握飯に箸を一本ずつ立てたものを供えるが、これをミダマとも呼ぶ。年神には別に餅を供えるというからこれは明らかに対象は祖霊であろう。農家ではミダマを箕の中に並べる。北上市で大年取の晩に上げて翌日下げる所があり、同じ北上市でミダマを供えることをホトケノトシトリという所があり、又年とりの晩に家族が順次出て箸又は藁を一本ずつ刺立てる風があるという[16]。一杯飯の方は埋葬がすめばその茶碗をその場でこわす(北上市)のは死霊との断絶を意味するものであろう。

宮城県地方のオミタマサマは明らかに祖霊で、米の握飯が第一の重要食として要望されること、同時に年神の信仰に結びついていることは十二という数、箕をその年の明きの方に向けることにも現れている。オミタマサマの箸は家族が使う箸と一緒につくる。供えた飯は乾してとっておいて田植の時食う、などの例を見てもわかる。気仙沼市鹿折では箕の上に新仏の位牌と線香をのせ、十二の餅を(閏年は十三)飾る。餅の代りに握飯に箸を一本ずつ刺して仏壇に供えるところもあるという。[17]

七ヶ浜町辺の一杯飯は、死んですぐ戸外で炊くがその家の主人とか本家の者とか、その家を見る責任者の大きな仕事というから、これもその家における霊の存続を考える筈のものであった。高盛りにし猫柳の箸を十字に刺すのも再生の呪いであった。本当は二十一日忌のあけるまで毎日供えるものだと言っている。[18] 宮城町新川では一杯飯の残りは灰などまで余さず墓に持って行き家に残さない。また桃生郡鳴瀬町辺では一杯飯は死者が生前使用していた茶碗を用い、飯の残りは四個の握飯にして棺の四隅に入れるがこの風習は広い。[19] ひっぱり餅の風はとくに変っていないが、桃生郡雄勝辺では四十九日の一升餅を四十九個にまるめ、残りを死者の兄弟が引っぱり合う。餅は寺に納める。玉造郡鳴子町鬼首のひっぱり餅は敷居越しに行う。ロクシャク(棺かき)の食う食事の作法も変っていて、膳につき飯に汁をかけて一本箸で食ったあと草鞋をはいてそのまま縁から下りる(本吉郡歌津町)。

福島県耶麻郡の力(ちから)飯もこれに似て、一本箸で出発の飯を食い、力酒とて黒椀で冷酒を飲む。福島県では一杯飯をヨウゴノメシ、ツボノメシ、枕飯などという所があり、またこの種の高盛飯は誕生、婚姻、葬式と一生に三度食うものとする。[20] 長沼辺の四十九餅は死んだ仏が高齢で天寿を全うしたとか名を成したすぐれた人である場合、これにあやかる意味で争って引っぱり合って食べる風があるという。

秋田のニダマメシはやはり御魂飯で小正月に月の数だけつくり箸を一つ一つに刺して箕にのせて供える。[21]

山形のミタマノメシ(御魂飯)は県下一円の風習で、年越のあと十二個つくり新しい箸を立てて板箕や唐箕にのせ、箕は明きの方に向ける。割箸の場合は割って一方を飯に刺し一方は横にして置く。箸には萩を使う所も多い。四日朝ミタマノ飯は下げ、お仏供を上げて仏壇開きを行う、というからこの場合のミタマノ飯の対象は常時の仏壇の仏でなく正月ゆえに来訪してくる祖霊へのとくべつの供えものと思われる。なおミタマノ飯は後日土用丑の日などに食べる所もあり、腹病みの時のまじないとするところもある。[22] 箸は川へ流すという。枕団子は埋葬の時藁づとに入れて埋める所(上山)があり、死者が未練を残す時はその団子は色が黒くなるという[23](大石田)。

青森県大間では葬式の前の晩の通夜の際、小豆粥に餅を入れて出すのを家移り粥コと言っている。[24]

葬式の際に棺に入れるものには、死装束のほか生前愛用していた日常品の若干があるが、何にもまして大切なものは一杯飯からとり分けた握飯や米などの五穀であって、とくに豆、味噌も多い。稀に茶も見られる。いずれも生命を養うに必須のもので、肉体死滅後の新生の霊にとっても欠くことのできないものは米の力であったのである。これに柳の箸を添えて霊魂の一層再生しやすいよう祈ったのである。そう言えば食物には関係ないが棺に入れる旅用の杖にうつぎ、あかざ、南天を用いるのもそれぞれに意味が考えられる。

4　年中行事と一生の儀礼

たとい形の有無にかかわらなくても、ものの誕生、蘇生、復活、再生等の観念は根本的な人生の重要事として、人間日常の信仰、生活一般を冥々のうちに規制してきた。この観念は大にしては東西の宗教の基礎をなし、小にしては庶民の年中行事、冠婚葬祭等にまで影響を与えている。

年中行事の特色の一つは年ごと、月ごとあるいは日ごとの繰返しであるが、繰返しの基盤をなしているものは、ものが生まれかわって新しくなるという考えである。太陽も冬至が過ぎれば新しくなり、月は朔日ごとに日は朝ごとに新しくなる。その他すべてのものがこれに合わせあるいは必要に応じて臨時に新しくなる。新しくなるそのまた基礎は古いものが死んで再生する、あるいは衰えたものが新しい生命を得て蘇ることである。祖霊もまた当然年に何回かの蘇りを必要とする。おそらく正月と盆の共に満月の時の年二回の来訪を中心として考えられ、そのほかに四季の変り目や節日、祭日などに拡大されたと見たい。つまりわが国の生活に深い関連をもつ年中行事の中心は自然霊の若返りもあるが、主に祖霊の来訪が中核となっているように思われる。そしてその祖霊来訪の意義は魂の更新にあったと考えられる。

また冠婚葬祭との関連については先にも一寸触れたところであるが、高盛飯を必要とする霊魂の更新に当る誕生、婚姻、死没による再生という生涯中の三度（成人式を入れれば四度）は言うまでもなく、年齢による区切りやこれに伴う成人儀礼、男女の厄年などすべて年中行事の節のごとく霊魂の更新を意味するものである。宮城県丸森辺で、結婚式の時嫁を出す家では花嫁に喪服を着せ、死人を出す葬式のような儀式で送り出す。送り出された嫁は婿の家の前で倒れ、婿方の者に助け起こされ、負われたまま台所から入りモロ火の上をまたいで渡るなど極めて注意すべき報告がある。[25]宮城県などにこのほかにも、結婚とは一度死ぬことだという伝承が見られたり、福島県会津に新婚の新枕は北枕を正式としたとか、その他結婚式が葬式と相通ずる点がいくつもあるが、みな魂の問題で、死と再生の意義を持つ。思うに結婚式とは古くは一度は死んでから生きかえるという儀礼があったものが後年縁起が悪いなどの理由で死ぬ部分が脱落したものと思われる。おそらく誕生から成年に達するまでにことに度重なる区切りの多い祝いごとを行うのは、幼少期ほど不足な魂をはたからも貰って早く充実させたいためであり、壮年期以後は充実に加えてよりよいものにしようとし、老年期は少しでも多く持続をはかり、死後の霊への連続を考えるものと思われる。祝いごとは人を招きあるいは人からしてもらうものが多いものであるが、いずれも長上や友人から自分には無いすぐれた魂をわけてもらって己が魂の充足をはかるもので、その源は神からよい魂を分けてもらうことにある。祭もある意味では神をはやして神の持つ機能の衰えをふるいおこして役立つよい神になってもらうことであるが、人はなおさら機会あるごとに度々の更新を必要としたのである。

山岳信仰を基盤とする修験道にも山中他界観があり、死んで山に上った霊魂は山気に触れて山中で蘇る山中再生の観念は、出羽三山をはじめ多くの霊山に見られるが、福島・宮城県の多くの羽山における青少年の成人儀礼と結んだり、また一般に十三参りとか六歳お山などの風習になって諸所の霊山に残っている。

以上縷述のごとく人間の一生は、たびたびの魂の更新によって存続をはかっていくもので、形の上からは古く衰えた魂をさまざまな工夫によって蘇らせ永続させようとする。それには積極的な努力のあった方がよりよい結果が現われやすい。つまりよい意味で意欲をもった人ほど叶えられる願望であった。そして生命の更新と再生、そして永続をはかることを儀礼化したものが祭であるとすれば、人生には当然たびたびの祭が必要だということになる。

本来、日本人の信仰の対象は祖霊であった。常に山にあって子孫を守っていてくれるという祖霊が、年改まるごとに里に下りてきて、それぞれの子孫の家にいくばくの幸福をもたらし、とくに農耕を助けてくれるというのが古来の習俗であった。年中行事も冠婚葬祭も、生活の中での大事な折目には、その都度祖霊の意見も聞き、それに沿うて行動しようとした。日本の神道の倫理的・道徳的なのは、生活の中につねに祖霊を見ているからであった。

祖霊とは神でもあり、仏でもありと考えるのが日本人の常識でありその仏はまた仏教の仏陀そのものでなく、神も全智全能唯一絶対の神と異り、その持つ聖性の多少によって誰でもなれる愛すべき小さな神や仏であった。宗教的というよりは道徳的に発達したと見られる神道よりすれば、祖霊とは神道・仏教その他いずれの宗派を問わず、日本人なら誰の家にもある家の象徴である尊い精霊である。その家々の属している民族のつながりを辿りたどればオオヤケの皇室にまでつながる。しかも日本のように古く続く祖神として仰ぐことのできる家柄は世界に類例が無いという。比較的宗教性に乏しいといわれる神道を基盤にしているわが国にあっては、天皇家を日本的なそしてそれだけに他の外国の神権強い神にくらべて見劣りする小さな神・仏などにみたてるよりは、同じ象徴でも長い世紀に磨きぬかれた珠玉のような芸術品に見えないであろうか。同時にこの最高のオオヤケにつながる国の隅々のそれぞれの庶民の本家分家のはてに至るまで、神と称し仏と呼ぶも、各々のささやかななつかしい祖霊をなかだちとしながら民族の純粋さを保ってきたことは偶然とは言え珍しくも愉快なことだと思う。

註

(1) 拙稿『本邦小祠の研究』名著出版(復刻)、拙稿『村の神々』岩崎美術社
(2) 『日本の民俗・宮城』第一法規出版、『東北民俗資料集(八)』萬葉堂書店
(3) 『東北民俗資料集(三)』
(4) 『東北民俗資料集(三)』、『同(五)』萬葉堂書店、『同(四)』同、『宮城の民俗』宮城県教育委員会、『日本の民俗・宮城』、『東北民俗資料集(一)』、『東北民俗資料集(六)』、『東北民俗資料集(八)』
(5) 『福島県の民俗』、『日本の民俗・福島』、『東北民俗資料集(五)』
(6) 『青森県民俗資料調査報告書』第一集
(7) 『秋田県の民俗』秋田県教育委員会
(8) 『岩手の民俗資料』岩手県教育委員会
(9) 『日本の民俗・青森』
(10) 『日本の民俗・山形』
(11) 『青森県民俗資料調査報告書』第一集、『日本の民俗・青森』
(12) 『東北民俗資料集(三)』、『東北民俗資料集(六)』、『東北民俗資料集(一)』

(13)『岩手の民俗資料』
(14)『秋田県の民俗』
(15)『山形県の民俗資料』山形県教育委員会
(16)『日本の民俗・岩手』第一法規出版
(17)『日本の民俗・宮城』
(18)『東北民俗資料集(四)』
(19)『東北民俗資料集(五)』
(20)『日本の民俗・福島』
(21)『日本の民俗・秋田』
(22)『日本の民俗・山形』
(23)『山形県の民俗資料』
(24)『青森県民俗資料調査報告書』第一集
(25)『東北民俗資料集(六)』

氏と氏神

——相馬・磐城地方に於ける——

一　セド氏神

秋深い磐城の田舎道を歩くと、此処の家の庭先や彼処の家の背戸等に、白い幣束を祀った同じ様な形の、藁でつくられた祠が思い思いの方角に向いてたっているのが見られる。此辺では九月十月の頃になると、この藁の祠が、たわわに生った柿の木の下だの、白い雲の影の映る泉の辺などに見られるようになる。これは氏神祭のすんだ後の家々の大事な氏神様の祠なのである。

嘗て石城郡好間村の老人に、此辺ではウヂガミ様と言うかオチカミ様と言うかを尋ねたところ、そうだね、オチカミ様と言うようでもあるし、ウヂガミ様というようでもあるしという心もとない返答に接した事があった。このほかオヂガミ様とも同じ村で言っているのである。其後隣村赤井に行った時に同じ質問を試みたところ、土地の国民学校の校長門馬氏は幾人かの土地の生徒をつれて来て念を押してみたのであったが、生徒の答はどれもウヂカミともつかずオチカミともつかない、オとウの中間音であった。一方好間村の一部や平窪・大浦等の諸村では、明瞭にオチカミの語に接し、田人村の方ではウチカミ・オチカミ、永戸村の方ではウヂカミ・ウチカミ併用であった。以上の如く、事実は此等の語の何れをも截然たる区別もなく使用しているのである。即ちウヂガミ、ウヂカミ、オヂガミ、ウチガミ、ウチカミ、オチカミ、オチガミなど仔細に検討すれば種々変化する発音が見られるが、まずウヂカミが普通のもののようで、それに次いでオチカミ・オチガミの分布も広く殊に石城に於てそうである。氏神か内神か、昔は恐らく一つものだったにしても、現在当地方に於て呼ぶ此等の神は、直接その何れよりの系統か確かなことは未だ言えなさそうである。マケウチノ神ということを此辺の風としてよく言うから、ウチカミはマケウチノ神の転化とも一応考えられないこともないが、後述の如き理由によって今は暫く氏神よりの転化としておきたい。濁音の清音化する例は土地にはまま見られる。家に或いは内にある故とする説もあるようであるが、此辺の土地の観念上よりは現在のところそうは考えにくい。従ってオチカミ、オチガミ等もウヂガミと同系列の語と考える。そして磐城の氏神は本家にあって分家に無いのが古い形であった。

氏神は屋敷神と同一であるか否かは甚だ疑問としなければならないが、此辺に於ては屋敷神なる語は殆んど聞かない。もし言う場合は同義に使用しているのが普通で、氏神と別に屋敷神を考えている例は極めて乏しい。石城下小川の市川氏は、一木様というのを氏神として一木山に祀っているが、屋敷神と称するものは別にあって屋敷内に祀ってあるという。石城田人村辺では、屋敷神は多くは山の神や稲荷であるとして氏神と別個に考え、隣村貝泊に於ては、上組下組で祀るウブスナ神に当ると思われる日吉神社を氏神と称し、屋敷神とは家々の氏神のことなのである。即ち氏神は古い家にしか無いが、屋敷神は分家其他家々でももっていることになると此辺の村では言うのである。

氏神は古い家、草分けの家、本家、そうしたところにばかりあって、分家新宅新しい家には無いとする所、所謂軒ごめにもっている所、及び両者混じている所即ち古い家等に多い様だが新しい家にもあるという、以上三つの場合に我々は遭遇する。尤も草分けの家は同時に本家でもある場合が多く、又本家のみに氏神があると言っても、大抵の場合、本家が管理に当っているということなので、祭祀には同族一同が関与していることが多い。地域的に見て、如何なる地方に如何なる型が行われているか見さかいをつけることは困難であるが、佐藤氏に佐藤氏の氏神があり、斎藤氏には斎藤氏の氏神があり、たとい氏は無くとも血につながる同族には必ず同族の神があったこと、しかも本家にのみ存して分家にはもと無かった事が、古いと思われる村程この風のはっきりしていることなどよりして、同族で祭祀することを氏神の本質とするならば、概して市街地に近づくにつれてこの形はくずれて来ていると言うことができよう。石城永戸村や田人村に限らず僻遠の村々では古い家や本家では必ず氏神をもっているのに分家などには無いのである。正月とか氏神祭とか其他出産祝儀等何か家に事のある場合、遠いぬかるみの山坂を越えて本家に集って来る。此例は石城三坂村其他前述のような山間の部落に殊に多い。平市及びその付近の村々のように、分家に於てもそれぞれ一つずつの氏神祠をもたなければ恰好がつかないと考える様になるまでには、かなりの年月を要したものと思われる。この氏神とウブスナ及び鎮守、この三者の関係は一見ややこしい様でもあるが、一々の社に当ってみるとその相違は割合に明瞭であって、これはウブスナであって鎮守でないとか、氏神であると共にウブスナ神でもあるとか、案外に観念上はっきりとしているようである。それなのに却って名称の上より混同を来す場合が多く、我家本来の氏神も同族や部落の氏神も時には鎮守までをも区別なしに氏神と呼んで怪しまない。ただ普通一般には個人の家々の氏神はそうは呼ばず、ウブスナと言えば氏とかマケとかいう関係などよりもその生まれた土地に住着いて護って下さっている神といった観念が強い。従って地域的になり、個人個人に別にあるのではない。大字とか村とかに古くからあって、その土地をしきます神なのである。石城好間村辺では、郷土を開いてくれ郷土をまもってくれる神がウブスナ様であった。即ち郷土の神の謂であった。祖先の神にして且つ其家を守ってくれる神が氏神であると考えているのであるが、この考えはひろい。故にウブスナは大抵部落単位であると土地の宮内氏などは言うのである。

少なくともウブスナ神は最近になって他所から来た神などではなかった。故にひろい意味の普通の部落の所謂氏神は、実はウブスナ神である場合が大部分であった。従って両者は多く区別出来るはずなのに漠然と考えて両者を混同している、というよりは氏神の範囲を余りにひろげてウブスナの方に迄及ぼしているのである。この混乱は、ウブスナ神が生れた土地の土着の神という本来の考えから遊離してきて、個人の家の神という風に傾いて来た時に特に激しいのであろうか。それとも一般に懐かれている観念の方が寧ろ誤りで、ウブスナはもともと各家に祀るべきものであったのが次第に発達変形し、家々のは氏神に席をゆずったものか、その名残がこの混乱をまねいて居るものか。一つには反対に個人の家の神が大きくなって却ってウブスナと呼ぶに相応しくなることがあったかも知れないし、時には実際にウブスナが氏神と同じ場合のあることも勿論考えられて然るべきで、これが原因をなしていないとも限らない。

氏神のことをウブスナと呼ぶ以外に、氏神と別個に戸毎にウブスナを祀る例としては、平市上平窪の古館部落などがそうであった。ここの戸数は聞きもらしたが、氏神は軒ごめにもっていて多くは木でつくられ藁の氏神祠は無い。然るにこの氏神祠の左右に、一つずつ藁でつくった頭を折曲げた三角形の祠に幣を入れ輪注連縄を懸けたのが、対のようにたてられてある。それが他所の村なら矢張り氏神と称している筈のものであるのに、ここでは「オボスナサマ」と称し明瞭に「オチカミさまのお宮」とは区別していた。此家の老婆に聞いても昔からそうしている、そして何処でもそうだという返事であった。且つ氏神は家を守って下さる神と言うがオボスナとの相違ははっきりしなかった。併し屋敷神などではないという。此辺の氏神祭は旧九月十九日で、この日氏神祠に幣を納め赤飯を上げるが、この時に新藁で祠をつくって例のオボスナ様を祭るのであったが、オチカミ祭のお祝としてそうするんだろうなどと言っている。神の待遇というかおまいりでも何でも総て氏神に準じてというよりは氏神と同じにしている。特にオボスナだけ古米でも仕方がないという。

の祭ということは無い。新藁が間に合わない時は他所から貰ってでも新しいのを使うけれども、そういう時は赤飯は

石城大浦村の鯨岡氏は天王をもっているが、社の傍に別に石を祀った小祠があって、これが本当の鯨岡マケのオチカミ様だといい、同村古市マケでも、昔先祖がお請けしてきたと称する稲荷をもっているが、矢張り自分の屋敷に小祠を建てて、これをオチカミ様と呼んでいる。これは即ちもとの氏神が発展して一族ないし一字の人々の共同に祀る神となるに及んで、別に我家専有の小祠をつくったものである。私の家なども昔関東から氏神を遷したそうであるが、それが後年大字の神となった。そうなると何々神社と言われる様になった建物のいかめしい社を自分の家の氏神と呼ぶのもどうかと思ったと見えて、新たに傍に小祠をつくってこれを直接の我家の氏神としたのであったが、なお此外に二大字の共有している別の村社の氏子にもなっているのである。

即ち氏神は厳密に言えばその氏でまつる神を言うわけであっても、事実はそれほど判然とせず、上述のように同族共同でまつる氏神の外に、個々の家々に祀るのをも氏神と称し、更に村人共同で祀る鎮守などをも広い意味で氏神と称する場合もあるから、斯かる場合一軒の家で三つの神の祭祀に関与することともなる。氏子も従って狭義広義に考えられ、広義の場合は、村社が氏神で村民全部その氏子というようなのがこれである。例えば平市には子鍬倉と八幡の両県社があるが、前者の氏子は平の町内であるのに、後者の氏子はもとの飯野郷で好間村の一部と平窪村(現在平市に合併)の一部で、平市とは特別関係をもっていない。石城夏井村藤間辺では村社白山神社をもとは氏神と呼んでいた。三坂村下三坂辺では、本家のみにある氏神を「オブスナ」と呼び、村社稲荷神社は下三坂全体の「氏神」であった。相馬幾世橋の初発神社のように氏子札を出した所もあった。

ツボ内の氏神という名称も耳にするが、これは氏族の共同祭祀する氏神の場合と、小字とまではいかないぐらいの

小範囲の地域の人々の共同に祀る氏神を指す場合とがあるが、もともと坪は地域的にみた家の小集団であり従ってマケうちの場合が多い。所によってはツボに大抵一つずつの氏神があった。田人村黒田の唐沢の坪などもそうであった。山合いなどまで入込んだ一つづきのひろい地域は所謂サクであり、それが自然的な地域関係で更に幾つかのツボに分れているのである。作が大字なら坪は小字であった。田人村大字旅人の熊ノ倉の坪は二十七戸で、緑川四戸小野二戸其他一々は聞かなかったが、此坪の氏神は湯殿であった。大字旅人は小字六つに分れるが氏神と称するものを一つずつもっている。そしてこの時の氏神はウブスナと同じことだと村人は言うのであるが、隣村荷路夫の人の談によれば個人の家にあるのが氏神なので、そういうようなのは氏神と言わない筈だと言い、はっきりしない。併しとにかく大抵の家々に氏神のないところを見ると、矢張りツボの氏神こそは、今は同族間のみでもっている神でないにしても、もとは同族のものでなかったかと思う。正月など村の社の前に各家々で藁の祠を建てたり、幣の古いものを納めたり、所にもよるが藁のつとに赤飯・しとぎ等を入れ、これに幣を一本さしたものを坪の氏神に上げてくる風などのあるのも関係があると考えられないこともない。氏神祠が個人個人につくられるようになったのは後の事だろうと村の人も考えているのである。

要するに氏神は家々のもの、同族のもの、村のもの、この三つに分けるのが便利かも知れないが、そうでなくても個人や同族のものと、字や村のものとの二つに本質上分けることが出来、産土とか鎮守と呼ぶのは多く後者の場合であり、氏神としては第二義的のものとしたい。この場合に考えられるのは第一は個人の氏神の発展して大きくなったもの、第二は右と関係なくもとからの村土着の神、第三は此等以外の神で村と関係が生じて村人の信仰をかち得て氏神となったものである。この第三の例は極めて乏しいかと思う。石城草野村の沢村神社等は治水の功労者沢村勝為を祀り今は郷社かと思うが明治九年の創建であった。故に別段氏子というものは無く、主に崇敬者達が信仰しているのであるが、将来氏神と呼ばれて不思議でなくなる時代が来ないとも限らない。隣村夏井の県社大国魂神社等は鎮守とも呼ばれるがこれは確かにうぶすな神でもあった。

家々の氏神の祠は藁であるが木とか石でつくる向きも多かった。昔は藁だったが近頃石などに改める様になった家が五、六軒出来たとは永戸村合戸辺で聞いたことだったが、そうした変化は大きな家などに却って多く、且つ永戸だけの事ではない。植田町後田辺でももとは藁だったのが近頃は木や石のものとし、藁は水神位になった。好間辺では多く木や石であるが、ここでも水神様即ち井戸や川には藁の円錐形の祠をつくる。恐らくは氏神も水神も藁でつくったのであったが、氏神の方を一段尊しと見てまず朽ちない祠をつくり、なお水神に昔の名残をとどめさせているのかと思われるのである。

次に家々に於ける氏神祠のある場所であるが、清浄な所を選ぶのは言う迄もなく、方角は鬼門戌亥等が多い。所が豊間町薄磯などで、氏神は便所の近くにあるものと昔の人は言うと、土地の人山野辺氏(六十一歳)の談であったが、これは他ではまだ聞かない話である。併し概して相馬の方では家の前の方が多いのに対して石城は後とかわきとかが多い。石城川前、三坂、沢渡等の山間諸村で背戸氏神と呼ぶのはまさにそれで、殆んど例外なしに家の後に南面して立っている。裏が狭い為に側に立てたのもあるが寧ろ稀であり、小川、好間、赤井等の諸村皆然りで多くは家の真裏であった。好間村今新田辺では子の方にあって家を守るといい、上小川村辺でも後にあって矢張り家を守っていると伝えている。

氏神はまた村社の境内などに、それぞれの祠を建てて置くことも多い。幾軒かで同一氏神をもつ場合は大抵本家の屋敷に置くが、石城入遠野村のように、その坪々で氏神をまとめて一緒に置く所も見られる。即ち見晴しのよい高台などに共同の大きな屋根をもつ雨屋をつくり、中に坪内幾軒かの氏神の小祠を仲よく並べて置くのである。三坂村下三坂のように本家の氏神を中にして分家の数だけの祠を並べてまつる所もあった。

二　マケウチノ神

平市などに於てはすでに不明であるが、村々ではマケウチノ神というものがまだまだはっきりしている。石城郡赤井村の岡田マケは熊野を、木田マケは八幡を、柏原マケは琴平を、矢野マケは地蔵を、根本マケは八坂を、今川マケは熊野を、鎌倉マケは天神をそれぞれ氏神と称して祀っているというが、同郡夏井村新田目の古箭八幡なども古内マケでもっている神らしい。好間村下好間の一宮八幡などは鈴木マケであった。上述のような観音地蔵迄氏神と称する当否はとにかくとして、総べて氏神は同族間で同じものを持つのが原則であり、且つ大体に於て其通りに実行せられてもいる。尤も氏神は例えば川前、三坂、沢渡のように本家にのみ存して分家にない例と、例えば植田、四倉、好間の如く分家でも何でも軒毎にもっている例とがあった。夏井村藤間辺では氏神は本家に伝わり分家は分霊を祀るものと考えていた。併し山間の諸部落のように氏神は本家にのみ存し特別の事情のない限り分祠しないというのが本来の姿らしい。

石城三坂村大字下三坂に於ては、本戸合計九十戸位の中、佐藤マケは十軒ほどあって一つのオブスナを祀り、同様に永久保マケは四、五軒、永山マケは六、七軒、白石マケも六、七軒、草野マケは五軒、別の永山マケは五軒、安部マケは四軒許り、大谷マケも数軒、内藤マケ四、五軒、藁谷マケ十軒許り、根本マケ四、五軒という具合で、各マケで一つずつのオブスナをもっている。即ち祠は何れも本家にのみ存して分家には無く、分家では事あれば参詣に出向くのである。永山氏などは現在二個所に分れて各々に本家があるが、昔は矢張り一つマケらしいとの事で、ミワタリ神を祀っていた。藁谷氏も谷合という所に五軒と、相当離れた中作という所に七、八軒とあって、別々に今は氏神があるが、これももとは同じだった様子であり、何れも稲荷を氏神としている。そして此等の氏神をウブスナと普通呼んでいるので、村社の鎮守のことは氏神と称していない。村の道を歩いていると此等の神々が岡の上などに点々と見られた。厳島神社というのもあれば根渡大明神というのもあった。何れも祭祀にあずかる人々の同姓であるということは棟札によっても明瞭であった。

隣村沢渡辺でも分家は氏神をもっておらず遠くから参詣に来る。三坂村中三坂の吉田氏などは今は五軒に分れ、遠い新宅からも祭の時など出向いてくるということであったが、沢渡村下市萱の渡辺氏の如く、分家は一里も隔った所にあるので分祠している、こういう例も極く稀にある。恐らく近世分祠を設けるようになった一つの大きな原因はこの距離の問題かと思う。古くは氏神の混乱も少なかったのに、近頃氏神の不明になったのは、本家等に関りなく無闇に祠を設けた点にも原因があるかも知れない。

石城田人村黒田の唐沢では、本戸十二戸で昔からたいした変りは無いが、昭和に入ってから炭鉱や炭焼関係で他所よりの移入者が多くなり、坪の戸数計二十戸位になって居り、配給関係等もあって彼等も一様に同じ坪内の仲間に入っているのだが、本当の所謂坪つき合いは矢張りさきの十二軒に限られているのである。この中で蛭田の姓が五軒あり、他はまちまちで島田とか佐藤とか高杉、蟻波、緑川などであったが、五軒の蛭田ももとは一軒より分れたらしく、高杉も昔は蛭田だったという。どの家がもとのおこりの家だったか不明であるが、一番古いと伝えている家は今も存在する。併し鍵をあずかっている家はこれとは別の家であった。とにかくこの坪のウブスナと称えているものは一寸離れたところに建っている稲荷で、一軒ごとの氏神は無い。ただ高杉という家にだけはあってこれを屋敷神としていたが、他所のをまなんで最近つくった様子でもあった。

石城川前村大字上桶売に上沢尻下沢尻の二小字があるが、上沢尻は本戸八戸で根本の姓、下沢尻は同じく六戸で宇佐見の姓であり、氏神は根本に一つ宇佐見に一つある。前者は天王、後者は熊野だったかと思うが、口碑によれば宇佐見の先祖は伊達政宗に攻められて落城の折、中通りの方から阿武隈の山を越えて落ちのびて来たものと言う。仏の方では根本一族は阿弥陀を、宇佐見一族は薬師をまつる。このように区別されている向きはよいが、そうでない場合、氏神は阿弥陀だ薬師だというような考えに落ち入ることが往々に見られるのである。同じく石城永戸村合戸には、合津、松崎、荻野、草野という姓が多いが、松崎マケでは稲荷を共同に祀り、初午には稲荷講を行い時々まつりを行う。合津マケには妙見があった。此妙見は本家合津音一氏の屋敷内にあって、もとは相馬の妙見であったのを氏の祖先が祀ったものと伝え今もマケウチの人が信心する。特に目の悪い人によいという。此家の祖父なる人が目を病んだが治り、御礼に閼伽井岳の参道を拓いたが、何かこれと関係があるかも知れないとの事であった。正月三ケ日は白いものと生ぐさを食わず、即ち白飯も用いず、又豆腐も白い故に胡麻などを入れて用いるという。これは明らかに妙見信仰の結果であった。この祠を信仰するのは合津マケ十軒ほどの中五、六軒あり、他の数軒は別にごてん稲荷というのを祀る。又荻野マケは観音をもっていた。これを氏神とよぶか否かは聞きもらしたが、この辺では此神の外に個々に氏神の祠をもっている家が多かった。合津音一氏の家のは例の三角の藁の祠であった。併し近くにある新宅二軒では個人の氏神は無いとのことであったが、こういう家も井戸神はみなまつっていた。

石城草野村大字北神谷字鎌倉に、五戸一団となった一族があり、姓は皆江尻で、最も奥の山際にあるのが本家、氏神はこの本家に存在する。此家は元禄頃よりすでにあった模様であるが、古く同村字御代より移ったものと伝え、この御代にも江尻があって氏神祠が残っている風である。又同じ北神谷の日中という所には古市氏あり、五軒許りに分れて一つの古箕明神をもっているが、本家の古市氏の祖先が、日中九つ時に白牛にのって来られた明神を祀ったものと伝え、石になったという白牛が今に伝説となって祠前に横たわっている。又平市中平窪には大須賀氏三軒と新妻氏七、八軒あるが、近くに両家で一緒に氏神としてまつる妙見の塚があり、上に大きな榎があって下に石祠を置く。この妙見は昔相馬より遷したものと言うが、大須賀・新妻共に家紋に九曜を用い、正月三日間は白餅を用いず赤々餅といって小豆等を入れた色のついた餅を食う。石城川前村大字桶売の妙見もマケウチノ氏神であった。又同地の永山氏は熊野を氏神としているが、大字川前の永山氏も熊野であるところより見ればもとは同様であったかも知れない。

和田文夫氏の話によれば石城大浦村大字長友の和田氏は、先祖が紀伊に参詣に行って背負ってきた熊野を同村済戸にまつり代々氏神としてきたが、後年和田氏は同じ村内でも少し離れている長友に移った。そこで熊野の社は済戸の部落で管理し、和田氏では其境内に別に小祠を建てて自家のオチカミサマと称して崇敬、神棚の古い御札等も此処に納めるのを常とした。此小祠も離れていて不便故か、後に自分の屋敷に遷したようであるが、ともかく和田マケの氏神はこれであるといい、分家三軒何れも祠をもっていない。もう一軒ある分家は四倉町に出たが、これは遠隔の故にか別に氏神をもっている。その屋根替の際には本家も応分の寄附をしたのであった。和田氏は村の旧家であるが、氏神をもっている本家としての格式というか、古い名残がほの見えて面白い。済戸では毎年、今では村の社となった熊野神社で日待が行われるが、和田本家では此日必ず出掛けて行って列席する。且つ今でも済戸の家々と同じく御初米を納めるのである。

本家より分離して新しく屋敷を設け一家をかまえる事を、分家、地別け、新や、新宅などいうが、此際氏神は新たに設けることをしないのが原則かと考えられ、分祠することの多くなったのはむしろ最近の傾向かと思う。各分家がそれぞれ氏神をもつ場合は別にも述べたように、祠を各自の宅地に置くか、部落の鎮守の境内に置くか、本家の氏神祠の傍に置くか、数戸共同に一定の個所に置くかの何れかであるが、各自の屋敷に置くのが最も多数を占める。併し石城入遠野村の最も奥まった六十戸許りの一地域は徳一大師入定伝説のある所で有名であるが、此所の小字南は全部氏は折笠で、箱根権現の棟札のある氏神を一所に祀り、小字田子内も大体折笠で此処も氏神は一個所にあり共同にこれを祀る。折笠はもと佐竹といい水戸の浪士だったが、此処に来て其儘に居ついたものという。そうかと思えば小字貝那夫は十一、二軒あり、皆平子と称し氏神は各自もっているが、これを一個所に集めて建ててある。同じ久保目は皆佐藤であるが、これも一個所にまとまっている様子であった。同じ入遠野村の櫛田氏は十二軒に今は分れ、うち六軒は同じ坪内に住んで鷲宮を共同の氏神としているのであるが、今ではこれを祀ると共に、各自の家々の小祠を別に鷲宮の境内に祀っておくという。

次に本家より分祠する場合、同一の祭神を祀ることを原則とすることは当然であって、相馬の岡田氏の如きは一族六戸に分れ、そのうち氏神の祭神判明しているものは四戸であり、皆妙見をもっている。今試みに相馬に於て同じ氏が三戸以上に分れてもその何れもが同一神を祀る例を拾ってみれば、水谷氏の妙見と熊野、富田氏の熊野、志賀氏の稲荷、佐々木氏の八竜、新谷氏の富士権現に熊野・稲荷、綿織氏の熊野、富田氏の八幡、松本氏の稲荷、阿部氏の熊野等であるが、門馬氏の熊野と稲荷、木幡氏の熊野、鈴木氏の熊野も多い。ただ注意すべきは、同一の家で祀る祭神の数は数柱という場合が多いから、同族何れの家にも祀られてある祭神の故を以て、それが必ずその氏本来の氏神とも断言し兼ねる。それに後述のように熊野、稲荷が相馬地方に極めて多く分布しているので、大抵の家に於てこれを祀り一様に氏神と称しているから、本来の氏神祭神となると果して何であったかは急に決しかねる問題になってくる。

相馬の富沢氏は門馬より分れた家であるが、この富沢より更に分れた河村があり、富沢と同様妙見を氏神としている。且つ門馬も本来妙見を祀るべき家なのである。又青田より出た佐伯は本家と同様稲荷、御霊明神、滝場明神を祀り、岡田より出た松岡は妙見を、中村より分れた富田は熊野を、下浦より分れた榛谷は妙見を、草野より出た増尾は熊野、八竜、円蔵を、大和田より出た西は鶏足明神をという具合で、皆本家と同じ神を祭神としている。井口より出た田中なども祭神が似ている。植松より鳶となり、再び植松と名乗ったのがあるが、鳶は金鵄明神、春日、八幡、摩利支天で、後の植松は八幡、摩利支天、水天宮であった。即ち同じ氏より分れて異る氏となる場合は関係も大分遠くなってくるから、家紋も同じの場合然らざる場合が出来て一様でない。

相馬に於ける氏神祭神中最も多いのは熊野と稲荷で、前者は氏神祭神判明戸数の五〇%、後者は四一%で、次にはずっと降って妙見の一三%、八幡の一三%、春日の九%等である。稲荷は五穀の神の故を以てばかりこのようにひろまったものかは疑問であるが、熊野にしても穂積姓鈴木氏のもち廻ったことのみが原因でないことは確かである。中村町中野の熊野堂は由緒のわかっている熊野としては同地方では一番古いものかも知れないが、文治年間頼朝の時、鈴木四郎重原なる者が熊野を奉じて紀州より奥州に下って此地の豪族となり、代々熊野の祠官となったという。数年前見た石城高久村鈴木氏の系譜中に重家というのがあり、調査して見ると重原の兄に当っている。思うに兄は此時石城にとどまって一家をひらいたのであろう。此家には義経より貰ったという感状の如きものの写しが伝わっているが、真実とすれば義経に随って下向したのかと思われる。何れにしても穂積姓鈴木は皆熊野を祀って氏神を守護神とし、鈴木の分れなる中野もまた熊野を氏神とした。上述の熊野堂のある中野辺では各戸大抵氏神に熊野を祀るのは、かの熊野堂が土地の産土神になっていた故にその分霊を祀ったものかも知れない。相馬の修験本寺寛徳寺が相馬侯について、鎌倉の末熊野を持って来たが、派下の修験は相当多く、古記録に其名を留めて居るものを拾い上げれば百四、五十に達する。従って熊野を祀るのもまた多かったから、かかる方面にも注意を向けなければならない。氏として揃っているのは偶然かも知れないが木幡は皆熊野であり、山田、高野、塩、村田、斎藤、富田、中村、志賀等の海東平氏も熊野をまつるもの多く、熊川、室原、上野、熊、山田等の標葉庶流も多く熊野を祀り門馬も割合に多い。

春日の多いのは、河村、藤田、今村、手士等の藤原姓、八幡の多いのは源氏、妙見の多いのは平氏で以上は特に目につくが、春日は藤原の祖神、八幡は源家の崇敬神である故でもあろう。

妙見は下総にも多く分布するが、元亨中相馬重胤が現在の奥州相馬に移封の折に、その氏神の故をもって遷したものであるから、相馬に於ける妙見信仰はそれ以後と見るべきである。代々相馬氏の信仰がとくに厚かったが、相馬の類葉なるもしくは深い関係のあった岡田、大井、武岡、大悲山、水谷、江井の諸氏も皆、多くは相馬と同様九曜を家紋に用い妙見を氏神としている様である。其他千葉の余流もある。新妻、四倉氏等も氏神は不明というが、恐らくは妙見を祀ったことであろう。坂上姓は相馬に於ては四氏だけであるが、太元明王をまつることを特色とし、家紋は多く三巴を用いている。この姓より出たという星氏が三軒程あるが、家紋や氏神よりみて矢張り妙見と関係がある様である。

三　相馬藩に於ける氏と氏神

相馬子爵家所蔵の衆臣家譜百冊は未だ世に出ないものであるが、この中で氏神に関する個所を丹念に拾い出して調査して見ると、維新前に於ける相馬藩士の総氏数約三百余のうち、氏神の判明しているもの百六十一氏である。併し同一氏でも幾戸にも分れていて氏神不明のものも多いから、判明している戸数だけを拾い集め整理分類して見ると、平姓五十九氏中戸数より言えば九十九戸、同様源姓三十九氏六十四戸、藤原姓二十六氏五十九戸、坂上姓四氏八戸、穂積姓二氏五戸、高階姓一氏三戸、安部姓一氏三戸、橘姓二氏二戸、菅原姓二氏二戸、小野姓二氏二戸、物部、和気、秦各一氏一戸、姓不詳二十氏二十戸、以上合計二百七十戸となる。これを表示すれば左のとおりである。併し其家の氏神と一般に称しているのであるが、此場合の氏神は広義のものと解したく、厳密な意味よりすれば代々其家の崇敬神も包含されていると見なければならない。殊に氏神でない仏教的のものも入っているが暫く其儘とする。且つ一戸に於て祀る氏神の祭神数は必ずしも一柱ではない場合が多い。

氏神祭祀表（一）

姓	氏	領内総戸数	氏神判明戸数	氏神の種類及祭祀戸数	備考
平	(1)門馬	二〇	一一	熊野を祀れるもの八戸・稲荷七・妙見三・八竜権現・文間明神・筒宮・荒神・富士権現・山神・水神以上各一	
	(2)幾世橋	一	一	熊野・稲荷	
	(3)富沢	一	一	妙見・八幡	
	(4)河村	一	一	妙見・熊野	
	(5)青田	四	四	稲荷三・妙見二・御霊明神・滝場明神・新山権現・天神・熊野・野中薬師	
	(6)佐伯	一	一	稲荷・滝場明神・御霊明神	
	(7)西内	三	二	熊野二・稲荷・白旗明神・妙見	
	(8)西	五	一	妙見・熊野・稲荷・天神	
	(9)岡田	六	四	妙見四・熊野・稲荷・日祭明神	
	(10)立野	四	一	八幡・諏訪・鹿島	
	(11)松岡	二	一	妙見・熊野	
	(12)大井	四	四	大宮明神二・妙見二・熊野	
	(13)水谷	三	三	妙見三・熊野三・稲荷二・摩利支天二・牛頭天王二・山神二・観音二・鶏足明神・滝明神・明王	
	(14)江井	二	一	妙見・国王・牛頭天王	
	(15)大悲山	一	一	妙見・鶏足明神	

(16)武岡	一	一	妙見	
(17)原	四	二	妙見二・八竜・八幡	
(18)牛来	一	一	妙見	
(19)牛渡	一	一	牛頭天王・天神	
(20)北	一	一	春日・稲荷	
(21)遠藤	一	一	高倉・押雄	
(22)堀内	一	一	牛頭天王	
(23)小島	一	一	山王・稲荷・伊勢・八幡・七面明神	本氏蒲田
(24)太田	二	一	熊野・稲荷	
(25)須江	一	一	妙見	
(26)木幡	五	二	熊野・春日・日吉	
(27)多々部	一	一	大須賀権現・神明大明神	本氏大須賀
(28)山岡	二	一	熊野	
(29)高野	五	五	鷹(珍珂)明神二・日吉・山王・熊野・妙見・八幡・荒神・稲荷・厳島・弁財天	
(30)岩城	一	一	愛宕	
(31)塩	一	一	熊野	
(32)荒	三	一	熊野・貴布根・日吉・三宮・愛宕・荒太郎夫婦・七社神霊・五所権現	本氏荒
(33)鈴木	五	一	稲荷・山神	
(34)村田	三	一	熊野	本氏海東中村
(35)斎藤	一	一	熊野・稲荷・山王	
(36)富田	三	三	熊野三	
(37)志賀	七	三	稲荷三・熊野二・八竜二・八幡・唐崎明神・荒神・雷神	
(38)草野	一	一	熊野	
(39)熊川	一	一	熊野・多賀・八竜	

	(40)川勝	一	一	熊野・祇園・妙見・稲荷・八幡・諏訪
	(41)下浦	一	一	妙見
	(42)榛谷	一	一	妙見
	(43)上野	二	二	熊野二
	(44)熊	二	一	熊野
	(45)山田	四	四	熊野三・稲荷二・山王・勝善・三光宮
	(46)大内	三	二	熊野二・稲荷
	(47)氏江	三	二	稲荷二・鹿島・伊勢
	(48)金沢	三	一	熊野
	(49)小畑	二	二	熊野二・白旗
	(50)杉浦	一	一	牛頭天王・春日・山王・稲荷・弁財天・天満
	(51)吉田	二	一	熊野・稲荷
	(52)大野	一	一	八幡菩薩・稲荷・七面明神
	(53)早川	二	二	熊野・滝場明神・妙見・稲荷
	(54)神戸	一	一	稲荷
	(55)小林	一	一	熊野・月山・稲荷・三宮・八幡・天神
	(56)石田	一	一	朝日・戸隠・稲荷
	(57)鎌田	一	一	天神
	(58)深谷	一	一	熊野
	(59)末永	一	一	春日・鹿島
	計　五九	一四五	九九	
藤原	(60)木幡	一五	七	熊野六・稲荷四・春日・八幡・大須賀権現・浮島明神・木幡明神・富士権現・荒神
	(61)羽根田	三	一	熊野・月山・稲荷

(62)	今村	一	一	春日・熊野・稲荷	
(63)	河村	二	二	春日・山神・天神・伊勢	
(64)	藤田	三	一	春日・鹿島	
(65)	手土	一	一	春日・熊野・稲荷	
(66)	岡部	一	一	八幡	
(67)	草野	六	五	熊野三・円蔵三・八竜二・稲荷	本氏増尾
(68)	増尾	一	一	熊野・八竜・円蔵	
(69)	佐藤	三〇	一八	稲荷九・熊野七・春日四・薬師三・八幡二・荒神二・湯殿二・白山・富士・山神・月山・日吉・浅間・貴船・国王・七星	
(70)	斎藤	九	一	春日・羽黒・熊野・愛宕	
(71)	遠藤	二	二	妙見・春日	
(72)	立谷	三	三	神明二・熊野	
(73)	鳶	一	一	金鵄明神・春日・八幡・摩利支天	本氏中野 本氏村上 源氏植松
(74)	植松	一	一	八幡・摩利支天・水天宮	
(75)	蝦原	一	一	伊勢・熊野・稲荷	
(76)	井口	一	一	神明・稲荷・天満	
(77)	田中	一	一	霊符尊神・天満・稲荷	
(78)	関	一	一	稲荷・山神	本氏坂上田村
(79)	近藤	一	一	張良大明神	
(80)	伊東	二	二	八幡二・稲荷・熊野・春日	
(81)	中田	一	一	熊野・稲荷	本氏菊地
(82)	日下	四	二	山王二・稲荷	
(83)	武野	一	一	熊野・八幡・稲荷	本氏服部
(84)	永井	一	一	熊野	
(85)	久田	三	一	春日・熊野・稲荷・八幡・月山	

源				
計　二六	九六	五九		
(86) 渡辺或ハ渡部	一二	五	熊野三・妙見二・稲荷二・八幡・赤城明神・日祭・子安明神・荒神	
(87) 井戸川	二	二	熊野	
(88) 大浦	三	二	熊野二・稲荷二	
(89) 岡和田	二	一	降居明神	
(90) 和田	一	一	熊野	
(91) 島	二	一	若宮八幡・天神	
(92) 佐々木	五	四	八竜四・熊野・稲荷	
(93) 半抗	二	一	熊野	
(94) 半野	二	二	熊野・稲荷・勝軍地蔵	本氏半抗
(95) 氏家	一	一	熊野・稲荷	
(96) 新谷	三	三	富士権現三・熊野三・稲荷三	
(97) 新谷	三	二	春日二・稲荷・多賀	本氏佐々木
(98) 錦織	四	四	熊野四・稲荷三・妙見・天神	
(99) 一条	一	一	新羅明神	
(100) 池田	一	一	比尾明神	
(101) 池田	二	二	熊野二・稲荷二・荒神二・月山・鹿島・皇大神・妙見	本氏笠井
(102) 四本松	二	一	鞍馬明神	
(103) 岩角	一	一	毘沙門天	
(104) 石橋	一	一	熊野	
(105) 紺野	四	三	稲荷二・熊野二・月山・湯殿	
(106) 富田	三	三	八幡三・粟島	
(107) 石川	三	二	八幡二・弁財天	

	(108)渡辺	一	一	熊野・稲荷・荒神	本氏石川
	(109)二宮	一	一	加茂明神	
	(110)佐々木	一	一	熊野・山王・稲荷	
	(111)松本	三	三	稲荷三	本氏松平
	(112)杉本	一	一	富士・稲荷	
	(113)岩本	一	一	氷川明神	
	(114)郡	一	一	稲荷	
	(115)大和田	二	一	鶏足明神	
	(116)西内	一	一	鶏足明神	
	(117)清水	一	一	神明	
	(118)坂地	二	二	菅船明神二・熊野	
	(119)玉置	一	一	熊野・稲荷・蛇類・明神	
	(120)久米	一	一	八幡	
	(121)打它	二	一	八幡・住吉	
	(122)小河	二	一	八幡・春日・生玉	
	(123)石井	一	一	熊野・稲荷・鷲宮	
	(124)太田	一	一	朝日明神・不動明王	本氏井上
	計 三九	八三	六四		
穂積	(125)鈴木	八	四	熊野四・稲荷二・春日・八幡	
	(126)中野	一	一	熊野・稲荷	本氏鈴木
	計 二	九	五		
物部	(127)河窪	一	一	熊野・稲荷	
	計 一	一	一		

和気	(128)半井	一	一	大己貴・少彦名・稲荷	
	計　一	一	一		
秦	(129)湯沢	一	一	熊野	本氏波多
	計　一	一	一		
橘	(130)堀池	一	一	牛頭天王	本氏和田
	(131)坂井	一	一	八幡・稲荷・毘沙門天	
	計　二	二	二		
菅原	(132)菅野	一	一	天神・稲荷	
	(133)小野田	一	一	天神・稲荷	
	計　二	二	二		
坂上	(134)田村	二	二	太元明王	
	(135)大越	五	三	太元明王・熊野・稲荷	本氏田村
	(136)熊上	一	一	太元明王	
	(137)星	三	二	熊野二・妙見・住吉	
	計　四	一一	八		
小野	(138)猪狩	一	一	熊野・春日・稲荷・天神・八幡	
	(139)牛渡	二	一	牛頭・天神	
	計　二	三	二		
高階	(140)馬場	四	三	熊野二・稲荷二・手長明神・鹿島・日吉	
	計　一	四	三		
安部	(141)阿部	五	三	熊野三・稲荷・春日・愛宕・月山	
	計　一	五	三		

不詳				
⑭²般若	一	一	山王	本氏桜井
⑭³岡本	一	一	諏訪	
⑭⁴高玉	一	一	妙見・八幡・諏訪・熊野・牛頭	
⑭⁵福島	一	一	戸隠明神・富士・妙見菩薩	本氏竹村
⑭⁶都甲	一	一	春日・熊野・稲荷	
⑭⁷田原口	一	一	伊勢・熊野・稲荷	
⑭⁸木崎	一	一	熊野	
⑭⁹中津	一	一	天神	
⑮⁰黒木	一	一	八幡・熊野	
⑮¹岩館	一	一	熊野	
⑮²古内	一	一	十一面観音	本氏片山 又本庄内
⑮³持館	一	一	塩釜	
⑮⁴根本	一	一	三宝荒神	
⑮⁵岡	一	一	牛頭・虚空蔵	本氏岡野
⑮⁶山中	一	一	日吉・稲荷	
⑮⁷富沢	一	一	熊野・稲荷	
⑮⁸志賀	一	一	山王	
⑮⁹鈴木	一	一	熊野	
⑯⁰鈴木	一	一	熊野・稲荷	
⑯¹馬場	二	一	熊野	本氏駒組
計 二〇	二一	二〇		
総計 一六一	三八四	二七〇		

次に各氏神の由来を明らかにする為に、氏々の系統を多少吟味して見る。頭の番号は上述の番号と一致する。

(1)　門馬氏は相馬将門の裔なる胤家に起る。胤家は胤経の五男にして総州文間庄に住し文間五郎と称した。この文間が相馬に移って門馬となり一族大いに広まったが、本家とも言うべき門馬(一)は文間明神、稲荷、八幡を祀っている。門馬(二)は妙見を、(三)は熊野と稲荷を、(四)は熊野、稲荷、荒神、筒宮を、(五)は熊野、(六)は熊野、稲荷、富士、(七)は熊野、(八)も熊野、(九)は妙見、熊野、稲荷、(一〇)は熊野、稲荷、(一一)は八竜、稲荷、山神、水神を祀り、他の九戸は不詳である。以上門馬は尽く家紋に木瓜を用い、五三桐、立四目なる例外一戸あるのみ。

(2)(3)(4)　幾世橋、富沢は門馬一族より分れ、富沢より更に分れて河村となる。

(5)　青田は高望王の四男平良繇の後と伝え、総州葛飾の青田に居ったので氏としたという。始め千葉に後相馬に仕えた。家紋は皆橘に因むもの。青田(一)は稲荷、御霊明神、滝場明神を、(二)は稲荷を、(三)は新山権現、天満、稲荷、熊野、妙見を、(四)は野中薬師と妙見とを祀る。

(6)　佐伯は青田より分れた。

(7)　西内は相馬胤村の四男有胤に起る。西内(一)は妙見と熊野及び白旗明神を、(二)は熊野、稲荷を祀り、他の一戸は不詳。

(8)　西は相馬胤村三男胤重より出で、家紋は星紋が多い。旗紋に稲荷大明神や八幡の文字を用いている西氏も見られる。近世になって西内氏より分れた西氏が一戸あるが、これは西内と同じ梅鉢紋を用いている。

(9)　岡田は相馬胤顕を始祖とする。岡田(一)は妙見、日祭明神を、(二)は妙見、熊野、稲荷を、(三)は妙見を、(四)は星宮明神をまつり他の二戸は不詳。

(10)(11)　立野、松岡両氏は共に岡田庶流。

(12)　大井は相馬胤顕の庶流にしてはじめ総州大井村に住し依って氏としたという。元亨中相馬侯に従って移住したが、大井(一)は大井村鎮座の大宮明神を、(二)は妙見、(三)は妙見と熊野、(四)は大宮明神を祀る。家紋は次の水谷氏と共に星紋が多い。

(13)　水谷は相馬胤顕の庶流、水谷(一)は妙見、牛頭、鶏足明神、正観音、熊野、稲荷、山神、摩利支天を、(二)は妙見、熊野、稲荷、摩利支天、山神、観音、(三)は妙見、熊野、牛頭、滝明神、明王を祀る。水谷(三)は旗紋にも摩利支天の文字を用いている。
(14) 江井は相馬胤実男胤村六世孫江井胤元より続いている。
(15) 大悲山は相馬胤村男相馬通胤が大悲山村に住せしよりの名という。
(16) 武岡は相馬氏の族延胤が主君昌胤より賜うた名といい家紋は蔓九曜。
(17) 原は千葉氏庶流原四郎常余の後裔と伝え、原(一)は稲荷を、(二)は八幡、八竜、稲荷を祀る。
(18) 牛来は千葉の庶流に出で、元亨中相馬侯に従って来住し牛来村に住した。
(19) 牛渡は其先不詳。家紋七曜。
(20) 北は千葉の庶流に出る。
(21) 遠藤も千葉の庶流に出で、相馬重胤に従って来住せるものという。
(22) 堀内は村岡良文後裔堀内忠清の後。
(23) 小島は本苗蒲田、村岡良文の後裔江戸致重が武州六郷の蒲田に住したよりの名といい、慶長頃は北条氏直に仕えていた。
(24) 太田は村岡良文の後裔会津芦名太田館主太田盛治の後。
(25) 須江は良文三代千葉忠常二男頼常が常州浮島に住んだことに始まる。
(26) この木幡は須江の庶流にして、木幡(一)は春日、日吉を、(二)は熊野を祀り他の三戸不詳。
(27) 多々部は本氏大須賀と称し後に大塚と言った。良文の後裔多々部(後に大須賀)胤信の後。
(28) 山岡は本氏志賀。海東成衡の後裔岩崎隆時の後で岩城志賀館に居住した。
(29) 高野は海東平氏の庶流行方隆行の後裔である。高野(一)は熊野を、(二)は妙見、八幡、日吉を、(三)は山王、荒神を、(四)は稲荷、鷹明神、弁財天を、(五)は厳島、珍珂を祀る。
(30) 岩城は海東成衡の後裔岩城隆衡の後で愛宕を祀るが、旗紋にも白地に赤地の愛宕大権現の文字を用う。
(31) 塩は平繁盛後裔岩城氏の庶流にして最初岩城の臣であった。
(32) 荒は平良文の裔三浦義明の末で相馬氏に従って移住した。
(33) 鈴木は本氏は荒、三浦庶流。

(34)　村田は良望の後裔海東成衡の後で、嘗て中村とも号したが後村田を名のる。
(35)(36)　斎藤は本姓海東平氏中村にして、熊野を祀り、これより分れた富田は三家あり皆熊野を祀る。
(37)　志賀は海東成衡三男岩崎隆久の後裔で岩城志賀館に居った。志賀(一)は熊野、八竜、八幡、稲荷を、(二)は熊野、八竜、稲荷を祀る。(三)は平姓なりといい或は近江源氏よりともいう。即ち先祖は近江志賀より出るといい後孫は岩城家に属したと伝う。唐崎明神、稲荷、荒神、雷神を祀る。
(38)　草野は岩城氏の一族にして菊田に住し、菊田氏を称したこともあった。
(39)(40)　熊川は葛原親王後裔標葉氏の後で、標葉持隆の弟隆重が熊川氏と改め熊川の館に居った。八竜大権現は氏神として祀るが、旗紋にも此文字を使用する。熊川より分れた川勝氏があるが共に七曜を家紋とする。
(41)(42)　下浦は標葉氏の庶流にして、標葉郡下浦の館に居ったが榛谷氏はこの下浦より出た。共に七曜の家紋。
(43)　上野は標葉氏の族類。
(44)　熊は標葉氏の族類。
(45)　山田は標葉氏の余流にして、山田(一)は熊野、山王、稲荷、勝善を、(二)は熊野を、(三)は稲荷、三光宮を、(四)は熊野を祀る。
(46)　大内は相馬氏の出なる泉氏の分れであり、大内(一)は熊野三所、稲荷五社を、(二)は稲荷を祀る。
(47)　氏江はもと二本松家に属したが、氏江(一)は鹿島、稲荷を、(二)は伊勢、稲荷をまつる。
(48)　金沢は行方郡金沢を領し高平塁に居ったが其先未詳。
(49)　小畑は甲州小畑氏の裔。小畑(一)は熊野を、(二)は熊野、白旗を祀る。
(50)　杉浦は先祖未詳。杉浦吉成の後。
(51)　吉田は仙道岩井沢館主吉田大学の後。
(52)　大野は、平清盛後裔に大野勝定なるものあり越前国大野郡を領す、其子勝顕が天正の頃相馬の臣となった。
(53)　早川はもと相州早川に居った。早川(一)は熊野、滝場明神を、(二)は妙見、稲荷を祀る。
(54)　神戸は左の如く伝える。天照大神岩戸を開きし時岩戸分れて二つとなり、一は虚空に飛行、一は留って和州にあり、其地を神戸岩と称し、祖先が此地より出た故に神戸を氏としたという。
(55) 小林はもと尾州より来たという。
(56) 石田は伊達石田に住し慶長中標葉に移った。
(57) 鎌田は相州の住人鎌田権守道清の類葉という。
(58) 深谷は先祖不詳。
(59) 末永は先祖不詳。
(60) 木幡は藤原鎌足裔高常というのが山城宇治の木幡庄に居住、其子国豊が木幡を名のった。将門の宇治より下総に移れる際随従したというが、のち相馬に移ってから十五軒ばかりになったが、家紋旗紋等すべて藤に因んでいる。木幡(一)は春日、熊野、八幡を祀り、(二)は熊野、稲荷、大須賀権現、(三)は熊野と稲荷、(四)は熊野、(五)は熊野、(六)は浮島明神、木幡明神、熊野、(七)は富士権現、稲荷、荒神を祀り、他の八軒は不詳。なお木幡(一)は旗紋にも八幡の文字を用いている。
(61) 羽根田は鎌足後裔なる左兵衛資則という者が越前の羽根田に居住せるよりの名という。
(62) 今村は鎌足後裔今村秀村の後。
(63) 河村は鎌足後裔今村三郎右衛門の後で、天神、春日、山神をまつり、別に一戸尾州津島に住した河村があるが別系かと思う。伊勢大明神を祀る。
(64) 藤田は鎌足後裔伊達朝宗の後で嘗て掛田城主であった。
(65) 手土は鎌足後裔小山朝政の後なる手土貞隆が伊達の手土にいて手土氏を称した。
(66) 岡部は鎌足後裔岡部時信の後で八幡を祀るが、旗紋には八幡の文字と南無阿弥陀仏の文字をも用いた。
(67)(68) 草野は本氏増尾。先祖は下総にあって相馬に仕え、増尾村に居った故を以て氏としたといい、家紋は皆藤巴。草野(一)は熊野、円蔵を、(二)も(三)も熊野、円蔵を、(四)は八竜、稲荷を、(五)は八竜をまつる。草野より出た増尾は熊野、八竜、円蔵を祀る。
(69) 佐藤は相馬に於て類葉頗る多く三十を数えるが、其先は余り明らかでなく普通鎮守府将軍左衛門尉千常後として、信夫の佐藤庄司、野州の佐野常世等との連りを説いている。佐藤(一)は熊野と稲荷を、(二)は熊野、稲荷、荒神、(三)は春日、八幡、

（四）は春日、稲荷、（五）は薬師、（六）は春日、富士、稲荷、（七）は薬師、稲荷、（八）は春日、稲荷、（九）は熊野、荒神、稲荷、（一〇）は熊野、貴船、山神、湯殿山、薬師十二神、（一一）は浅間明神、（一二）は八幡、（一三）は日吉、（一四）は湯殿山、（一五）は熊野、月山、（一六）は熊野、稲荷、（一七）は国王、七星、（一八）は白山、熊野、稲荷、それぞれ祀り他は不詳。

(70)　斎藤は鎮守府将軍利仁の後裔といい、信州諏訪に住しのち相馬に移住。

(71)　遠藤（一）は始め掛田に住し妙見を祀り、遠藤（二）は遠江守藤守憲の末葉といい、相馬重胤に随って相馬に移住。共に藤紋。

(72)　立谷は本氏中野。元祖立谷右京亮は顕家の麾下にして伊達より移って宇多立谷に住し、よって氏を改めて立谷としたという。立谷（一）は神明を、（二）は熊野を、（三）は神明を祀る。

(73)(74)　鳶は本姓は村上源氏植松であるが、(74)の植松はこの鳶より出ている。

(75)　蝦原は先祖不詳。相馬氏に随って移住したという。

(76)(77)　井口は近江長浜城主井口弾正義氏の後裔、田中は井口より分れ、共に井桁を家紋とする。

(78)　関は本姓坂上田村。三春城主田村親顕の後。

(79)　近藤は嘗て上州邑楽郡に住したことがある。

(80)　伊東は始め濃州多芸郡に居ったが相馬義胤の頃相馬に移る。

(81)　中田は先祖不詳。

(82)　日下は先祖は参州に住んだが寛永頃相馬に来り仕えた。日下（一）は山王、稲荷を、（二）は山王を用う。なお旗紋には四軒共に山王の文字を使用。

(83)　武野は始め伊賀に住し、相馬利胤の時家臣となった。

(84)　永井は末永氏井戸川氏と同流と伝え家紋井桁。

(85)　久田は嘗て織田信長に仕う。

(86)　渡辺は渡部氏もあって類葉多く、本来の渡辺の外に、安土より出た渡辺、佐野より出た渡部、但野より出た渡部、塩田より出た渡辺、林より出た渡辺等がある。渡辺（一）は妙見、日祭、稲荷を、渡部（二）は子安明神を、渡辺（三）は稲荷、熊野、荒神を、渡辺（四）は妙見大明神、赤城大明神、熊野、稲荷、渡辺（五）は八幡と熊野とを祀る。皆家紋は三星一文字。

(87) 井戸川は嵯峨源氏渡辺の庶流で二家に分れ共に熊野を祀る。
(88) 大浦は古は小浦につくり、肥前平戸城主松浦氏の余流と伝え三戸に分れる。(一)(二)は共に熊野、稲荷を祀り他の一は不詳。
(89)(90) 岡和田は下総より来たが、その先未詳。行方郡岡和田村に住んだ。岡和田より出た和田があり共に七曜。
(91) 島は岩松家の臣で応永中、岩松義政が相州より行方郡に移住の際に随ってきたといい、後年相馬の家臣となる。
(92) 佐々木は敦実親王の後胤佐々木秀義の後で、佐々木(一)は熊野、八竜、稲荷を、(二)は八竜を、(三)(四)も同じく八竜。
(93)(94) 半抗は古は羽咋につくり源氏佐々木の余流で福岡村有山に住したのが半抗氏の祖という。半抗より出た半野(一)は稲荷と熊野を、(二)は地蔵を祀る。現在福岡の地蔵堂にあるが、貞享頃の棟札が古いようである。半抗半野共に家紋三目結。
(95) 氏家は近江源氏佐々木分流にしてもと江州に住した。
(96)(97) 新谷は今川義元の臣で、駿河の新谷に居りのち相馬に移る。三軒に分れたが共に富士権現、熊野、稲荷を祀る。なお新谷(一)は旗紋に八幡大菩薩の字を用う。別に本氏佐々木なる新谷氏あり、本国は越前福井という。三軒あり、(一)は春日、稲荷を、(二)は春日を祀る。
(98) 錦織は新羅義光の後裔に出で、近江国錦織に居り氏としたと伝えるが、錦織(一)は熊野、妙見、稲荷を、(二)は熊野を、(三)は熊野と稲荷を、(四)は熊野、天神、稲荷を祀る。
(99) 一条は新羅義光の後裔一条忠頼の後。素盞嗚命垂跡新羅大明神を祀るという。
(100) 池田は本国近江で源頼光の後裔池田泰時の後という。
(101) 池田は本氏笠井、源頼義後裔甲斐武田一族の臣。池田(一)は月山、鹿島、荒神、皇大神、妙見、熊野、稲荷を、(二)は熊野、稲荷、荒神を祀る。
(102)(103) 四本松は源義家の後裔石橋氏の後であるが、四本松より分れた岩角氏あり共に家紋二引両。
(104) 石橋は源義家後裔石橋治義の後。
(105) 紺野は義家の後裔紺野四郎の後で、元亨中相馬氏について移り来ったものと称し、紺野(一)は稲荷を、(二)は熊野、稲荷、月山を、(三)は熊野、湯殿をまつり其他未詳。

(106)　富田は源義家後裔富田昌頼の後で、富田(一)は八幡を、(二)は八幡と粟島を、(三)は八幡を祀る。
(107)　石川は多田満仲後裔石川有光の後であるが、石川(一)は八幡と弁財天とをまつり(二)も同様。
(108)　渡辺は本氏石川、本国近江にして石川定継の後裔という。家紋もはじめは前記石川と同様笹竜胆並に蛇目であったが渡辺氏を称してより三星一文字と改む。
(109)(110)　二宮は本国江州であったが、これより分れた佐々木がある。
(111)　松本は徳川庶流三河吉田城主松平忠利の後で慶長中相馬の家臣となる。三戸共に稲荷を祀り輪内立葵を家紋とする。
(112)　杉本は源頼政の後太田道灌の庶流、慶長中より相馬に仕うという。
(113)　岩本は先祖未詳。はじめ江戸に住した。
(114)　郡は桑折とも称し其先不詳。
(115)(116)　大和田は総州大和田に居り後年相馬に移る。これより出た西内がある。祭神は同じ。
(117)　清水は本国上総。寛永中相馬に来り仕う。
(118)　坂地は多田満仲後裔福田頼遠の後で、嘗て石川郡坂地に居住、天文中相馬に来り仕えた。坂地(一)は菅船明神、熊野を、(二)は菅船明神を祀る。
(119)　玉置は其先未詳。
(120)　久米は仁明源氏源光公後裔作州久米領主左衛門尉盛行の後。
(121)　打它は越前角鹿に住んだ。
(122)　小河は具平親王十二代宇野則景の後裔小河保定の後で播州小河庄に居った。
(123)　石井は先祖不詳。相馬氏に随って関東より来たという。
(124)　太田は清和源氏井上頼清の後ではじめ下総に居住。
(125)　鈴木は紀州鈴木の苗裔にして熊野を祀る。即ち鈴木(一)は熊野、春日、八幡、稲荷を、(二)(三)は熊野を、(四)は熊野と稲荷を祀る。
(126)　中野は本氏鈴木。宇多郡中野に住み熊野宮の祠官であった。

(127) 河窪は守屋大連の後裔の家より出ている。
(128) 半井は清麿の長子広世百十代重明十三世半井主膳の後と伝う。
(129) 湯沢は本氏波多、波多九郎兵衛大膳亮利胤に仕う。
(130) 堀池は本氏和田、橘諸兄後裔橘正成の一族和田時輝の後。
(131) 坂井はもと三河居住。
(132) 菅野は菅原道真の苗裔菅原輔正の後。家紋梅鉢。
(133) 小野田は小野田七郎なるもの標葉郡小野田に住んだ故に氏としたという。
(134) 田村は坂上田村麿の後裔田村盛顕の後で、慶長中相馬の臣となった。二軒あり、共に太元明王を祀る。
(135) 大越は田村麿の裔と伝う。田村常光なる者大越塁に居りよって氏とした。大越(一)は太元明王を、(二)は熊野を、(三)は稲荷を祀る。
(136) 熊上は坂上田村氏の庶流でもと熊耳に作った由、始め田村領熊耳の館主であった。
(137) 星は坂上田村氏の分れであるが、星(一)は熊野、住吉を、(二)は熊野、妙見を祀る。
(138) 猪狩は小野篁の後裔に出ている。
(139) 牛渡は右の猪狩より出て牛渡村に住した。
(140) 馬場は高階将監春続の後。馬場(一)は手長男大明神、(二)は熊野、鹿島、日吉、稲荷を祀り、(三)は熊野、稲荷を祀る。この(三)は伊豆雪見城主であった馬場氏の後である。
(141) 阿部に次の如きがある。即ち三春田村の家臣にしてのち相馬に来た阿部(一)は熊野、愛宕を祀り、(二)は不明、安日命後裔の阿部(一)は熊野と月山を祀り、(二)は不明。以上二家の関係は不明である。横山氏より分れた阿部が一軒あり、熊野、春日、稲荷を祀る。
(142) 般若は其先未詳。始め江戸に居住。
(143) 岡本は未詳、成田村岡本居住。
(144) 高玉は未詳、今田居住。

(145) 福島は信州福島を領し、のち相馬に来って利胤に仕う。
(146) 都甲は紀伊頼宣の臣都甲筑後守の後で寛永頃より相馬に仕う。
(147) 田原口はもと三河の田原口に居住。
(148) 木崎は未詳。
(149) 中津は修験元開上人より出ているが其先未詳。
(150) 黒木は北畠顕家の臣黒木正充の裔、累代黒木に住む。
(151) 岩館は始め南部岩手郡居住。
(152) 古内は相馬氏について関東より移住。
(153) 持館は持館三河の類葉。三河は天正中の人という。
(154) 根本は芋頭氏の類葉。
(155) 岡は享保中相馬に来た。
(156) 山中は始め佐竹に仕えた。
(157) 富沢は先祖未詳。
(158) 志賀は江州志賀の城主であった。
(159)(160) 鈴木は先祖不詳、一は熊野を、他は熊野と稲荷を祀る。
(161) 馬場は本氏駒組、岩城駒組館主より出ている。二軒あり、(一)は熊野を祀り、(二)は不詳。

氏神祭祀表（二）

祭神＼姓	平	藤原	源	穂積	物部	和気	秦	橘	菅原	坂上	小野	高階	安部	不詳	計
熊野	五一	二八	二八	五	一	○	一	○	○	四	一	二	三	一○	一三四
稲荷	四一	二六	二七	三	一	一	○	一	一	一	一	二	一	五	一一一

妙見	二九	一	三	〇	〇	〇	〇	〇	〇	一	〇	〇	〇	二	三六
七星	〇	一	〇	〇	〇	〇	〇	〇	〇	〇	〇	〇	〇	〇	一
八竜	四	三	四	〇	〇	〇	〇	〇	〇	〇	〇	〇	〇	〇	一二
文間明神	一	〇	〇	〇	〇	〇	〇	〇	〇	〇	〇	〇	〇	〇	一
筒宮	一	〇	〇	〇	〇	〇	〇	〇	〇	〇	〇	〇	〇	〇	一
荒神	三	三	四	〇	〇	〇	〇	〇	〇	〇	〇	〇	〇	一	一二
富士権現	一	二	四	〇	〇	〇	〇	〇	〇	〇	〇	〇	〇	一	八
山神	四	三	〇	〇	〇	〇	〇	〇	〇	〇	〇	〇	〇	〇	七
山王	五	二	一	〇	〇	〇	〇	〇	〇	〇	〇	〇	〇	二	一〇
日吉	三	一	〇	〇	〇	〇	〇	〇	〇	〇	〇	一	〇	一	六
月山	一	三	二	〇	〇	〇	〇	〇	〇	〇	〇	〇	一	〇	七
羽黒	〇	一	〇	〇	〇	〇	〇	〇	〇	〇	〇	〇	〇	〇	一
湯殿山	〇	二	一	〇	〇	〇	〇	〇	〇	〇	〇	〇	〇	〇	三
水神	一	〇	〇	〇	〇	〇	〇	〇	〇	〇	〇	〇	〇	〇	一
八幡	九	一〇	一〇	一	〇	〇	〇	一	〇	〇	一	〇	〇	二	三四
御霊明神	二	〇	〇	〇	〇	〇	〇	〇	〇	〇	〇	〇	〇	〇	二
荒太郎夫婦	一	〇	〇	〇	〇	〇	〇	〇	〇	〇	〇	〇	〇	〇	一
滝場明神	三	〇	〇	〇	〇	〇	〇	〇	〇	〇	〇	〇	〇	〇	三
滝明神	一	〇	〇	〇	〇	〇	〇	〇	〇	〇	〇	〇	〇	〇	一
新山権現	一	〇	〇	〇	〇	〇	〇	〇	〇	〇	〇	〇	〇	〇	一
天満天神	六	三	二	〇	〇	〇	〇	〇	一	〇	二	〇	〇	一	一五
円蔵	〇	四	〇	〇	〇	〇	〇	〇	〇	〇	〇	〇	〇	〇	四
薬師	一	三	〇	〇	〇	〇	〇	〇	〇	〇	〇	〇	〇	〇	四
白旗明神	二	〇	〇	〇	〇	〇	〇	〇	〇	〇	〇	〇	〇	〇	二
日祭明神	一	〇	一	〇	〇	〇	〇	〇	〇	〇	〇	〇	〇	〇	二

諏訪	二	〇	〇	〇	〇	〇	〇	〇	〇	〇	〇	〇	〇	二	四
鹿島	三	一	一	〇	〇	〇	〇	〇	〇	〇	〇	一	〇	〇	六
大宮明神	二	〇	〇	〇	〇	〇	〇	〇	〇	〇	〇	〇	〇	〇	二
摩利支天	二	二	〇	〇	〇	〇	〇	〇	〇	〇	〇	〇	〇	〇	四
牛頭天王	七	〇	〇	〇	〇	〇	〇	一	〇	〇	一	〇	〇	一	一〇
観音	二	〇	〇	〇	〇	〇	〇	〇	〇	〇	〇	〇	〇	一	三
鶏足明神	三	〇	二	〇	〇	〇	〇	〇	〇	〇	〇	〇	〇	〇	五
不動	〇	〇	一	〇	〇	〇	〇	〇	〇	〇	〇	〇	〇	〇	一
明王	一	〇	〇	〇	〇	〇	〇	〇	〇	〇	〇	〇	〇	〇	一
国王	一	一	〇	〇	〇	〇	〇	〇	〇	〇	〇	〇	〇	〇	二
春日	四	一四	三	一	〇	〇	〇	〇	〇	〇	一	〇	一	一	二五
高倉明神	一	〇	〇	〇	〇	〇	〇	〇	〇	〇	〇	〇	〇	〇	一
押雄明神	一	〇	〇	〇	〇	〇	〇	〇	〇	〇	〇	〇	〇	〇	一
伊勢	二	二	一	〇	〇	〇	〇	〇	〇	〇	〇	〇	〇	一	六
七面明神	二	〇	〇	〇	〇	〇	〇	〇	〇	〇	〇	〇	〇	〇	二
大須賀権現	一	一	〇	〇	〇	〇	〇	〇	〇	〇	〇	〇	〇	〇	二
神明	一	二	一	〇	〇	〇	〇	〇	〇	〇	〇	〇	〇	〇	四
鷹明神	三	〇	一	〇	〇	〇	〇	〇	〇	〇	〇	〇	〇	〇	四
厳島	一	〇	〇	〇	〇	〇	〇	〇	〇	〇	〇	〇	〇	〇	一
弁財天	二	〇	一	〇	〇	〇	〇	〇	〇	〇	〇	〇	〇	〇	三
愛宕	二	一	〇	〇	〇	〇	〇	〇	〇	〇	〇	〇	一	〇	四
貴船	一	一	〇	〇	〇	〇	〇	〇	〇	〇	〇	〇	〇	〇	二
三光宮	一	〇	〇	〇	〇	〇	〇	〇	〇	〇	〇	〇	〇	〇	一
三宮	一	〇	〇	〇	〇	〇	〇	〇	〇	〇	〇	〇	〇	〇	一
七社神霊	一	〇	〇	〇	〇	〇	〇	〇	〇	〇	〇	〇	〇	〇	一

氷川明神	加茂明神	粟島	毘沙門天	鞍馬明神	比尾明神	新羅明神	地蔵	降居明神	子安明神	赤城明神	張良明神	霊符	水天宮	金鵄明神	白山	浅間	木幡明神	浮島明神	戸隠明神	朝日明神	勝善	雷神	唐崎明神	五所権現
○	○	○	○	○	○	○	○	○	○	○	○	○	○	○	○	○	○	○	一	一	一	一	一	一
○	○	○	○	○	○	○	○	○	○	○	一	一	一	一	一	一	一	一	○	○	○	○	○	○
一	一	一	一	一	一	一	一	一	一	一	○	○	○	○	○	○	○	○	○	一	○	○	○	○
○	○	○	○	○	○	○	○	○	○	○	○	○	○	○	○	○	○	○	○	○	○	○	○	○
○	○	○	○	○	○	○	○	○	○	○	○	○	○	○	○	○	○	○	○	○	○	○	○	○
○	○	○	○	○	○	○	○	○	○	○	○	○	○	○	○	○	○	○	○	○	○	○	○	○
○	○	○	一	○	○	○	○	○	○	○	○	○	○	○	○	○	○	○	○	○	○	○	○	○
○	○	○	○	○	○	○	○	○	○	○	○	○	○	○	○	○	○	○	○	○	○	○	○	○
○	○	○	○	○	○	○	○	○	○	○	○	○	○	○	○	○	○	○	○	○	○	○	○	○
○	○	○	沙	馬	尾	羅	○	居	安	城	良	○	○	鵄	○	○	幡	島	隠	日	○	○	崎	○
○	○	島	天	神	神	神	蔵	神	神	神	神	符	宮	神	山	間	神	神	神	神	善	神	神	○
○	○	○	○	○	○	○	○	○	○	○	○	○	○	○	○	○	○	○	○	○	○	○	○	○
○	○	○	○	○	○	○	○	○	○	○	○	○	○	○	○	○	○	○	○	○	○	○	○	○
○	○	○	○	○	○	○	○	○	○	○	○	○	○	○	○	○	○	○	一	○	○	○	○	○
一	一	一	二	一	一	一	一	一	一	一	一	一	一	一	一	一	一	一	二	二	一	一	一	一

菅船明神	蛇類	明神	住吉	生玉	鷲宮	大名持	少彦名	太元明王	手長明神	塩釜	虚空蔵	計
〇	〇	〇	〇	〇	〇	〇	〇	〇	〇	〇	〇	二二五
〇	〇	〇	〇	〇	〇	〇	〇	〇	〇	〇	〇	一二九
二	一	一	一	一	一	〇	〇	〇	〇	〇	〇	一一七
〇	〇	〇	〇	〇	〇	〇	〇	〇	〇	〇	〇	一〇
〇	〇	〇	〇	〇	〇	〇	〇	〇	〇	〇	〇	二
〇	〇	〇	〇	〇	〇	一	一	〇	〇	〇	〇	三
〇	〇	〇	〇	〇	〇	〇	〇	〇	〇	〇	〇	二
〇	〇	〇	一	〇	〇	〇	〇	〇	〇	〇	〇	四
〇	〇	〇	〇	〇	〇	〇	〇	〇	〇	〇	〇	二
〇	〇	〇	〇	〇	〇	〇	〇	五	〇	〇	〇	一一
〇	〇	〇	〇	〇	〇	〇	〇	〇	〇	〇	〇	七
〇	〇	〇	〇	〇	〇	〇	〇	〇	一	〇	〇	七
〇	〇	〇	〇	〇	〇	〇	〇	〇	〇	〇	〇	七
〇	〇	〇	〇	〇	〇	〇	〇	〇	〇	一	一	三四
二	一	一	二	一	一	一	一	五	一	一	一	五六〇

此表は上述の如く氏神の判明している旧相馬藩士全部についての調査である。

四　氏神としてまつるもの

現在相馬・磐城地方に於て考えられる氏神の祭神は左の如きものかと思われる。

1　その家所属の神霊

別に何々の神などという名称はない所謂我家の氏神様である。そして村の家々の氏神観念は大方はこれであった。

我々は広い意味で氏神なる語を無雑作に使用してはいるが、併し単なる村の鎮守からは、名は氏神でも矢張り本当の氏神らしい感じを湧立たせることは出来ない。真の氏神の感じは祖霊を祀ると否とにかかわらず少なくともこれを祀る者同志相互間に強い交渉が無ければならない。それも単なる隣組式のものではなくて血の連繫ということを前提として、自からに湧出てくる厳かさと懐しさを指さねばならない。氏神を背負ってということをよく聞くが、懐しくも尊い氏神は必要があれば我々の祖先達によって思い思いの土地に遷されたのであった。村々にこの例は極めて多い。私の家の氏神も元亨の頃下総より奥州相馬の高平へ、高平より現在の中村へと背におぶい申してお遷ししたのだと祖母などは感慨をこめて孫などへ話して聞かせたものであった。相馬の妙見様は殿様の氏神であったから輿でお遷ししたが家来は皆背負って来たのかもしれないというのである。或はそうかも知れない。何処に引越しても氏神様はついて来る。又ついて来ない様なのは氏神ではない。

村々で氏神を持たないという家は殆んど無いが、祭神の分明なのは寧ろ珍しい。たずねて見れば何々の神などという祭神こそ無いが氏神は厳として存在する。これは必ずしも祭神が忘れられたのではなくてもともと名が無かったのかも知れない。私の家の氏神は熊野というが、私などの抱いている氏神の観念と熊野の観念とは余程かけ離れていて、所謂氏神様の感じを熊野でもって全部あらわし尽すことは出来ない。これは長い間に熊野という神に他の信仰分子が附加したものか、そういう場合も無論あろうが、寧ろ逆に、熊野とは別個の氏神思想というべきものが古くあって、熊野の方が後で結びついた場合の多いことを考えるべきでなかろうか。即ち古い素朴な考えに新しい祭神の観念が入ってきたとする見方である。何とも知れない尊く懐しい神が古くから我々の周囲にあった。其家に大事があれば予知してくれる神、家と盛衰を共にする神、つまり其家について離れないということを性質として持っている神が氏神たる所以であって、こういう点を氏神の本質の一つに数えてもよかろうと考える。神代以来の名のある神々とは異る一種の精霊ではあるが、木や石のそれとは違い立派に神格化された精霊であり完全な神霊である。氏神の離れる時は多くその家の運命の傾く時であった。

古代我々の祖先が我家に認めたその精霊が、次第に神格化して其家の氏神となり、それが種々の事情、環境の下に発達して行った故に氏神の性格も従って変化し多面的になったのかと思う。祖先神と結びついたものはより祖先神的の性格を、神明と結びついたものはより神明風の性格を強く発達させたに相違ない。

双葉郡富岡町での話だったが、某という家で故あって他国に転住し去った。残された氏神を其儘にも出来かねたので奇特な人が之を引受けて祭をしたがろくな事がない。占って見れば、お前の祀るべき氏神ではないとの事、それで畏れて、某と関係のあったこれも何とかいう人に氏神の保管を依頼したということであった。

2　祖　神

其家の祖神を祀る場合で、藤原の出なる相馬の今村氏が春日を祀る等はその例であるが、実際は多くは古い祖神などはわからなくなっている。相馬中村町天神林の北野神社は一般に天神様と呼び道真を祀っているが、史実によれば桓武天皇の延暦中坂上田村麿東征の際、菅原敬実を此地に置いて守らせた。即ち彼は西館に居って其祖神を祀ったというから、其祖なる天神とは菅原氏の祖天穂日命を指すもので、道真を祭神としたのは道真の薨後であろうと只野清氏などは言われている。

3　祖　先

祖先の中で特に功労のあった者を祀る場合と、漠然と古い仏を氏神とする例とが見られる。後者の例は次の村々に於て確め得た。

石城郡大野村、同大浦村、同夏井村、同好間村、平市、四倉町

田人、荷路夫、永戸等の山間の村々は、注意しているがまだこの例を聞かず、氏神はどこまでも明瞭なる神であった。

仏の最終の年忌は所により多少の相違はあるが、三十三回忌、五十回忌、百回忌などである。石城夏井村などで百回忌まで行う家があるがこういう例はやはり少ない。併し平市平窪の大室でも百回忌をすませると仏を氏神にまつると言っていた。和田文夫氏の話によれば、大浦村・大野村等では最終の仏の年忌は五十年で、これがすんだ仏は氏神様になるといい氏神祠に合祀するのであるが、その供養の終った日、氏神祠の前に行って、杉の新芽の若枝を立てて「すぎました」と報告する。すると其時から仏は氏神になるというのである。五十年すぎた仏は氏神様になるとも氏神様と同じになるとも言っている。尤も時としては仏寄せ等の場合から、六十三年になる仏が出たりもした例もあって、古い仏を特に供養しなければならないことも稀に起るらしい。大浦村渡辺伊平氏方などでも、氏神として別に何様というものももっていないが、矢張り五十回忌の過ぎた仏を氏神と称して祀っておく。なお此家では旧十二月十五日に日待を行い僧侶を招いて供養するそうである。併し上述の如き最終回忌終了の仏と言っても、別に位牌などを氏神祠に移すことはせず矢張り仏壇に納めたままにしておく。氏神祭の際も別段名前を一々書出す様なこともせず、皆氏神になった仏は祠に納っているもの、本来の氏神様と合祀されているものと考え、扉を開いて参詣する位のもので別段のこともない。好間村辺では百年忌を仏の最終忌としているが、多く五十年の時とり越して行う。百年までは仏で、それが過ぎると家の神になるというので氏神にまつる。即ち百年忌を寺で拝んで貰った位牌を氏神祠の縁の下に納める。祠の中は常の如く幣のみである。これは同地の宮内氏の話であった。村人の考えでは氏神は祖先の神であり、其家を守ってくれるところの神であり、ウブスナとは別に考えているところのものであった。氏神の祭神などはもとよりわからないが強いて言えば仏であった。神様よりは仏に近いが併し仏そのものでもない。仏は人に近いが氏神は仏より一段上の尊いものなのであるという。大浦村仁井田の新妻恵男氏に氏神の祭神のことを聞くに、驚いた様子で氏神の祭神に先祖以外にまつるものがあるのかと反問されたことがあったが、この辺では仏を祀ることは普通のことだったのである。夏井村上大越大乗坊辺でも五十年を最終忌とする仏は氏神になるが位牌などは其儘で別段のことをしない。この夏井村にある県社大国魂神社の神官山名隆貞氏は土地の方であるが、その話によれば、此辺の人の考えでは氏神は祖先を祀る、亡くなった人は氏神に行くと考えている、故に神ではあるが普通に言う神の観念からは大分離れているとのことであった。仏をまつることは平市上平窪の鈴木茂方でも聞いたことがあった。

もともと田舎の神道の家に生まれ四足類を口にすることの出来なかった私などは、氏神と言えば諏訪とか熊野とかが多いのだろう位に簡単に考えていたが大変な見当違いであったのである。甚しきは地蔵や観音まで彼等には氏神であった。尤も此等は真の所謂氏神でないことは確かであっても、人々がこれを氏神とよび氏神と祀って疑わない日常の生活をしている上は、これも無視し得ぬことを知るのである。少なくとも彼等にとって大事な氏神であることに何の変りもないのである。故に氏神に先祖の要素が多分にあっても、先祖をそのまま氏神と考えるわけにもゆかず、まして氏神とは先祖をまつるものと簡単に言うことは出来ない。

4　神　明

普通史上に名の見える神々で、多くの家々の氏神祭神はこれに属する。熊野とか稲荷とか八幡とか、先祖の人々と何等かの形で関係の深かった神、崇敬して措かなかった神達である。

5　生霊死霊

6　精　霊

祟をなす蛇を祀るとか狐を祀るとか或は石を祀るとか雑多であるが、多くは怖れて粗末にしかねた霊達を祀る。

7 その他

地蔵・薬師等の如き仏関係のもの、殊に自分の信仰する守本尊を氏神と称して斎く向きも案外に存する。マケウチ毎にまつる地蔵観音等の例は最初は如何なる動機によって氏神としたかは不明であるが、恐らく普通の氏神祭神の場合と似たものであろう。ただ夏井村あたりにも見られる様に自分個人の信仰している所謂守神を氏神としている例もある。併し何処の神でもよい参れば自分の氏神となるという如き例は聞いたことがない。氏神はもっと関係の深いものでなければならない。夏井村の大国魂神社を信仰している故を以て、その人に於て氏神と呼ぶことはあるといっても、もともとここのウブスナであるということは考慮の中に入れられなければならない。

自分は嘗て四倉町の本田文吉氏に氏神のことを聞いたことがあるが、氏神はその氏の守神や守本尊を祀るものだろう、故に家々によって異ると言う。そしてこの老人の氏神は普賢菩薩であり愛宕であるという。なぜそれを氏神とするかと聞くと、自分の生まれ年の守本尊故という答であった。田人村旅人などで不動を氏神さまと称してまつっておくのを見たが、右のような理由か、それともただ氏神の代りにまつるだけのものかわからない。

此等の外神明像の如き特殊信仰物、高貴の方の写真等を氏神として祀る家が例外的に存在する。

氏神まつり

——相馬・磐城地方の氏と氏神——

はしがき

村には村の神があって村の中心をなし、家には家の神があって家の中心をなしていた。氏神とかうぶすなとか称せられるものの意味は所によって多少異っているにしても、これらの社なり祠なり、神の存在を認められる所を中心として、村や家の諸行事がすすめられて来たことは、驚くべき長い期間にわたっての事だったと思われる。信仰の伴わない生活などは、昔は考えられないことだったからである。

男子なら戦に征く時、女性なら他家に嫁する時、そういう際は必ず氏神を拝してから出て行くべきものとされていた。子供が生まれて、第一に忘れてならないのも氏神まいりだったのである。実際また氏神を中心に村の文化は栄えても来たので、団結の中心も娯楽の中心も、又礼法の講習所も心身の鍛練所も、此処であった。村の多くの政治は氏神の社の寄合いに於て決定せられ実行に移されて来たのである。私の幼い頃など、よく父の所へ村の寄合いの使が来る。場所は多くは村の氏神の社であった。必ずしも他に人の集るに都合のよい所が無かったからという理由だけでなしに、冥々の中に社中心の村人の心がそうさせていたに相違ない。殊に年のはじめに村社で行われる初寄合いは、その年の一年中の村の重だった仕事をきめる厳粛なものであったように記憶する。稀に遊学先から帰省して顔を出す青年団の集りなども、矢張り村の社でのことが多かった。月の一日八日十五日などの所謂神の日は、殊に氏神の顧られた大事な日であった。

村に於てその年はじめて米が出来れば、第一にお初穂として供えるところは氏神であり、村の海で魚がとれると真先に一等よい所を上げるのは氏神の社であった。初穂という言葉は、その持つ本来の意味が忘れかけている今でもなおかなり広く用いられているようである。神や仏に通ずる心を持ち得た古人には、神は在すが如くではなくして真実に在したのである。在せる神に真心を捧げて仕え奉ったのである。

一　氏子加入とかぎもと

この氏神にも幾つかの種類と、そして変遷のあったことは言うまでもなく、個人の家の氏神乃至同族の氏神と、部落乃至は村の氏神とで、その氏子にもかなりの隔たりがあったが、氏神があって氏子が存在し、氏子があって氏神が発達したことに変りはない。他所から来てその村の氏子になるということは、その村の一員に加わることを意味する。氏子となって組内に加入させて貰うためには昔は種々の条件を必要とすることが多かったが、それですら外来者は名は氏子の数に入れて貰えても、所謂本戸づきあいをする為にはなお相当の年月を要した場合が多い。例えば石城の田人村辺などのように、氏子として神まつりの仲間には入れても、山や木などは自由にさせなかった。即ち本戸づきあいとなるとこれはまた別だったのである。従って一般に祭の庭に於ける座席なども、村の伝統を知るためには等閑視出来ぬところであり、そこには鍵取りの問題などもあって、所によっては仲々複雑なものがあった。

長年同地の小学校長をして居られた鈴木氏の話によれば、石城郡三坂村の下三坂などは、古くから戸数八十ほどの農村で、もとは一番組から八番組まであり、組に組長があったそうだから、戸数から考えて十人組だったらしく思われ、吉凶の際世話をし合ったものだったらしい。そして組を構成している人の氏姓の異るところを見れば、同じまけうちとも思われず、従って各組毎にある氏神と称するものもまた、まけうちの神であるか、それとももとは何れかの家の氏神であったものに他よりの氏の異る人が後に加わったものか今ではよくわからないとの事である。ここでは個人の家には氏神は無くて、そうした組で大抵は一つずつ持っているのである。祭られる神は淡島とか天王とか天神とかである。そしてそれら組毎に赤飯をたき神酒を供えて祭を行う。さて他より移住の場合であるが、元来ここは山寄りの村で炭焼が盛んであったから、白河、会津、田村など県内の移住者が多く、他県よりもかなり入りこんで居て、そういう人は炭焼を仕事として落着くことが多かった。或は後に開墾などをして此地に借地して永住しようとする者も出来て来たのであるが、かかる移入者は今は六十戸ほどになっている。もとはこの移入者を、「川流れ」などと称して、上述の本戸八十戸の中に入れてのつきあいをさせなかったし、氏神の祭にも加えなかった。即ち神参りをすることは差しつかえないが主催する側の仲間には入れなかった。氏神まつりには入れたが山の払下げなどには入れなかった。もともと此辺は分家の少ない所で、殊に家屋敷を分けての分家などは殆んど見られない。これは先祖伝来の乏しい土地を分けては、実際に生計を立てて行けない経済事情によることと思われるが、藩政時代に無闇と分家の出来なかった風の名残も確かにあるのだろうと見られている。そして二男三男は殆んど他に出て他に落着く風があった。ともかく戦争少し前頃から、土着の者であろうと他所者であろうと、同じように氏神のまつりに加わるようになっているということである。そこで他から移入して完全な本戸づきあいをするまでには多少の段階を経なくてはならなかったが、それには上述のような信仰的な面が、経済的な面よりも多少先に解放されたということがわかる。

石城田人村黒田の唐沢の坪は、本戸と新移住者とより成って居るが、もとから坪の氏神稲荷があった。移住者の多くは昭和になってから入って来たのであるが、こういう際、氏神を持って来ない彼等は、自然同じ坪内の氏神の仲間に入れて貰うことになるので、坪のつきあいとして酒一升位買ったものであった。これを組長にあずけておき、何か坪内に集りのあるとき、ついでに披露して貰ったものである。座席などは別にきまって居ないが、矢張り古い人は上座に、新来の人は下座につく風に自然なっていた。祭は九月一日と初午との二回だったが、幣は大夫が納めるらしく、一般の家では祠を持たない故にお札を貰うのである。

氏の神には氏子が当然なければならないが、村の神にも氏子がある。ただこの場合の氏子は、厳密に言えば本当の氏子でなくて単なる崇敬者を呼んでいる場合も多くあると思われる。平市八幡小路の八幡社なども、祭礼には市の人で非常なにぎわいを呈するが、本当の氏子関係よりすると、市とは関係が無いので、氏子はもとの飯野郷即ち平窪や好間村の一部で、氏子総代の出るのも無論これらの部落からであった。祭の人足などもすべてここから出るのである。のちに平窪は平市に編入されたが、氏子関係は市になろうがなるまいが昔のままで変りが無い。好間村大字小谷作の辺では、同村大字川中子にある愛宕様の氏子になっているが、自分達の方だけを氏子と称していて、肝腎の愛宕の方は、別に氏神とは呼んでも居らないようであるが、これは、この辺で氏神といえば自分の家のそれをのみ指すから、その方に重点が行って片方は忘れられた形になったのかも知れない。ともかく古い記録を見ても、寛政、文久、嘉永など皆氏子と書いてあるのに、極く稀ではあるが産子とかいたのがある。うぶこと訓ませたものらしいが『奥相志』などにもちょいちょい出てくる。極く新しいものでは、石城下三坂のどこかの氏神祠の棟札に書いてあるのを見たことがある。

多くの氏子の中でも特にその神社と深い由縁を持つものが中にあったが、鍵もとなどもその例であって、鍵取りと呼んでいる所も多かった。

石城の宿ヶ崎の海岸に、昔五兵衛という男が居て、或晩舟をひく音を海岸に聞いた。出て見れば人影が無いのに暫くしてまた聞えた。おれは沼ノ内の弁天だが沼ノ内迄連れてってくれという声だったから、負うて現在の地に安置した。弁天さんは別れにのぞんで、五兵衛此処で別れるぞと言って消えたそうである。それ故前は五兵衛の家の者が鍵をあずかって、弁天堂を開ける習慣があったが、時代も移って今では檀徒総代になった。彼の家は他部落故に総代にはなれないが、鍵もとなので、祭には席を総代と同じくする権限をもち、今もその資格で出席するという。

この同じ豊間の海岸の霊通川にお上りになった神が別にあって、これを拾い上げて夏井村菅波にお遷ししたのが豊間村遠藤某の先祖であった。『延喜式』にある大国魂神社がそれで、祭には今も遠藤の一族が行って御扉を開くのだという。又同じ石城の大浦村済戸にある熊野神社は、もと和田氏の祖が勧請したのに、和田氏が同村長友にうつってよりは、社はもとの済戸で引つづき管理するようになったが、今でも済戸の日待の折は、同氏方では右の熊野社に出かけて行って参列する。社殿修営の際に神体を和田氏宅に遷したこともあったそうである。又同村長友の稲荷神社の初午祭には、古市まけの人の手で幟をたてるが、やはりこの先祖が勧請したためと伝える。双葉郡木戸村の大滝神社も那智麻呂なる者が、昔紀州の那智から神霊を負い来り、土地の農夫山内縫の案内で現在の地に安置したという伝えであるが、今でも同氏の子孫は春秋の祭には幣帛を捧げ、春祭の時の行列には神輿の先導をなすという。同郡幾世橋村貴布根神社は、大宝年中に海中より光を放って上った神というが、土地の安倍氏が代々氏子頭と称して、正月には注連縄を飾り祭典に物を供える所より見れば、矢張りもとは神社と深い関係があったに相違ない。石城永戸村合土の大塚神社は八月朔日がその祭の日で、近頃はうじ神まつりとかうぶすなまつりなどともいうようになったが　もとは専ら獅子まつり、ささらまつり等の名で呼ばれていた。この日神幸がある例で、それには社総代(氏子総代)とは別にみゆきせわ人なる一つの役があった。これは神輿の側を離れぬ護衛の役で同地の合津氏がこれに当るのである。二軒あり代々世襲であった。やはりこういう家は鍵取りのように、一つの特権を持っていた風で、幣束まつりの時、幣束を貰うのに此家だけは金は出さなくともよかった。

石城田人村旅人の熊野は、もと山伏沢田氏が紀州よりうつしたもので、はじめは同家の氏神だったが、今は村でまつる。併し鍵もとは今もこの沢田氏だった。こうした例は頗る多く、且つ最近の実例もいくつか見られるが、同じ様なもの故省略したい。ただ鍵もとなり鍵取りなりは、最初の動機はともかく後には一つの権利のようなものになり勝だったので、これをめぐっていざこざの起ったことも稀に見られた。次の例は石城大浦長友の熊野の資料による。これは「乍恐以書付奉願上候事」という見出しで、「村鎮守祭礼之儀、旧例に相違仕候出入一件」として、訴訟人宇平太等十一名の連名で、某等六名を相手取り、左のような文を以て代官へ願っている。

「右訴訟人一同奉申上候、当村之儀は、往昔長友村構村済戸村と相唱三ヶ村に申伝、殊に記録等も有之鎮守三社にて、私共並相手某一類之鎮守熊野権現、別当之儀は当村修験寿法院に御座候処、内藤備後守様御領地之節、狐塚村へ引越、社遠方に相成、野火等之節も差支申候に付、甚之允方へ鍵相預け置申候所、同人致困窮、社之掃除等迄も行届兼候間、別当並氏子一統相談之上、某儀は社之麓に候へば鍵相預置申候処、年久敷相成候儀故、相手某先祖自分屋敷内へ致勧請同人抱之社にて、私共儀は同人御下同様之者と申触し、縁組等迄も故障に相成、御百姓相続も相成兼申候に付、此度某方へ及懸合候処、甚以心得違之旨申募、無余儀奉出訴候、右社之儀は、屋敷内には曽て無之、当村之御見捨地にて、済戸村一統之鎮守に相違無御座候儀は、前々社再建之節、助右衛門並甚兵衛世話致候に付、則棟札にも別当並世話人両人之名前有之儀に御座候、却つて某儀は往古より当組之者には無之、中組霞田と申所に居住仕候にて、古屋敷名前御水帳に有之、中頃引越済戸へ罷越候ては漸百五六十年之儀に

御座候得ば、同人先祖勧請仕候筋無御座候儀を、右体不相当儀を申募、（中略）、畢竟某へ鍵相預候故、右体我儘成申候条、何共恐多御事奉存候得共、某並寿法院被召出、御糺明之上、前々之通、鍵等も寿法院へ相渡、旧例之通年々祭礼も相調候様奉願上候、委細は寿法院先祖共、神社御改名之節も則小川上平本寺光明寺より書上置候書面にも別当寿法院に書上有之、当所上組之鎮守熊野に相違無御座候、此段御覧方被成下、願之通被仰付被下置候様願上候、（下略）文化六巳年九月」

なお翌七年の「為取替証文之事」は、

「当組鎮守熊野権現由緒争之儀に付、宇平太甚之允並に外九人之者より、某外五人へ相懸出訴仕候、双方御召出追々御吟味中、名主頭酒井与一左衛門殿立入、社之鍵之儀は、訴答外波右衛門甚次郎甚蔵に至迄、氏子一統年番に致所持、某氏神並に麓之儀は是迄之通にて、諸事睦敷可申合候、依之双方無申分、和談内済仕、為後日連印取替証文如件、文化七午年二月」

そしてこれに訴訟方、相手方、百姓代、組頭、名主等の名を書連ね、最後に、「前書之通、拙者取扱致内済候に付、為後証致奥印候以上」として狐塚村名主頭酒井与一左衛門の印を押してある。

二　家々に祀る神

村の家々に祀られている神の種類は少なくないが、普通氏神と称しているものの外に、竈神と水神はどこの家でも祀り、恵比寿大黒も極めて多い。山間部では馬の神の多いのが目立った。各家では何を氏神とし、又それ以外に何を祀っているかということは興味ある問題であるが、古い神職・修験の家などに伝わる「神幣帳」などにも、それをうかがうに足るべき資料が散見する。余り古いのは無く今手許にあるのは、万延以降明治四年頃までのもので、それも相馬中村及びその付近の、古い二十ほどの村々であるが、今その数例を挙げて一般を推知したい。

一、小泉村（明治四年辛未九日邑々神事祭礼万覚帳）

1　熊野　山王　蛇類　神明　天王―平助
2　氏神―根岸春吉
（氏神を祀るが、別にはっきりした祭神の無い場合で、以下同様。）
3　氏神―斎藤勘左衛門
4　氏神無し―斎藤富次
（4は3の分家なので氏神が無い。併し竈、恵比須大黒水神等をまつることは他と同様である。）
5　熊野　疱神　弁天　荒神―宇佐見勝行
6　勝善―斎藤仁左衛門
7　熊野　稲荷　荒神　疱神―重次郎
8　熊野　天の明神　稲荷　荒神―太田市三郎
9　荒神　鹿島―末松
10　氏神無し―荒了衛
11　氏神　他に荒神　山神―卯兵衛
12　氏神　他に稲荷　春日　館腰―文右衛門
（館腰は館腰稲荷の分霊と思われる。）

13　氏神―初次郎
14　熊野―平蔵
15　熊野―勘助
16　荒神―西内惣左衛門
17　氏神―忠八
18　氏神―富右衛門
19　熊野―鎌田今之助
20　大神宮　荒神―要七
21　妙見　八坂　熊野　稲荷　藤権現―金沢魁一
22　湯殿　月山　出羽　神明　蛇類　高岡明神　荒神　薬師菩薩　天照大神　日吉　笠間　雷神　海老沢稲荷―
渡辺良暉
23　熊野稲荷　疱神―志賀浦甚右衛門
24　熊野　蛇類　稲荷　経塚稲荷　荒人神―岩崎宗山
（本来の氏神は熊野のみで他は合祀神。）

右の外十一軒あるが、中四軒は修験、他は一向宗の家で幣束を必要としなかった。但し24は修験本寺である。

二、北飯淵村（同前）

1　月山　明神　荒人神　明神　荒神　勝善―仁左衛門
（明神二柱があるが何明神か不明である。）

2 熊野　明神　明神　蛇類—高玉清
3 月山　明神　明神　田の神—忠衛
4 月山　明神　荒人神　蛇類—彦右衛門
5 明神　荒人神　蛇類　勝善—小左衛門
6 氏神　別に明神　勝善—佐藤亀次
7 月山　熊野　明神　荒神　荒人神　蛇類　勝善—近右衛門
8 月山　荒人神—善右衛門
9 月山　明神　熊野　荒人神　勝善—与兵衛
10 氏神　別に荒神—近左衛門
11 熊野—五助
12 神明　日の神　荒神—作治郎
13 氏神　別に勝善—源衛
14 明神　熊野　日の神　蛇類　稲荷　勝善—七兵衛
15 明神　蛇類　稲荷　勝善—三重郎
16 明神　塩釜　明神　荒人神　勝善—五郎兵衛
17 熊野　月山　八幡　稲荷　明神—四郎次
18 御霊社　明神　田の神　荒人神—渡辺友右衛門
19 明神　荒人神　蛇類　勝善—治兵衛

20　熊野　千手　妙見　稲荷—幾世橋作左衛門
21　熊野　月山　荒人神　明神　蛇類　明神　稲荷　勝善—文左衛門
22　月山　明神　熊野　明神　疱瘡神　勝善—弥三郎
23　熊野　月山　勝善—八十吉
24　明神—長左衛門
25　氏神—喜左衛門
26　熊野　葉山　荒人神—横山弥助

三、中村町—一部—(同前、氏名略)

1　熊野　天満　疱神　稲荷
2　熊野
3　熊野　春日　雷神　稲荷　勝善
4　八幡　稲荷　山王　荒人神
5　六十六部　蛇類　勝善
6　八幡　春日　稲荷　熊野
7　氏神
8　熊野　月山　勝善
9　熊野
10　氏神　別に勝善

11 熊野　稲荷　勝善
12 八幡　稲荷　熊野　荒人神　勝善　厳島
13 木幡明神　熊野　稲荷（これは木幡氏）
14 熊野
15 氏神
16 熊野
17 熊野
18 熊野　稲荷
19 熊野　北野
20 熊野　山王　外に火の神
21 氏神
22 氏神
23 氏神
24 氏神
25 氏神

四、西山村―一部―（同前、氏名略）

1 熊野　春日　諏訪　蛇類　疱瘡神
2 熊野

3　熊野　明神　田の神　勝善
4　氏神　別に荒神
5　富士　熊野　稲荷
6　熊野　荒神
7　氏神
8　氏神
9　氏神
10　氏神
11　氏神
12　熊野　富士　稲荷
13　熊野　富士　稲荷
14　氏神
15　氏神　別に勝善
16　稲荷

以上のものに原釜九十四戸、黒木村八十一戸を加えたものを表示すれば左の如くになる。

氏神祭祀表

祭神＼村	小泉	北飯淵	中村（一部）	西山（一部）	原釜	黒木	計
熊野	九	一一	一五	六	五三	一八	一一二
山神類	三	○	二	一	五	四	一五
湯殿	一	○	○	○	○	○	一
月山	一	一○	一	○	○	一	一三
出羽	一	○	○	○	○	○	一
葉山	○	一	○	○	○	○	一
天王	二	○	○	○	一	五	八
稲荷類	六	五	八	四	三○	二三	七五
荒神	八	四	○	二	三	二	一九
荒人神	○	一二	二	○	○	○	一四
御霊	○	一	一	○	○	○	二
死霊	○	○	○	○	○	三	三
鹿島	一	○	○	○	○	一	二
大神宮	二	○	○	○	一一	○	一三
日の神	○	二	○	○	○	○	二

妙見	一	一	〇	〇	三	〇	五
八幡	〇	一	三	〇	一	二	七
塩釜	〇	一	〇	〇	〇	〇	一
天満天神	〇	〇	二	〇	〇	一	三
春日	〇	〇	二	一	一	六	一〇
厳島	〇	〇	一	〇	〇	〇	一
諏訪	〇	〇	〇	二	〇	〇	二
富士	〇	〇	〇	一	〇	〇	一
火の神類	〇	〇	一	〇	〇	二	三
田の神	〇	二	〇	一	〇	一	四
蛇類	二	八	一	一	〇	九	二一
神明	二	一	〇	〇	〇	四	七
疱瘡	三	一	一	一	〇	〇	六
勝善	一	一三	六	二	〇	一四	三六
馬頭	〇	〇	〇	〇	〇	一	一
藤権現	一	〇	〇	〇	〇	〇	一
弁天	一	〇	〇	〇	一	〇	二
天の明神	一	〇	〇	〇	〇	〇	一

高岡明神	一	○	○	○	○	○	一
明神	○	二三	○	一	二一	四	四九
雷神	一	○	一	○	○	三	五
松尾	○	○	○	○	○	二	二
鶏足	○	○	○	○	○	一	一
広瀬	○	○	○	○	○	一	一
滝羽	○	○	○	○	○	一	一
八竜	○	○	○	○	一	○	一
二十三夜	○	○	○	○	一	○	一
こくさふ	○	○	○	○	○	一	一
こを神	○	○	○	○	一	○	一
大日	○	○	○	○	一	○	一
観音	○	○	○	○	一	○	一
木幡明神	○	○	一	○	○	○	一
うべ神	○	○	○	○	一	○	一
萩羽	○	○	○	○	一	○	一
千手	○	一	○	○	○	○	一
薬師	一	○	○	○	○	○	一

祭神不詳	六	四	八	九	一四	四九	九〇
氏神無きもの	二	〇	〇	〇	一	〇	三

右の中で厳島は弁天、滝羽は滝場と同じかと考えられ、千手は千手観音、こを神は荒神、こくさふは虚空蔵であろうが、うべ神、萩羽はわからない。萩羽は歯痛に萩を上げる神にでも関係があるか。八滝は雨の神、天王は疫神、弁天は手芸上達、勝善は馬の神、湯殿月山羽黒は農作神、雷神も作神、諏訪は風雨の神、松尾は酒屋の神、妙見は馬の神ともなっている。荒人神、荒神の区別は判然としない。双葉郡藤橋の金山玄蕃という者が、昔鷹野で一人の行者を殺したが、祟りがあった為に祀って荒人神明神と称したというところより見れば、人の霊等を祀ったのが荒人神か。普通荒神の方は火の神、農作の神となっている。藤権現は富士権現であろう。

石城川前村付近で、各戸に祀るのは大抵うぶすなと称する実は氏神と、おかまさまと井戸とである如く、一般の村村でもこの三者が最も多い。氏神以外に祀るものの多くは水神、山神、竈、恵比須、大黒、勝善等で、蛇類、死霊、荒神、神明、疱瘡神、梵天等も案外多く時には稲荷等もこれに加わる。これ等の中でも竈神即ちおかまさまは、石城草野村などでも荒神様と称し、大切な神とされ、何事があっても最初に物を供えるのはこの神であるという。夏井村辺では火の神を囲炉裏のかぎに祀っている所も多く、且つこの氏神様にだけは何を上げてもよいとしてある。

石城好間村今新田辺では氏神を所謂けんごめに持っているが、祭神は殆んどわからない。これに反して家の神棚に祀ってある神々ははっきりしていること他の村々と同じであるが、試に白土賢治氏宅のものをきいて見るに、最も上座に大神宮を次にお正月様を、次に火伏の神、次に山の神、次にあいじんさまで田の神もあったようである。別な部屋にはおかまさまを祀ってあった。この辺では明治三十五、六年頃まで藍をつくっていたから、藍の神を祀っていたので、一時は組合かで、青藍大黒なる木版刷りの紙を信者に配ったりしたこともあったそうだ。同じ部落の高萩長次郎氏の家を見るに、ここは大神宮、お正月様、ゑびす、大黒、おかまさま、田の神様で、同村川中子の愛宕のお札なども見られた。この家にもあいじん様はもとあって、そのため肉食なども遠慮していたが、今は藍もつくらないので、近頃はいつからともなく祀らなくなってしまったようである。此辺のお正月様の神札は平市の子鍬倉神社から配られるものであった。田の神には田植終了の際、苗を水で洗って上げる風があって、どの家の神棚の田の神にも煤だらけになって上っていた。とにかく此辺では大神宮と正月神をまつるのが一般であり、ゑびす・大黒・竈神も然りであった。併しこの方は、田の神とか、山間地方でよくまつる馬神と同様部屋の入口に近い下座に祀るか、同じ座敷の神棚にしても下座の方に多い。又正月神を大神宮の上座にまつる例は無い。内郷町辺でも似たようなもので、座敷には大神宮を真中にして諸神をまつり、下炉の部屋それも土間に近い方に、一方に田の神とかまど神、一方に馬の神をまつっておく家がよく見られた。

なお家々で祀っている神で特殊なものを少し拾って見ると、石城下小川村字台の荻野氏の氏神は、塞の神と称して居り、耳神としての信仰があるが、此家は土地でも旧い家であった。同地の市川氏の氏神一木様には弓が供えられてあるが、子供の夜泣きをなおすに借りて来るとよい。相馬磯辺村の寄木明神は、現在は村の社になっているが、昔寺島三郎という者が、神託によって、潮のまにまに寄ってきた寄木を藁苞にして祀ったものと伝え、以来大いに此家は栄えたというが、それで今でも正月には幣と藁苞とを供える習わしがあると。相馬山上村の白滝明神は、昔大和宇陀郡日中村にあり日中氏の氏神であったが、後世相馬の新田浜に移り住んだ。丁度その頃大和の明神は火事で焼けたが、神体は飛んで大木の上に遷り火災をまぬがれた上、更に奥州帰りの船に乗って新田沖に来て海中に入った。日中氏は此夜のことを夢に見たので、早速尋ねてこれを得、山上に安置したというが、魔障除去・疫病除去に霊験あらたかであった。相馬岡和田にある降居明神は、現在瓊々杵命を祀るが、昔竜に乗って近くの浮田村下原に一夜天降った神があって、それで降居明神と名づけたという。後に岡和田に遷したが、同地は岡和田氏の食邑であった為、氏はこれを氏神として代々崇信した。

石城入遠野村入定辺では、その坪の家々の氏神祠を寄せあつめて祀っておくのが、高い展望のきく彼方此方に見られた。或所では一個所に七祠あり、七戸かと思われた。何氏の神かを明らかにできず残念であったが、一つの祠には、天保十一年の疫病神の棟札と享和三年鹿島大神宮の棟札とがあって、坪内安全とか氏子安全とか記してある。第二祠は熊野、日光大権現、倉主野神、第三祠は太元明王、疱瘡神、舟玉、八坂、鹿島、第四祠は日光、太元明王、第五祠は、倉主神、鹿島、太元、第六祠は日光、倉主野神、熊野、第七祠は稲荷をそれぞれ祀ってあることが棟札によって明らかなようである。そう古いのはなく宝暦以後であったが、一、二枚文字のわからない古いのが交っていた。太元明王が他と比してこの辺に多いのは、坂上田村氏との関係があるかと思う。

特殊な関係をもつそれぞれの個人の氏神が、次第に発展して部落の氏神・村の氏神になった例は頗る多い。

三　氏神を背負って

どういう場合に氏神は出来るものであるか、そして氏神を持つ家が他に移住するような場合、そうでなくとも普通分家に出る場合など、氏神はどうなるか、近い時代の例のみを少し挙げて見る。

相馬氏の氏神は妙見であるが、相馬はもと千葉氏と共に下総にあって妙見を信仰、元亨年間奥州相馬に移ってからも、祠を移して歴代の信心厚いものがあった。岡田をはじめ相馬の一族は皆妙見を氏神としたばかりでなく、この信仰は領内にひろく及び、今に各地に村の鎮守として又は家の氏神として存在する。

石城郡川前村の下桶売に、星神社と称する妙見祠があって、新妻、駒木根、赤塚氏の氏神とし、うぶすなさまと称えて祭祀を絶やさない。昔は一族七軒だったという。何時の世か相馬七騎が落ちのびて来て此処に落着いたと伝え、相馬から来たとも、総州相馬から来たとも言い、今ではよくわからないとの事だったが、その七騎の氏神がこの妙見であった。もとは矢田氏も仲間だったが、今は他に移住してここには居ない。現在の妙見氏子は二十戸許りになっているが、その中の一軒新妻氏の話によれば、先祖は将門の家臣で、何時の頃か此処にきて東照院なる寺を建てたと伝え、現在数軒に分れた新妻は皆家紋に妙見の九曜を用いるという。正月三日間白餅を食べない事も、各地の妙見信仰の家と同様であった。

現在相馬に住む藤田、川村、今村、佐藤、斎藤、久田、手土氏等は、何れも藤原姓で春日を氏神として居り、分家した場合も、やはり春日を祀ることは変らないが、これはどの神に於ても言えることで、よくよくのことのない限りは、氏神の祭神をとりかえるなどのことは考えられないようである。

平市杉平の木幡氏などは、相馬に実家を持っているが、現住地に在っては氏神が無いから、大家の家の氏神なる八十八夜稲荷を氏神代りに尊崇しているが、その前住地でもそんな風だったという。どこでも借家人は、信仰心のある人なら、必ずしも自分の大家の氏神でなくとも近くの氏神なり鎮守なりに、自然参ることとなるのが例のようである。石城三坂村辺でも、他より移住者が来て、自分の氏神が無ければ、その移住先の他人の氏神の氏子仲間に入れて貰って一緒に信仰するということであった。そうする中自分も本当にその信仰に入ってしまって、今度は移る際、その分霊を持って行くなどの例も稀に出来るという。この下三坂の本戸は九十戸で、寄留は二十戸位であったが、どれかの本戸と一緒になって氏神まつりに加わっているのであった。

石城の炭鉱地帯や炭焼地帯は殆んど他よりの移住者であり、氏神信仰は極めて稀薄であるが、在来の農村に於てはよほど趣を異にする。そうした農村で元来一家転住の際の氏神はどうするか、石城好間村の例であるが、事情があって一家をあげて逐電した。そのあとを買ったのは鎌倉という家であったが、矢張り前住者の氏神を祀り仏をも祀って、長く祭祀の礼を絶やさないという。この辺では氏神はその家の神という観念が強いらしいが、一時家を去って他に仮住する場合に、氏神は置いてゆく。そのあとを借りた人が、借りている間はその氏神をまつって上げ下げしてくれるのが普通であって、川前村その他でもそうであった。他に新屋敷を求めて移る時には氏神は持ってゆく場合と置いてゆく場合と両方出来る。持ってゆくといっても大きな祠などの際は中のもののみを持ってゆくので、所謂氏神さまを背負って移った、という言葉の多くつかわれているのもこれを言うのであった。併し忙しい時代になり、殊に町場などの引越しは簡便を喜ぶようにもなって、氏神の祠はそのまま置いてゆくことも、近頃は多くなった。そういう場合も、すてて置くことなしに、近くの人が矢張りこれを管理するようである。尤も氏神は置いてゆくにしても、事実はその土地に親しめる人が多くなった結果、置いて行ってもそんなに粗末にされないという見通しがつくとか、或は進んで土地の人の方からの希望があったりして、そのままに残してゆくという場合が割合に多いのである。だからそうした家では、氏神をおいて先方に移っても、またそこで同じような祠をつくって祀るのが本当なのである。

和田文夫氏の話もこれに似ていた。それによると、つぶれ屋敷に入り住むようになったものは、本当の意味の分家ではないのだから、本来はその屋敷の氏姓を名のるのが本当だと、石城大浦村辺では言うそうだが、実際は種々の関係で中々行われないようである。その時の氏神もその屋敷に前からあったものを祀り、其家の仏の供養その他一切は、新たに入った者の手で行うべきである。仏の供養をときとも言っているが、こういう時はよんだり招ばれたりする。自身は仏と何の関係が無くても、その屋敷の前住者の縁でこうするのである。大浦村渡辺氏はもと屋敷だった所へ新しく分家して家を興した時に、祖父からお前の今度の家はもと稲荷が氏神だったと言われたので、以来九月氏神祭をする外に、初午には五色の小旗を立てて祀りを絶やさないという。石城草野村高木氏方でも、本来の自家の氏神の外に更に一祠あって祭を行っているが、これも前住者の残して行った氏神で、もとの屋敷跡に存在する。

氏神は随分遠方よりもうつって来ている。相馬の志賀氏は唐崎明神を氏神としているが、先祖は近江の志賀より来たものというから、恐らく彼の地の唐崎明神かと思われ、別の志賀氏に山王を祀るのがあるが、先祖は矢張り近江の志賀の城主だったというから、これも彼地の山王かとも考えられる。相馬の佐藤氏に湯殿権現を祀るのがあるが、これは先祖に出羽国村山郷に住み後に総州に移ったものがあったから、そんな関係からであろう。

元亨年中に相馬氏が下総より移ってきた時、その氏神なる妙見を神輿にのせて太田村に奉遷して安置し、後年更に神輿にのせて小高に奉遷したことが古書に見える。併し一般には移住の際などには、氏神は背に負うて奉遷したものかと思われ、よくその言葉を我々は聞いている。中村町・大工町の妙見は、伏見氏の祖先が下総より背負ってきたものと伝え、石城草野村の花園も、坂本氏の祖が負うて来たもの、同じく川前村石川氏の氏神は薬師というが、他より矢張りうぶって来たものと伝える。双葉郡大甕村の妙見は、相馬氏移住の際、岡部掃部という者が、出穂早稲藁を以て神体を包み、これをおぶって供奉し来り、そのつといを当村戸屋下の梅の古木に掛けて置いて、宮を新たに造りこれにうつしたことが記録に見える。藩政時代より医を業としていた相馬の半井氏は、氏神に昔から大名貴命少彦名命を祀っているが、医業と関係があるかと思われる。高野氏の鷹明神、鳶氏の金鵄明神、何れもその姓と何か関係がありそうであるが、今その出自や変遷を明らかにし得ない。相馬に多い門馬氏の祀る文間明神は、下総より移住の際運んだものに相違ない。一条氏は新羅義光の後裔一条忠頼の末で、新羅明神をまつるというが、このうつり変りがよくわからない。この明神は素盞嗚命の垂跡のように言っている。

最後に新たに小祠が出来た一、二の新しい例をあげて、どんな場合に出来るものか見たいと思う。

平市柳町の某の家では、どういうものか病人が絶えなかったので、人にそのことを話したら、氏神様が無いからだ、氏神をつくって家を守護して貰うがよかろうとのことで、新たに造ったのは八、九年前のことであった。石城の古市某氏は、笠間に三回の上も参拝してはじめて、氏神としてのその分霊を遷したといい、戦時中であったが、霊山神社の神符を膚につけていたために無事凱旋し得たと信じた男が、自分の宅地に新たに祠を建て、氏神のようにして祀ったということも聞いている。氏神ではないが、相馬中村町の門馬某が、夢の告げで、宅地内に狐の居ることを知り、これこそ神の使だろうと、祠を建てて稲荷と称し、旗を立て道をつくった。暫くの間は花柳界の女などで賑ったが、やがて御利益も失せたかして、数年後にはさびれてしまった。今から十数年の前の話である。こういう例は、草深いこの地方には、現在でもまだ聞くことの出来る話なのである。そして祭神も、名ある立派な神とのみは限らない。

もともと田舎の神道の家に育って、四足類など口にするのを遠慮すべくしつけられていた私などは、氏神といえば、諏訪とか熊野とかが多いだろう位に考えていたが、これは少し見込ちがいで、甚しきは観音とか地蔵にさえなっていた。これらが氏神でないことは確かでも、これを以て事実氏神と称し氏神とまつって疑わない日常生活をしている人もあることを知った。それ以来注意して、人々は氏神をどう考えているかを見ようとしたが、矢張り一般には普通の神明か或はそれに近く考えているようである。併し仏に近く考えている向きも無論ある。石城夏井村の大国魂社の山名氏は古くからの土地の人であるが、その話によれば、この辺の人々の考えでは、氏神は祖先を祀っている、亡くなった人は氏神に行くと考えている。故に神ではあるが、大分普通に言う神の観念からは離れている、と言われたことがあった。氏神に先祖の要素は多分にあるが、先祖はそのまま氏神なりというわけにはゆかず、氏神は祖先をまつるもの、祖先崇拝のあらわれである、などと簡単には言えないのである。

四　氏神まつり

秋になって新穀も出来はじめる頃、ささやかな氏神まつりが村の家々でとり行われる。祭の日は無論まちまちで、村の鎮守うぶすなと一致している所もあれば、種々の事情から祭日を統一している村もある。例えば石城郡入遠野の部落等では、明治三十五、六年頃であったか、家々で祭日の異るのは不便だというので、比較的に祭をする向きの多い九月九日という日に、村全体の氏神祭を統一して実行してみた。ところがその間種々の不思議があり、神慮にはかなわないらしいとて、三年ほど後にはこの制度も自から破れたそうであるが、併し中には規約を守って此日に祭を行い、ただ幣束だけは昔ながらの定った日に祠に入れて祭る家も多いという。同じく夏井村などでも九月九日、十五日、十九日、二十四日と、まちまちだったが、経済上その他にも不便なので、三年ほど前から九月十五日に一定した。併しこれも前の通りでなければ満足出来ない人があって、祝はこの新しい日に行っても、御幣だけはもとの日に納めるというのも多いとの話であった。概して此辺の氏神まつりは九月に多く、それも一日、九日、十五日、十九日が目立っている。

此日その年の新藁で氏神の祠をつくる。篠竹や細木をもって骨組をととのえ、藁で三方を覆い屋根を葺く。正面は明けておく。幾つにも中をしきった祠もあり、屋根と柱だけの簡素なものもあったが、ともかく可憐な形をした三、四〇センチ位のが多かった。或は篠竹を曲げて半円形に、地上にある間隔をおいてさし、上に藁を覆い、恰も円筒を横たえたようなものもある。一方が入口で他方は自然に細くして塞いである。も一つの形は、藁の一握りを揃えて上端を折曲げて結び、下方を開いて円錐形に地上に立て、一方を開けて入口のようにしたものである。どの村にどの形が多いとも言えないが、石城地方の南部はお宮型のが目立ち、北部は大体円錐形で宮型のは殆んど見られない。そして南部もそうだが、西部の山間地方は、簡素ではあるがその何れをも用いていたように思う。相馬地方では藁の祠はあまりつくられないが、横たえた円筒形のだけはよく見受ける。

この新しい祠には注連縄を掛け、中に幣束をまつるが、つくる場所は毎年無論きまっている。祠を新たにつくりかえる頃には、一年前の祠は藁の故に腐朽して、僅かに名残を止めているだけだから、新祠は旧祠の傍か旧祠を取去った跡かに建てるのである。毎年建替える手数を省いて、木や石の祠もつくられるように今はなった。そういう所は新たに注連縄を張り中に幣を入れるにとどめるのであるが、そうした所でも気がすまないと見えて、昔ながらに藁の祠を氏神祠の傍に建てて、年々まつりまつりしているのを多く見受ける。

造る祠は一つであるが、稀には祭神の数だけ建てることもあった。年毎に御幣を新たにするのは神の着物を新たにするもの、藁の祠を新たにするのは神の住居を新たにするもの、土地の人々はこのように考えているのであるが、実際これが欠くべからざる祭の一要素であったらしく見える。稀に行う村社の屋根替建替の祭は、数年数十年の時をおいて重々しく行われるが、それは大社なるが為であり、村の家々のささやかな祠は、当然歳々改められるべきものであり、又それが古い形であったに相違ない。上に述べたような、藁の祠をやめて永久的な石や木や瓦の祠をつくるようになってきた例は、各地各村にいくらでもあげられる。石城夏井村、江名村等にその過渡期の姿がよく現れていた。荷路夫村の例のように、氏神祠はその人一代に一度つくるべきものであるというのは、これはまた意味が違う。

氏神祭は、幣束まつり、御幣まつり、幣束入れ、幣はぎまつり、切替えまつり、おんべまつり、おんべはぎ、先祖まつり、取入れまつり、おみさきまつり等、種々の名称を以て呼ばれているが、今注意して見たいのは最後の三つの名称についてである。

先祖まつりの名は、恐らくは先祖を氏神に祀るという観念に起因するらしく、その先祖も単に祖神というようなものでなくして、もっと具体的な、即ち五十年忌とか百年忌とか過ぎた先祖さまは氏神になる、あの氏神観念より起ったものと思われる。この考え方は石城夏井辺にもあることを別に述べたが、先祖まつりという名称も私は同じ夏井村で聞いたのであった。

次に取入れまつりとかおみさきまつりという名であるが、その前に、氏神祠はその年に出来た新藁を以てつくり古いものは決して用いないということである。無ければ他からゆずって貰う。昔は斎戒沐浴してつくったもの、そして年男の仕事であったと石城好間辺でも言っている。私の家などでも、藁の祠はつくらないけれども、供物を入れるつゝとの藁は毎年きまって隣家から譲って貰っている。まだ青みの残っている綺麗な藁である。この藁づつこに、その年の米を粢と強飯とにして入れて供えるのである。藁つとでなければ、藁を短く切って敷いたその上に、或は藁を折って結んだ結び目の上に供えたりもする。米は新しいのが手に入らない時は古米でも止むを得ないが、藁だけは今でもやかましい。粢はおのりとも称し、強飯と共に初穂として捧げる。これも無くてはならない氏神まつりの大事なものである。とり入れまつりというのも、多分に新嘗の意義をふくむものと思う。もともと村の家々の氏神乃至その祭は、多分に農業的なものを有していた。古い記録によって見ても、相馬藩士総数三百余氏の中でともかくも氏神祭神の判明するもの、この中には本当の氏神でなく氏神と合祀しているものも多いと考えられるが、それが百六十一氏戸数にすれば二百七十戸で、祭る神の中最も多いのは熊野と稲荷とであり、熊野は二百七十の丁度半数を占め、稲荷は百七十一戸を数える。これは石城、双葉地方の村の家々約五百戸について見ても大体同様であった。しかも熊野も稲荷も、共に農業に関係をもつ神である。

正月鍬入れの時に、米や餅を畠において、「おみさき〳〵」と鴉を呼ぶのは石城地方の風であるが、磐崎村辺では、秋の氏神祭のことをおみさき祭と称し、祠前に物を供えて鴉をよぶことは正月と同様であった。農家では当然五穀の神なる稲荷を多く祀るから、それが移って氏神祭にとり入れられたのかも知れないが、反対に、氏神祭そのものに、よほど古くからすでに農業的な要素が存在していたのかも知れない。諏訪を祀るという氏神にも、山神を祀るという氏神にもそれらの神を思わせる祭の模様は乏しくて、むしろあるのは稲荷を思わせる農業的な祭である。

氏神祭の日はまた山の神と水の神を祭る日でもあった。私の辺では幣だけを裸のまま井戸や川の傍に立てたものだが、祠のあるのが古いのかどうかは知らない。併し石城地方などでは、幣のみ立てるのは行事が粗略になった結果だと見て居り、そうした家でも昔は祠をつくったと言っている。概してこの地方では、立派な宮型のなどはないが、簡単な円錐形の藁の祠はどこでもつくるようである。石城田人村や平市平窪辺で、別に水の神には幣を上げず注連縄位の所もあったが、よく聞けばまつらないのではなくて、氏神祠に一緒にまつるという考えなのであった。そういえば神棚へは大神宮の幣一本位にして、あとは正月神でも竈神でも何でも、氏神祠に合祀の形でまつる風も見られる。然しそういう場合でも山の神は別なようであった。石城永戸村辺でも此日山の神をまつった。この神は戸毎にあるわけでもなかったが、山間地方だけに数多く存在する。

最近は経済事情も窮屈になって、氏神祭に人を呼ぶことは稀になったが、古くはまつりというにふさわしく賑かなものであった。個人の家の氏神祭にも大字のそれにも人を招いたものである。石城好間の宮内氏は、その頃はどこの村もそうだったといってこんな話をしてくれた。この辺の氏神まつりは九月十五日であったが、その日は多くの人が出入りしてにぎやかであった。七月二十七日は村のうぶすな諏訪さまの祭でこの日にも人をよんだ。氏神祭の当日になると、自家から他家へ嫁している人も楽しそうに皆やってくる。併し先方にも同様、祭の客があるのだから、そういう人に饗応して客達の皆帰るのを待ってやってくるので、いつも私の家に来るのは夜の十一時頃になるのであった。私の伯母で赤井村に行っているのがあったが、矢張りやって来る。その家から出たものは、娘をはじめいとこまたいとこまで皆集る。別によびつかいを出さなくとも親類縁者はみんな集るのである。子供を全部ひきつれて母親が来るのだから、従っていとこ同志の交際も濃かった。こちらはこちらで来た娘達を接待してから自分の実家に行くのであったが、別に泊りもせず明けの二時三時に帰ってくる。六、七十になっても何ぼになっても行ったものである。土産品などは別段のこともなく、自分の家で出来たさつまいもとか柿とか梨とか、向うに無いからとてよく持って行った。昔は果物でも何でも商人に売るなどということを考えるものは無かったのである。時には畑のもの、稀に魚の場合などもあった。此等を所謂てみやげとしたのであったが、おいおいには履物その他にもなって行った。こういう氏神のよびよばれは、明治になっても暫くつづいたが、日清戦争以後は政党政派が盛んになって党派争いが寒村にまで波及し、その他いろんな事情から、平和な村の神まつりも次第に形を変えてしまったのである。

夏井村藤間辺では、この先祖祭の日には、分家の人々が、まけうちの氏神のある本家に参詣に来るし、本家の主人も分家に行く。矢張り家々では新穀を炊いて祝をするとは同地の青木氏の談であったが、四倉の新妻恵男氏の話にも、同地辺では氏神祭に、まるくつくった餅をもって本家の氏神へ参詣に行く風が今にあるとのことである。平市平窪辺ではおこわとおみきとを持って本家に詣りに行くが、本家でも待っていて馳走するのである。

氏族共有の氏神の祭の際は、宿をきめて順番にそこに集ることもあって、植田近辺でもそれが見られた。即ち個々に祭は行わず一緒にする例である。併しこういうのは、割合に少ないようである。

幣はおんべとも言うが、切るというのを忌んではいぐといい、幣をはいでくれる人をへいさきと称し、もとは山伏などの役目であった。裁ち方に種類あり、紙の色にも少し種類があった。炉のかぎや竈、戸ロなどに上げるのは大てい少し形が変っていて、片幣とか祓幣とか呼ぶ紙が片方だけに垂れているのなどが多く、川や井戸などもこれの場合を見受ける。所によっては、火の神に上げるのを火ばらい、戸口にさすのを戸ばらいなどと称して、柱などに竹ぼんけを打ちつけておいて、これにさしておくのである。はらいという名称ははっきりしないが、何かその家にさわりのありそうな時、それをはらうために幣をきって上げるのだ、そう考えている老人などもあった。好間村古館の権現山にある小祠に、赤い紙の幣のみ沢山上っているのを見たことがあり、これは稲荷とのことであったが、荒神やしんめいにも赤幣や五色幣を用いた。疱瘡神のような疫神にも用いた。ただこれと違って、草野村の高木誠一氏の氏神祠にある一本の赤幣などは、白山の姫神をまつる故とのことであった。又幣は一本幣、二本幣などといって竹一本のもの、二本のものとの別もあったが、二本の方は大神宮とか氏神とかに上げるようである。要するに幣の裁ち方や色などに種々な呪力を認めたことは確かであった。

これらの幣を、秋の幣束まつりの時に祠に入れるのであるが、正月にも同じことをする所が稀にはあった。石城の中三坂あたりでは正月三日に氏神祭を行い、分家では本家の神にまいるというが、四倉などでも正月に氏神まつりをするそうである。此日氏神と井戸神にまいってから初水をくむというのである。併し一般には正月は注連かざりをする位にとどめておく。

家々で用いる幣の数は、祭神数によって異るのが普通であるが、石城永戸村辺の例のように、縁起をかついで七本とか九本とかの奇数にする所もあった。同じく入遠野村で、大抵十一本ずつの所もあった。この幣を神棚に上げ祠におさめ井戸や川や竈に捧げて、それぞれの家風による氏神まつりを行うのである。

第四篇　中世の庶民信仰

中世岩手県の庶民信仰資料（岩手県指定有形民俗文化財）

——納骨五輪塔・笹塔婆・巡礼納札・まいりのほとけ——

文献、伝承ともに乏しい中世の民間信仰については、ささやかな資料でも大切に考えたいが、その例として納骨五輪塔、笹塔婆、巡礼納札、まいりの仏、おしら仏などについて考察してみたいが、ここには岩手県が貴重な民俗文化財としてとくに指定した前掲の有形文化財について若干の解説をしてみたい。

人が死ねば遺骨を小型の五輪塔をつくって入れ、あるいは竹筒などに入れて寺へ納める風習が、中世あたりには行われていたが、これは祖霊は山に住むものとする日本人の古くからの基本的な思想乃至風習につながるものである。この五輪塔奉納の中世以来の風習は会津の八葉寺などには現在でも残っている。遺骨を霊山の頂に埋めてきたり、山で先祖の供養をする習俗も東北の山にまだ少しは残っている。

金色堂が解体修理された時、五輪塔や笹塔婆が長押から発見されたが、それが現在残っているものである。五輪塔は金銅製の一つのほかは六基みな木製であった。これには貴族も庶民もあったろうが、ことに手軽にできる笹塔婆には庶民の人気があったと思われる。

巡礼納札には、領主葛西氏の娘の奉納したものなどのように、金色燦然とした立派なものがある。百ケ所の観音巡礼の風習などもあって、もちろん庶民も参加したことであったろうが、中尊寺やその他一、二の古い寺に残っている

(1)　(2)　(3)　(4)

のは相当の階層の人々のもののようである。

一　納骨器　一九基

中尊寺所蔵
岩手県指定民俗文化財

五輪塔形　七基

金銅製一、木製六基あり、金銅製のものは空輪部を抜いて、火輪部に納入物を入れたと思われる。木製のものは多く底部に穴をうがち、納入物を入れて蓋をしたもので、納入物には歯が多いと思われ、火葬の場合は遺骨もあり得る。また現に納入物の入っているものもある。文字の無いものが多いが、地水火風空(梵字)と書いたものがある。

すべて金色堂修理解体の際に長押から発見されたもので、現存の五輪塔に年号の記銘は無いが、他地方の遺骨納入の風習や、当寺の笹塔婆、納札等の記年銘より見て中世を下らないものと思われる。存在しているのは岩手県としては現在のところ中尊寺だけで、当時の民間信仰を知るよい手がかりとなるものである。(昭和四九・四・一調査、昭和五三・一一・一六司東真雄委員と再調査)

1、五輪　木製（写真(1)）

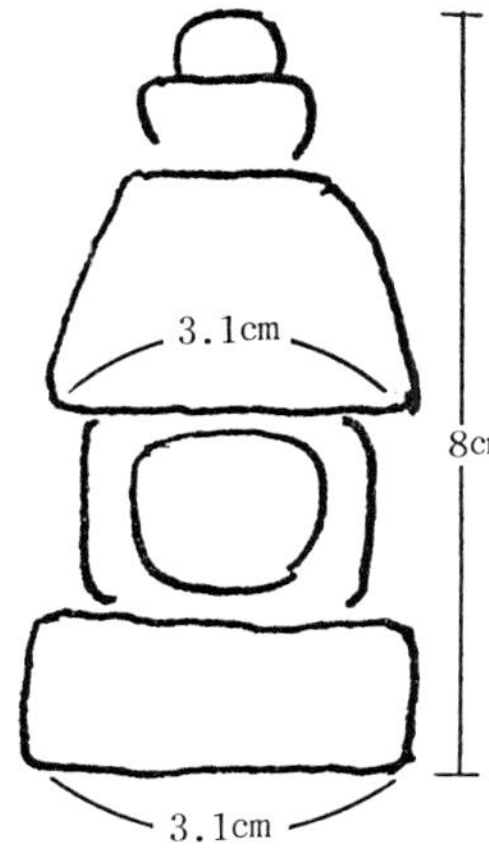

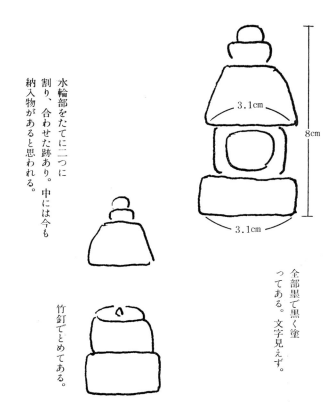

全部墨で黒く塗ってある。文字見えず。

水輪部をたてに二つに割り、合わせた跡あり。中には今も納入物があると思われる。

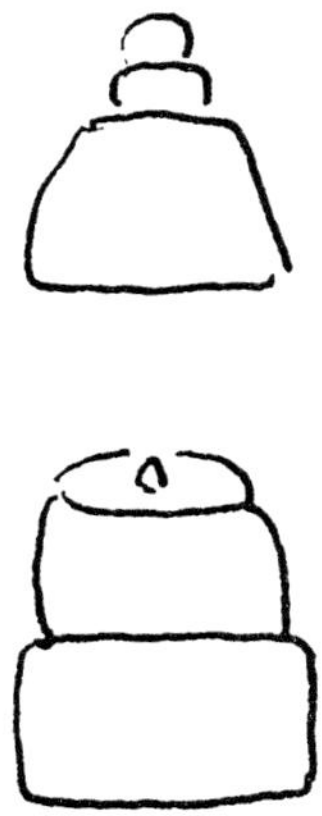

竹釘でとめてある。

2、五輪　木製（写真(2)）

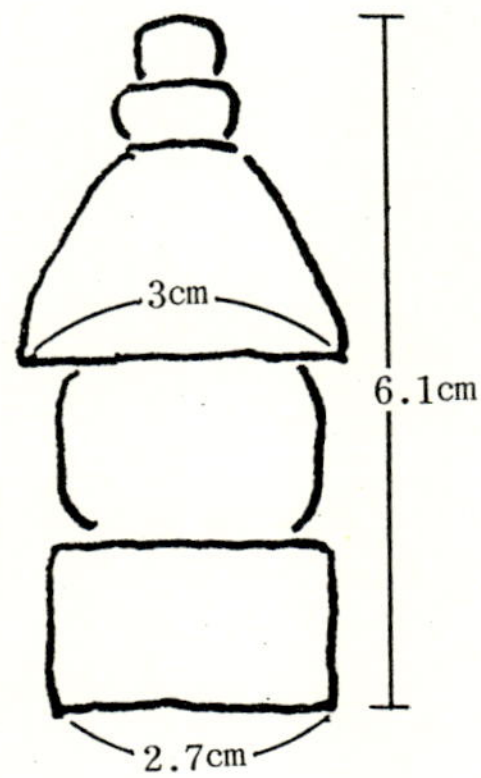

黒漆
金箔

地輪底部に穴をあけ、納入物を入れ木の栓をしてあり、納入物は今も現存しているか否か不明。

3、五輪　木製（写真(3)）

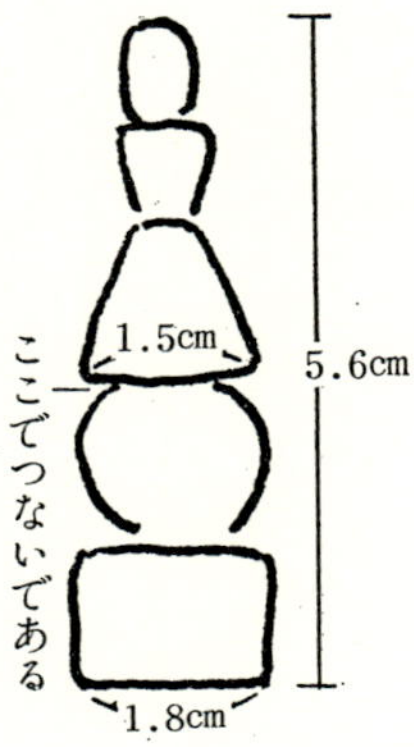

上より空風火水地と梵字であるらしいが文字かすれて地部以外はよく見えず。中に納入物残っているか否か不明。

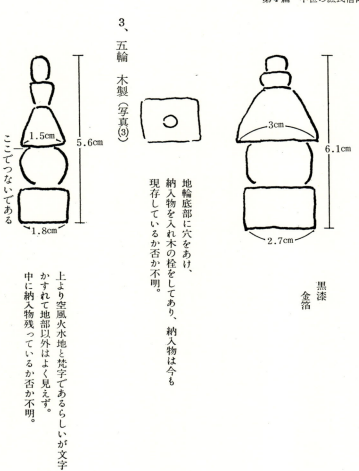

4、五輪　木製（写真(4)）

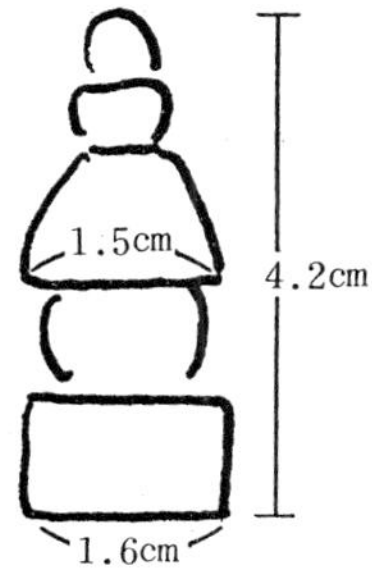

黒く塗られてあり、
中の納入物確かめられず。

5、五輪　木製

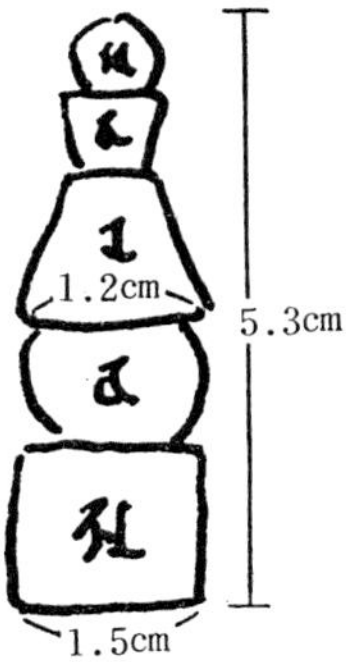

一木でつぎ目なし、白木
四面に同じ文字あり。
底にまるい孔あり、栓あり、中に
納入物があると思われる。

6、五輪　木製

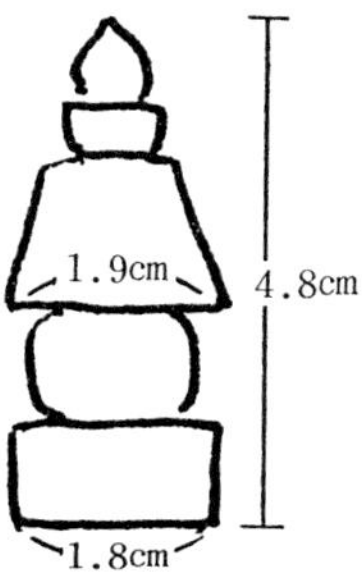

木製黒漆。
底四角穴、
現在は中空。

7、五輪　金銅製

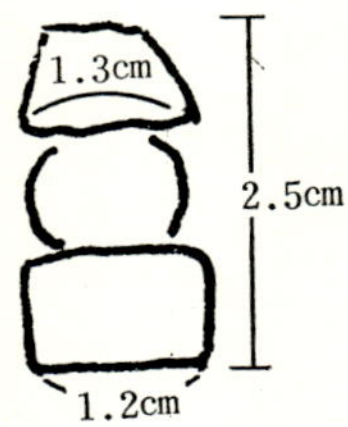

空輪は風輪部とともに欠けて無くなっている。
空輪を抜いて納入物を入れたもので、
中に歯骨らしい白い破片残存。
火輪部に穴(欠損)あり。

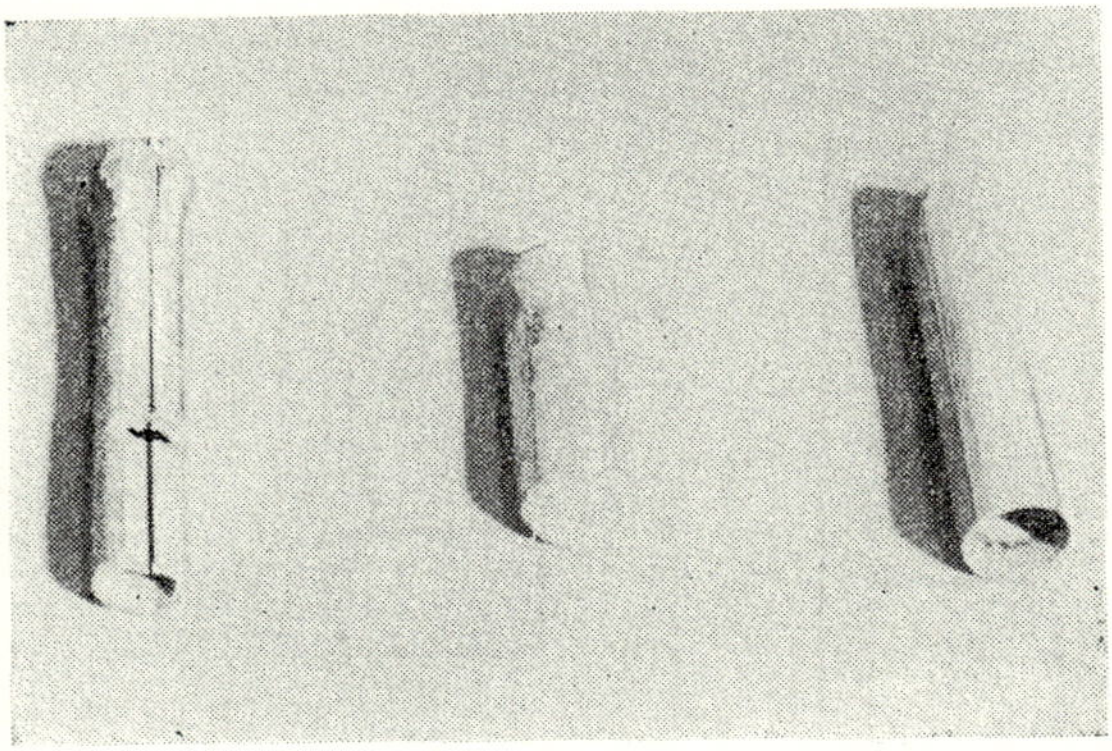

竹筒納骨器

竹　筒　一〇基

下端の節を利用して中に納入物を入れて栓をしたものと、竹の節は無くても、紙に包んだ納入物を詰めたものとが見られる。これも多くは歯骨と思われる。

五輪塔より竹製の方が古いとみる見方もあり、また竹の方は庶民の奉納かとの見方もあるが記年銘が無いので確められない。みな中世のものと推定される。

五輪や他のものと同様、金色堂解体の時に長押から発見された。

竹筒の上端破損しているもの二、下端の大部分破損しているが上端に木栓の残るもの一つあり。

		長(cm)	直径(cm)	備考
1	竹筒	八・〇	一・八	
2	竹筒	一〇・〇	一・五	中央近くに両側より孔あり
3	竹筒	五・五	一・九	
4		三・八	一・〇	
5		一〇・〇	二・〇	図示のもの
6		三・八	一・〇	上端欠
7		三・〇	一・〇	上端欠
8		三・八	一・一	
9		一・四	一・一	
10		三・〇	一・三(蓋)	欠損　残る上端部に三角形の木栓残る

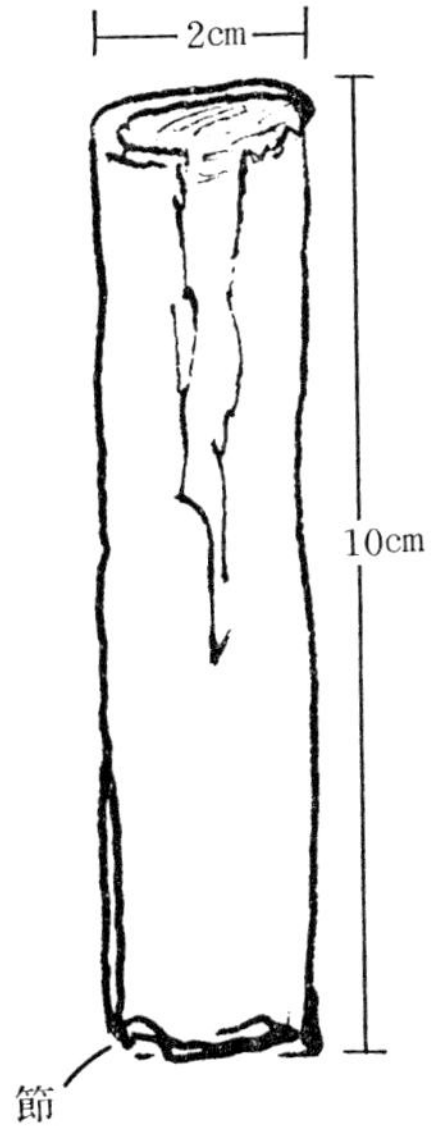

竹の表面に地水火風空の梵字かすかに見られる。
中に歯骨らしきもの数箇あり。

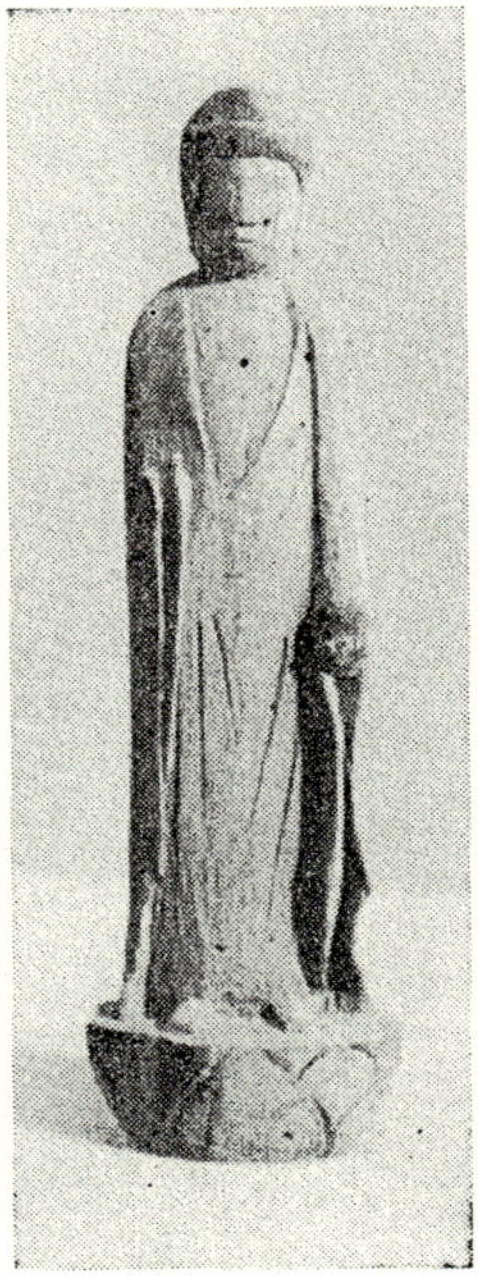

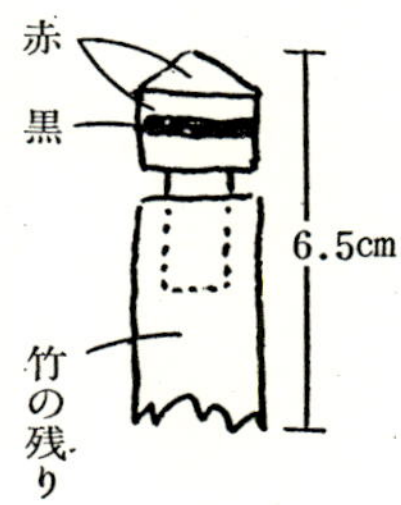

赤黒以外は白木のまま。
木栓の長さ3.5㎝。

仏像形　木製　一基

高さ一二㎝、台座幅三・五㎝、裏の下方に二・七×一・二㎝の長方形のくぼみがあるが蓋を失っている。一木つくり。

箱　形　木製　一基

四角の木をほりくぼめたもので二・五㎝×二・二㎝、蓋の跡があるが、とれて中には何もない。

箱の三方各々に、「道祐□」「孝子」「敬白」とあるが、司東氏によれば花泉町老松に石塔婆があって、応永以降と考えられるものに「道祐禅門」があるという。

二　笹塔婆　六七枚

中尊寺所蔵
岩手県指定民俗文化財

笹塔婆五九枚、破片のおもなもの八枚を加えて計六七枚。木製が大部分で竹が一五点ほど見られる。多くは杉の木片を、上端を山形とし、下部を細目に、うすく削った細長い粗末な塔婆であるが、写真の例に示すようにさまざまな文字が見られる。又、上端左右に刻みをつけたものが少し見られるが、司東氏はこれを修験山伏の「碑伝（ひで）」の型で、石塔婆の関東、関西の型と祖型を同じくしているものと見ている。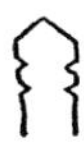の形であるが板碑に二線のあるものと通ずるものがあろう。なお年号のあるものを挙げれば、

元応元(一三一九)年、延文五(一三六〇)年、至徳二(一三八五)年、応永二(一三九五)年、応永六(一三九九)年、

応永三十三(一四二六)年、文安三(一四四六)年、応仁二(一四六八)年

の八枚であるが、このほか番号16のものの裏面に永喜二年十一月吉日とあるがこの永喜は、私年号で永正四(一五〇七)年のことという。この笹塔婆も金色堂解体修理の時に長押から発見されたものであるが、今のところ岩手県内では外に見られず、庶民信仰の代表的民俗資料である。

この笹塔婆は先に一度見る機会があったが、のちに昭和五十三年十一月十六日、中尊寺の好意により再度司東真雄氏と調査することができたので、各々に番号を付し大体の寸法を記しておく。高さは山形の場合を含めて中央をとり、幅は中央と下端とをとる。下端尖り、あるいは欠損しているものはこの限りではない。特殊なものは上幅も計った。なお例示した写真は適宜選んだものでこの番号とは合致せず、又塔婆の片面だけを写したものである。但し写真で年

3　2　1

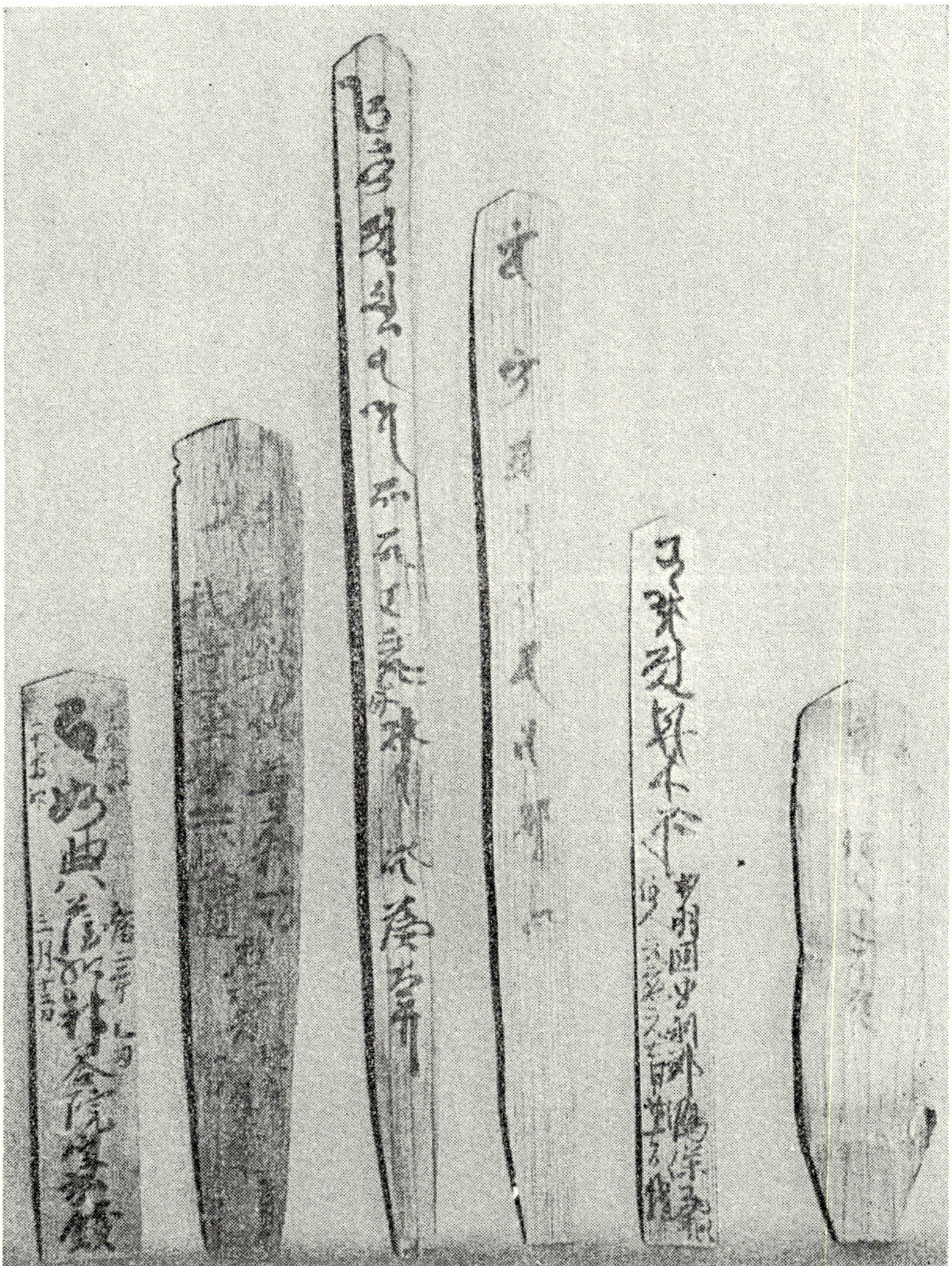

至徳二年　応永二年　元応元年

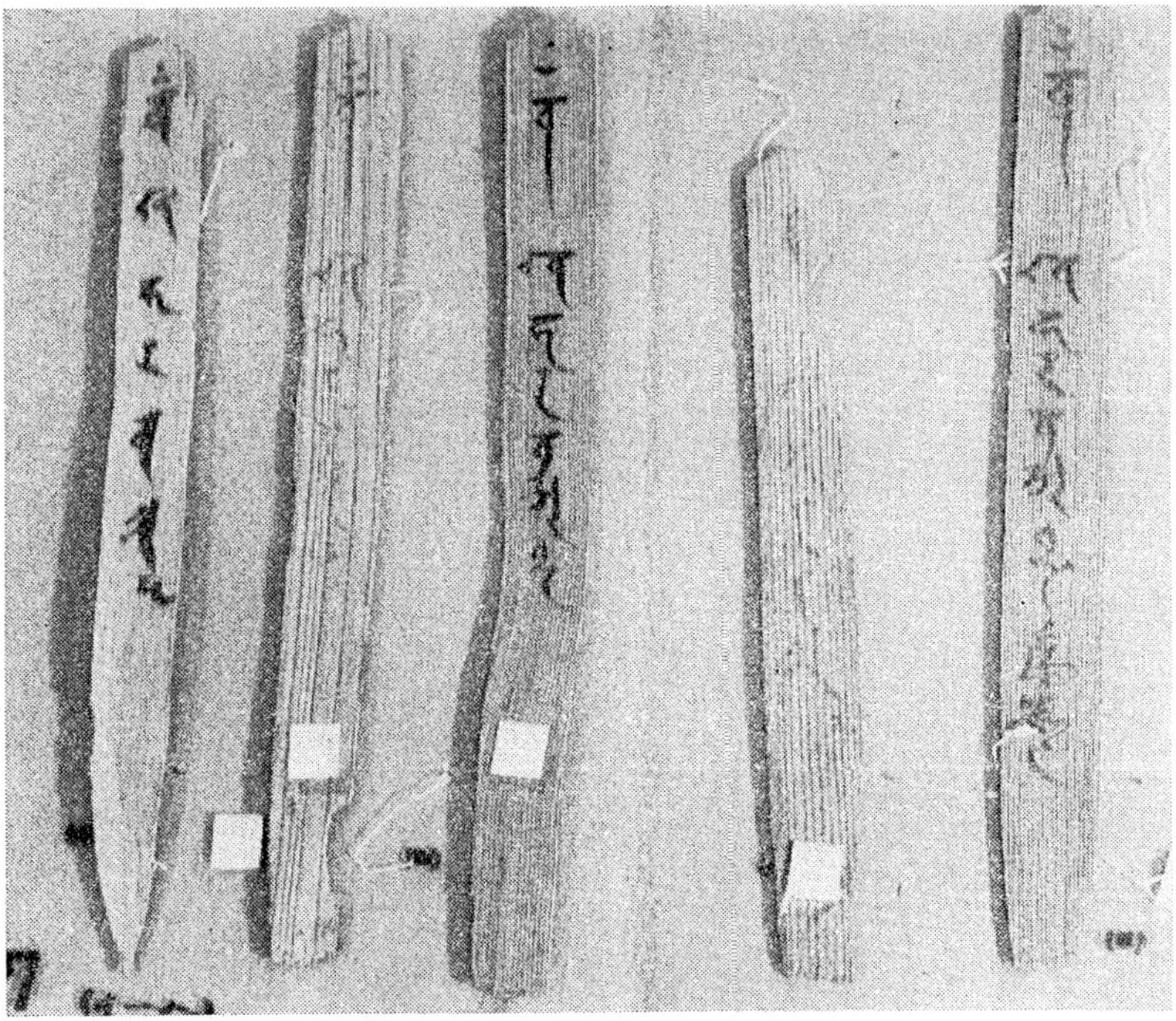

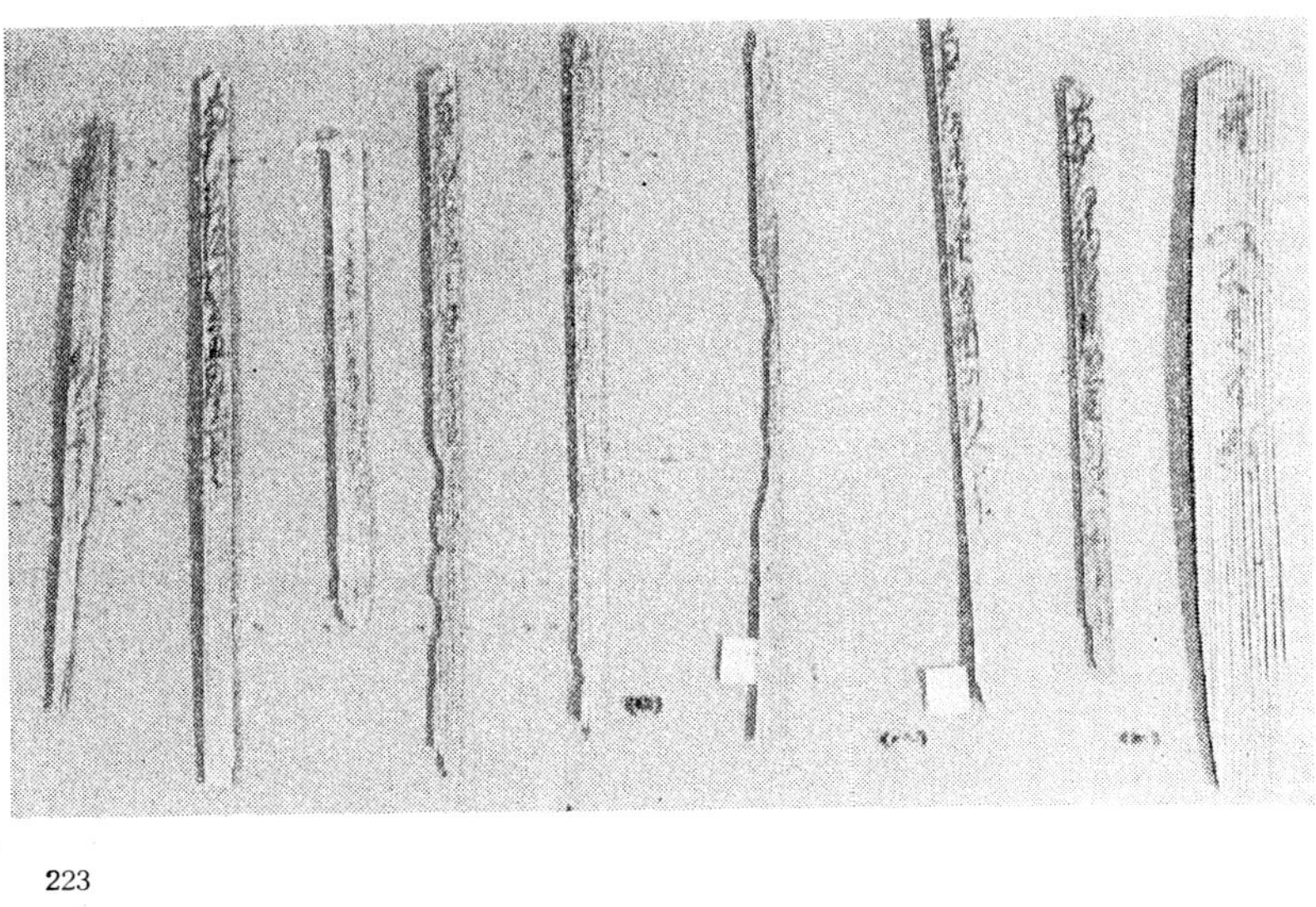

号のあるものに付した番号は一致する。(単位はcm)

	高さ	中幅	下幅	備考
1	三一・三	三・〇	三・〇	元応元七月廿七日、出羽国由利郡云々
2	三五・九	五・〇	二・八	応永二年二月　日、願以此功徳云々　上端両側に刻みあり
3	二五・二	四・三	四・二	至徳二年三月十二日、妙典云々
4	四五・〇	三・一	二・〇	一面梵字
5	二三・九	五・〇(上)	二・三	厚さ4ミリ　全面梵字
6	五一・七	二・九	〇・九	全面梵字
7	一二・〇			南無阿弥陀仏……
8	一八・〇	一・一		欠損
9	六・五	一・一		9・10は清衡公とある桐箱に納めてあるが別に理由はないようである
10	六・五	一・一		一つに阿弥陀仏の文字あり
11	六・六	〇・八		雖[?]有是……
12	一一・七			……若能奉……
13	二二・三	四・四	三・九	応永参十三年丙午十二月二日逝去于時応永……　上端側に刻みあり
14	三三・五	四・五	四・一	応永六年二月十□日、一念弥陀仏云々
15	三七・四	三・八		上端両側に刻みあり　南無阿弥陀仏云々
16	二九・一	四・一		永喜二年十一月吉日　表に釈迦三尊の種子の下に、迷故三界云々　裏

に永喜の年号あり

17	一九・〇	二・五		延文五年、我等与云々
18	五二・五	四・二		十方仏……　下欠損
19	一二・二	三・二		宝暦六年八月二十四日（後の混入）
20	二六・五	三・九		応仁二年、右意趣者云々
21	四二・〇	三・〇		……夫心……敬白
22	四五・〇	四・五		全部梵字
23	四三・八	二・六		梵字のみ　下欠
24	三九・五	二・〇		下欠　……奉□修行者……
25	二二・〇	〇・八		中頃欠損　……妙香□舎利仏……
26	二三・七	三・五		梵字　……為……
27	二三・七	三・四		梵字　……為……
28	三四・三	二・七		……為閑宗……　下欠
29	三七・五	三・一		中頃欠損　……為……也
30	二八・七	三・一	三・七	……為逆修……
31	二九・六	二・七		下欠　……如来……
32	三〇・一	二・七		……為光……
33	三〇・八	〇・九	〇・九	39までは竹で上を三角山形にし細く削ったもので上下の幅寸法もほとん

ど同じ　南無阿弥陀仏云々も同じ書体と思われる

34・35・36・37・38・39　同右

40　一五・五　二・七　……大和……願盛……

41　三二・五　三・四　……母為也

42　三〇・三　三・一　上欠　……為志之也

43　三〇・八　二・六　梵字

44　三〇・七　三・三　梵字

45　三〇・八　〇・九　以下52までみな竹で寸法も南無阿弥陀仏……の文字も同一人と思われる

46・47・48・49・50・51・52　同右

53　三四・三　四・五　下端尖る　梵字

54　三五・五　三・三　上欠損、下尖る　梵字

55　二九・八　三・一　欠損　梵字

56　三五・五　三・〇　梵字

57　三四・四　二・九　梵字

58　三四・一　二・七　下尖る　梵字

59　三三・五　四・七　下欠

60・61・62・63・64・65・66・67　残欠のため測定できず

なお、笹塔婆の厚さは〇・一ミリ〜〇・三ミリぐらいである。また残欠の中に正保のものが一枚混入している。さ

きの宝暦のものとともに笹塔婆でなく巡礼納札であろう。

三　巡礼納札　一四枚

中尊寺(一一枚)　新山神社(一枚)　駒形神社(一枚)　鳥越観音(一枚)所蔵
岩手県指定民俗文化財

1　中尊寺の巡礼納札

中尊寺には銅板金鍍金のもの三枚、木製のもの八枚あり、詳細な銘文がある。木製のものにも黒漆塗金箔の立派なものが多い。中にも葛西大守の阿娘貞仙の参詣の際の二枚の納札などは、葛西の三柏紋をつけた金色燦然としたものである。そのほか葛西住横沢又次郎の西国三十三所巡礼、葛西住横沢平慶持の観音百ヶ所巡礼、西磐井郡四郎左衛門の坂東三十三ヶ所巡礼、気仙郡唐桑左馬允久信の西国三十三所巡礼四人などの文字が見られる。

形状は銅板のものは四角形で、上端を三角山形にしたものが二枚ある。三枚ともまわりに孔をあけて釘でとめるようにしてある。

年代には木札の方に古いものが多く、

文明十六(一四八四)年、延徳四(一四九二)年、永正十三(一五一六)年、大永五(一五二五)年、天文十一(一五四二)年、天正十四(一五八六)年、天正十四(一五八六)年、年号なし

銅板の方は、

天文四(一五三五)年、寛永五(一六二八)年、寛永八(一六三一)年、

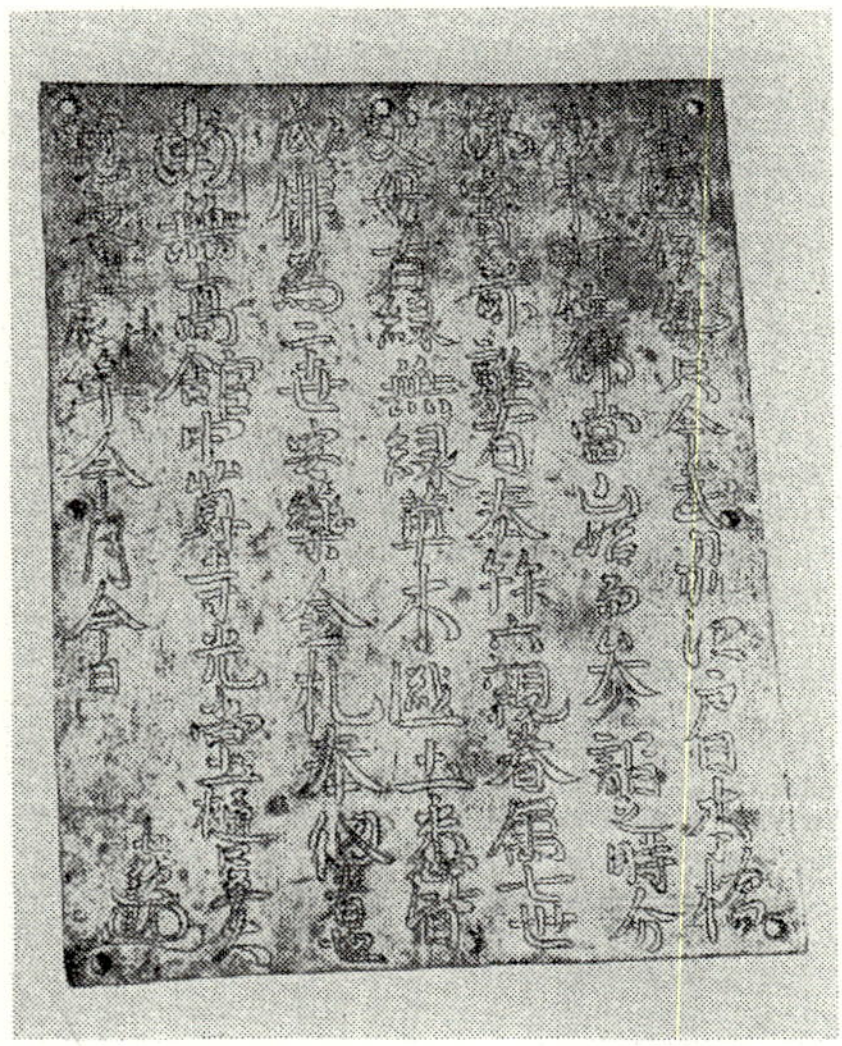

銅板巡礼札（寛永5年・中尊寺蔵）

以上ほとんどみな年号が明記されて居り、巡礼納札の風習を知り、時代を推定するのに役立つよい資料である。

1、銅板　天文四年

銅板金鍍金、縦中央部一九・九㎝、縦両肩部一八・七㎝、横幅八・一㎝。銘文「西国三拾三度順礼結願、出羽国大□目郡長井庄社信道□(カ)、天文四年二月吉日、為□□、敬白」。

2、銅板　寛永五年　生国伊勢、家次銘

銅板金鍍金、縦二四・五㎝、幅一八・五㎝。銘文「生国伊勢只今武劦江戸日本橋材木町住御当山始而参詣之時分、御宝前難奉拝六親眷属七世父母有縁無縁草木国土悉皆成仏為二世安楽金札奉納者也、南無高館中尊寺光堂、樋口平大家次　花押　寛永伍戊辰年今月今日」。

3、銅板　寛永八年　生国伊勢、家次銘

銅板金鍍金、縦中央部二〇・九㎝、縦両肩部二〇・一㎝、横幅上部一〇・一㎝、下端一〇・〇㎝。銘文「生国伊勢武劦江戸住、一国六十六部経納罷通時奉金札打、七世父母六親眷族有縁旡縁蠢動倉旲草木国土悉皆成仏二世為安楽右如此也、寛永八辛未年今月今日、樋口平大家次　花押」。

1、板札　文明十六年　平清泰銘

黒漆塗、金箔縁取り、縦中央部六四・七㎝、縦両肩部六三・六㎝、幅七・八㎝、厚さ一・〇㎝。銘文「西国三十三

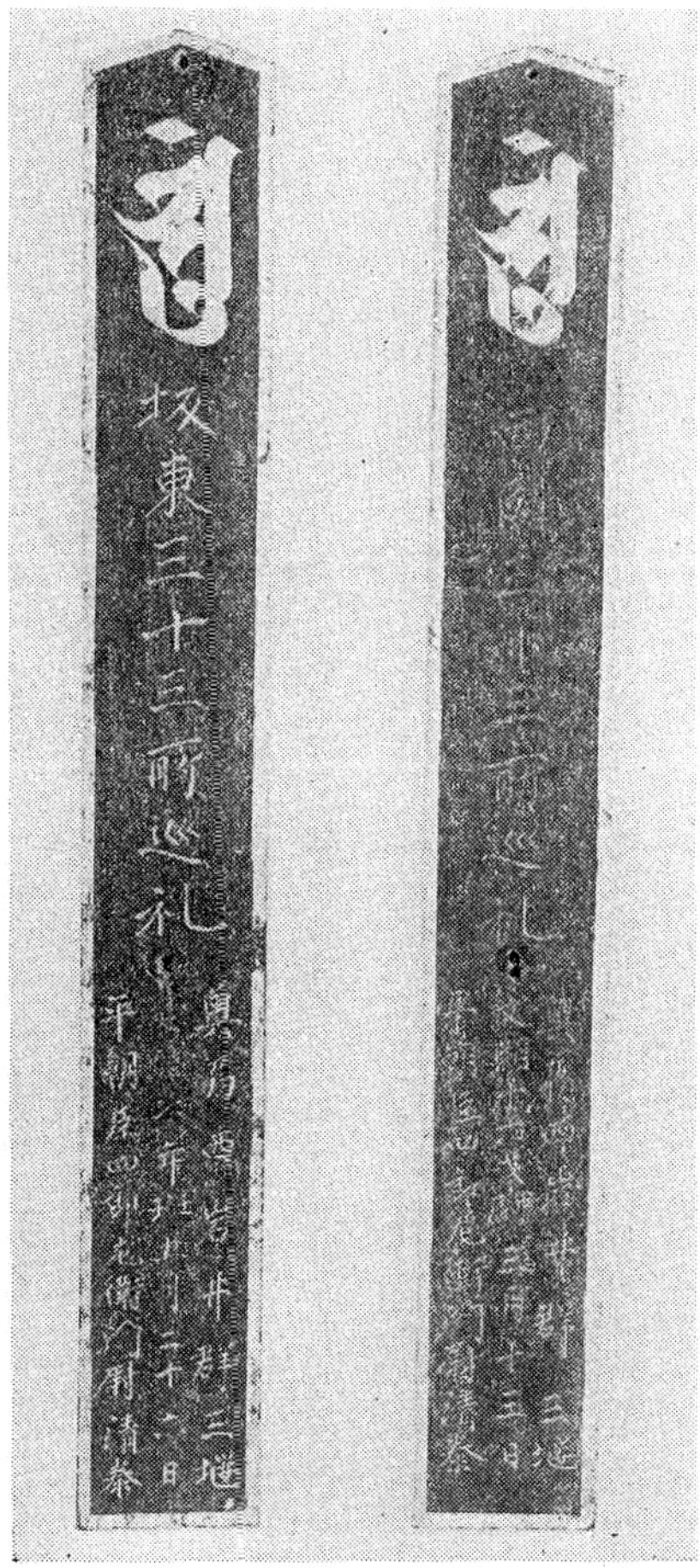

巡礼板札
（右：文明16年，左：延徳4年）

所巡礼、奥劦西岩井群(ママ)三塋(ママ)文明十六才甲辰三月十三日、平朝臣四郎左衛門尉清泰」。

2、板札　延徳四年　平清泰銘

黒漆塗、金箔縁取り、縦中央部六四・七cm、縦両肩部六三・六cm、幅八・〇cm、厚さ一・二cm。銘文「坂東三十三所巡礼、奥劦西岩井群三塋、延徳乄(四)年壬子五月二十六日、平朝臣四郎左衛門尉清泰」。

ともに清泰銘のもので、二枚ともに刻銘文も鮮明に保存もよく立派なものである。

3、板札　永正十三年　平久信銘

黒漆塗、金箔縁取り、縦中央部五八・六cm、縦両肩部左側五四・〇cm、右側(一部欠損)五一・九cm、幅一四・八cm、縁厚さ一・三cm。銘文「西国三十三所順礼四人、当劦気仙郡唐桑左馬允平之久信、永正十三天八月日」。裏面に落書ごとき文字あれど剝落して判読できない。

4、板札　大永五年　横沢又次郎銘

黒漆塗金箔、下部に葛西氏の三つ柏の紋を付す。縦中央部六一・〇cm、縦両肩部五七・〇cm、幅一一・七cm。銘文「西国三十三所之順礼同道五人、当国葛西之住横沢又次郎、大永五年四月日　平広持」。

巡礼板札
（大永5年・中尊寺蔵）

5、板札　天文十一年　横沢重持銘

上部に観音像を刻し下部に三つ柏の紋あり。黒漆塗金箔、縦中央部四九・二cm、縦両肩部四七・〇cm、幅一〇・〇cm、厚さ〇・六cm。銘文「奉巡礼百ヶ所、奥州葛西住横沢平重持(カ)、于時天文十一年壬寅今月日」。破損して文字の不鮮明な部分がある。しかし、同類の巡礼札が後の新山神社の所に出て来て年号も書体も全く同じであるところから重持(広持の子)ということがわかる。

6、板札　天正十四年　貞仙銘

全面漆の上に金箔をほどこして墨書したもので今も金色燦然としている。材質は檜かと思われる。縦中央部七四・〇cm、縦両肩部七〇・五cm、幅上端一三・六cm、中央一四・一cm、下端一四・三cm、厚さ一・〇cm、上に葛西氏の三つ柏の紋を付す。銘文「奉参詣葛西太守之阿娘貞仙、天正十四年今月吉日」。

7、板札　天正十四年　貞仙銘

6と同類で、縦中央部七四・三㎝、縦両肩部七〇・六㎝、幅上端一三・五㎝、下端一五・一㎝。銘文の文面も同じ。葛西氏の娘の参詣の時の納札である。中世葛西氏の歴史の一端を知り、当時の巡礼納札の風習を知るによい資料である。

8、板札　年号なし

縦中央部三七・五㎝、縦両肩部左側三三・七㎝、右側三四・三㎝、幅一一・五㎝、厚さ〇・七㎝、この一枚だけは普通の所謂巡礼札でなく、個人の供養塔婆であるが、巡礼の際故人の供養のために釘で打ちつけて納めたものであろう。

2　新山(にいやま)神社（気仙郡三陸町越喜来）の巡礼納札

1、板札　天文十一年　横沢重持銘

材質桂板、上端を三角山形とし、縦中央部四九・四㎝、縦両肩部四七・二㎝、幅八・〇㎝、厚さ〇・五㎝。上部に観音を、下部に葛西の三つ柏紋を刻み金箔を施している。銘文は「奉巡礼百ヶ所、奥州葛西住横沢平重持、于時天文十一年壬寅今月日」とある。

中世、葛西氏の一族で横沢村の地頭をつとめていたこの重持は、中尊寺の巡礼札にある広持の子であるが、入道して百ヶ所の観音を巡ったその一枚である。同類のものが中尊寺にも一枚残っている。前条参照。

3　駒形神社(江刺市玉里字玉崎)の巡礼納札

1、板札　永禄二年　新山寺筑前銘

材質桂の一枚板、縦山形中央部四九・七㎝、縦両肩部四七・〇㎝、幅一二・一㎝、厚さ〇・九㎝、縁を黒く塗り、朱色の線を内側に入れてある。上部に日天月天を配した十一面観音を画く。銘文「奉納白山妙理大権現御宝百ヶ所結願之簡、三十番神、十羅刹女、願主新山禰祈筑前也、永禄弐年己未三月三日、敬白」。筑前は新山寺の禰宜か。

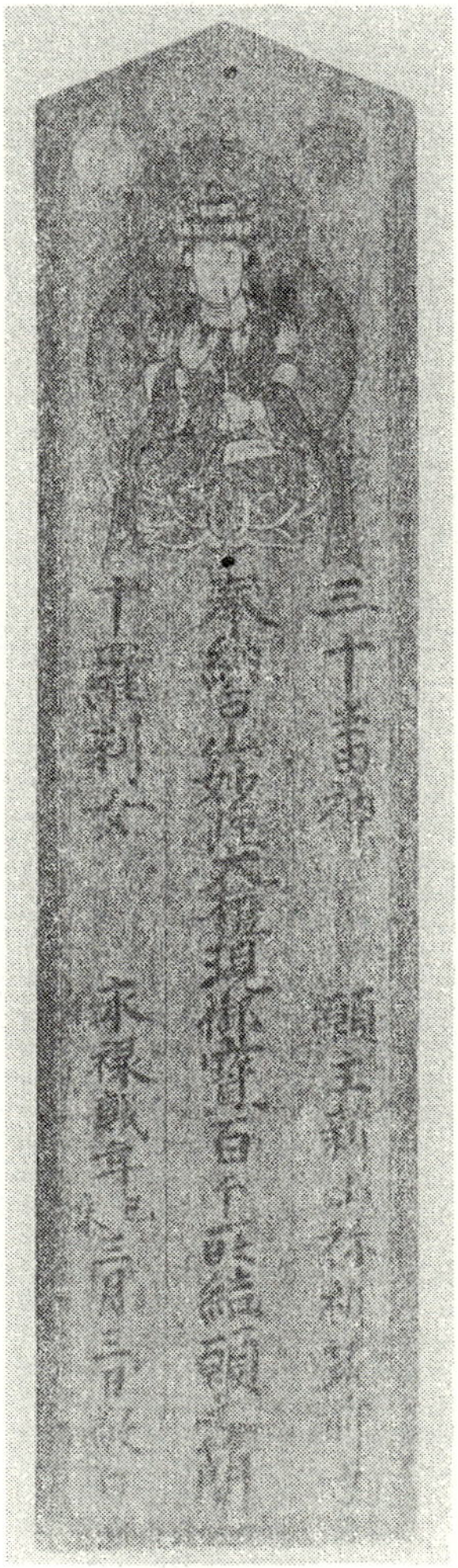

巡礼板札
(永禄2年・駒形神社蔵)

4　鳥越観音(一戸町鳥越鳥越山岩屋寺)の巡礼納札

1、板札　永正九年　観光上人銘

材質檜の一枚板、黒く塗り、縁取りは朱色らしくあせた色残る。縦山形中央部四五・二㎝、幅九・三㎝、上部にキリク、サク、サの梵字三字の下に次の銘文あり。「奥刕糠部群三十三所之順礼観光上人永正九壬申六月吉日、三番、鳥越」とあり、両側に朱色の文字の跡が見られるが剝落して判読できない。司東真雄氏によれば、右側「岩屋寺へかきわけのほり見おろせば」、左「松のあらしものりの声かと」。

四　まいりのほとけ　木像一軀、画像一〇幅

木像、昆野常福所蔵
画像、平野　昌所蔵
岩手県指定有形民俗文化財

和賀郡、北上市、花巻市、江刺市等にとくに多く見られるマイリノホトケは、寺などの無かった頃の村々で、古い家などが中心になって、同族相寄り、寺代りになって仏を拝んだものと思われる。故に拝む月日と家とはきまっており、拝む対象も聖徳太子をはじめ諸仏高僧さまざまであった。

なお、岩手県内のマイリノホトケについては司東真雄氏の詳細な調査があるが、私も見た(昭和五五・一二・一七)次の十一点を略述する。

1、まいりのほとけ・高祖太子連座の御影　和賀郡東和町上浮田、平野　昌所蔵

絹本、軸物、縦一〇〇cm、横五五cm、南北朝末期、画賛の文字明瞭ではないが、中に「信願」「源空」「源信」「学哥博士」「蘇我大臣」「聖徳太子」「日羅聖人」「天親」「勢至」「信明」「大兄皇子」「小野妹子」「恵慈法師」「龍樹」など見える。この辺のマイリノホトケの祭日は一月十六日、八月十六日、九月十六日、十二月十六日。

2、まいりのほとけ・太子源信連座の御影　平野　昌所蔵

絹本、軸物、縦一〇六・七cm、横三七・三cm、南北朝末期か。画賛の中に「釈教願、愚禿親鸞法印和尚聖覚」「小野

大臣妹子蘇我大臣馬子日羅聖人源空聖人源信和尚」「聖徳太子」「釈信海釈真明、釈信空」「博士学哥聖朝大兄皇子恵慈」などの語がある。司東氏の調査によれば、和賀の是信房が浮田村に松峰山阿弥陀寺を開いた以降のものという。浮田村平野一族、二子村平野一族、小山田村大野一族、そのほか矢沢村、成田村からも参拝があるという。祭日の十月は是信の祥月であり、十六日は開基の死亡の日に当る。まいりのほとけの源流を歴史的に証拠づける貴重な資料である。

3、まいりのほとけ・善導和尚画像　平野　昌所蔵

絹本、縦一三一・三cm、横四二・五cm、応永元(一三九四)年七月十四日。上の年号の右に表白文あり、下の明円禅尼、顯性禅門の法名の間に讃あり。三国七高祖のうち、善導和尚を別立にしたものであり、県内四ヶ所に見られる。

4、まいりのほとけ・放光報身阿弥陀如来画像　平野　昌所蔵

絹本、縦九五・五cm、横三四・五cm、室町時代初期。放光、衣紋、蓮弁は截金。

5、まいりのほとけ・放光化仏出現報身阿弥陀如来画像　平野　昌所蔵
絹本、軸物、縦八七・七㎝、横三九・〇㎝、室町時代。放光の先に化仏四八体が出現している。

6、まいりのほとけ・太子孝養像　平野　昌所蔵
紙本、書表装、軸物、全紙縦一三六㎝、横三八・五㎝、画面縦一一〇・五㎝、横三三・五㎝、室町時代末。信者、行本禅門、明円禅尼、御同童、明祐禅尼等の名が見える。雌雄の鶏が画かれている。絵師の印があるが判じられない。祭日十月十六日。

7、まいりのほとけ・放光報身阿弥陀如来画像　平野　昌所蔵
絹本、軸物、縦七〇・四㎝、横三一・五㎝、室町時代。

8、まいりのほとけ・六字の名号　平野　昌所蔵
紙本、書表装、軸物、全紙縦一四八㎝、横四八・二㎝、画面縦一一三㎝、横四三・二㎝、裏面銘天文二(一五三三)年四月吉日。その後表装し直して裏面を失ったのは惜しい。

9、まいりのほとけ・太子黒駒登岳図　平野　昌所蔵
紙本、書表装、軸物、全紙縦一七二㎝、横四九㎝、画面縦一二四㎝、横四四㎝、室町時代。裏銘「于時天文二年八月八日主教法」。

聖徳太子が二十七歳の時、甲斐国から黒駒が献上され、調子丸が飼育したが、やがて太子がこの馬に乗ると、駒は富士山を越えて信濃善光寺へ参詣したという伝説があり、この伝説を下段から上段へ四段に説明したもので、太子一代伝記の一節である。弥陀浄土詣りを教えた民間信仰の資料である。葬式の際、まいりの仏の画像を棺の上で振れば往生すると信ぜられていた。黒駒の脚は四本とも白い。まいりのほとけを拝んでいる家にはよく残っている図柄であ

る。

10、まいりのほとけ・太子信者引接の図　平野　昌所蔵

紙本、書表装、全紙縦一四八・五cm、横四九・〇cm、画面縦一〇七・五cm、室町末期。絵心のある信者の画いたものであろう。古いものが民間に保存されていたことは珍しい。

現在この部落一八〇戸ほどのう

ち平野姓三〇戸ぐらいあり、その中の何軒かとその他の姓の人々も阿弥陀堂に集まる。祭は九月十六日であるが、盆の十六日、年とりの十六日にも参拝に集まる。平野姓など最初は和賀氏の流れをくむ同族が多かったらしいが、今は平野同族とは限らない。仏前に供えた団子や菓子と共にお札を分ける。

11、まいりのほとけ・聖徳太子木像　昆野常福所蔵

桂材、総長八三・〇cm。孝養太子立像、一木、彫眼、両手両足挿込み、背に願文を納めたくぼみあり。嘉慶三(一三八九)年五月。背のくぼみに当る板に「聖徳太子星十三嘉慶三年五月十日施主明性源汰光尊歳廿三仏子」の墨書あり。額に朱で白毫を点画、手にした柄香炉は柄杓様に作られている。袍の文様の箔押は秀衡椀の祖型を思わせるものがあり、木像記年銘のあるものでは、まいりのほとけとしてはもっとも古い。

古くから同家の裏の小高い太子堂にまつられてあり、現在も十月十四日の祭日や、元旦、小正月などに、昆野一族二〇戸ほど集まり、供物を捧げて共食し同族で歓を尽くす信仰が続いて居り、ことに安産の信仰にもなっている。

この地方のは画像が多いが、これは木像であり、作も特色があり優秀である。なお隣の昆野ミサヲ家に応永銘の画幅があるが、かつては一緒のものが、仏別当が分れて二軒になったのだろうという。

八葉寺小型木製五輪塔調査概略（国指定重要有形民俗文化財）

遺骨、遺歯、遺髪の類を、小さな五輪塔婆などの容器に入れて、寺に納めるのはわが国に古くからある風習で、祖霊が山に鎮まるというわが国古来の思想に基づくものである。ことに寺に遺骨を納める風は、奈良の元興寺をはじめ平泉の中尊寺など多くの寺に見られたが、何れの寺においても何時の時代からか廃絶してしまっているのに、この会津の八葉寺のみは中世（文禄四年）以来連綿として昭和の現在に伝わり、名実ともに庶民信仰の名残をとどめている。会津のみならずひろくわが国の生き続けている民間信仰のうつり変りを知る上での非常に有益な資料になる。

八葉寺ではもっとも古い
文禄4年(1595)の五輪塔

さきに昭和四十七年四月、福島県の指定になったが、今回重要有形民俗文化財として国の指定になった（昭和五十六年四月二十二日付）。

県指定の場合もそうであったがとくに今回は、木製五輪塔国指定調査委員会をつくり、これが主となって私や、藤田定興・小滝利意らが調査員として調査を依頼された。

文化庁の木下調査官や県の文化課の懸田主査の随時の指導助言もあった。

県指定の際は一四、七四〇基であり、その概略は『会津八葉寺木製五輪塔の研究』(昭和四十八年十一月、仙台萬葉堂刊)に述べたが、国指定の今回はさらに若干増加して一四、八二四基となった。河東町公民館に置かれた調査委員会の事務局では、文化庁に提出する台帳をつくるため、毎日数名の職員が、ぼう大な資料をよく整理して、諸種の統計表もつくることができた。今はその極めて一部ではあるが、主に表を中心に全般にわたることを記しておきたい。

なお、会津地方における現在の納入状況はどうかというに、家族に死者がでると、その遺歯、遺骨、遺髪等を小型の木製五輪塔に封入して、八月一日から八月七日までの祭礼に、会津の高野山と称せられてきた福島県河沼郡河東町大字広野の八葉寺阿弥陀堂(康保元年空也上人の開基と伝う)に参詣の際に納める風習がまだ残っている。今は便宜上五輪塔は寺で白木の同型のものを希望者に頒けている。文字も色彩も剝落褪色して不明になった部分もあるが初期の古い例を二、三挙げてみよう。

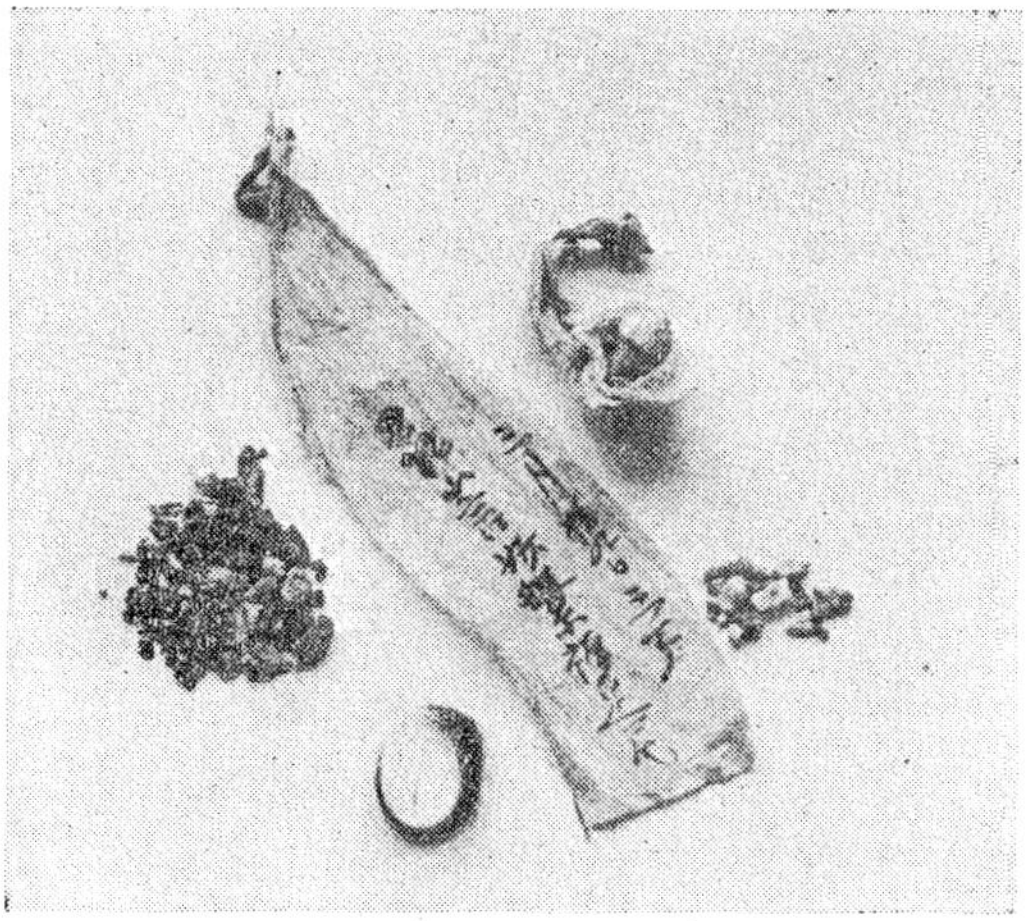

納入遺物

○文禄四年十月十二日　台帳番号一〇九六五

材質ヒノキ。高八・〇cm、幅三・〇cm、地輪に納入口あれど中に納入物なし。色彩、風輪黄、火輪赤、地輪黒。銘文は一面ごとに「文禄四年」「十月十二日」「□

東一□」「□□□敬白」。

○文禄五年七月十二日　台帳番号一〇〇一

材質スギ。高一六・〇㎝、幅四・一㎝、地輪に納入口あり、焼歯骨あり。色彩、風輪黒、火輪赤、四面のうち背面だけ平に削られている。四面に左の梵字、地輪に次の文字あり。「出離生死」「頓生大荠」「霜山禅門」「妙鏡禅尼」「文禄五年」「十月十二日」。

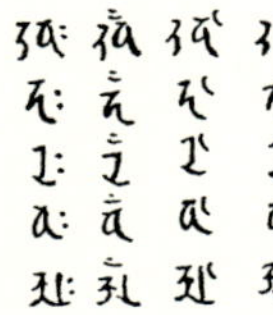

○慶長二年六月十三日　台帳番号一四五九三

材質キリ。高一四・〇㎝、幅四・五㎝、地輪底部に紙包の焼歯骨あり。紙に「南無阿弥陀仏十万人□□空誉(花押)」、地輪に「慶長二年六月十三日□□」。色彩は、空青、風赤、火黒、水白、地黒。

○慶長二年丁酉□　台帳番号一〇〇二

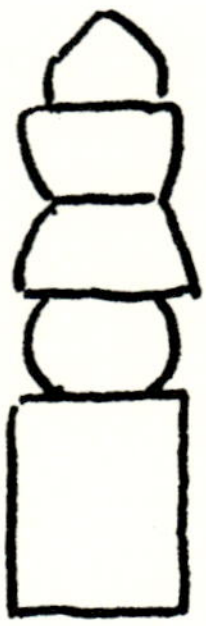

材質ヒノキ。高一〇・七㎝、幅三・五㎝、地輪に焼歯骨あり。色彩はないが地輪の三面は円を残して外を黒く塗っている。一面に梵字あり「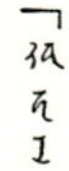」。「慶長弐丁酉□」「妙真禅尼」。

○慶長三年七月六日　台帳番号一〇〇三

材質栂。高一八・一cm、幅五・一cm。地輪納入口あるも中は不明。色彩、空緑、風白、火赤、水青、地黄。三面に四行の梵字あり。地輪に「依之妙弥禅定尼出離生死無疑者也」「慶長三年戊戌七月六日」。

○慶長三年七月十日　台帳番号一六四〇

材質栂。高一三・五cm、幅三・五cm。地輪に納入口あるも中に何もない。色は、空緑、火赤、水黒。例(前記)の梵字四行あり。地輪に「慶長三年戊戌七月十日」。

○慶長七年三月二十八日　台帳番号一四六六

材質スギ。高一一・五cm、幅三・五cm。地輪に焼歯骨が納入されてある。色は地黒。塔身には空風火水地と四面に書かれ、地輪の各面には次の銘文が分けて書かれている。「阿西禅尼現世無□楽為生清□□大日如来南無阿弥陀仏一念弥陀仏即滅無量罪」「慶長七年□三月廿八日」。

○慶長七年　台帳番号一〇〇五

材質栂。高一六・〇cm、幅五・二cm。地輪に紙包の焼歯骨あり、色は、風黒、火赤、他の部分彩色なし。地輪に「妙鏡禅尼」「慶長七年」、四面に梵字あり。

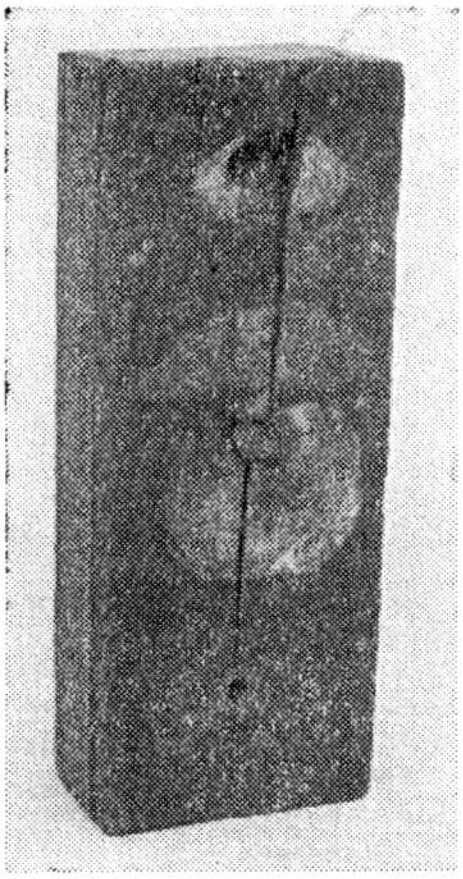

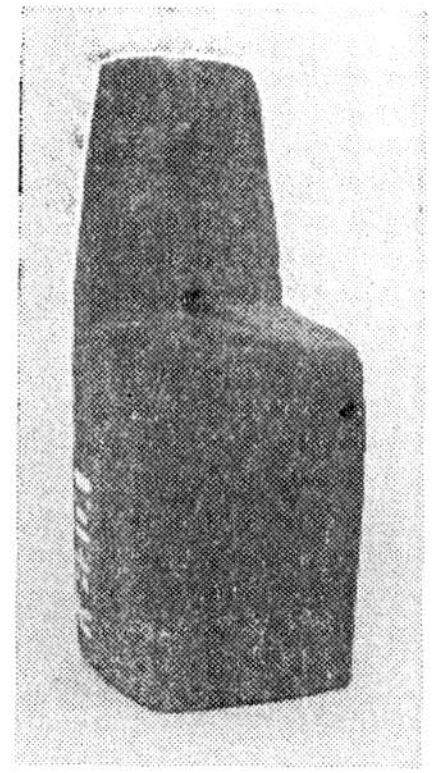

一　形態

普通の五輪塔の形が圧倒的に多い。厚板を五輪にしたものも少し見られる。そのほか普通の宝塔形、宝篋印塔形、無縫塔形、多層塔形なども見られるが、細工の簡単な箱形も少しある。中尊寺などに少し見られる納骨器には少ないながらに竹筒が見られ、また竹筒の方が時代が古いかとも見られるが、八葉寺の場合竹筒はただ一基だけである。また名付けようもない変形のものもあって、大体強いて分ければ別表の通りとなる。なお写真では、普通の形の五輪塔は年代別のところに出てくるので、ここには数は少ないが特殊な形のものを網羅したい。(前出)

1	(1)普通五輪塔形	一四、六四三基
	(2)板形五輪塔形	七六
	(3)双体五輪塔形	一
2	宝塔形	一三
3	無縫塔形	八
4	多層塔形	七
5	宝篋印塔形	九
6	変形塔婆	四一
7	有柄角柱形	四
8	舟形	二

9	こけし形	二
10	曲物	一
11	蓋形	一
12	位牌形	一
13	地蔵形	一
14	厨子形	一
15	円錐柱形	一
16	四角柱形	二
17	箱形	七
18	尖頭形	二
19	竹筒	一
1～19	特殊形五輪塔合計	一八一
	総計	一四、八二四基

二　製作年代

これら納骨器は何時つくられて奉納されたかをみる。一四、八二四基の中で年代の明記してあるものは少なくて九三四基であり、もっとも古いのは文禄四(一五九五)年のもので、全国的に見てそう古いとは言えない。『八葉寺木製

寛文10年

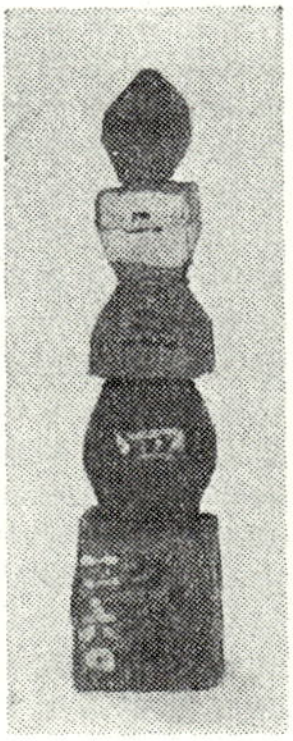

万治2年

正保4年

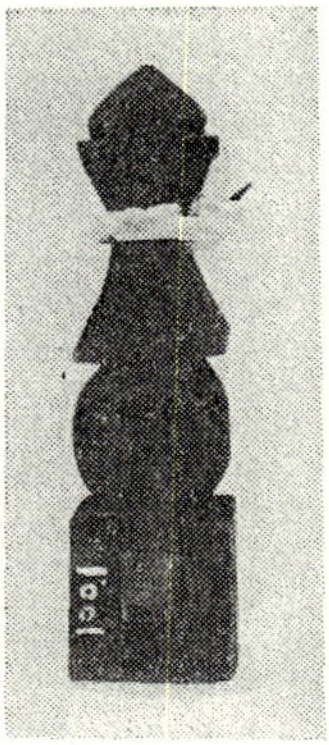

文禄5年

年代別数量表

年号	普通五輪塔形 1—(1)	板形五輪塔形 1—(2)	蓋形	無縫塔形	箱形	宝篋印塔形	合計
文禄	二						二
慶長	一八						一八
元和	四〇	二					四二
寛永	一二五	七	一				一三三
正保	二四						二四
慶安	一六			一			一七
承応	一〇						一〇
明暦	七						七
万治	一二						一二
寛文	四〇				一		四一
延宝	九						九
天和	三						三
貞享	二						二
元禄	二						二
宝永							
正徳							
享保	一						一
元文							
寛保							

文政 13 年

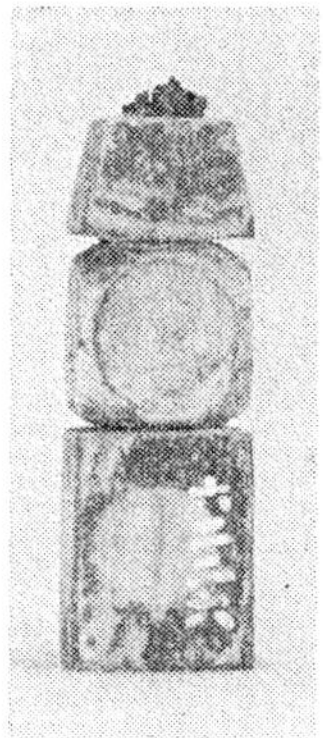

享保 13 年

貞享 5 年

元和 2 年

延享							
寛延							
宝暦	一						一
明和							
安永	二						二
天明							
寛政							
享和							
文化							
文政	三						三
天保							
弘化							
嘉永	一						一
安政							
万延							
文久	五						五
元治	二						二
慶応							
明治	三一二						三一二
大正	九七						九七
昭和	一八七					一	一八八
合計	九二一	九	一	一	一	一	九三四

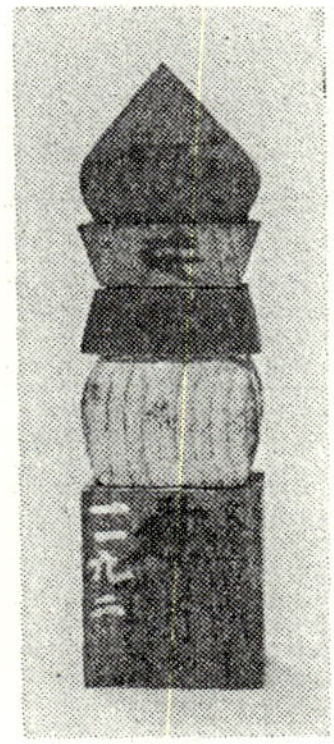
文久2年

明治6年

大正2年

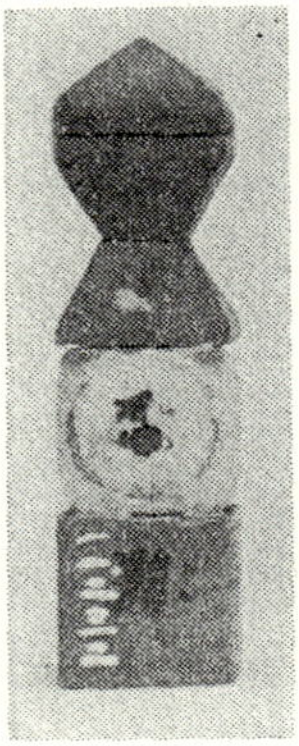
昭和2年

五輪塔の研究』にも書いたことであるが、納骨五輪塔で記銘あるものの中でもっとも古いと思われるのは、当麻寺でみると、一基は至徳三（一三八六）年、続いて天文十五年という。この寺には五輪塔よりも竹の納骨器が多いが、年号のあるのでは正応二（一二八九）年が古い。西大寺では五輪の最古は永正年間のもので、ついで大永以下天文、永禄、元亀、文禄と続き、竹の容器では天正十四（一五八六）年のがあり、曲物には古いものなくみな江戸時代のものとの推定という。平泉中尊寺の納骨器一九基中、年代の記してあるものは一点もないが、記されている人名から応永以降の推定がなされるもの一基あり、また平行して使用されたと見られる六七枚の笹塔婆中、元応元（一三一九）年から延文、至徳、応永、文安、応仁二（一四六八）年などの年号が見られるから、いずれにしても八葉寺より古い。ただ八葉寺の特色はその後も絶えることなく続いてきている点である。

五輪奉納はどの年号の時にもあるとは限らない。古いところでは寛永のものがとくに多く、寛永前後にも比較的に多く見られる。そうかと思えば全く該当年号の無い年代もあるが、それもその年代には年号記入の慣習が無かったのかもしれず、無年号のおびただしい数よりして、奉納が無かったのではむろん無かろう。明治になって年号の記入はふえて三一二基となり、昭和でも奉納の実数が減少している筈なのに記入例の多いのは、奉納者ならほとんど誰でも年月日を書入れているからである。

ここには年号の変るごとに一つずつ例を出してみたのであるが、必ずしも同類の五輪の形ばかりも揃っていない。五輪の形状にも年代によるきわ立った特色は出ていないが、よく見ればかなりの時代相があらわれていることに気付く。現在使用しているものは載せなかった。

三　材質

五輪塔婆に使用されている材料はすべて木であるが、木の種類を専門家にみてもらった結果は大体次の通りである。

種類	数								
		5 桐	二九〇	10 山桑	一	15 桜	三	20 不明	一
1 檜	二、五七六	6 栗	一六八	11 胡桃	二二五	16 楢	五	計	一四、八二四
2 枹	七、一七〇	7 橅	六八	12 槇	一	17 栃	三		
3 松	二、八三五	8 欅	一〇	13 山桐	一〇	18 柿	一		
4 杉	一、二八九	9 桑	一七四	14 榛	三	19 竹	一		

枹がもっとも多いのは木の質が細工に適するからであろう。

四　戒名及び経文偈

『八葉寺木製五輪塔の研究』中の藤田定興氏の研究を借りると、称号の種別は、禅門、禅尼(禅定門、禅定尼を含む)、信士、信女、居士、大姉、信尼、大徳、比丘尼、尼、院殿、院等が確認され、そのほとんどは、禅門、禅尼の称号によって占められている。しかも出現の時期が近世初期に集中している。信士、信女、居士、大姉等は現代までも使用されている。ただ、童子、童女など子供のものは見当らない。

つぎに経文偈を見ると、六字名号、「光明遍照十方世界」「一念弥陀仏」「帰命無量寿」「一仏二菩薩」「万里一条」「乃至法界平等利益」「祖師西来意」「住訶羅磨阿」「如来舎利、室入仏道、逝者白骨、在宝塔中」「如薪尽火滅、分布□舎利、而起無量塔、仏□夜滅」「□念仏界生、□青□尊覚、摂取不捨仏」「□南諸□利、一刀无異塔、□□夜沈度、如薪尽火滅」等があり、種子では五大種子がほとんどで、ごく少ない例として阿弥陀三尊種子がある。

五　奉納地名表

納骨の風習は旧会津領の全域におよぶ。納骨器に地名の記入あるもの九五三基の内訳は次の表の通りである。

市町村名		
三島町	(旧)西方村　名入村　高清水　川西村　大石田村　宮下村　川井村　大登村　西川村　大谷村　三谷村　三谷村浅岐　檜原村　滝谷村　原谷村	三七九
柳津町	旧柳津　飯谷村　処沢村　中ノ川村　黒沢　冑中　芋小屋　郷戸　西山村　東川村　牧沢村　銀山村	一八三
会津若松市	旧二ノ町　赤井町　本材木町　慶連寺町　南町　桂林町　その他	一五九

猪苗代町		一〇
金山町		二一
西会津町		五二
喜多方市		三九
塩川町		一三
河東町		一八
会津坂下町		一七
会津高田町		七
本郷町		七
昭和村		一
下郷町		二
新鶴村		一
田島町		二
湯川村		七
磐梯町		三
北塩原村		一
熱塩加納村		二

高郷村		二
山都町		三
郡山市湖南町		四
〔会津以外〕		
郡山市〔湖南以外〕	昭和三五、四八	二
須賀川市	昭和四八、四九、年号なし	三
東京都	昭和三七、四九、五〇	三
千葉県	昭和三九、四三	二
新潟県鹿瀬町	東蒲原郡実川村	八
新潟県五泉市	明治三三	一
〔補遺〕西会津町	小川荘川谷村、寛永九	一

第五篇　民間信仰の種々相

東北のオシラ信仰

『民俗学辞典』(柳田国男監修)に「おしら様。東北地方に濃厚に残留する民間信仰の神の一種。オシラ仏ともいう。二体一組、一尺内外の木(宮城県には竹のもある)の棒の先端に男女・馬の顔を彫刻または墨描きしてあって、それにオセンタクと呼ぶ布片を着せている。桑が多く用いられる。農神・蚕神とされ、今はイタコとよぶ盲の巫女が主に司祭する。福島県のオシンメ様、岩手・山形のオクナイ様も実体は同じものだが、山梨・関東地方のオシラ様は馬鳴菩薩風の絵像である。巫女は祭日に、この一対の木片の神体を両手に執ってオシラ祭文を語りながら、アソバセルと称して採物風に打ち振る。オシラ様は多く村の旧家に伝来され、巫女は祭日にのみ関与する点など、家の神の仏教渡来前の姿を考えさせる。その管理が家刀自から巫女の手へと推移したことは、福島県下のオシンメ様が、ほとんど巫女と関係ないことからも推察される。オシラの神体に布片をつけ顔を描いたのは中世の変化で、もとは御幣や玉串に出たものと考えられ

オシンメサマ
(福島県山都町・岩橋家所蔵)

オシラサマ（気仙沼市新城・吉田家所蔵，三崎一夫氏撮影）

オシラサマ（宮城県唐桑・佐藤家所蔵，三崎一夫氏撮影）

る。」として、参考文献として、柳田国男「おしら神の話」(『新国学談』第二冊所収、昭和二二)、喜田貞吉「オシラ神号」(『東北文化研究』二ノ三)、日本常民文化研究所『おしらさま図録』(昭和一八)を挙げている。

右の、柳田国男の「オシラ神の話」は、「序文」、「人形とオシラ神」と合わせて、「大白神考」として発表して居り、彼のオシラ神研究のほぼ全貌を知ることができる。とくに、オシラ神と執物(とりもの)との関連については、「人形とオシラ神」の項に詳細である。なお、おしら神について菅江真澄の「月の出羽路」には、羽後仙北郡横沢村の白神の条に、

「世にオシラ神又はオシラサマと申す。養蚕の神なり。谷を隔てゝ生ひ立てる桑の木の枝を採り、東の朶を雄神、西の方を雌神とし、八寸あまりの木の末に人の頭を作り、陰陽二柱の御神になぞらふ。絹綿を以て包み秘め隠し、巫女それを左右の手に執りて、祭文祝詞、祓を唱へ、祈り加持して祭る。此オシラ神をオコナヒガミ(行神)と謂ふ処あり。」(『定本柳田国男集』第十二巻、「大白神考」)

磐城のシンメイ遊ばせについては、大須賀筠軒の『岩城歳事民俗記』に、

「山伏又は禰宜の妻に守子あり。病難災難ある時は、笹はたきといふをさする。神おろししてその吉凶を言ふ。神の乗り移り給ひての託宣なりといふ。頼みにより祈禱などする。常に村里を勧進す。女神男神の二神なりとて、二体の木像に祈願者のあげたる紅のきれを幾つもまとひつけたるを箱に入れ、家々の戸外に立ち、神明様に納め給へと言ひて米銭をうけ通る。神明様をちと遊ばせ申されと言へば、モリコ(守子)家に入り坐して、彼の二つの木像を両手にささげすり合せ居る。暫くありて木像自ら躍り潜り廻るごとくにて、手もだるく休めんとすれどもやまず。是れ神明の遊び給ふなりとて、ややしばらくしてやむ。その時モリコ、神明様御機嫌よく遊び給ひしと言ふ。暫く米銭を納むるなり。」(高木誠一『磐城北神谷の話』、昭和三〇)

オシラ神を柳田が『遠野物語』(明治四三)にはじめてとり上げた時から十数年も前に注意し、「奥州地方に於て尊信

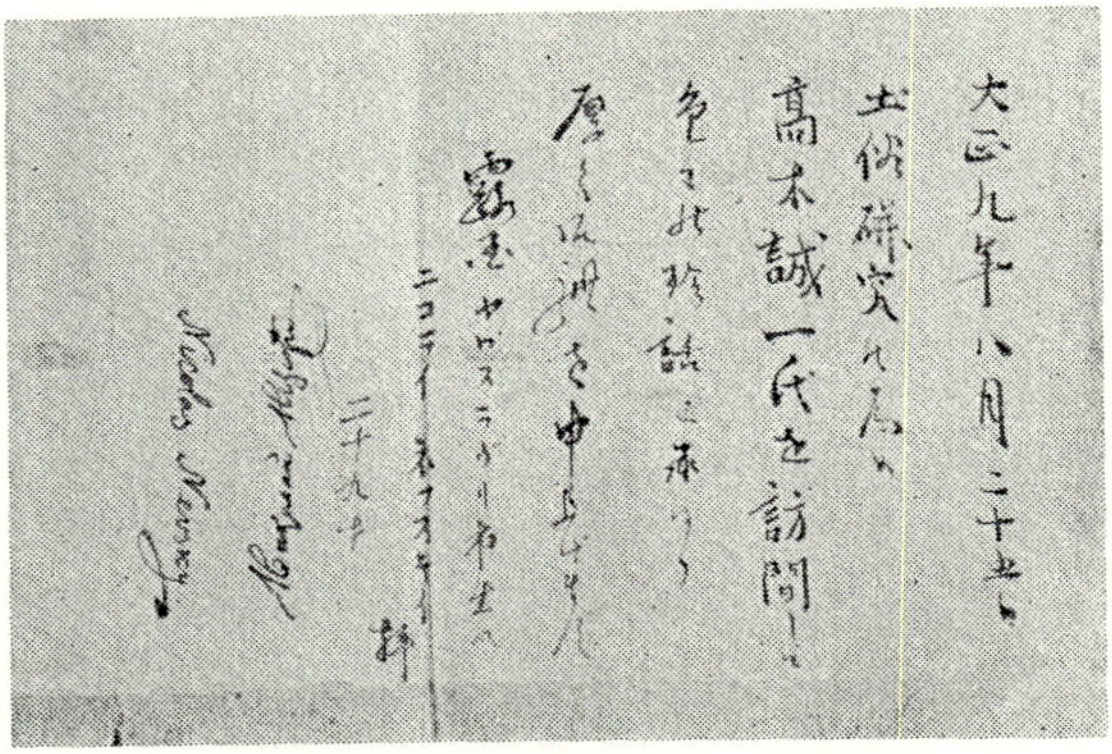
大正九年八月二十九日
土俗研究ノ為メ
高木誠一氏を訪問し

ネフスキー書簡（大正９年）
＜磐城の高木誠一を訪う＞

せらるるオシラ神について」という題で『東京人類学会雑誌』（第九巻、明治二六）に発表したのは、岩手県遠野の学者伊能嘉矩であった。上野の博物館に陳列してあった一対のオシラ像も伊能の寄付と聞いていると柳田は話している。また遠野の附馬牛村の東禅寺にもオシラ様が何体もあったという。

柳田がオシラに興味を持って研究をはじめていたころ彼の周囲に熱心な研究者が二人居り、一人は『遠野物語』の蒐集者の佐々木喜善、もう一人は露国人ニコライ・ネフスキーであった。ネフスキーのよい研究者であったことは、柳田が「大白神考」の序文の副題を「オシラ様とニコライ・ネフスキー」としているぐらい高く評価しているが、同時に柳田自身ネフスキーの調査の恩恵を受けることが多かった。

福島県いわき市の高木誠一なども、柳田の紹介状をもってきたネフスキーに影響されて、磐城地方のシンメイの調査がその後急速に進んだのであった。高木のもとに当時のネフスキーの書簡十数通が残っているが、最初の高木訪問は大正九年八月で、柳田の紹介状の中に「日本人よりも一層日本を愛する露国人ネフスキー君、御地方の民俗研究に参り候に付、時間許すならば御宅へも訪問するやうすゝめ申置候。日本語も我々同様なり。云々」とあり、高木の控には「ネフスキー氏は露都の東洋語学校の出身、世界大戦前に我国に留学を命ぜられ、東京に居たが、故国が革命のために乱れていたので帰国を思いとどまり、小樽高商の講師より大阪外語校の講師に転じた。大正九年八月、柳田先生の紹介によって知己となり、帰国するまで十年間、異邦の友として交りを結んだ」と見える。当時ネフスキーは二十九歳であった。彼の書簡はたいていオシラ関係のものであるが、一通だけ例にあげれば、

「(前略)さて此間の旅行で御存じの通り、宮城県へ行つて、佐沼町附近にて幾度もオシラサマの御神体を拝みました。其当地のオシラサマは、皆真竹の棒(一尺斗り)に、上から沢山の絹片を着せたもので(おもに二体ですが、たまには一体のものもあります。)、頭が見えませんです。巫女(オカミサン)が神オロシする時にのみこれを用います。オカミサンの前に供へてあるオハナエへこれをさして、弓をたゝき、長い数珠をすりながら神を降します。オカミサンに言はせると、右のオシラ(又はオシナとも言ふ)は、神つけする時の巫女の持つ御幣なんださうです。小生の調べた御神体には、実際幣束の跡が見えます。御神体の頭は少しく変だと思ひました。真丸いマリの様なものではなく、丸くて平ったいのです。丁度一銭の銅貨を二枚重ねて竹の上へ置いたように見えます。力を加へると少し動きます。

それから岩手県の遠野町で、イタコを聘して、オシラサマを遊ばしてもらいました。これも一寸面白う御座いました。……」

これには大正九年九月十八日夜ネフスキー拝、高木誠一様、とある。なおネフスキーが高木につれていってもらって見た当時の石城郡草野村大字水品(現いわき市平)のオシンメサマは、棒状の御神体で、もと禰宜の家にあったが、子供が太鼓のばちにして叩いて遊んだが、子供好きの神様なので罰もあてず、却ってこうされるのを喜んで居られる風であった。もとは布帛など被って御座ったが、今はそんなわけで裸になっているとある。また十月二十一日の手紙では、熊野神明、伊勢神明とあるもう一つの白山神明は、伊達の保原町では神明宮の旧号を白蚕神明といったという高木の教示に礼を述べ、「貴兄のお集めになつた材料によりますと、御地の神明様は、養蚕には少しも関係のないや

うに見へます。祈禱の神にのみなつて居ります。津軽の地方にも巫女ばかりオシラサマを持つてゐる、そして病気平癒を祈る場合に、御神体をもつて痛むところをたゝきなでるさうです。（但し御神体は桑の木で作るさうです。）登米郡（宮城県）のオカミンも御祈禱の場合のみオシラを用ゐます。登米では、若い女がオカミンになる前には、必ず一種の洗礼を受けます。則ちオカミン達が集つて呪文を唱へながら祈るのです。その時には、若い女は竹の幣束二本両手に持つてゐる。何時の間にか御幣がふるへ出し、神が女の体へのり移ります。師匠は神明に聞く。一番初めに憑いた神は、若いオカミンの一生の守り本尊と言ふべきものになります。（方言ではこの神をオカミンの憑神（つきがみ）と申す。）式が終つたのち、師匠が右の竹の幣束に絹切を掛けて、オシラサマとして新巫女に与へるのです。右の式を神憑（かみつけ）と申すのです。（下略）」（「ネフスキー集」高木誠一、『東北民俗研究』謄写刷、昭和二八）・（『磐城北神谷の話』、高木誠一）とある。

オシラ像には包頭と貫頭とあり、右のネフスキーの包頭の一例に、頭部は丸くて平たい感じで一銭銅貨を二枚重ねて竹棒の先に置いたようだとあるが、私も実際に宮城県のオシラの包頭を恐る恐る開けて見たときに、寛永通宝か文久通宝かが一枚入っていたことを覚えている。貫頭の場合のオシラは姫頭、馬頭（男神）が多く、鳥頭、烏帽子もよく見られる。坊主頭もある。

オシラ神は、蝦夷の家の神の信仰から移し伝えたものではないかという喜田貞吉の臆説もあるが柳田はこれに反対している。そのほか陸中の尾崎神社の山本鹿州や八戸の中道等などもオシラに興味をもって調べている。私もずっと後のことであるが、中道氏の案内で馬門の巫女の仏おろしとオシラを見たことがある。

柳田以後もオシラの調査は細々と続いているが、オシラ自体よりも巫女の調査の方に重点がおかれているという感じである。それでも高木誠一氏を中心とする磐城民俗研究会のいわき地方のシンメイの共同研究があり、一部は『旅と伝説』（第十一年十一月号）に「磐城しんめい資料」として発表された。近くは福島県民俗学会の仕事として「神明調査中間報告(一)」(『福島の民俗』第二号、昭四九・三)、「同報告(二)」(同第三号、昭五〇・三)、「同報告(三)」(同第五号、昭五二・三)として続いている。オシラの調査では非常に多く、伊能嘉矩、佐々木喜善、喜田貞吉、山本鹿州、N・ネフスキー、中道等、小井川潤次郎、早川孝太郎、宇夫方広隆、板橋源、金田一京助、小井川靖夫、夏堀謹次郎、藤源相之助、本田安次、森山泰太郎、鈴木重男、菊地久雄、田村浩、中市謙三、能田多代子、今野円輔、森口多里、山口弥一郎、小井川静夫、岡田照子、堀一郎、竹内利美、笹沢魯羊、金野静一、渋沢敬三、司東真雄、宮本常一、及川大渓、及川勝穂、草間俊一、大藤時彦、佐藤光民、若月麗子、月光善弘、戸川安章、石津照璽、楠正弘、佐藤正順、岩崎敏夫、小井田幸哉、江田絹子、昆盛男、石川純一郎、三崎一夫、類家英一郎、三瓶源作その他なお多いが、書名・論文名・出版年月等は『図説陸前のオシラサマ』(三崎一夫、萬葉堂書店、昭四七・一〇刊)の付録の夏堀謹次郎編「オシラサマ関係文献目録」が大層便利である。なお、この『陸前のオシラサマ』は、現在のところもっともまとまった資料集で、宮城県下七四ヶ所、一〇八対、二一六体となっているが、これは家に祀られてあるもので、このほか巫女の持っているものが四二ヶ所となっている。東北学院大学の民俗学研究室でもオシラの調査を継続的に行って居り、調査の一部は『東北民俗資料集』に載せている。東北民俗の会でもオシラの調査を少しずつ続けている。

おしら信仰は東北全域におよんでいても、地域により濃薄の度が違う。北部の代表的なものは南部と津軽のおしらであるが、森山泰太郎氏の調査がある。下北半島の端にまで分布していることは私も確めることができた。岩手県の事例については中道等氏のよい調査があるが、近くは金野静一氏の綿密な調査でよほど明らかになった。氏の発見で記銘あるものの上限として天正ごろのが多く見られるという。前記三崎氏の調査では、宮城県のものにそう古いものは無く、慶長・寛永のものが幾つか見られたといい、「慶長六年五月」と墨書銘のあるのがもっとも古いという。「大平大神、本地者薬師瑠璃光如来」とあるのもあるように地方によってはオオシラともオヒラとも呼ばれることがあった。東北南部の福島県となると、オシラと言わずオシンメイと言い、蚕や桑の伝承が無く、形態も馬頭はほとんど無くまた包頭も少ない。

オシラ神信仰は、東北地方に色濃く残っている信仰で起源はわからないが、記銘年よりみてはっきりした形で残っているのは別にも述べたように中世からである。ただ、いろんな要素が複雑にからみあっているために、民俗学本来の方法であるべき資料の比較調査研究によってみても、なかなか信仰の実体を把握されるまでにはいたっていない。ここには私なりに考察というよりは若干の疑問をあげて考察の資としたい。

1、おしら信仰の古形は農耕信仰にあったのではないか。

寒くて凶作の多い東北地方の祭は、悉くといってもよいぐらい五穀豊穣祈願がもとになっている。そして祭の中心は祖霊なる田の神をおろして託宣を聞くことにあった。おしら信仰のはじめも、田の神をおろし、ノリワラに神つけをさせる時、手に持つ執物の御幣が、オシラやシンメイの古い形でなかったかと思われる。珍しく現在まで残っている福島県福島市松川町金沢のハヤマ籠りは、毎年十一月十五日から十八日まで行われるハヤマ祭であるが、祭の中心は、麓の行屋で潔斎を重ねた村の人々が深夜羽山岳に登り、ノリワラの両手に一対の白幣を持たせ、神をつけ、神託として翌年の作の豊凶を占わせることにある。とくに注意すべきは、常は麓の神明社にまつっておく一対のシンメイ像を山頂に運び、その前でノリワラの神おろしがなされることである。且つオシンメイ様の祭も十八日に一緒に行われるのである。従ってノリワラによりつく神は普通は羽山神であるがシンメイも憑く。というのは、羽山神(山の神・田の神・祖霊)とシンメイとが共通的なものをもっている証拠のように思われる。この時にノリワラの持つ二本の白幣に目鼻をつければそのままシンメイ(オシラ)になる性質を具えているように思われるのである。ここの羽山の祭には神おろしのほかに田遊びの行事もそろっている。（この祭は国の重要無形民俗文化財に指定。）

正月、三月、九月の十六日はイタコがオシラを遊ばせる日というが、この日は東北地方一帯で農神の祭日であり、そのためにオシラ神は農神とも言われて、春の初めに空から又は山の頂から降りてこられるという伝承もあることは、柳田国男も「大白神考」に書いている。金沢の羽山は山の神・田の神の信仰をあわせもつ祖霊の山であるから、この日をしんめいの祭ともして託宣を聞くことは、両者の関連の極めて深いことを思わせる。羽山の神が田の神として田植の際に山から降りて子孫の農耕を手つだい、収穫がすむと家族と共食して再び山に帰って山の神となるという。同じ祖霊のもつ二つの機能を示すものである。オシラにも農繁期に農作業を手伝ってくれた話は幾つもある。

2、執物から神体へ。

雪の中、暁闇の福島の羽山岳の頂でノリワラの告る神託を聞いていると、パサパサと音を立てる神幣はまるで生きているように見え、そこに神の意志がはっきりと読みとれる。この動く神幣に目鼻をつければそのままで神になるという感じは昔なら誰でも自然に持てたと思う。仮に目鼻をつけられれば、気持の上では単なる祭具の観念を離れて神体となり、神棚にもまつられるようになってもおかしくなくなる。はじめの作神的な観念と呪術的な面からの神事的行為から離れ、共同祈願から外れて部落の家に入り、家の神、ことに家の主婦の祀る神としてその管理下に入ったものもあったであろう。女性の祀る神としては田の神、火の神、産神などの同じ仲間であった。かつていわき市四倉の巫女鯨岡女が祈禱の際に用いる一対の神幣が上端がまるく白紙で包まれ、あまりにも岩手県あたりのオシラ神に似ているのを見て高木誠一氏と驚いたことであった。且つ祀る女性の心も神像に移って行ったことも考えられてよかろう。前に例にあげたネフスキーの書簡にも、祈禱の時に用いた御幣を、神つけの儀式がすむと絹切を掛けて、オシラサマとして新しい巫女に渡すということと思い合せれば、執物としての御幣から神像へ移行の過程もわかる気がする。

3、古い家に伝わり、家の主婦のまつる家の神であった。

古い家、草分けの家にあることの多いのは、どこも同じである。いわきのシンメイなども同様で、付近の女たちが寄り集ってオシンメイ様でたたいたり撫でたりして肩凝りなど治すという。岩手県宮古市重茂荒巻の山本家は十一軒かたまっている部落であるが、オシラ様は一対本家の山本与重郎氏の家にだけあり、正月十六日の祭日には分家の女たちが全部集って祭をしている。

いつの時代から女性専門にまつるようになったか、また初めからそうだったのかはよくわからないが、はっきりした人形として神体あつかいになれば、まつる女性の性格もあずかっていろいろと性格づけられ、女性のまつる神にふさわしい姿になっていったものであろう。

オシラ神は気むずかしい神とか、遊行を好む神とか言われ、よく祀らないと祟られるとの俗信もあったりして、はじめは家刀自が丁重にまつった筈のオシラも、後には祭日に職業巫女に来てもらい、あるいは持参して遊ばせてもらっていたが、明治になったころから、家によっては持て余し気味にして、巫女・山伏のもとにあずけたり、村のお堂に納めたりすることも多くなったようである。いわき市平下神谷の愛宕花園神社宮司の吉田家にも数体のオシンメイがあるが、同家にもとから伝来したものではなく、明治初年に隣村から、年々二升の米の奉納を条件に託されたものという。その一組を納めた箱の中に次のごとき棟札様のものがあった。

（表面）明治十四年辛巳九月二十三日

　神像二組　　赤沼　作田久太郎

（裏面）白米二升　　年々奉納

4、オシラ神の性格としての遊行好き。

オシラ神の特色として、遊ばせてもらうことを喜び、また歩きまわりたがる神、すなわち遊行神としての性格がある。これなどは歩き巫女の影響が多分にあろう。いわきのシンメイに熊野神明、伊勢神明、白山神明などの種類のあることは別にも言ったが、神像の本質的な相違は無く、例えば熊野神明は、熊野の歩き巫女が持つ執物であったろうと思われる。いわきの高木誠一氏も、村の伊勢神明と言われているシンメイ様は、伊勢参宮の時お受けしてきた二十一年目御造営の時の古い木で造ったものと伝えていると言い、巫女の神寄せ、口寄せする時の採物の進化したものであると思う、それが神格化して白山、熊野、または伊勢神明となったものであろう、と言っている(『磐城北神谷の話』)。粗末でもつくった人形を持って熊野へ行き、魂を入れてもらうこともあったようで、そういうオシラ像を持って軒に立って熊野の縁起などを有難そうに語って聞かせることもあったようである。いわきの伊勢神明の伝承では二神はイザナギ・イザナミをかたどるものという。

「遊ばせる」こともこの神の喜ぶもので、手に持たれて振りまわされることばかりでなく、凝る肩を叩いたり、病む頭をなでたりすることも遊ばせることであった。アンバ様が囃されて喜ぶと同じわけで、神さびを人が助けて上げることでもあった。同時に巫女に神がのりうつって手足を動かしながら神言を告る姿にも通じていた。しかし女性が主として世話する祭になってからは、あそばせることが、ことに女の仕事として適当とされたものであろう。

いわき市赤井の高萩某女などは、シンメイ乞食などとさげすまれて気の毒であったが、オシラを持って戸毎に軒に立ち、多少の喜捨を受けて歩く本来の祝人(ほぎびと)の零落した姿であった。この巫女の持つシンメイなどは、歩く所立寄る家がきまっていて、他に廻ることを好まなかった。また一日に驚くほど遠方まで行くこともあったという。つまり神の意志のまにまに歩きまわるわけである。彼女らはオシラを持ち歩くが、巫女が祈禱の時に手にする御幣はもちろん笹や南天と同じ気持で、そうした執物が進化してオシラになったという見方である。

5、姫と馬の恋物語と蚕。

「せんだん栗毛の物語」のもとは、中国から来た『捜神記』など漢籍の翻訳の流布からと言われているが、それがほんとうとすれば時期はよほど古いと思われる。それも中央から地方に移っていったものと言われている。馬に懸想された姫が死んで蚕になった話がもとで、文芸的な要素を含んだ伝説として各地に土着したものらしい。それは馬や蚕に関しての素地があればなお都合がよかろうが、何の素地がなくても面白い伝承なので、各地に自由に受入れられたものであろう。東北地方に多い万能(真野)長者や炭焼長者の話も、姫と名馬の話と連絡づけられているものも多い。

ことに馬産地でもある岩手県などに比較的古い姿が残っているように思われるのは、ある時代に流行的にさかんになったのが、その後動きが少ないので古いままに残っているのであろう。

神送り・人形送り・虫送り等の風習

1 才の神送り（福島県郡山市湖南地方）

猪苗代の湖南地方では、小正月の夜に才の神祭を行う所が多く、今年（昭和五四）も赤津は七、八ヶ所、福良は九ヶ所、三代は二ヶ所、中野は三ヶ所、月形は四ヶ所に小屋が立てられたようであるが、上の地区のうち舘、三代、横沢で見たものを主とし、付近の聞書を付記したい。

舘の絵ボンデン

まず舘（たて）の才の神であるが、ここのは絵ボンデンが著しい特色となっている。一月十四日の午後、子供組では大なる笹竹にまるく張って作った絵をとりつけたものを、折から降りしきる雪の中で宿の庭先に立て並べていた。ボンデンはどこにもあるが絵をつけるのはこの舘部落だけだという。

小正月にボンデンを担ぐために、ボンデン組と呼ばれる子供組が七日正月ころに組織され準備がはじめられる。十二歳（小学五年生）が頭で一（いち）ボンデンと呼ばれ、十一歳（四年生）が二ボンデン、十歳（三年生）が三ボンデン、九歳（二年生）が四ボンデン、八歳（一年生）が五ボンデンと呼ばれ、年齢別に一本のボンデンを受持つのであるが、一ボンデンの竹は大きい上に沢山の絵をつけるから持つのに力が要る。同年齢該当者は何人居てもそれぞれのグループに属す

サイノカミ（福島県湖南地方）

る。今年あたりは五つの組全員で二十五～二十六人ぐらい。才の神に参加できない未就学の子供たちのために、親たちは可愛い小ボンデンを作って先輩のボンデンの側に並べてくれる。

当番宿を清らかな水上に住む者の家に当てるのは穢れを忌むためといい、出産のあった家の子は二十一日過ぎないと出られない。出産は不幸よりも穢れが強い。

七草正月ごろから宿に集まって輪に紙を貼る仕事から絵を画く仕事をはじめる。絵は部落内の心得ある大人に書いてもらうが子供が自分で書くのもある。縁起のよいめでたい図柄が選ばれる。館の絵ボンデンの起源はわからないが、江戸の末ごろに会津の方から絵をよくする人が移したともいう。

笹竹につける絵は、もとは沢山つけた。ことに一ボンデンの連中は力もあるから、十もそれ以上もつけたが、二ボンデン以下は順に数も少なくして持運べるようにした。

才の神祭の中心はドンドヤキであるが、子供組の仕事はボンデンを作りこれを祭場まで運んで先輩の若い手に渡すまでである。部落の家々からの寄付集めから宿においての子供達の作業はなかなか厳しい秩序によってなされる。子供組仲間にまぜられて才の神祭に参加できるということは子供たちにとって大変なほこりであり、同時にしつけの場として大きな試練をうけることであった。上級生には絶対服従で、近い将来若い衆の仲間入りをする準備にもなったわけである。それだけまた年上の者は下の者のめんどうを見、模範にならなければならなかった。

出来たボンデンがみごとに雪の庭に並ぶと、午後二時ごろ宿で神官によるお祓いがあり、それがすむと、年齢順に自分達の属するボンデンを横たえて大勢で担ぎ、町をねり歩き、才の神の祭場まで運ぶ。途中町角などで一斉に竹を立て喊声をあげる。

祭場にはすでに才の神さまのニウが大小二つ作られてあり、家々から集まった松かざりの類が山と積重ねられてある。子供たちのボンデンもここに立てかけられる。これは夜になって火をつけるのである。子供たちは、みかんや菓子の入った初袋をもらって一旦家に帰る。

ヘーナ(雛)と厄落シ。子供組がボンデンを担いで道路をねり歩いている時、家々からお針をする女たちが、小さな絵紙を着物の形に切ったものを手にして子供達のボンデンに結びつける風習のあるのは、自分達のけがれを払う厄おとしのためだと言っている。夜に入って才の神やきがすむと、少し離れた道の辻で厄年の人は蜜柑をまいて集まった人々に拾ってもらう。厄年の人は部落に何人も居る上、たいてい一人でダンボール一箱位まくから、雪の上をすべったり転んだりで大変な賑わいを呈する。厄年とは七歳(七草という、男女とも)、十三歳(男女とも)、十九歳(女)、二十五歳(男)、三十三歳(女)、四十二歳(男)を言う。身についた手拭や若干の金銭を辻に落してくることもある。通行人を注連縄でさえぎり「お祝いなんしょ」と銭を強要する風も小正月の日であった。墨つけ祝もあった。

才ノ神焼と作占。館のさかんな才の神も戦時中は火が燃せないので中止のままであったのを昭和四十七年ごろから復活した。

田圃の中につくられてある大小二つの才の神のうち小さい方がまず午後六時ごろ若い手によって火がつけられると、それが遠くからも見えるから、それを合図のようにして部落の人々は大人も子供もみな集まってくる。そこで大才の神を燃やす。才の神が勢よく燃上ると、人々は土手から下り火に近づいて手を合せて拝む人も多い。長い竹竿の先に刺した餅を火にかざして焼き、御護符として持帰って家族と食べ合う人もいる。煙草に火をつけて吸うと虫歯にならないと言う人もいる。又火を分けて持っていく人もいた。才の神は喧嘩好きだなどと言われるのは、隣の才の神と松の取合いなどをしたからで、神は威勢のよい方に付くというのも、競技を年占に結びつけた考えの名残と思われる。

湖南は十四日、湖北は十五日が才の神であるが、十四日の湖南の火が湖北に見え、十五日の湖北の火が湖南に見える年は作柄がよいと占う。又前者の場合は早稲が、後者の場合は晩稲がよいとも言う。吹雪で火の見えない時は作が悪い。

男女交際の公認日。才の神の晩だけは男女の自由な交際が黙認された形であったのは道祖神との結びつきの結果であった。何軒も厄年の家をまわって歩く間に男女の交遊が見られたものだ。同時にこの時を機に大人になるという成人式の意識もあったようである。

三代（みよ）の才の神

この辺は昔は会津藩領であった。三代では大（おお）ヤキ、小（こ）ヤキと呼ばれる二つの才の神をつくっていた。道祖神とは本来は人の通る場所につくるものだとも言われている。もともと子供の行事であり、昔は部落の上と下とで小屋の形に二つ作り、各々に分れて才の神祭をした。一週間位前から子供たちは材料集めをはじめ、当日は大人が手伝ってつくってくれる。ここを子供たちは自分たちの城と称してたてこもり、よく雪の中で松の奪合いをした。昔は小学六年生が頭であった。

ここの才の神も午後六時ごろからまずコヤキの方から燃やしはじめる。見れば松やしめ飾りもみな集めていて燃やすばかりになっていた。その煙をみて部落の人々が集まってくる。

ほのおが真直ぐに立ちのぼる年は作柄がよい。青竹の割れる音も高い方がよい。

厄落とし。厄年の人はこの火で厄払いをするという。やはり傍の橋の上から下の川原に群がっている人々に蜜柑をまく。厄をみんなに背負ってもらうのだなどと言っている。ここでも持参の餅を焼いて口を黒くして食べている人もいる。

横沢の才の神

横沢に行った時は夜になっていた。雪の中の大小二つの才の神に火が点ぜられ、その火に当ると病気をしないとか、餅をやいて食うとよいとするのは同様であったが、ここで違うのは「アカヤクワン」というものである。一名「ヨイショボッタン」とも呼ぶのは、木から縄でつり下げた油のしませた藁をまるめた大きな団子のようなものに火をつけ、枝から引下ろしたり引上げたりする行事である。火の燃え具合によって占う、これも年占であるという。

胴上げもあった。

猪苗代湖岸三ケ浜の才の神（補遺）

昭和五十三年一月十四日調査の「祭礼調査カード」によって補えば、サイノカミはドンドヤキとも言う。若連（子供）が門松・しめ縄などを村内各戸から集めてくると、青年達がそれを積上げて大シン、小シンなる二つの神の山をつくるが小シンは明き（あ）の方に立てる。この二つの山を注連縄で結び二見が浦と呼ぶ。子供たちが各戸を「お祝いなんしょ」と言い言い賽銭や祝儀を貰集めて頭屋（宿）に集まり、神様作りの直会の会食をする。一方納豆の藁苞がらを二つつないで放り上げ二見が浦の注連縄に引っかかると美しい嫁女がもらえるといい、また幸運に恵まれるといって試みる。

才の神の火と年占。三ヶ浜の諸所での大シン小シンの火が、次々とほとんど同じ時刻に燃え上るが、最後まで燃え続いている浜は幸いとなるというので、夏のうちから燃え草を沢山刈り集めて子供たちはニュウに作っておく。才の神の火で焼いた餅を保存しておき田植時や農繁期に食うと農病みをしない。才の神参りに行けない老人や病人のために神の火を貰ってきて使う。又、前にも触れたが、十四日夜は北浦から南浦の火を拝み、十五日夜は南浦から北浦の火を拝み、十四・五両夜とも晴れて火が拝まれれば湖周辺は豊作となる。十四日が良く晴れていれば早稲をつくれ、十五日が良夜ならば晩稲も大丈夫、二晩とも吹雪なら稲作は望めないと言う。

○

年占。正月の松や注連飾りを焼く才の神の火を神火として拝み、その燃え具合によって作占をし、またその火に御利益ありとする。湖北と湖南の火を合せ見るなどは、鳥海山大物忌神社の「火合せの神事」を思わせる。

若者組との関連。若者組と才の神焼きとの関連はここでも見られる。小屋をつくり中で神まつりをする風は見られないが、大シン小シンなどと呼ばれるニュウをつくるための若者組の関与の名残りがある。ことに舘のボンデン組などの例に見られるように、年齢階層がはっきりし子供組としてのしつけがなされる。即ち小さい方は子供組でも大きい方は子供から大人になるという意識が才の神祭を契機にさかんになるようであった。つまり子供から大人への移行儀式が底にほの見える。道祖神の夜の男女交際の黙認も一には本来の才の神信仰と一には成人式の要素とがからみ合っているわけである。

厄落とし。身についたもの(今はみかん)を人に拾ってもらい厄落としをする風は盛んであり、紙で人形をこしらえて身体を祓うヒトガタ（雛）の風は、一つには厄落としと結びつき、他方では七夕の裁縫上達の風習と結びついている。さらに舘の笹竹につける絵ボンデンは、ただのボンデンと著しく異り七夕の笹飾りと酷似している等よりして舘の才の神祭はほかにも種々の要素を含んでいるように思われる。

2　神事送り（福島市金沢）

一般には「神事（かみごと）送り」と呼ばれているが、神社では「送神祭」と言っている。神社とは福島市松川町金沢の黒沼神社で、この行事をする神社の氏子は、上組、中組、下組、北組の四組に分れ、神社役員として氏子総代と神社区長がおかれている。氏子総代は各組一名ずつの計四名、神社区長もかつては同様四名であったが、現在は上組三名、中組二名、下組二名、北組三名の十名である。この神事は神社区長が中心となって世話に当っている。

日時は、盆の行事であるため、かつては旧暦七月二十八日であったが、昭和五十一年から盆を新暦で行うようになった関係で新暦八月二十八日に変更された。

二十八日の午後三時から、黒沼神社の社殿に宮司、氏子総代、神社区長、一般参列者達が着座して祭典を行う。

1、祓　詞
2、修　祓　供物、神社区長、総代
3、献　饌　塩水、神酒、菓子、野菜、初穂料（氏子中）など
4、宮司祝詞奉上
5、大拍子連打（本殿内）　宮司
6、大太鼓連打（拝殿内）　総代

７、直　会　神酒と菓子を参列者に振舞う

午後三時四十分ごろ終了するや、神社で用意しておいた大ボンデンを持って出発する。

途中の道路わきには、家々のカキダレをつけた笹が出されてある。この笹はこの日の朝に採ってきたものであるが、それに、盆の期間中盆棚に用いて十六日の盆送りに残しておいたカキダレをつけたものである。カキダレをつけた笹で、神棚のある部屋から順に天井などを祓うように撫で、道路に出す。その後人々は各自に神社に参拝し、神社で祭典の終った一行について川に向うが、途中各自のものを持つのが原則である。

神社で用意した大ボンデンは約六尺あり、同じようなものは永仁寺でも作って出しておく。

一行は阿武隈川の川岸に着くや、一旦笹を立て、宮司の祝詞があり、終って一同で笹を川に投入れ、拝礼して帰途につく。

○

神ごと送りには、所謂鹿島流しから、疱流しなどの人形送り、虫送りなど類似のものが数多いが、これは普通仏事として行われている精霊流しをこの辺では神道で行っているもののようである。

３　人　形　送　り（福島県船引町芦沢）

人形送りの行事で普通お人形様の衣替えという。磐城街道にはもと、

堀越の丸森

芦沢の朴橋（ほおのきばし）

芦沢の屋形

芦沢の光大寺
芹ヶ沢
の五ヶ所にあったが、今残っているのは朴橋と屋形の二ヶ所である。多くは部落境や道路の辻にあって、厄神よけが目的であった。今残っている二ヶ所についての「人形さま」の行事の概略を述べる。（昭和五五・四・二九―旧三・一五調査）

朴橋のお人形さま

船引町大字芦沢朴橋のお人形さま

朴橋の人形様は祭神を久比毘古命とし、毎年旧二月十五日に衣替えをなし、三月十五日に祭を行う。今年は三月十五日が天皇誕生日の四月二十九日に当り、人形の基礎の柱も五十年目に当るとかで、遷宮の意味も含めて衣替えと祭とを一緒にする盛んなものとなった。もっとも五十年にするときまっているわけではない。

起源は不明であるが、江戸時代から絶えることなく行われ、赤痢、腸チフスなど疫病よけのためと言っている。古いのぼりで残っているのは文久二年のものである。氏子は朴橋と桃前の二部落で二十一戸、うち本戸は十三戸である。

祭の準備には「当前」と呼ばれる順送りの当番が宿になるが、当前に不幸があったりして忌みがかりになる場合には次の当番が繰上って当前となる。「お祭当番札」に氏名が書かれてあり、順に当番宿に廻している。代替りになるのでその都度そこだけ名前を書改める。現存のものは左の通り。

表

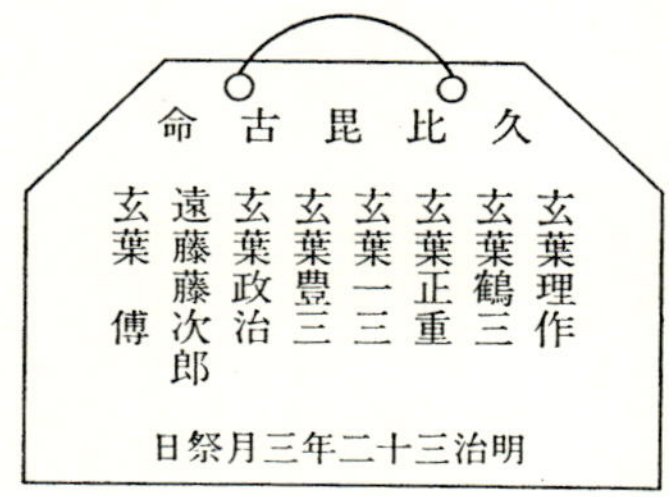

裏

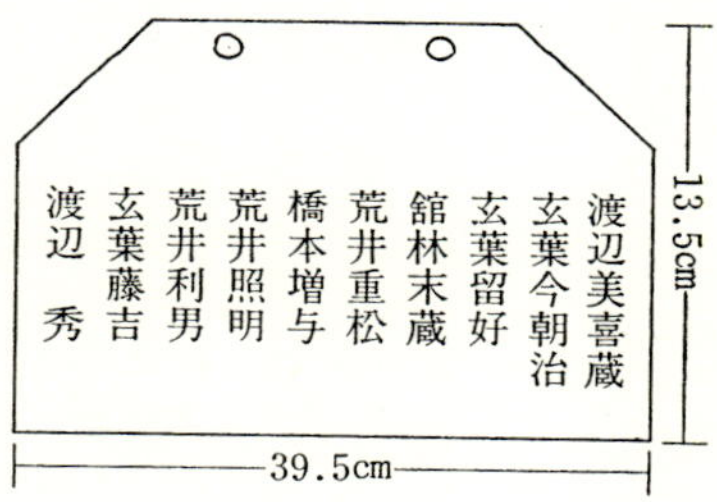

渡辺美喜蔵
玄葉今朝治
玄葉留好
舘林末蔵
荒井重松
橋本増与
荒井照明
荒井利男
玄葉藤吉
渡辺　秀
13.5cm
39.5cm

なお現在のところでは二十一年目に当前がまわってくる勘定になる。

また忌引に関する「定」があり、左の通りである。

定　昭和五十三年三月十五日前定改正

一、忌引中氏子に対してはお衣替の菰及び祭典費を徴集しない

二、忌引は亡後四十九日過ぎざれば解けたと見做さず

三、忌引は世帯主から見て次の範囲とす

親、兄弟、叔父、叔母、子、孫、曽孫、従弟姉妹、姪甥、世帯主夫婦

四、前項孫、曽孫、姪、甥、兄弟、姉妹については氏子一同一世帯員に限る

但し四の場合と雖も、祭日当日亡又は告別式の場合は一の定のみ適用する

人形や衣替えの材料は部落持ちで、各戸藁三把ずつ持寄る。胴体に用いる菰は一度つくれば四年ぐらい持つ。心の柱は栗で、年々補強すれば五十年ぐらいは持つ。現在の人形の面は昭和四年に部落の大工渡辺善吾のつくったもので、材質は栗で、縦一〇六センチ、幅六三センチ、厚さ一三センチで頗る重い。

人形つくり

現在講主は荒井理作であるが、荒井家は交替なく長くつとめてきている家柄と見える。場所は街道の傍、部落を見渡す丘の上で、人形は南面して露坐とし、睨みを利かせて厄神を寄せつけないと信じられている。

この日午前中から部落の男女が集まり、お衣替えをはじめる。栗の柱十三尺の長さのもの四本を土中に立てる。土の中には一メートル位埋め、上端に行くにつれて間隔をせまくし、上端には荒目に編んだ籠をかぶせる。これは人形の髪となる杉葉を刺すためのものである。面は年々塗りかえる。もとは柿渋を塗ったという。

正午近く取り付けをはじめる。籠の正面に面をとりつけ、次に頭髪(杉葉)や耳(藁を編んだもの)をつけ、胴体は菰を巻き、藁を束ねてつくった左右の手をつけ、さらに右手に薙刀、左手に刀を持たせる。これで部落を守護してくれる疫病よけの人形様ができ上る。なお四方に笹竹を立てしめを張る。

屋形のお人形さま

午後は一同重詰などを持って再び集まり、参拝し直会となる。

船引町大字芦沢屋形のお人形様

古くは街路のすぐ傍の高台にあったが、大正の初期、公園化された近くの高い丘の上に移った。祭に立てられる古いのぼりには文化十五年のものもあるという。お人形様は魔除けと五穀豊穣のために山上から部落を守っていてくれるという考えである。

祭日は旧三月十五日で、昔は二月十五日にお衣替えをして三月十五日祭をしたが、いつの頃からか三月十五日に衣替も一緒にするようになった。部落は東之内組、上屋形組、下屋形組、粇田組の四つの組に分れているが、全部で氏子数四十六戸あり、当番は組毎に毎年順番にまわる。今年の当番は東之内組である。講主は代々変らない。左のような当番札がある。

お衣替えの準備は午前中からはじまる。各自新しい藁を一把ずつ持集まる。男達は丘上の四本の柱立てからはじまり、女達は下の広場で、お衣をつくるといって藁を編む。

ここでも柱は今年新しくした。やはり五十年ぐらいになるからという。面は昭和三十五年ごろ造り直したもので材質はケヤキという。今日までに塗りかえておくが、お化粧といっている。面の高さ一二四センチ、幅八〇センチ、厚さ一一センチ。

柱は栗材の十六尺のものを四本やぐらのように組んで立てる。うち一メートルは土中に埋める。柱と柱の間隔は下部で一六〇センチ、上部で八〇センチぐらい。

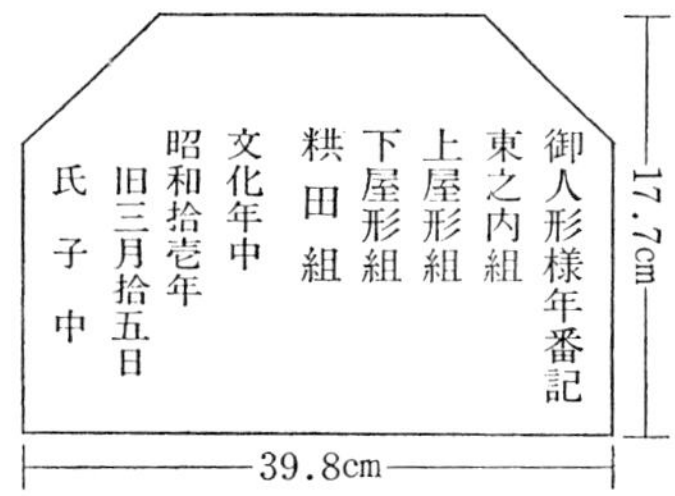

17.7cm
御人形様年番記
東之内組
上屋形組
下屋形組
粠田組
文化年中
昭和拾壱年
旧三月拾五日
氏子中
39.8cm

文中、文化とあるのは文化年間の前の古札を書写した意味であろう。

柱ができれば面を取りつけ、衣服をまとわせ、刀と薙刀を手に持たせる。手の長さ二八〇センチぐらい。刀は木で長さ三一三センチ、つばは藁をまるく編んだもの。薙刀は長さ三六〇センチばかり。

お衣替えが終れば一同参拝して下の草原で直会となる。

次に高木誠一氏よりの聞き書き(昭和一八・一二)を挙げる。

4　虫送り（福島県いわき市草野）

今は絶えたが、五、六十年前までは、田植あがりの休日の夕方、虫送りといって、虫を紙に包んだものを青竹に結いつけ、それを持って村の上境から下境へ送った。先頭には松明をつけ、次に鉦、太鼓をたたき、大声で虫送りの歌をうたいながら虫を他村へ送ったものであった。

稲さし虫も送るよう
はすべい虫も送るよう
青虫も送るよう
虫だら何でも送るよう
送る送る送るよう

稲さし虫は螟虫(めいちゅう)、はすべい虫は苞虫、青虫は稲尺蠖(いねしゃくとりむし)のことという。

5　疱(も)流し（福島県いわき市草野）

モガミサマ（疱瘡神）は今では全く用のない神様となって、九月の幣束まつりの時に神棚の一隅に一本赤幣をモガミ様として上げるばかりになってしまった。最上（山形県）の若木山(おさなぎ)は疱瘡神様で、昔天子様のお子様であったが疱瘡にかかり島流しにされ給うたなどと伝え、同病相憐れんでこれを信心すれば疱瘡が軽いといい、奥参りの時はここにも参詣してきたものであった。御影には御本地大日如来、垂跡大日霊尊、末社牛頭天王とある。

疱瘡は子供の大厄で、これで死ぬ者が多かった。七年廻りぐらいにはやってくるもので、十歳ぐらいまでの間にすめばよいとされていた。痘痕は方言でジャバカ、ジャンカ、ジャバなどというが、そういう人はもとはどこへ行っても見られた。今より八十年前私の父などがはじめて種痘をしたのであったが、そのころは誰も疑っていて、村でこれをするのは村役人の子供ぐらいであったそうで、当時のうえ料は二朱であったという。

子供が疱瘡にかかった時は、デイ（座敷）の正面に神棚をつり、法印様を請じて赤幣七本を上げ御祈禱してもらう。

神棚には親戚や懇意な人から見舞として贈られた江戸絵を貼った。これをお棚上げという。四日目には中行といってまた法印をよんで祈禱を頼む。この時村の若者組をよんで酒肴を出し、御棚ハヤシといって神様の御機嫌を損ぜぬようににぎやかに囃したてる。この御棚ハヤシの歌は、前の方は忘れたが、次のような文句があった。

七百余神のもがみ様よ、ほてるは三日で出来るは三日、水うみ三日にほんみは三日、かじけは三日で、十や十五でもながし申せ

七日目に御棚オロシをする。軽くてすんだ疱瘡の場合、その御幣を貰って行く人が多かったのは今度も軽くてすむように、とのためである。紫疱瘡は重かったゆえに紫色を忌み、赤はよかったので縁起をかついで赤色はよく用いられ、赤頭巾を子供にかぶせ、又疱瘡よけの守り札の文字は赤字であった。

疱瘡の軽くすんだ時は、親戚や知人・村の若者組をよんで酒と餅を振舞い、痘流しの祝いをしたものだ。この痘流しの祝いは、文久二年八月私の伯母マスが当時七歳でこの祝いをしたのが最後であったかと思う。その後はどこでも種痘をするようになったから。痘流しの餅は千本杵で歌をうたいながら面白くついたものであった。

も流しの餅をつかば臼と杵とをそろえろ、臼は八からで、杵の数は十六、御棚の餅は七重ね、この餅をさげて村のお若い衆に差出せ。(下略)

6　疫神送り（福島県いわき市草野）

ハヤリ(腸チフス)は神様だと考えられていたが、これには山伏のもの、坊様のもの、小僧のものと色々種類があると信じられていた。小僧のものは、頭に上がられ体にからみつかれて病気も重いとされた。ヤク病などと言わずにハヤリノ神様と言えば、一生この病に罹らなくてすむという。

ハヤリのある時は、かき散らすという意味で、隣近所で鍋釜の尻の墨を掻くことを忌み、ハヤリの神様がよばれにくるとて、餅をつくことも小豆を煮ることもできず、神様の御機嫌を損ずるからとて、下肥を汲み厩肥を出すこともならず、又村では打ち散らすから悪いというわけで太鼓も打てない有様で、それは不自由なものであった。

病家では法印山伏をよんで祈禱をなし、病人を折檻し、円座に赤幣を立てて小豆飯を供え、病人に聞いて東か西かその言う方位の道の四辻に送り申すのであるが、それで治ることもあり、また何か不足のことがあって行かれないとて戻ってくることもあったりした。

正月七日は疫神様がその年の宿割りを定めに歩く日であったから、子供など夕方おそくまで遊んでいられなかった。この朝早く羽織袴で道の四辻に出て、オハヤリノ神様、今年は私の家でお宿を仕りますといって、家に帰って神棚に燈明を上げ小豆飯を供えれば、決してその家にハヤリの入ることはなかったそうである。

次に各地の数例を岡本弘子君の「人形送りの行事」から挙げる。

7　人形祭り（岩手県二戸市福田）

戦前までは旧七月十八日、現在は八月十八日に行う。昔天保の飢饉でボウ（腸チフス）が流行った時、人形をこしらえ、館、福田を行列して送り、安比川に流したことにはじまるという。

福田では一戸から一人藁を持寄って高清水稲荷神社前の広場で人形男女一対をつくる。丈六尺ばかり、半紙に目、鼻、口を書いて顔部に貼り、胴にはしめ縄をつける。出来上った人形は社前に飾る。

神社で祈禱ののち、境内で、鉦、太鼓に合わせて人形を踊らせ、一同行列をつくって出発する。人形は木車に乗せられ、ヨーイサヨイサの掛声で練り歩く。家々では家族の人数分の煎餅を糸に通して用意しておき行列に渡す。煎餅は市販のもので、家族たちの身体をなでておいたものである。行列は所々で休み又獅子舞をなし、村はずれの安比川の橋の上に着くのは夕方で、橋の上で人形を踊らせ、川に送る。煎餅も一緒に流し、人形の流れ具合でその年病が流行るかどうかを占う。橋の袂で簡素な直会がある。

8 虫追い（青森県田子町飯豊）

虫ボイ、虫送りという。もとは旧の六月二十四日、今は新暦で行う。飯豊の田植の終ったころになる。主に稲の害虫を送る行事である。

部落の主に老壮年の男子集まり、法呂神社下の広場で藁人形をつくる。丈六尺ほどの男女一対をつくる。顔には目鼻を書いた紙を貼る。女性の人形の頭には野の花などを飾る。人形を方言でジンジョとよぶ。

午後一同法呂神社の境内に集まる。各家では旗を上げる。家族の人数分上げる家もある。旗には「悪虫退散」「家内安全」「四海満福」「五穀豊穣」などの文字が見られる。

神社で祈禱の後出発するが、もとは神社でなく順まわりの宿で世話をした。行列の先頭は人形で、太鼓、笛、鉦が続き、自分の家の旗を持った子供や老人が続き、獅子舞も加わる。笛太鼓に合わせ人形を踊らせながら進むが、カミと呼ばれる村境の三叉路に男の人形を置き、簡単な酒盛りがあり、更に進んでシモの村境に女の人形を置く。行列が来ると人々は家の前で人形を迎え且つ送る。行列は途中休みながら部落を一巡し、はじめの広場にもどって直会がある。旗は各自自分の田圃を通る際水口にさす。

岩崎村の三部落では、田植後の適当な日に、潮の流れなどを考慮して行っている。

この行事は航海を司る鹿島神の信仰と関係があり、田植終了後の虫送り行事がかさなって今日の鹿島祭になったという。したがって祈願の目的は悪虫退散、五穀豊穣、悪疫退散、海上安全、大漁祈願などとなっている。

前々から準備にかかり、七体の人形と人形を載せる舟をつくる。もとは潔斎してつくった。人形は三〇センチほどのもので、頭部は桑の木でつくり、胴体は藁でつくり布製の着物を着せる。顔には墨で目、鼻、口を描き、頭に鉢巻をさせる。以前人形は木彫りだった。時により武者人形や七福神をのせることもあった。この七体の人形を乗せる舟は鹿島丸、春日丸などと呼ばれ、長さ六尺ばかりの板製である。

当日午前中行列は松神青年会館前を出発、舟は木車にのせて子供たちがひく。音頭とりの御幣を持った男が先に立ち、小学生の踊り子、太鼓、笛などが続く。松神神明宮に舟を奉納、祈禱、踊があってのち、村まわりをする。

夕方海岸に出て、ここでも行事があって舟を海に流してやる。太刀振りに使った太刀も一緒に流し、その流れ具合でその年の豊凶を占うという。

10　舟っこ流し（青森県深浦町関）

八月二十一日あるいは二十二日の晩に行う。海で死んだ人の霊を慰めるとともに海上安全を祈る。

厚紙で人がたをつくり舟にのせる。舟は一〜二メートル、幅三〇〜五〇センチぐらい、部落でも一艘出すが、その一年に亡くなった人の家でも出す。

人形をのせ、供物をそなえ、とうろうを下げ、美しく飾った舟は、午後六時ごろ寺を出発する。舟は四、五人の男が持つ。そして鉦をならし念仏を唱えながらゆく。個人の舟は家族が持つ。各家では行列が来ると花や枝豆などを舟に載せ、燈籠を持って行列に加わる。部落を一巡したのち浜に着きここから舟を流す。終って人々は寺の広場で盆踊をする。

11 鹿島流し（秋田県大曲市）

大曲、花館、四ッ屋、藤木などで今でも行っている。六月二十七日（もとは旧五月二十七日）。田植の終ったころにする。この行事は稲の苗を束ねて顔を貼って雄物川に流したことにはじまる虫送りであったという。一年の悪病退散、災厄払いにもなっている。

カシマ人形の顔は粘土でつくり、胴体は藁でつくる。紙の鎧を着せ兜を被らせ、槍を持たせ、馬にまたがらせる。みな武者人形で、鹿島大明神と書いた旗を持たせる。

鹿島人形を専門につくる家があって、そこから予め買求めて床の間や神棚に飾り、魚のあるお膳を供える。当日、鹿島舟と称する柴、柳、葦などを材料として造られた舟が町内をまわって人形を集めにくるから、家々ではオヤキと称する焼餅やわらじ銭という小銭を人形に負わせて舟にのせてやる。家々の鹿島人形をのせた舟は諏訪神社でお祓いを受け、神主が付添って鉦、太鼓で行列、にぎやかに丸子川に行き、舟を一艘ずつ流してやる。

岩手のザシキワラシ

柳田国男の『遠野物語』には二つのザシキワラシの話が載っている。

「旧家にはザシキワラシと云ふ神の住みたまふ家少なからず。此神は多くは十二三ばかりの童児なり。をりをり人に姿を見することあり。土渕村大字飯豊（いひで）の今渕勘十郎と云ふ人の家にては、近き頃高等女学校にゐる娘の休暇にて帰りてありしが、或日廊下にてはたとザシキワラシに行き逢ひ大いに驚きしことあり。これはまさしく男の児なりき。同じ村山口なる佐々木氏にては、母人ひとり縫物して居りしに、次の間にて紙のがさ〳〵と云ふ音あり。此室は家の主人の部屋にて、其時は東京に行き不在の折なれば、怪しと思ひて板戸を開き見るに何の影も無し。暫時の間坐りて居ればやがてまたしきりに鼻を鳴す音あり。さては座敷ワラシなりけりと思へり。此家にも座敷ワラシ住めりと云ふこと、久しき以前よりの沙汰なりき。此神の宿りたまふ家は富貴自在なりと云ふことなり。」

「ザシキワラシまた女の児なることあり。同じ山口なる旧家にて山口孫左衛門と云ふ家には、童女の神二人いませりといふことを久しく言伝へたりしが、或年同じ村の何某と云ふ男、町より帰るとて留場の橋のほとりにて見馴れざる二人のよき娘に逢へり。物思はしき様子にて此方へ来る。お前たちはどこから来たと問へば、おら山口の孫左衛門が処から来たと答ふ。此から何処へ行くのかと聞けば、それの村の何某が家にと答ふ。その何某は稍ゝ離れたる村にて、今も立派に暮せる豪農なり。さては孫左衛門が世も末だなと思ひしが、それより久しからずして、此家の主従二十幾人、茸の毒に中りて一日のうちに死に絶え、七歳の女の子一人を残せしが、其女も亦年老いて子無く、近き頃病みて失せたり。」

なお、『遠野物語拾遺』の方には、ザシキボッコ、クラボッコあるいはオクラボッコとして四話が採られている。

その後、『遠野物語』に材料を提供した佐々木喜善は、遠野を中心として能う限り岩手県内のザシキワラシの資料を集め、僅かながら宮城・青森・秋田県にもおよんで『奥州のザシキワラシの話』（『炉辺叢書』大正九年二月）として世に問うた。当時としてはザシキワラシの集大成であった。即ち、子供の時の記憶、近頃耳で聞いた話、手紙で答えられたもの、関係あるかと思われる事項とに分けての詳細細心の調査資料である。彼の昔話の採集と共に後々の民俗調査法の典型とされてよいものであった。最初の聞書一つ二つをあげれば、

「私の村に近い綾織村字日蔭に、佐吉殿（さきちどん）と云ふ家がある。或時この家で持地の山林の木を売つて伐らせたことがある。そのために家の屋敷には、福木挽（ふくこびき）といふ浜者と、某という漆掻きの男とが来て泊つてをつた。するとどうも毎晩、一人の童子（わらし）が出てきて、布団の上を渡り、又は頭の上にまたがつてうなされたりするので、気味悪く且つうるさくてたまらなかつた。漆かきの男は、今夜こそあの童子をとりおさえてうちこらさうと、待ちぶせして居て角力をいどむと、却つて見事に童子にうち負かされてしまつた。その翌夜は同様にして、木挽の福もその者に組み伏せられたのである。二人の男はいよいよ驚いて、その次の夜からは宿替へをしたと云ふことである。もちろん此家には昔からザシキワラシが居つて、それが後を流れてゐる猿ヶ石川の河童（かつぱ）だといふ噂があつたのである。今でも此家の背戸（せど）には佐吉殿の渕といふ淀（よど）みがある。てつきりその物の仕業だらうと、福木挽の直話ださうである。今から三十年ばかり前のことと云ふ。その後この家は火災にあうて失せたといふことである。この村の

鈴木某といふ老女から、遠野の松田といふ友人の家で聞く。大正八年三月某日。私の村は陸中上閉伊郡土渕村。町村の名だけ書いておくのは、皆同郡の内である。」

「綾織村字大久保に水口（みのくち）といふ農家がある。今から七十年ばかり前のこと、正月十四日の晩、非常な吹雪であつたところが、其夜宮守村の日向（ひなた）といふ家から、何かしら笛太鼓で囃しながら、賑かに出てきたものがあつた。それが水口の家の前までくると、ぴつたりと物音がやんでしまつた。世間ではそれが福神で、その家に入つたのだと言つたさうである。それから水口の家の土蔵にはクラワラシが居るやうになつて、家計が非常にゆたかになつたと云ふことである。遠野町の佐々木媛子氏から、本人の宅できく。大正八年七月某日。本人は母上から聞いたと云ふ。」

「その後、水口の家の土蔵にゐたクラワラシが、居なくなつたと噂されるやうになつた。それからはあまり家計が思はしくなくなつたけれども、現今でもなほ相当な暮らしをして居る。見えなくなつたクラワラシは、隣家の沢（さは）といふ家へ移つたともいはれたさうである。沢といふ家は、この部落でも屈指の有徳（うとく）な家である。同上」

この書の「ザシキワラシ出現の場所および家名」を見ると、ほとんど岩手県でちょうど一〇〇ヶ所を数え、郡は気仙郡、東磐井郡、西磐井郡、胆沢郡、江刺郡、和賀郡、稗貫郡、紫波郡、盛岡市、九戸郡、下閉伊郡、上閉伊郡で、佐々木の住んでいる上閉伊郡がとくに多く六二ヶ所見られ、ザシキワラシの中心地の観がある。宮城、青森、秋田の三県は各一例ずつに過ぎない。なお『遠野物語』にあるものはいずれもここに含まれているようである。また江戸にも一種のクラボッコが住んでいた例が柳田国男によって『奥州のザシキワラシの話』に紹介されている。

またこの書の「ザシキワラシの種類および別名表」を見ると、

ザシキワラシ、ザシキボッコ、ザシキボコ、ザシキモッコ、ザシキバッコ、カラコワラシ、クラワラシ、クラボッコ、コメツキワラシ、ノタバリコ、ウスツキコ、テフピラコ、ホソデ、ナガテなどあり、居る場所や動作や容姿からつけた名が多い。しかしほとんどはザシキワラシと呼ばれているが、ザシキボッコ、クラワラシ、クラボッコもかなり見られる。ここには無いが本文例の中にカブキレアタマからつけられたカブキレワラシ(気仙郡住田町)があった。

佐々木喜善の調査以後、ザシキワラシの存在は急速に減少して、今は聞くことさえほとんど無くなってしまったが、なお伝承だけはまだそちこちに残って居り、平井恵美子の卒業論文「ザシキワラシについての考察」(昭和四十七)には、遠野の菊地照雄氏や二戸の五日市栄一氏その他の示教として、『奥州のザシキワラシの話』に落ちている幾つかの例を挙げている。

名称	地名・家名	形状	出現場所	同時刻	備考
ザシキワラシ	遠野市土渕町柏崎・安部家		座敷		
クラワラシ	〃 土渕町野崎・鍛冶屋		座敷	夜中	
	〃 土渕町本宿・りんごどん		座敷	夜	
ザシキワラシ	〃 土渕町飯豊・口川家		奥座敷		
ザシキワラシ	〃 土渕町飯豊・助十どん家				
ザシキワラシ	〃 土渕町大洞・某家		座敷		
ザシキワラシ	〃 土渕町山口・佐々木家		座敷		
ザシキワラシ	遠野市小友町・高屋敷		座敷		カッパ
ザシキワラシ	〃 小友町・松田家		座敷		カッパ、雨降りの日
	東磐井郡大原・某家		座敷	夜中	ザンギリ頭、枕返し
クラワラス	上閉伊郡宮森村上鱒沢・山蔭家				
ザシキワラシ	九戸郡九戸村・小笠原家				
ザシキワラシ	二戸市金田一・五日市家	筒袖の男の子	座敷	夜中	

ザシキワラシ	二戸郡一戸町根友・中村家			
ザシキワラシ	〃　浄法寺町・梅の木		座敷	夜中
ザシキワラシ	東磐井郡東山町・鈴木家	男の子	座敷	夜中
クラワラシ	二戸市福岡下横町・田中舘家			

一般にザシキワラシの形状容姿は男の子であるが、女の子である場合も少しあり、その場合二人であることもある。まれに老婆、侍姿、夫婦者、河童(ザンギリ頭)というのがある。出現場所は座敷というのが多いが、奥座敷とことわっているものも多い。そのほか廊下とか神棚の前、仏壇の所など、また戸外も稀にあるが、座敷以外で比較的多いのはクラワラシとかクラボッコといわれるように倉、土蔵が多い。動作では「枕返し」が多い。

現在金田一温泉緑風荘を経営している五日市栄一氏(明治四十二年生)の座敷には、今でもザシキワラシが出ることがあるというので私も訪ね、その座敷を見、氏の実見談を聞いた(昭和五一)。建物の半分は旧宅のままで、外庭はヒバや杉の大木があり、稲荷の小祠と、亀丸霊神というのが祀られてある。もとは大木が今よりたくさんあって昼も暗い処であった。ザシキワラシの出るという座敷はエンジュノマと呼ばれるぐらいで柱などに槐を用いた立派な書院づくりの十二畳の座敷で、襖一重で次の間に続いている。

この座敷が現在も時々ザシキワラシが出るといい、主人の五日市氏から十話ほど聞いたが、ここには氏が実際に見たという一話だけをあげる。

「私がまだ独身時代の二十四歳の時、この部屋に寝て五晩ほど続けてザシキワラシを見たことがある。その晩は友人の青年達が遊びに来ていたが、一時ごろみな帰ったので、自分は床に入って本を読んでいた。あとで考えると眠りについたと思われるころ、違い棚のある枕もとに、白い人のようなものが立っている気配なので見ると子供であった。気がつくと身体は金しばりのようになってしまってどうにもならない。夢だかうつつだかその中間のような気持だったようだ。そのうちワラシの姿が見えなくなり、身体もすーっと自由になれた。

当時は狐が化けると信じられた時代であり、また祖父などから、わが家にザシキワラシの居ることはつねづね聞いていた。私の家では家の後継ぎになる人が見るとも言われていた。祖父はある時(明治の初)どうしてもワラシの正体を見届けたいと思い、マタギ三人に頼んで寝ずの番をさせたが、この時は三人とも見たというがやはり身体が動かなくなったそうだ。その中の一人の富太郎というのが数年前百歳まで長生きして亡くなった。

私は最初の晩見たので何とかはっきりさせようと思い翌晩も心待

ザシキワラシの出る座敷

五日市栄一氏，向うが座敷

ちにしていて、同じ時刻に同じ場所で見た。同じ男の子で白っぽい筒袖の着物を着ていた。よく聞くザシキワラシはみっともない顔だというが、私の見たのは粗末な身なりでなく容姿端麗といってもよいくらいの子供であった。ただ五日目の晩は子供が出たあとから年輩の女が出てきて子供を連れて行った。私はこの時見ただけでその後はこれまで見たことがない、もっともその部屋に寝ることもない。

私の家は古い家で、文禄時代から三回建直したと伝えて居り、先祖の藤原繁春という人が無実の罪で所払いになり、どういう事情かわからないが高貴の人の子(亀丸)を生んだ釆女をつれてこの地に来て住んだという伝承がある。以前久慈霊雲という霊をおろす人が来た時に、祖先の霊を出してもらったが、その時に出た子供が亀丸で婦人はその母親らしかった。久慈氏は、こういう子供だったと絵にかいてくれたのが、私の見たザシキワラシの通りであったように思われた。」

『奥州のザシキワラシの話』の中で、遠野付近で、ザシキワラシに対する古老の概念として次のことをあげている。

一、ザシキワラシは体軀小さく顔の色が赤い。
二、富裕な旧家を住処とする。成り上りの家には決して居らぬ。
三、もしザシキワラシが退散のことがあればその家の衰へる前兆である。

四、時として出てその家の人と嬉戯することがあるが、家人以外の目には見えぬといふ。伊能嘉矩先生書状大意、二月一日付。

上閉伊郡附馬牛村萩原早見と云う老人の話。

一、ザシキワラシには雌雄の別があつて、雌の方が数において多いといふことである。

二、髪はちやらんと下げてゐて、光沢のあるきれいなものだといふ。

三、髪にはきれいな飾りをつけてゐることがある。例えば友禅の小布片のやうなものをつけてゐる。

四、顔は赤い方が多いが、時には真青なものもあると云ふ。

五、身丈は二、三歳ばかりの子供位だと云ふ。

六、衣服は赤いものを好んで用ひてゐると云ふ。

七、歩く時には衣摺(きぬず)れの音がする。その音は丁度角力の廻しの摺れる音のやうだと云ふ。

八、足跡には踵(かかと)が無いと云ふ。

九、歩く時には必ず連れがあつて、ただ一人で歩くやうなことは稀だと云ふ。

一〇、出現するのは多く夕方である。

一一、室内を歩くには通路が定つてゐて、其以外には決して歩かない。人がその通り路を知らずに寝るやうなことがあれば、きつとうなされたり、又何か悪戯をされると云ふ。

一二、食物は小豆類を好んで食すると云ふことである。遠野町松田亀太郎氏書状、五月十一日付。

前掲「ザシキワラシについての考察」によれば、ザシキワラシは、ザシキボッコ、クラボッコなどいくつも異名を持ち、岩手県を中心とした地方に伝承されている、屋内に住む一種の精霊である。そして由緒ある旧家や土地の豪家にしばしば出現し、多くは座敷に住むという。一本の柱に四方から敷居の集まった所に居るともいい、また土蔵に住み、機を織る音をさせるともいう。

形状は三、四歳、ないし五、六歳ぐらいの小児に似て男児でもあり、女児でもある。顔色は赤、青で、髪を垂れ、小豆色や赤い色を好むという。その姿は子供や一部の人に見せるが平時は姿を見せない。物音や足音でわかる。小さな足音を灰やさらし粉の上に残したりすることがあり、また奥座敷で御神楽のような音をたてて遊びまわることもある。

ザシキワラシの常に住むという座敷に、家族以外の他所の者が寝ると、枕を返したり、押さえつけられたりするが、格別人に害を与えることもない。むしろこのワラシのいる間、その家は福運に恵まれ、退散するのは家運が傾く前兆とみられている。

なお名称の座敷ワラシのワラシは子供のことであるが、ボッコ、モッコ、ボコも子供のこと、あるいは赤ん坊のことで、盛岡辺ではザシキワラシをザシキボコといい、胆沢郡あたりでは、カラコワラシという。カラコは頭髪の形である。江刺郡稲瀬では、ザシキワラシで家の土間にいるのをコメツキワラシ、ノタバリコ、ウスツキコなどといい、色白くきれいなのをチョウピラコという。コメツキワラシは夜中に石臼で米をつき、箕で塵をはらう音をさせる。ノタバリコとは、夜半に内土間から茶の間あたりにかけてはって歩くことをノタバルという。前にあったザンギリワラシとはこの地方で頭のまわりばかり剃り、上部の髪を残しておくものを言う。ホソデ、ナガテは腕の形容である。以上の名称は『奥州のザシキワラシの話』による。

座敷ワラシの出現のし方は大体三通りあり、一つは音だけのもので、紙のガサガサいう音を立てる。鼻をならす音、糸車をまわしたり、機を織る音、箒で掃く音、座敷の中を歩く音、笛、太鼓、三味線などではやす音を立てる。ホーイ〳〵と呼ぶ声や、うなり声を立てる。

人前に姿を現わす様子は、夜中に布団の上を渡ったり頭の上にまたがる。ふところに手を入れてくすぐる。障子のすきまから手を出したり引込めたりする。大勢の子供の中に加わって一緒に遊んでいる。土蔵の大黒柱をくるくるまわる。座敷の中を歩きまわる。仏壇の前でよく見かける。冷たい手で顔をなでる、などである。

足跡によって出現を知ることもある。音がしなくなったり、姿を見ることがなくなったりすると、結局ザシキワラシがその家から居なくなったわけで、ザシキワラシに去られることはその家の家運の衰頽を意味することが多い。

ザシキワラシと関係ありと思われるものにオクナイサマがある。『奥州のザシキワラシの話』にも「ザシキワラシと所作がよく似てゐて、その名を帯びぬもののうち、第一に著しいのは、オクナイサマまたオクナイガミである。これも全く家に属する神の一種であつて、ザシキワラシに次いで種々雑多な動作をするのである。併しザシキワラシは、単なる悪戯か又は主家の盛衰につれて、往々ごく冷淡に出ることが多いのに反して、オクナイサマは神と云ふ名に背かず、常に一家の守護利益のためにのみ現れる。この点においてはじめて前者と異るのである。云々。」「第二に、その性情で似ているのはオシラサマである。云々。」とある。

柳田国男は『奥州のザシキワラシの話』の添書「此序に言つておきたいこと」の中にザシキワラシについてのいろいろの問題点を挙げて自分の考えを述べている。

これは非常に興味あるそして大切な民間信仰の問題であるが、東北地方の一部にのみ分布し、しかも資料が乏しいので、ザシキワラシの本体も明らかにならないうちに、実在資料が絶滅に瀕している。今は急いで伝承の片鱗なりとも収集しておきたいものである。

絵馬に見る東北の人と風土

一　絵馬奉納の背景

絵馬のおもしろみは画題が多様性に富むこと、風土の特性が出ていること、当然ながら土地の人の心の動きがよく現われていることなどにあろうと思われるが、基本的に底に流れているものは人の心の純粋な清らかさと信仰の真摯さにあると思われる。しかも表現には個人的な自由さが見られ、加うるに素人のもの怖じしない率直さ奇抜さも時には出ていて、そこから生ずるそこはかとないおもしろさ、と言って悪ければ味わいの深さがみごとに出ていることが多い。

絵馬を絵画として見た場合、当然絵画の枠からはみ出たところが出てくる。普通の絵、ことに展覧会などでは技術がものを言うが神社や寺に上げる絵馬は上手下手などは問うところでなく、恥かしいどころか下手でもできることなら自分の手で描いて上げたいと思うに相違ない。この場合たとい絵馬堂などに飾られることがあるにしても、人に見せるためでなく神様に見てもらいたい一心がそうさせるのである。もちろん専門の絵師に依頼することも多かったが、それは資力に余裕のある人で、一般庶民は心中の願いの筋をいかにして神仏に通じさせるかその誠意の方が大切であった。したがって心をこめて願った願いを聞き届けていただいた時の感謝のしるしとして奉納する奉賽物という意味が濃かったのである。

報酬などを求めないのが神や仏の本来の姿だと思われているばかりでなく、そういう気やすく頼んだり願ったりすることのできる神や仏がわれわれの周囲に無数に居ると信ずることのできたことは、われわれの日常生活を複雑にするどころかかえって種々な面で生活しやすいようにプラスに働いているのである。

外国などによく見られるような超能力の全智全能の神などでは、あまりに偉大すぎてささやかな個々の願いなど頼むのも気がひけようが、わが国には庶民生活の周囲に無数の小さな神仏が居る。例えば祖霊である神や仏などは家ごとに居てつねに子孫を守ってくれているという安心感があって、日常の生活をそれだけ安定させていると言える。わが国の正月も盆もともにその基礎は祖霊を祀る祖先崇拝にあると考える。それだけ神も仏も家族の一員のように各家庭の生活の中にとけ込んでいるから、家内に何事があっても神や仏は何かの形で教えてくれるし、それだけ神仏に甘えて頼むこともできようというものである。それに神と仏との区別を日本人はそれほど気にかけないというのも気持を楽にさせる原因の一つでもある。ささやかな小絵馬一枚でも心さえこもっていれば神仏は願をかなえて下さる筈だという安心感を容易に持つことのできた庶民たちは幸福だったと思われる。

人が死ぬとその霊魂は高い山へ行って祖霊——仏とも神ともとれる——となって子孫を守ってくれるという、そういう山を山形、秋田、青森県などではモリノヤマと呼んでいるが、私は鶴岡在のモリノヤマで、盆後線香や花をもって霊魂を再び山に送って行く風習のあるのを見たが、死後の魂の安息所を生前から持っている村の人々は幸いだと思ったことであった。そこには少しぐらいの冷害にもへこたれない強靱な心を養い貧しい生活にも安らぎを得ることのできる心の余裕を感得できるからだ。この余裕は緊張の中にも気楽さとなり真面目な中にも諧謔となって、庶民の小絵馬におのずと示されている。

二　絵馬以前

絵馬の画題の中心はもちろん馬であるが、その馬は古代にあってはどのように社会から見られていたであろうか。馬は古墳時代以前にすでに外国から輸入されていたらしく、当時は貴重な存在で、乗用が主で軍用にも充てられたが高貴な人の用に供せられていたことは、現在にも残る祭礼の御神馬を見てもわかる。『古事記』に八千矛神が出雲国から倭国へ上り給う時に「片御手者繋二御馬之鞍一、片御足蹈二入其鐙一」とあるように古代にあっては神や貴族の召しものであった。現在の祭でも背に白幣を立てた白い御神馬がお旅所に向う行列を見ることがある。毛並の色は清浄な色としての白が貴ばれたが、純白はそうあるまいから灰色がかった葦毛が多かったようで、「葦毛の馬に手綱ゆりかけ……」など言われるのが御神馬の姿であった。伝承によれば相馬の野馬追の起源は、牧の盛んであった下総に居たという平将門にあるというのだが、彼などは馬をとくに高く評価して戦闘に活用し新しい戦力をまざまざと知らせてくれた男であったろうと思われる。

わが国における古代の牧の起源はわからないが、官牧の記録のはじめは『日本書紀』天智天皇七年「多置レ牧而放レ馬」とあるのを普通初見としているようであるが、『延喜式』ごろになると公の牧が諸所に置かれ、「諸国馬牛の牧」の語が見える。当時下総国には高津馬牧をはじめ五ヶ所の名が見え、全国からすると十八ヶ国三十九ヶ所の名が見えるが陸奥の名はまだ出ていない。しかし駅馬伝馬の条には陸奥も名を連ねその地名も出ている。牧の数はその後だんだん多くなり後にはかえって陸奥が盛んになった。『倭漢三才図会』に「奥州常州之産馬為レ良、薩州次レ之、信州甲州上下野州総州亦次レ之」などと見えるがもとは京都付近にも多かった。よい牧が東北に多くなったのは、馬は寒冷地帯に適するほかに、東北は土地が広く水と草が多いことも原因だと言われている。こうして古い時代の牧は一方では朝廷の用に充て大部分は諸国の軍団に兵馬を供給するためのものであったと思われる。

東北地方には近年まで、出産が重い時など家族が馬屋から馬をひき出して山の神を迎えに山へ行く。山の神は出産を守ってくれるという信仰からで、途中何かの拍子に馬が立ちどまれば山の神様がお乗りになったとして連れ帰る。するとめでたく安産するというのである。

いわきや仙台地方などで、今でも七夕の夕方など麦わらやまこもで小さな馬をつくり門口につないでおく風があり、これに乗って七夕さまやお盆さまが来られるといっている。これは七夕でも盆の精霊でも貴い神や仏の乗りものはもとから馬であったことを示すものである。

また馬はめでたいものでもあった。ものに陰陽があるとすれば馬は陽の動物で、ことに正月白い馬を見ると一年中の邪気を払うことができるとて、毎年正月七日に天皇が紫宸殿に出御して白馬を見ることは平安時代に仁明天皇の承和元(八三四)年にはじまったという。白馬の節会と書いてアオウマノセチエと呼んでいるが、青は春の色でめでたく、春正月青馬(青みがかった灰白)を見るとよいことがあるという。

馬は古代には卜占にも用いられ、雨乞の時には黒雲を思わせる黒馬を、晴れを祈る時には白日を意味する白馬を神前に奉納することがあった。

競馬の起源も神事からという。すなわち人の力ではどうにも判断がつかない場合には、無心の馬を並べて走らせてみて勝った方に神の意志があるものとしてその方に決める。福島県小高町大井の甲子大黒社にもとあった「垂谷落し」の神事は、急な崖の上から馬を追いおろし、その状態によって作の豊凶を占ったと伝える。野馬追にももとは卜占の意味があったらしいことは、近年まで祭の日を決めるのにくじを用いたことなどにも、神に上げる馬を選ぶ方法その他にもかすかに名残が見られるようである。一昨年昨年本年と三枚の絵馬をかけ並べてその年の豊凶を占う行事が平安時代から東寺にあったというから神社だけでなく寺院においても行われたと思われる。やぶさめも本来卜占であったことはよく知られている。

馬と猿との関連については『相家故事秘要集』(『相馬市史』第六巻)に、野馬追祭を五月中の申の日に定めたことについて「五月は午の月なり、申の日は猿は馬の守と云、猿を山父と名付馬を山子と称す、故に馬は猿を重んず、殊に未申の日は妙見の縁日なれば申の日を用ふ」とある。

三　生馬奉献から絵馬奉納まで

貴重であった馬、ことに神の好み給う生馬を奉って神霊を和める風は古くからあり、すでに『常陸国風土記』に崇神天皇の時代から鹿島大明神に馬を献上する風のあったことが記されている(岩井宏美『小絵馬』)ことをはじめ、『続日本紀』等に多くの記載を見る。今同書中散見する二、三の例をあげれば、元正天皇霊亀二年六月の「正七位上馬史伊麻呂等献二新羅国紫驃馬二疋高五尺五寸一」を別としても、聖武天皇天平三(七三一)年十二月丙子の条に甲斐国守外従五位下田辺史広足等の奉った神馬は黒身で白い髦尾があり、神馬は河の精として喜んだとある。

謹検二符瑞図一曰、神馬者河之精也援神契曰、徳至二山陵一則沢出二神馬一、実合二大瑞一者、斯則宗廟所レ輸社稷所レ貺、朕以二不徳一何堪二独受一、天下只悦、理允二恒典一、宜下大二赦天下一賑中給孝子順孫、高年鰥寡、惸独不レ能二自存一者上、其獲レ馬人進二位三階一、免二甲斐国今年庸、及出レ馬郡庸調一、其国司史生以上幷獲レ瑞人、賜レ物有レ差、

その喜びようは大変なものであった。ここには河の精とあって河童との結びつきも推測できる。

天平宝字七(七六三)年五月には降雨祈願のため丹生川上社に黒馬を奉った。

庚午、奉ニ幣帛于四畿内群神一、其丹生河上神者加ニ黒毛馬一、旱也、

宝亀元(七七〇)年六月伊勢神宮に赤毛の馬を奉ったのは日蝕のためであった。

八月庚寅朔、日有レ蝕之、遣ニ参議従四位下外衛大将兼越前守藤原朝臣継縄、左京少進正六位上大中臣朝臣宿奈麻呂一、奉ニ幣帛及赤毛馬二疋於伊勢太神宮一、遣ニ若狭国目従七位下伊勢朝臣諸人、内舎人大初位下佐伯宿称老一、奉ニ鹿毛馬於若狭彦神八幡神宮各一疋一

要するに赤毛を奉って太陽の衰えを治し光輝を増さしめるためと考えられている。

宝亀三(七七二)年八月の条には、風雨を鎮めるために毎年荒ぶる神に神馬を奉ることになったと見える。

八月甲寅、幸ニ難波内親王第一、是日異レ常風雨、抜レ樹発レ屋、トレ之、伊勢月読神為レ祟、於レ是毎年九月、准ニ荒祭神一奉レ馬、

宝亀六(七七五)年六月にも丹生川上社に降雨祈願の黒馬献上があるが、九月には止雨祈願のために同社に白馬を奉った記事が見える。

辛亥、遣レ使奉ニ白馬及幣於丹生川上、畿内群神一、霖雨也、

源頼朝が安房から下総へ越え、千葉介常胤以下を随えて妙見社に参詣した時の奉献物の中にも太刀や旗とともに神馬二十疋があった。

神社への生馬献上は今でも全く無いわけでなく、大社などで厩をもっている所がある。生馬献上のよい例として今に続いているのは相馬の野馬追祭であろう。伝承によれば相馬氏の祖平将門が下総国小金原の牧で、妙見の祭として軍の訓練のために野馬を追ったことを最初とし、次いで鎌倉時代相馬重胤が下総国より奥州相馬に移住してからも続

行されて現在におよんでいる。祭の中心は牧に群れている無数の馬から神の思召しに叶うべき馬を選び捕えて、領主より氏神妙見社に奉る神事である。現在は毎年七月二十三、四、五の三日にわたって行われるが、近頃は馬の姿などは全くといってよい程見かけないのに、当日になると数百頭が集まってくる。これは信仰が祭を支えているためであって、出馬の騎馬武者はすべて妙見様のお供として加わるからである。これなどは「絵馬以前の絵馬」が現代に生きている例と言える。相馬中村の妙見社にはもとは時々生馬が奉納されたようで、境内に厩舎のあったことを私も覚えて居るし、奉納は有難いが、その後の飼育が大変だと神社側から聞いたこともあった。

現在オ引キモノなどと称する結婚式などの大きな饗宴の場合、客が帰る時持たせる贈物があるが、昔は宴果てて大事な客の帰る際に馬を贈ったのが本来の引出物であった。

馬　形（福島県相馬郡新地町）

ところで神社への生馬献納も容易でないので絵馬に代える風がだんだんに起ってきた。中には絵馬でなく土や木で造った馬形もあったし、その名残は現代にも見られる。馬形献上の記事は『続日本紀』の神護景雲三(七六九)年二月の条に見える。

乙卯、(中略)毎レ社男神服一具、女神服一具、其太神宮及月次社者、加レ之以二馬形并鞍一

岩井宏美『小絵馬』によれば、埋蔵物としては平城宮趾から奈良時代と思われる土馬二疋を出土し、難波宮跡からも出土した。なお『肥前国風土記』には占によって下田村の土を採り人形(ひとがた)および馬形をつくって荒ぶる神をまつってこれを和らげることができたというから献馬

の目的もおのずから知られる。『神道名目類聚抄』祭器部の条造馬（つくりうま）の所に「神馬を牽奉る事及ざる者、木にて馬を造献す」とあり、絵馬の所に「造馬も及ざるもの馬を画て奉るなり。今世俗馬にあらで種々の絵を図して献上事になりぬ」と見えるが、例として天暦二（九四八）年丹生川上社と貴布根の両社に降雨祈願のため黒毛馬二疋を献上することについて、左右馬寮に命じて各寮から一疋ずつ社前にひくこと、但し繋飼料をつけることができないから板立馬にせよと右大臣藤原師輔が命じたという（岩井宏美『小絵馬』）。板立馬は板を馬の形に切ったものである。福島県浜通り辺の馬の信仰をもつ神社、例えば相馬郡新地町の蒼前社や磐城、田村辺の馬頭観音堂には今も木の馬形の奉納されてあるのをしばしば見受ける。

やはり、『神道名目類聚抄』の駒形の条に、「駒形とて馬の頭を造胸にかけ、或は馬の首尾を作りて腰間に著、馬に乗たるごとくにして祭礼に従ふもの、是を駒形の神人（じにん）と云ふ。」とあるのは奉納馬形でないにしても祭事に用いられる信仰的な乗りものであった。あるいは神馬の変ったものかも知れない。石清水八幡宮や祇園の社などにあると同書に言うが、相馬妙見社の「お駒の神事」に出てくるのもこの種の馬形であった。

馬形、板立馬のいっそう簡略化されたと見られるのが絵馬である。絵馬がはじめて記録に見えるのは平安中期にできた『本朝文粋』で、これには寛弘九（一〇一二）年六月大江匡衡が北野天神への供物の目録に「色紙絵馬三匹」とあるのを初見とするというがどのようなものであったかわからない。しかし実物絵馬の出土の方がむしろ早くてこれに先行しているというのは興深い。すなわち静岡県浜松市伊場遺跡で、奈良時代の地層から発掘された馬を描いた絵馬で、こうなると絵馬の起源は奈良時代にさかのぼると見てよかろう。またこれも実物の曳馬らしい絵馬が数点奈良の当麻寺から発見され、この方は鎌倉末期の推定という。大和の秋篠寺の絵馬の断片は室町時代応永の銘があり、現在記年銘あるものとしては一番古いという。

漆蒔絵繋馬図（郡山市田村神社）

絵馬はその名のごとく画題は馬が中心であったし、後世になっても大筋として変らないが、室町時代ごろからは馬以外のものも画題になってきている。しかしはじめは文珠菩薩、唐獅子、薬壺など信仰的なものであったという。興福寺などのものからは大永、享禄、天文など室町の年号が見られ、文字も「奉懸絵馬」などの文字が見られ、大体現在につながっている絵馬のはじまりという感じがある。東北地方の絵馬も大体室町時代あたりからと見てよく、展示された嘉吉元(一四四一)年の青森県七戸の絵馬など剝落がかなりひどいが記年銘のあるものではもっとも古い方かも知れない。天文・天正ごろの漆蒔絵絵馬の数点(米沢市成島八幡宮＝天文二十二年、山形県南陽市薬師寺＝弘治二年、岩手県平泉町中尊寺金色院＝永禄七年、福島県郡山市田村神社＝元亀元年、郡山市田村神社＝元亀二年、米沢市一の宮神社＝天正七年)など何れもすぐれたものである。

秀吉の桃山時代あたりからは建築・絵画・彫刻など桃山風と言われるように、絵馬も形が大きくなり、いわゆる大絵馬と呼ばれるものが、地方ならば大名とか豪商などが競って奉納する風潮を生じ、著名な絵師にかかせたものも多く、美術的にすぐれたものが多く残っている。

これに比して小絵馬と呼ばれる小さなものには庶民の奉納によるものが多く、画題もまちまちで、中には素人らしい奇想天外のものも多い。小絵馬はやはり江戸時代に入って多くなる。

江戸時代およびそれ以降の絵馬の画題は、馬のほか複雑になってきた社会相を反映してすこぶる多様化した。馬にしても牽馬、繋馬、跳ね馬あり、馬のほかおもなものを列挙しても、神話歴史に因むもの、神仏の御利益をあらわしたもの、ことに参詣礼拝図、祭礼、武者絵や武術関係、ことに退治もの、浮世絵風の風俗絵、ことに役者力士美人絵、航海運輸関係のもの、ことに船の絵、商売繁昌を祈るもの、生業関係、文学芸能関係、中国の故事に因むもの、竜虎鷲鷹亀孔雀などの動物絵、また病気平癒に関するものなどが多い。そして先にも触れたように庶民のささやかな願いごとは小絵馬に一そうよく現われている。

四　風土と絵馬

絵馬は本来芸術的というよりは直接信仰的所産であるから、絵馬を通して感得される人の心の方が大切である。さらに言えば人の心とその土地との結びつきをも絵馬の中にとらえることができるものである。

先にも触れたように東北地方はよい馬産地であったから、宇治川先陣の名馬磨墨(するすみ)(あるいは生唼(いけづき))なども南部の産だとの伝承がある。ことにこの南部地方の多くの堂社には今でもたくさんの小絵馬の馬を見るが、その姿体はまことに面白いものがある。馬とともに生活してきた土地の人々の気持がよく出ているからである。近年急激に姿を消してきたが、南部や会津地方のような雪の多い土地では家は曲り屋というつくりが便利であった。つまり家族の住む母屋にくっつけて馬屋を建てるので建物の形態は鍵形になる。長い冬の雪に埋まる生活を同じ屋根の下で馬と暮らすのであるから馬も家族の一員なのである。その馬が病気になれば神に祈り、治れば絵馬を上げるから、馬産地の神社は馬の絵馬だけで一杯になっているところがある。福島県の白河や三春、それに相馬地方も馬産地であったので馬の絵馬が比較的に多く残っている。相馬郡小高神社には江戸末期の野馬追祭の絵馬三面が残っている。

東北地方は冷涼の土地柄で古来凶作が多い。ことに天明・天保の飢饉のひどさは今だに人の口にのぼるぐらいであるから、どこの神社にも五穀成就を祈らない所はない有様であった。しかし豊作祈願はあまりにも普通のことであったと見えてとくに絵馬にしたものはあまり目に入らない。絵馬などというなまぬるい手段ではだめなのである。宮城県岩沼町竹駒神社の米つくりの絵馬などよい風俗資料である。

水運関係の絵馬も多い。最初は参勤交代による都市と地方との交流をもとに年貢米の輸送がおもであったものがその他の物資にもおよんでいって商人の台頭をうながし、遂には蝦夷地にも往復をかさねるようになった。

青森県の鰺ヶ沢、山形県の酒田、秋田県の土崎、能代、宮城県の気仙沼、石巻、荒浜などが著れ、川では北上川、阿武隈川、雄物川、最上川などが知られていた。例えば米を川船で運び、川口の港で積みかえて江戸へ送るのである。秋田の杉や山形の紅花、南部の鉄などの特産品も船で運ばれていき、代って木綿その他が入ってきた。青森県深浦町の円光寺の船の絵馬などはもっとも古い方で寛永十一(一六三三)年のものである。

一般に絵馬に出てくるのは船主などの奉納にかかる千石船や宝船のような景気のよいのが多いが、船の設備が悪く航海術の劣っていた当時の難船遭難の悲惨さと船板一枚にすがるような祈りの心をもその中から読みとらなければならない。

江戸も中ごろから庶民の生業も雑多になり、農業だけでなくなってきた。養蚕の歴史は古いが、近世とくに盛んであった福島県の伊達地方などには蚕関係の絵馬が多く見られ、まゆを円形に並べて的とし矢をその中心に立て「養蚕大当り」の意味を持たせた額もあった。

明治以前は藍つくりも多かったので、岩沼町愛宕神社のように絵馬が見られたが、無くなるばかりである。山形の紅花つくりの絵馬も今は珍しいものとなってきている。

相馬の小高福浦の稲荷神社の大漁の大絵馬はよい風俗資料であるが、ここには天明年間のものであったか船の模型

馬　の　図
（福島県相馬郡原町市・太田神社，平福穂庵筆）

も奉納されてあった。

算額は江戸末期から明治にかけて和算の盛んだった地方に多いが、難問を苦心して解いた喜びを記念のために献額することが多かった。

安産子育ての絵馬の多い中にも誰しも心ひかれるのは間引きの図であろう。寒い東北地方には飢饉が多く、子供を育てることのできない苦しさと圧殺することに対する良心のおそれとが入り交って奇妙な迫力をもった額が多い。一般の子育て関係の絵馬にしても難産のために死ぬ者の多かった一昔前と隔世の感あることは、神社に奉納されてあった安産祈願の小枕の数の少なくなったことでもわかる。

このほかに、坂上田村麻呂、源義経と弁慶、源義家などもよく画題となっているように、土地に結びついた絵馬はなお多い。旧藩時代の武術関係などももちろん多く見られる。そして土地の事情が変れば絵馬の画題も変る。長く絵馬の主流であった馬さえ戦後は急激に減少し、動物園に行かなければ見られない時代に現になろうとしているのである。

一方地方の画家の立場から見ても絵馬の一つの特色が出ていることがある。秋田県角館出身の平福百穂の父穂庵の馬の絵は相馬野馬追祭のある原町太田神社にあり、穂庵の父文浪の絵馬は秋田の田沢湖町の金峯神社にあるという風に親子三代にわたっているのも珍しい。

仙台藩主や相馬藩主その他の藩主にも優れた画家が居てよい絵馬を残してくれている。

なお人々が自由な気持で奉納した絵馬が絵馬堂などにかけ並べられ、それをまた一般の人々が自由に鑑賞できたことは目的でなかったとは言え、知らずしらず博物館の役目を果して社会教育の一環を担っていたことにもなり、考えてみればこれ亦面白いめぐりあわせであった。

絵馬には時代時代の悲喜こもごもの人々の感情が素直にあらわに出ていることが多い。東北人の誠実さねばり強さに入りまじって東北地方の気候風土から来る生活の厳しさをよく感じとることができる。そこには今と違い神仏にすがるほかに方法の無かった時代の反映がある。ただ一枚の小絵馬にもそこには真剣な目があり心がある。私どもは不自由をあまり知らない昭和の現代に生まれあわせてその幸せを思うにつけても、私どもの祖父母やさらにその祖父母たちが、今から見れば迷信とか俗信として一笑に付されてしまうことをなぜ真剣に信ぜざるを得なかったか、改めて考えてみなければならない大きな問題のように思われる。

この小稿は昭和五十二年七月一日より九月四日まで仙台市政施行八十八周年記念特別展として仙台市博物館で開催された「東北絵馬展」の際の記念講演の要旨である。

相馬野馬追の意義と考察

馬は古代から神の召しものとして重んぜられ、また生馬を神に奉って晴雨を祈願する習俗があった。後にそれが馬形となり、また絵に画いた絵馬になったが、めずらしくも相馬の野馬追祭は、今も生馬を捕えて妙見社前に奉る千年来の古態をとどめている。

ここでは野馬追の意義を、妙見信仰、講武、牧の三つの方面より考察してみたい。

一　妙見信仰

妙見信仰と野馬追との関係については、古くは『奥相志』『相家故事秘要集』『奥相茶話記』その他に述べられているが、多くは『総州千葉妙見縁起』(1)や『妙見尊大縁起』(2)をもとにしている。前の妙見縁起の方は絵巻物でよい資料である。後者は仏教や陰陽道の利益と相馬家の本家筋の千葉氏が妙見信仰に熱心であったことを細々と述べたものである。

それらによれば、千葉妙見のはじまりは、聖武天皇神亀五年、勅願として上野国花園村に七星山息災寺を建てて妙見菩薩をまつり、開基を行基としていること、それ以来土地の妙見信仰がさかんになったこと、千葉氏はとくに熱心な崇拝者であったことなどを述べている。将門の叔父良文の誕生は、その母が北辰妙見に祈願した結果だというから、

妙見信仰はすでに土地にはあったに相違ない。その際夢に現われて示した妙見菩薩の歌というのが、

月日を手にとるからにこの家の久しきことは恒河沙の数

というもので、千葉の家紋の月日はこの歌に由来するのだと説いている。

つづいて良文、将門になり、たびたびの合戦に妙見の利益がいちじるしかったので、千葉一門にとって弓矢の神としての信仰が強くなり、千葉と相馬の一族が、関東・東北にひろがるにつれて信仰もひろがったという。

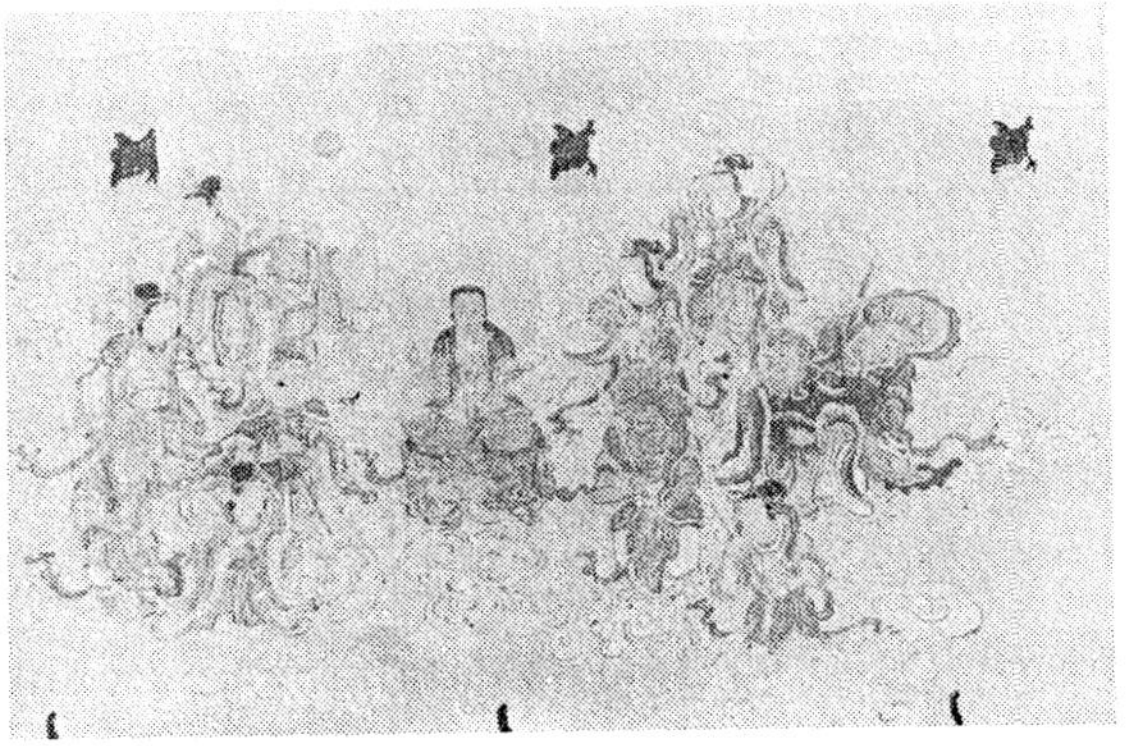

総州千葉妙見縁起（歓喜寺蔵，福島県指定重要文化財）

わが国の北辰妙見信仰のはじまりは、伝説によれば、推古天皇己巳の年、周防国都濃郡鷲頭庄青柳浦の松の木に大星が降った。占ってみれば、百済国王の太子が降臨するので、その守護のために北辰星が下るのだ、とのことなので、社を鷲頭山に建てて、その星を北辰尊星王菩薩とまつったと言い（『大日本地名辞書』周防国都濃郡）、のち三年経って、託宣のとおり琳聖太子という方が多々羅に着いた。それ以来妙見をまつり、天下泰平五穀豊穣を祈るようになったと伝えている。

星の信仰については、古く『続日本紀』などにもよく出てくるが、五穀成熟を前提とした天候気象の変化と結びつけて考えられることが普通であった。それも妙見に限らず、彗星の出現とか、日月蝕へのおそれとか最初の信仰は一般的なもので、その後で凶作疫病などがおこりやすく、それを占いによって知ることが多かった。奈良時代を過ぎ平安時代になると、ことに妙見信仰は、密教的色彩の濃い天台・真言と結び、さらに

修験道や陰陽道との関連を深めながら、発達していったものかと思われる。

そして良文、将門のころになると、おそらく彼等の手によって京都より関東にひろまり、千葉氏の鎮守としての地位を確立し、同族の広がるにつれて東北地方の相馬にもおよんだものであろう。千葉一族からは弓箭守護、戦勝祈願の対象の神とされたのも自然のなりゆきであった。良文らの信仰した染谷川の妙見には巫女が仕えていたようであるが(『総州千葉妙見縁起』)おそらく彼女らは卜占によって戦勝にみちびく蔭の力を持つものと期待されていたものであろう。

相馬では民間でも、正月の三日間は白餅を用いず「赤々餅」といって小豆などで多少とも色をつけたものを用いるのは、妙見信仰からきていると言われている。神にだけは白餅を供えるところより見れば、白を清浄の色として神のものと考えたからだろうと思われる。

野馬追に出陣する者の、けがれを忌み嫌う風は特にやかましく『野馬追之記』によれば、忌服の者の不出場はむろんのこと、野馬懸に出る小人(こびと)にいたるまで、祭の前数日の潔斎を重ねた上、加持した護符をもとどりの中に結いつけ、神の加護を念じながら立働いた。これは血の忌み・死の忌みを嫌ったもので、あやまって穢れのある身で出場すれば、必ず怪我など不慮のことが起ると信ぜられた。

ふつう星まつりの対象とされる星は、北極星や北斗七星であるが、もともとは北極星が北斗の主星と見られていたようである。その北極星が北辰であり妙見菩薩であって、北斗七星はその眷属と見られていたはずであるが、いつか混同して、妙見とは北辰のことを言ったり、北斗七星を指したりするようになったというのである。千葉や相馬の七曜の紋は北斗七星であるが、八曜となれば北極星が加わり、九曜となれば日月が加わるともいう。しかし日月以外の星を加えることもあって必ずしも一定していない。『千葉妙見縁起』に、「千葉の類葉に生まれ出でたるほどのものは、月に七日の日月星を可ㇾ奉ㇾ拝云々」とこまかに日を定めて精進のことを述べているが、民間の日待・月待からも、かつての妙見信仰の名残をとらえることもできそうである。

本地垂跡の思想からすれば、本地が妙見で、その垂跡が天之御中主神になるという。さらに妙見を釈迦と見、あるいは観音・薬師になぞらえるなど諸説を見る。『野馬追史論攷』は、「北斗七星延命経」等を引き、諸経に説く思想を説明して、これらの威力ある星は人間の生命をつかさどり、人の運命もけっきょくは、これら七つの星の何れかににぎられていると信じていたので、人は星祭をして吉凶禍福を星に祈る風が、平安時代から鎌倉時代にかけて盛んだったのだと言っている。

妙見の姿もまた必ずしも一定せず、右書引用の『関八州古戦録』には「妙見とは、北方玄武の神とも云い、尊像は童形、甲冑を帯し、河伯帯を佩び、左手には宝珠を捧げ、右手に雄剣を提げ、白蛇をまとい、霊亀をふみ、七星を円光となし、あるいは七曜を握れる北斗七星の垂跡、弓矢守護の仏天」と言い、『仏像図典』その他引用の『尊星王儀軌』には、「中央にあたって大月輪を画く。中に菩薩像を画くに、左手は蓮華を持ち、花上に北斗七星を作る。右手は説法印を作る。五指を並べて上に向け、大指を以て頭指の頭の側に捻じ、掌を外に向く。天衣瓔珞にてその身を厳し、五色の雲中に結跏趺坐す。」とある。

このほか幾種かあるようであるが、相馬地方のものには、亀に乗り、剣と宝珠を持つものが多いようで、北斗七星をあしらった画像も見られる。たまたま海岸に大亀がはい上ったりすると、酒を飲ませて再び海に放してやり、死んだ亀の場合は、埋めてやり粗末にあつかわないのも、妙見信仰による所の風習である。

ついでであるが、法螺にも流派があり、師範が居て指導した。藩時代には、年始に「螺初め」の儀式があったが、むかし享禄・天文のころ、顕胤が佐藤伊勢好信に命じて、軍陣にはじまると伝えるものである。弾正大弼盛胤、長門守義胤のころは、軍者長野一露斎が、北方に向って七、五、三に吹いたと『秘要集』にあるのは北辰に向って吹いたことを意味するものであろう。

二　講武

野馬追を講武に利用したのは、すでに将門以来のことであるが、馬を新兵器として軍事に利用されはじめたのはさらに時代をさかのぼろう。

将門のころの葛飾の馬はみな荒駒で人に馴れず、これを敵と見立て、追うて士卒の強弱を試み、軍法を習得させようとした。捕えた馬は柱につないだという荒々しい野馬追の起源であった(『相家故事秘要集』)。

さきに相馬氏は、元亨中下総より奥州に下向してから、南北朝時代には小高城を本拠として北朝方に味方し、しばしば天皇方と攻防をくり返したが、けっきょくはこれに勝ち、明応ごろには盛胤は南境標葉（しねは）氏をほろぼして領地をひろげ、その後はわれに十倍する伊達と対立する宿命を持った。伊達氏との不和の期間は非常に長く数百年にわたったので、相馬の軍事的な政策はことごとくといってもよいぐらい、伊達氏本位に考えられ、当然野馬追の発達も常にその一環として考えられていた。

天文年間の顕胤と稙（たね）宗・晴宗とのことはここには触れる暇がないが、永禄、元亀、天正と伊達との争いに休む日もなく、ある時は伊達の領地の一部金山、丸森、坂元などを奪ったが、田村清顕の斡旋で伊達に返したこともある。この時など両家は一時休戦状態に入ったかに見えたが、天正十四年清顕が死去すると、こんどはその家来が二派に分れて、一は伊達に走り、一は相馬に止まり、両家の和議もたちまち破れて、再び何時果てるかわからない紛争のくり返しになった。

天正十六年、伊達政宗が大軍をもって会津を攻略した際、余勢をもって相馬を攻めようとしたが、いさめる者もあったので、「われ敵を討つてほとんど意に任せざるなし。ひとり相馬は小敵といへども服し難し。ただ蜂房の側を行くが如し」といって断念し、家老も「相馬の両将(盛胤・義胤)の勇猛智謀尋常ならず、累代の旧臣たる雄兵また少なからず、相馬を攻め滅ぼさんことは、歳月を積み智謀をめぐらして後にすべし」と言ったと伝えている(『相馬義胤』)。

天正十八(一五九〇)年五月は、相馬隆胤の戦死があって、相馬の伊達に対する敵愾心はほとんど頂点に達した。この時、兵部大夫隆胤は、小高本城の主長門守義胤の弟であったが、時に城代として中村城に居った。新地、駒ヶ嶺方面から伊達の軍勢が攻めて来たとの報せを聞いた隆胤は、取るものもとりあえず、寺島勘六という十六歳の馬の口取りの少年一人をつれて石上(いしがみ)の童生淵(どうしょうぶち)(現在相馬市)まで出陣した。ところが馬が泥田で脚をとられて動けなくなり、隆胤は流れ矢にあたって戦死した。かくては殿様の首が敵にとられると思った少年は、殿様の首を切ってふところにかかえ、近くの黒木の地蔵院までたどりつき、門前の雑木林の中で、力尽きて切腹し、首を抱きかかえるようにして死んでいた。そのために敵に奪われずに済んだのであった。今は地蔵院は無いが隆胤の首塚は残って居り、昔から法要の際には、寺島家の子孫の者が第一番の焼香をするしきたりになっている。ついでながら第二番の焼香は、加藤平内左衛門正成の子孫であるが、正成は病気で身体が不自由であったが、殿の仇討ちのために、家人に戸板にのせてもらい出陣し、薙刀をふるって戦死した勇士であった。

当時の相馬の心痛は一通りでなく、盛胤、義胤をはじめ士卒一同妙見社に集まり、牛王の神札を焼いて大鉢に入れ、一同飲みまわして誓い合った。その前日義胤は、「われと死生をともにせんと欲するものは神水を飲むべし。異議ある者は飲む要なし。われ少しも恨みに思はず」と言っている。誓約に集った士四八〇余人におよび、このことを伝え聞いて、標葉、中郷、北郷、宇多郷の侍はもとより、百姓町人にいたるまで、一同誓うところがあったという。

はじめ顕胤はおもに岩城、伊達と、盛胤はおもに標葉、伊達と争ったが、長門守義胤になっては、長い一生を伊達の争いに明けくれた感じである。彼は当時としてはめずらしく長命で、寛永十二年八十八歳で死去したが、遺言により甲冑を帯し、弓箭を負わせて、伊達の方角と合せて北向きに葬った(『相馬義胤』)。近国の二本松、大内、二階堂、白川、芦名らが次第に政宗に攻略されても、ひとり長く抗争を続け、災厄をまぬがれることができたのは、義胤の力にまつところがもっとも大きかったといえる。

隆胤戦死の同じ天正十八年、豊臣秀吉が天下をとって、私戦を禁ずる布令を出したが、相馬では、緊張をといて枕を高くして寝ることなどとうていできることではなかったのである。

『相馬藩政史』によれば、当時相馬の軍役は、六貫一騎の法といって、土高六貫を有する者は一騎を出す割当てであったが、盛胤の明応のころは一貫一騎だったという。武士で馬の備えの無い者は、有事の際には伝馬や百姓馬をもってでも出なければならなかった。常備七〇〇騎、有事一五〇〇騎が予定されていたが、実際はこれをはるかに上まわっていただろうと言われている。

天文十二年、三郡の人口は『奥相秘鑑』によれば八四、三五〇人、馬数はすべてをふくんでであろうが一五、九四一四、牛は二九四という。それが泰平の時代になると、当然馬も農事用のものがふえて、百姓で馬の無いものは百姓でないと言われるようになってきた。しかし相馬では武士が馬を養う風もおとろえず、一五〇石以上の家中は一頭以上の馬を飼っておくのがたてまえであった。

三　牧　馬

野馬追でなくても、馬が神事に関与したのは非常に古い。古代の祭のさいの神の召しものは馬であった。八千矛の神が、出雲から倭の国へのぼられる時も馬で、「片御手は御馬の鞍に繋け、片御足はその御鐙に踏み入れて」と『古事記』にも見えるが、その名残が今も神馬などに残っているわけである。神の依代ともなった多くは背に白幣などを立てた白か葦毛の駒であった。古いころには野馬団扇というのがあって、神幸の際依代にさしかける習いがあったというが、昔の天の御蔭・日の御蔭の名残かもしれない。

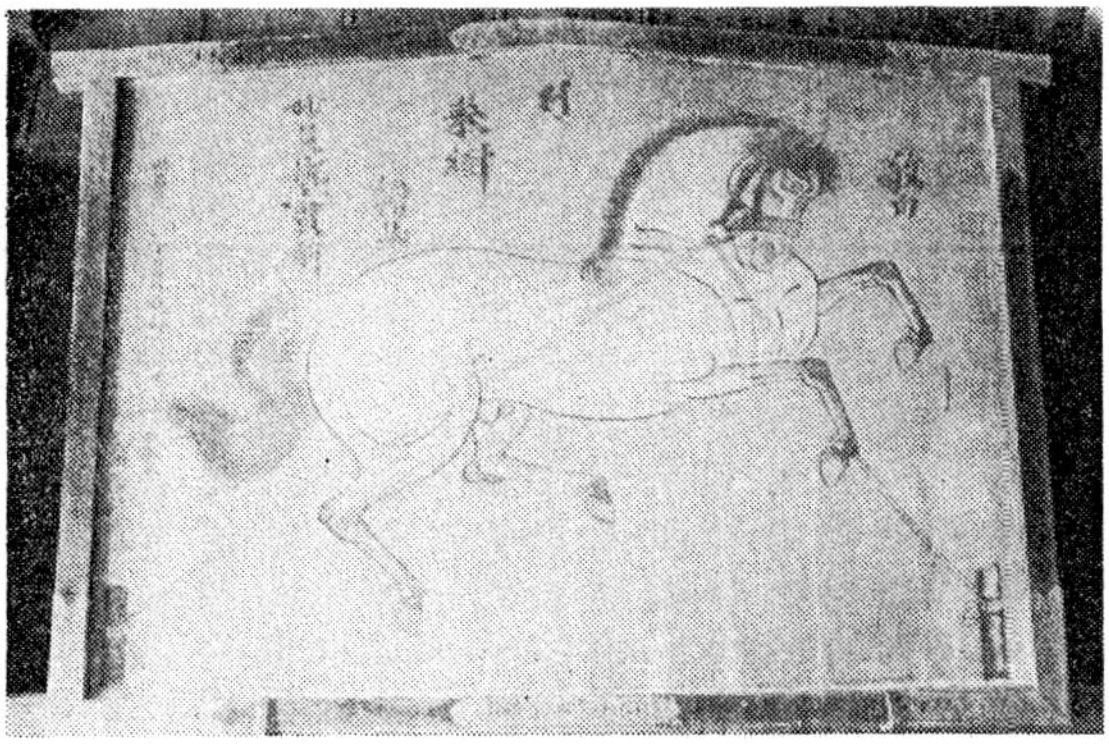

古　絵　馬（明暦３年，狩野安信筆）

今の祭では、神のみゆきは人に見せるための華やかなものになったが、古い時代には、神は馬に召して二、三のお供をつれた程度で、夜人に見られないように移られたものだったろうという。人々も戸を閉め家の中で謹慎してのぞこうともしなかったであろう。尊いものを強いてのぞけば目がつぶれるというのはこのことである。

牛馬を卜占に用いる風も古い。戦の勝ち負けや作の豊凶をあらかじめ知るために、しかも人の力ではどうにもしようのない時に、無心の動物を競争させて、勝負によって神の意志を知ることは普通のことであった。それが競馬となり、流鏑馬となり、笠懸や犬追物など馬を主としたものの多いこともよく知られるところであるが、野馬追も古代の信仰に基礎をおき、野馬を追うこと自体にも意味があったのかも知れないのである。

源頼朝が安房から下総に越え、千葉介常胤以下をしたがえて妙見に参詣した時の奉献物の中にも神馬二〇疋(ほかに太刀と旗)があったが(『妙見尊大縁起』)、馬はことに神の喜び給うものであった。

野馬追の祭としての古い姿は野馬懸の神事に比較的名残をとどめていると思われるが、これは山野に群れる多くの馬の中から、神の思召にかなうよい馬を捕えて妙見にたてまつることが中心となっている。かつては卜占の要素もあったのではないかと思う。すぐ隣の大井の益田嶺神社には、馬を崖の上から追いおろして作占いをする垂谷(たりや)の馬おろし神事があるが、昔はこれも野馬追神事の一環ではなかったかと思う。

小高神社の野馬懸の神事は、野馬追祭の中心をなす神馬献上で、延享元(一七四四)年藩主尊胤より将軍家に呈した『野馬追之記』の記事が正確である。

右の野馬がけでもそうであるが、葦毛の馬が神馬として喜ばれた。葦毛の重んじられたのは古代からで、あしげはアオウマとも呼ばれた。青は春の色でめでたく、馬は陽獣としてよろこばれたのは中国の影響であろうが、毎年正月七日宮中に青馬を見る行事のあったのは、邪気をはらうための上代よりの恒例であった。のち白馬にかわってもアオウマの節会の名称は長く変らなかった。

将門もこれにならったものか、正月三日あしげの馬を見たと伝えているが、さらにその故事にならい、相馬藩では代々正月三日「お駒の神事」と称して葦毛の木馬をつくり、七歳未満の男児をのせ、これも昔伊勢の飯高郡から白馬をひいてきたという故事により、相馬に移住してきた者の子孫が代々相続して、妙見社前で太鼓を打って童子舞をするのがならわしであった(『相家故事秘要集』)。世間にひろい「春駒」なども同じ趣旨で春のものであった。

相馬では、妙見様のお乗りになる馬は葦毛だと信じられているため、宇多、行方では葦毛の馬に乗らず、また飼わない習いであった。しかし神馬として葦毛を喜ぶのはどこでもそうで相馬だけではない。

捕えた馬にしるしの焼印をするというが、焼印を押す風は上代の『厩牧令』などにもよく見られる。しかし繋ぎ駒の風はあるいは相馬独得のことらしく、いつの時代からか相馬の「繋ぎ駒の紋」として幕紋などに用いられているが、起源については、将門が捕えた荒駒を柱につないだ故事によるとの伝承で、『秘要集』にも「其野馬の内、もっとも逐風の駿馬等を豪敵となし、勇力の輩相共に力を合せこれを捕え、柱を建て之を繫ぐ。その馬手足を踏立て歯をかみ鳴らし、たづなを解き逃げんと欲する勢甚だ勇猛なり。見る人その獰を感心せざるはなかりき。是を以て軍用第一の幕の紋となして云々」と見える。

星と馬との関係については詳かではないが、星が下って竜の胎内に宿り馬になったという中国の伝説に糸をひいているとすれば起源は古いと思われる。太田の妙見にも、昔将門が一夜客星おちて竜馬となると夢に見て妙見菩薩をまつったという伝説を伝えているが、みな渡来の伝説に結びついているのである。

野馬追の祭日を五月の中の申の日ときめた最初の事情はわからないが、伝説では、小金ヶ原のころすでに中の申を用いていたという。午と申(猿)との関係については『秘要集』に、

五月は午の月なり。申の日は、猿は馬の守りという。猿を山父と名づけ、馬を山子と称す。故に馬は猿を重んず。ことに未申(ひつじさる)の日は妙見の縁日なれば申の日を用う。

と見える。厩にはってある馬匹守護の守札に、猿が御幣をもって馬をひいている図柄をよく見るが、厩に猿の頭蓋骨や片腕を祀っておく風を福島や秋田で見たことがある。とにかく馬と猿との因縁は古いようである。

申は吉相のものとしてよく用いられるが、午も五月のものとして出てくることが多い。上代端午の節供に宮中では、

王臣の馬を会せしめる風があり、国飼馬の貢進もこの日を期して行うことが多かったのは、恒例として行われる端午の馬射や走馬に役立てるためでもあったようだから、そうとすれば野馬追の原義も、講武や尚武の行事とばかり見ることができない。

奥州の方では、馬の神として蒼前(そうぜん)をまつるが、この信仰も古い。馬の売買がすむと酒を蒼前さまに供えて「馬喰祝詞」なるものを上げたという(『福島県馬史』)。

ついでに、わが国における古代の牧をみてみたい。

わが国における官牧の記録は『日本書紀』天智天皇七年七月の条に、「多置㆑牧而放㆑馬」とあるのが初見とされているが、『延喜式』になると、公の牧が各所に設けられて、「諸国馬牛の牧(みまき)」の語も見える。このころ下総国には高津馬牧、大結馬牧、本島馬牧、長州馬牧、浮島牛牧の五ヶ所の名が見えるが、全国からすると十八ヶ国三十九ヶ所で、陸奥の牧の名はまだ出てこない。しかし駅馬伝馬の条には陸奥も名を連ね、陸奥国駅馬二十余ヶ所、伝馬六ヶ所となっていて、その地名も出ている。この後牧の数は一そう多くなっていったと思われるが、後にはかえって陸奥の方がさかんになった。『倭漢三才図会』に、「奥州常州之産馬為良、薩州次之、信州甲州上下野州総州亦次之」とある。

よい牧が東北地方に多いのは、馬は寒冷地帯に適するということのほかに、土地が広く、水と草とにめぐまれていたことも原因である。はじめは京都付近にも多かったのであるが、開墾が盛んになり牧場が少なくなった。諸所の庄園の増大とも関連があったようである。

わが国の牧は、古くは軍団に兵馬を供給するためのものであったから、だいたい全国に一様に置かれたが、奈良中期から平安初期にかけて、軍団制の崩壊にともない、画一的な牧はしだいにすたれ、従来の官牧および官牧系の諸国繋飼馬と、これ以外の勅旨牧や京都付近の近都牧もできた。これらの牧の目的は、牧馬を京都に送って朝廷の用に供することにあった。しかし諸国からの貢進も怠りがちになると、陸奥の交易馬が脚光を浴びるようになった。そして最後には後の放牧につながっていくのである(『史学雑誌』四〇、西岡虎之助論文)。

従来の京都中心の貴族文化にあきたりなく思うあずま男たちが、しだいに勢力を未開拓の関東・東北にのばすようになり、その先がけをしたのが良文、将門たちであった。将門らは妙見信仰をとり入れて精神的支えとし、騎馬の利用を中心とした野馬追という新しい形式を採用して、講武の実をあげたことは特筆に価する。あわせて経済力を牧の経営によって培い、これらを総合して祭礼としたのは、たとい後世のことにしても、少なくともその基礎を築いたのは彼等であった。

下総平野は、昔のいわゆる葛飾野で、牧馬によい条件をそなえ、幾つもの牧があったが、小金ヶ原や佐倉は中でも代表的なものであった。『延喜式』にはまだ見えていないからその後の開発と思われるが、近世になってからも徳川幕府は力を入れ、幕末ごろは小金ヶ原三、〇〇〇、佐倉三、五〇〇の馬数であったという(『野馬追史論攷』)。

『妙見尊大縁起』によれば、十七ヶ国の旗頭となった良文の勢威の諸国におよぶことを誇示したなかに、久しきにわたる戦の労をねぎらって、帝から「於ニ諸国一、馬ノ草飼所良文ニ賜フ」、「十五ヶ国之内ニテ駒繋場良文令ニ知行一事」などと見える。

元亨三年、奥州相馬に移住した相馬重胤は、おそらく先祖将門らの故智にならって、牧場に適する所を探したと思われるが、さいわい牛越原(うしごえ)(今の雲雀ヶ原で野馬追原とも云う)を含む阿武隈東麓の広大な原野を見て、ここに牝馬数十頭を放ち、「妙見神馬の牧」と称したことが『奥相茶話記』ほか藩の記録に見える。重胤以後も、藩主の代がわりにはもちろん随時馬を放ったので幕末ごろには千頭をこす数になっていたという。

以上要するに、野馬追祭は、星の信仰と関連づけた妙見の信仰を基盤とし、馬を贄として妙見神にささげることを中心とした、領主の司祭による神事であるが、さらに卜占、講武、牧などの重要な要素が加わって複雑に発達した。しかも源は古く、奈良・平安の昔に糸をひいていることを知るのである。

註

（1）『総州千葉妙見縁起』絵巻、歓喜寺蔵、福島県指定重要文化財。

（2）『妙見尊大縁起』原本、相馬家蔵。

相馬の修験道

――上之坊寛徳寺の五百年――

一 上之坊の出自と相馬氏との関係

由来、奥州相馬の地は、源頼朝の藤原泰衡討伐に従って功労のあった千葉常胤の次子相馬師常に与えられた恩賞の地であったが、元亨三(一三二三)年四月、師常後数代の孫五郎重胤の時に、本国なる下総の相馬から移住してきた。この時、他の二、三の社寺とともに扈従してきた修験に上之坊と日光院とがあった。相馬氏は小高に城柵を築いて居り、上之坊は高平(現在原町市)に、日光院は栃窪に住みついた。相馬氏の移住の際、鎮守や祈願寺など極めて選ばれた僅かの員数の中に修験が二ヶ寺まで入っていたことは、当時利用価値が高かった修験の面目をうかがうに足りる。そして二寺とも数十ヶ院を配下にもつにいたり、盛衰はあったがとにかく明治まで命脈を保ちながら、維新の宗教改革の際復飾して廃寺となるまで五百余年続いたのである。

相馬氏の最初の知行地は行方(なめかた)郡だけであったが、まもなく宇田郡を手に入れ、明応元(一四九二)年標葉(しねは)氏を破って標葉郡をも収め、これでいわゆる相馬三郡は相馬氏の領有するところとなったのである。しかしその領地はいたってせまく、のちの石高にすれば六万石に過ぎなかったが、珍しくも五百余年間一度の領主の交替もなく相馬氏だけによって治められた特殊に発達した土地柄であった。

上之坊が下総に居たころのことはわからないが、相馬に来てからは寛徳寺を建て、正しくは高平山阿弥陀院上之坊寛徳寺と号し、聖護院派すなわち本山派に属し、羽黒派の日光院とともに相馬修験の本寺になったが、上之坊の方が勢力があったようである。寺は高平にあったが院地は小高の八景に与えられ、寺領は四十一石であった。

つまり相馬氏の伸びるにしたがって、上之坊の修験領域も拡大していき、これまで岩城宮林房の檀家であった標葉郡も、盛胤が聖護院に請うて上之坊の檀家に直してくれたもので、相馬三郡は上之坊の熊野霞に属するようになったのである。

宇田庄引道之事、不レ可レ有二余儀一候

平　盛　胤（花押）

明応八年七月二日

治部卿へ

寺の境内の熊野堂に対しても、相馬義胤からの寄進があった。

奉寄進

熊野山

熊野口内

田一町

永禄十三

卯月廿七日

義　胤（花押）

何事も祈禱禁厭の重んぜられた中世であったから、相馬家では事あるごとに上之坊に祈願を依頼し、上之坊も相馬家の永代祈禱寺をもって任じていたから、その関係は深く相馬家からの庇護も大きかったと思われる。これより少し前永禄八(一五六五)年の記録がある。

令レ精ニ誠当家一、家運弥以令ニ増進一様、御祈禱任入候、因レ茲従ニ前代一之転馬之公役、末代所レ令ニ免許一也、乃為ニ後日一之証状如レ件

永禄八暦乙丑
霜月廿日　　盛　胤（花押）
寛徳寺
寄進

慶長七(一六〇二)年五月、相馬義胤の時、相馬が石田三成方に組みしたということで相馬氏は領土を没収されたが、本領安堵のためさまざま方途が考えられた中でも、とくに上之坊の歎願による聖護院宮の斡旋が効を奏したらしいことは、あまり知られていない。相馬では、後の盛胤がはじめて四品に叙せられたのも上之坊の依頼による宮の斡旋の賜であったと伝えている。国の大事、例えば幕末異国船の来航の時や、藩の大事の雨乞そのほか疫病消除、病魔退散など依頼されることは始終であった。門馬八郎兵衛が無実の罪で家族ともども処刑され、その祟りのひどかった時など、藩主はひそかに上之坊を召して懇篤な祈禱をたのんでいる。

二　聖護院と上之坊

上之坊に伝わる文書中、年代的に古いものは文明九(一四七七)年のもので、

奥州東海道行方郡、相馬治部丞一家被官之輩、熊野参詣先達職之事、任二当知行一之旨、不レ可レ有二引導相違一之由、乗々院法印御房被二仰出一之処也、仍執達如レ件

文明九年七月十八日

法眼慶乗（花押）

法橋快慶（花押）

治部公御房

とあり、相馬治部丞は治部少輔相馬高胤で、相馬に移った重胤より七代目に当る。治部公は上之坊で、治部卿とも称した。これは聖護院宮の重職であった乗々院よりのもので、上之坊の本職を明示した若王子役者連署の奉書である。

修験道は一を聖護院派すなわち本山派、一を醍醐派すなわち当山派と称して対立していた。本山派は熊野三山より大峯に向って入峯し、当山派は大峯より熊野にかけて修行するのを常としていたが、上之坊は本山派に属する年行事職であった。ずっと後世天保時代の記録であるが、磐城・岩代地方の年行事職は、

相馬　上之坊　上平　光明寺　蒲倉　大祥院　石川　大蔵院　宮林　来泉寺

菊田　浄月院　須賀川　徳善院　安積　万蔵院　越田和　大宝院　堂坂　妙音寺

木沼(伊達領)　宗吽院

で、それぞれに配下の修験の寺院を持ちながら必要があれば互に連絡をとりながら京都の本山聖護院の指揮下に入っていた。そして乗々院と若王子とは本山の両院と呼ばれていた。

相馬における上之坊の配下の諸院の数は、時代によって異ることはもちろんであったが、大体百箇院前後であったかと思う。一方、羽黒派に属する日光院も、上之坊ほどではなかったが相当の配下を擁して活躍していた。この方の主な行事は湯殿行であった。

聖護院派に限らなかったと思われるが中世ごろの修験道は、入峯に関するしきたりにもきびしいものがあり、年行事職として職務に忠実であることを要請されることも度々あって、「如二近年一対二京都一令二無音一者、可レ被レ補二別人一之条、宜レ令レ存二知其趣一云々」などの天文二十年の本山よりの達しも残っている。この少し前に、場所は明らかでないが、聖護院宮の滞在中、上之坊配下の衆が命ぜられた賄役に精励せよという意味の聖護院門跡役者連署の奉書が出されているところより見れば、数日後の日付のこの文書は、年行事職としての職務に忠実でないならば、余人を以て代えようとする譴責の意を含む文にとれそうである。

後に明暦二(一六五六)年に若王子より出された「修験道法度作法之事」なども、長く本山修験の規範となったものである。

一、年行事職之事、諸国本山之山伏相極申候事

一、伊勢、熊野、富士、日光、引導之儀、聖護院御門跡御代、従二先規一被二仰付一、任二筋目一可レ令二執行一事

一、七五三祓幣諸祈念等、従二往古一修験道如二有リ来一可レ仕事

一、諸経、諸真言梵字之札、守、巻数等、山伏方如二在来一可レ有レ之事

一、結袈裟、数珠、錫杖等、尤可レ用事

一、従₂先規₁、山伏持来別当職、今以可ᴸ為₂其分₁事

右、守₂此旨₁、禰宜作法混乱仕間敷候、併吉田神道之下、禰宜方此ヶ条之通曽以不ᴸ可ᴸ有ᴸ之間、可ᴸ存₂其旨₁者

巳

明暦弐年丙申九月十二日　　　晃　海（花押）

上之坊

三　入峯修行

修験道は、山野を跋渉し、峻嶮高岳を攀じて、天下泰平国家鎮護を祈願することを本務と考えていたから、入峯修行がすべての行事に優先していた。同時に本当両山とも信仰対象は紀州の熊野宮であったから、両派の修験のあるところには、いたる所といってよいぐらい熊野の勧請が見られるわけである。上之坊においても、寺の境内に熊野宮を祀って崇敬したが、永禄のころ相馬外天義胤が神田を寄付したことは上に述べた。

聖護院門跡の入峯は稀な行事で、新任の時以外は十年に一度ぐらいのものであったというが、したがってその儀式ははなはだ大がかりで、全国の同行を召集して一山の威容を示したもののようで、時に質素にすべく注意があったぐらいである。その京出発は七月二十五日を恒例としたという。領主の熊野参詣もまれには行われたと見え、第十五代の盛胤が天文中紀州熊野および高野山に参詣した時、上之坊が先導をつとめている。盛胤はもともと熊野を崇敬し、帰郷後は自から熊野行法を修している。

一般修験者の入峯は数の多いほどよかったことであろうが、経費の面その他から容易なことではなかったらしい。

ことに遠隔の相馬では入峯に莫大な費用を要するので、上之坊の台所は常に火の車であった。時に病気のためという理由で上京延期の願を出すこともあったが、上は藩主の知遇に対し、下は配下諸寺院の統率を考え、いつの世にも本寺の態度は真面目であった。文政、天保ごろの永潤の入峯度数の控があるが、彼の代三十年間に九回の入峯であるから、平均三年ごとに上京修行したことになる。年行事職遂行のためには代々の上之坊もほぼ同じような度数を重ねたことであろう。藩侯の代参として、又多くの配下同行の先達として、本山の厳令のもとに、不如意の経済のもとで、長途の旅行をくり返しながら嶮山に苦行を重ねた山伏の豪壮な意気を想うべきである。

年号はないが「洛東熊野那智遶堂次第」を見ると順拝は左の十八社であった。

本宮、新宮、那智、若宮、夷子社、稲荷金毘羅合社、妙見宮、愛宕社(遥拝)、二ノ滝不動尊、千手堂、一ノ滝不動尊、大岩弁財天社、滝宮弁財天社、金峯山山神合社、三解社、三ノ滝不動尊、本地堂、高祖堂

素朴な山岳信仰に生きるまじめな修験者たちは、修行にもひたむきであった。ことに国々をまたにかけての巡錫である上、藩主の付託もあり、本山との結びつきも深く、徳川時代に入っても幕府からの信頼もあって、一般に厳禁の葵の紋を、道中祈禱に使用することを許された記録の控も残っている。

諸国を歩く機会の多かった彼等は、目にし耳にした新しい文化を郷里にもち帰って、ささやかな文化を新しくうえつけ育てることのできた功績は大きかったようで、浜街道に今もよほど残っているみごとな松並木も、上之坊が天正年間、今の原町市植松に植えたのが最初であった。それにうながされて浜街道相馬領の大部分、すなわち南は熊川の岩城境から、北は塚部仙台境まで街道の両側に松を植えたのは寛永十・十一年であった(『奥相志』)。相馬ではないが、隣のいわき市の塩屋崎の燈台も、その前身は、海難をふせぐために土地の山伏が岬に火を焚いたことにはじまると聞いたことがある。

四　延宝事件と上之坊中興の業績

延宝九(元和元・一六八一)年五月、上之坊常栄が怨恨関係から院代光台院宥性を殺害するという事件がおこった。高平時代の最末期で時に藩主は昌胤であったが、事件の詳細は当時の記録に残されている。

けっきょく僉議の結果、常栄は死罪になり、連座の者たちは俗にされ、山伏の袈裟諸道具は取り上げられた上、他領に追放された。上之坊の子供十二歳のがあったが、これも海道に居ることを許されず、妻子共佐山某にあずけられた。

しかし同年八月、昌胤の命によって、三宝院長精(本学院真清の二男で殺された光台院宥性の弟)をして上之坊常栄の跡を継がせ、名も湛清と改めさせ、高平山阿弥陀院寛徳寺の院家采地一切を賜った。且つ善性院をして光台院の跡をつがせた。

湛清の祖父長清は、高平山由緒系図によれば「岩崎三郎平隆久五代弾正忠隆安次男隆勝長男隆重の後孫」といい、また「生国岩城、号二岩崎菊千代一、若年来住二小高一、為二修験者一号二三宝院一、蓋邦君小高在城之時歟」とある。長清は法印三大僧祇、入峯三十三度というすぐれた修行者であった。要するにこれまでの上之坊に、はじめて岩崎氏の湛清が入ったもので、爾来俗名を代々岩崎治部卿と呼ぶようになったのである。

なお、この事件のことは藩主昌胤から聖護院の若王子大僧正まで報告されたと見えて、京都からの返信が残っているが、当時のことで発信から受取るまで一ヶ月ぐらいを要している。

藩主の恩遇に感激した湛清は高平にあった上之坊を継ぎ、年行事職となり、京都の聖護院に出て継目の礼もすますことができた。院地釆地ももとのまま賜ったが、この際寺を中村の小泉（相馬市）にうつすことになり、高平の土地一部を減じてその分を小泉に賜ることとなったものである。これはおそらく湛清自身の希望などでなく、藩主昌胤の格別の厚意であったろうと思う。小泉の地は背後が一帯のひくい丘陵をなし、利胤の時代小高から城を中村に移してからは、城をとりまくような形になった。神仏崇敬の念もあつかった昌胤はこの丘に八景を設定して、小泉八景または城北八景と名づけ、京都の東山に擬して多くの堂塔伽藍を建立したと伝えるところである。もっとも北山の社寺は昌胤以前かなり古い時代から建立を見ているが、場所がよいせいであろう。その一環として丘陵の一部岩崎山に寛徳寺と熊野宮を移し建てたものに相違ない。天和二年、貞享元年あたりの二、三年間に次々に建物が完成していったらしく、天明凶作で急速に衰頽する以前は寺だけで二十一の建物があったという。上之坊は明治後廃寺になった現在も、境内には、おそらく当時の植樹と思われるタラヨウの大木と、天明二（一七八二）年再建の阿弥陀堂と参道両側の茶の木が当時の名残をとどめている。

当時からある証文箱の蓋の裏に湛清自身の筆で左のように記されている。

本寺江勤ニ続目一之時　湛清自ラ書曰、貞享甲子之春建立成就移ニ当山一

于レ旺延宝第九辛酉之夏之比、寛徳寺上之坊先寺、為レ背ニ於国法一依ニ罪過一而亡ニ失於我身一、当君平朝臣昌胤公、修験之道衰、憂レ可レ為ニ門弟混乱一、而可レ継ニ後跡一尋ニ人体一、爰而岩崎氏三宝院在ニ末孫一、年数余ニ三七一而愚闇雖ニ不敏一、祖父以ニ威光一、年行事職被ニ成下一、本智禄共拝領、依レ是同秋之末而熊野三山之検校聖護院御門跡、洛陽東山若王子僧正両所江勤ニ継目之礼法一、家伝法式既而邪法不レ正、故従ニ本寺一受ニ証文一、改ニ私法一顕ニ用正理一、天運環来スルカ如ニ願望一首尾成就、自他共歓喜、冀修験道盛レ世、宗門寄睦、転ニ自葉報一子孫栄久而報ニ祖師於恩徳一謂レ弔矣、高平山寛徳寺上之坊湛清謹謙而書レ之

新たに上之坊の名跡をつぎ、寺院の場所を悪い思い出の残らない城下の名勝の地に定め、従来の旧法を払拭し去って、新たに出発しようとする彼の覚悟と抱負のほどがよく現われている。爾来着々と実績を挙げて藩主の付託に応えることができたのであった。そして宝永七年八月四日、中興開山としての生涯を終えた。

元禄四年九月には、昌胤は牛頭天王を中村城の鬼門にあたる小泉に今田から移して安鎮し、鬼門よけとし、上之坊を別当とした。因みに中村城を守る四方の神社は、坪田の八幡、馬場野の羽山、小泉の八坂(天王)、黒木の諏訪といわれている。

この頃の記録として「怨霊道切御祈禱覚」がある。内容は上之坊常栄代より道切祈禱の行われた年代、誰のために行ったか、参加修験の人数、供物、費用等について記したもので、大部分は湛清の記述らしく、貞享三年ごろから詳しく、宝永に及んで居り、以後正徳までの分は彼以外の手のようである。道切は修験では非常に重い祈禱で、開白から結願まで七日を要し、これにたずさわる修験者の人数は普通十八人ぐらいを要したといわれる。

五　雨潤から永潤、宗山まで

湛清以後の上之坊の系統は岩崎氏の世襲となり、湛清―貞清―真清―俊清―晃清―雨潤―慈潤―永潤―宗山、と明治まで続いて宗山の時廃寺になるわけであるが、概して国学に詳しい人が多かった。

ことに雨潤は、真無実如また如幻堂と号し、博識宏才、聖護院門主の信任厚く、その要請によって、寛政十年、京都本山学寮の学頭に任じ、同十二年ごろまで勤めたかと思われる。物先や無能とも親しかった。彼には「上之坊の由緒を論じて本山派修験道の本質におよぶ」(寛政二年)、「小野道者無断参宮に関する所見」(寛政三年)、「相馬と他国との法式異同の弁」(寛政三年)、「奥州羽黒山不法建白に対する反証論文」(寛政十一年頃)その他多くの論考、また日記がある(『東北学院大学東北文化研究所紀要』㈣、㈤、㈥)。文化五年七月二十九日五十六歳で没した。

永潤は潮音堂と号し、文久二年正月二十七日没したが、著述に「講峰私記」(安政三年)、「熊野宮御神事産生神御祭礼之作法」(万延二年)、「本山修験作法録」(年不詳)等がある。

宗山は上之坊最後の住職で、慶応四年戊辰役には配下八十五ヶ院をひきいて無敵隊を結成し、中村城の内外を警備した。この時日光院も同じく配下三十四ヶ院をひきいて金剛隊を組織し、同様活躍した。「もののふの身にあらねども君がため尽くす情は劣らぬものを」の当時の和歌に、若い宗山の情熱を見ることができる。復飾後は歌人・国学者として名を成した。

上之坊の古い時代のことはわからないが、中興以後の代々は、何れも学問に身を入れ、入峯を重ねて修錬を積み、地方の学問指導の一中心であった。俊清も雨潤・慈潤もみな藩の学問所の学頭をつとめている。漢学の盛んな藩政時代に、相馬の国学は上之坊によって命脈を保たれたと言われる所以であった。「大般若経」の全巻も揃っていたが、宇治の黄檗宝蔵院より慈潤の代の購入であった。藩校育英館は益胤の時にできたが、上之坊が度々諮問にあずかっている。宗山の代などでも毎朝、朝読みと称して、どんな厳寒の朝でも広い縁側の板の間に座って、人によって『源氏物語』や『伊勢物語』の講義があったという。いくら早く行っても戸が開いているので、三時頃行ってみたらさすがに戸がまだ閉まっていた、そういうことが二度ばかりあった、などと思い出を話す老人があったのを私も幼な心に覚えている。宗山は私の祖父に当る。

六　郷村における上之坊

修験道は仏教・神道からいわゆる民間信仰といわれるような雑信仰をも含む宗教であったから、日常頼まれる祈禱の種類も多く、当時の村の生活に密接に結びつくものであった。学問を授ける学校の仕事から、病気を治す医師のつとめから、道路に松並木をつくったりの土木工事まで相談にあずからねばならなかった。

それに地方の本寺であるから、常に京都本山との交渉があり、多くの配下寺院との連絡があった。しかし一年間のなすべき寺の行事も厳格に守られていたようである。それは正月の藩主の参詣にはじまるものであった。臨時の熊野勧化も堂舎の改築修理ごとに行われた。

しかし何よりも苦労なのは入峯だったと思われる。年行事職の義務で、すべてに優先するものであったと思われる。天明の凶作後の上之坊の窮迫の様子は、度々の上京延期の歎願書にもあらわれているが、蔵書を牛車に積んで処分したというのも永潤の頃であったらしい。しかし代々の上之坊はよく耐えて、この困難な旅行をくり返している。大体平均三年に一回ということは前に言ったが、およそどの位の日数を要したかというに、宗山の例をとれば、文久三年六月二十三日相馬(小泉)を発して七月二十四日京都に到着、二十九日京を出て大和大峯に登り、八月十六日帰京、同二十八日京を出て九月二十七日小泉に帰っているから、この間途中聖護院で所用のため少し滞在したが、通算しておよそ三ヶ月を要している。

その間、旅のつらさ楽しさは別として、家に残る者への心配りも大変なものであったろうと思われる。それが日記などにも散見するが、例えば文政二年六月の「慈潤日記」(慈潤三十八歳上京の折)にも、外に対しては旅行の準備に買物その他を細かに記し、また内の方として、留守中家庭で実行すべきことを指示して居り、ことに盆の行事に手落ちないように注意している。公の寺務は院代当番が交替で処理していたらしい。

一、火の用心
一、道場〆、燈明夜半迄置申間敷事、火打箱暮ニハ勝手へ持参可レ致候、常香ハ留守中無用
一、日記帳拵置、日々ノ事、客来又は其晩留守居泊リ候造酒右衛門且ハ左助等迄、日々記し可レ申候、見舞ノ方も同様
一、熊野堂参詣日々ノ事
一、廿八日、五穀成就御祈禱打寄
一、七月六日寄合、施餓鬼備物、あらよね米、おらんだ、なすび、蓮の葉へ盛、菓子廿五文、飯、花、有縁無縁の位牌、過去帳、五色ノ旗、五如来ノ名号、是旗ハ盆ノ棚へ入用になる故置候事也
一、七日、七夕歌上ル、節約祝儀可レ致
一、十三日、縄三ヶ所あげ燈籠立ル、其晩より上ル十三日あらよね石塔へ上ル、父ノ墓所へ松明ス
一、十四日、明ケニ上ゲ燈籠も上ゲ候、松所々へあかす、盆棚へそうめん煮て上ル、夫より別ニ朝飯上ル、昼もち上ル
一、十五日、朝飯上ル、昼麺類上ル
一、十六日、朝飯上ル、昼飯上ゲ、其後だんごヲひふの和物ニて上ル、煎茶上ル、其後送リ申也、備物あらよね米、おらんだ、なすび、くわし、はすいも、花、夕顔、なすび、長ささげ、もも、李、うり、枝まめ、送り候節ハ米、茶、香

一、盆棚へ先祖ノ懸物掛ル、其他位牌
一、廿八日、五穀成就御祈禱
一、三十日、晩燈籠縁側へ上ル、松も明ス

また、これは上京でなく、近くへの旅行であったが、留守宅に宛てた雨潤の手紙が残って居り、その中に、

不恔儀、昨晩鹿島まで罷越候所、今朝も別而相かはる義無レ之候間、御安心可レ被レ成候、おもと、おみよも弥快く候事と存候、但し此上用心専一之事候間、両人へよく〳〵可レ被レ仰候、風に当り候儀、甚不レ宜候間、随分相かこひ候様ニ可レ被レ仰候、おミち事夜中ながくなき候ては不レ宜候間、是又用心可レ被レ成候、此辺など甚物騒に相聞候間、夜中用心専要ニ候、尤火の用心大切ニ可レ被レ成候、三、四日之間之事ニ候間、何分諸事大切ニ可レ被レ成候、以上

尚々蒼朮御取寄、朝夕御たき可レ被レ成候、以上

妻への書状らしく、僅かの留守中にも細心の注意を家庭にはらっている様子がよくわかる。おもと、おみよは彼の女で、はしか(麻疹)か何かで臥床中と察せられる。おみちは末の子で、姉等夭折ののち後嗣となり慈潤を迎えたが、これまた子に恵まれないまま早世した。蒼朮(おけら)は湿気を払う薬草という。

上之坊には細々した記録類が随分残っていて、中には修験道というよりは民俗学的に見ても面白いものがある。数多い村々の幣束帳には一軒一軒の祀る神の種類が記されて地方の信仰を知るよい参考になる。その他京都や大峯への道中記、配下の院名帳、年始御礼帳に至るまで仔細にみれば資料になるものが多い。年始の御礼として持ってくるものなども、文久二年正月の例でいえば、金なら百文から三百文ていど、品物としては餅、飴、手ぬぐいが圧倒的に多く、百文に餅、というのも多い。そのほか干柿、酒札、茶わん、もやし、せんべい、たばこ、うんめん、まき紙、紙

などもあり、金の場合は御初尾（穂）などと書いたようである。年始客には一般の人もあったが配下の修験が目立って多い。

藩から特に依頼される祈禱もよくあったことは前にも述べたが、天明ききん時の五穀豊熟の祈願、疫病流行時の祈願、嘉永頃海辺騒然たる時の鎮護国家のための祈願など目につくものであった。

七　上之坊の終末

明治二年の宗教改革の際は、本山の役所を臨時に武蔵国北葛飾の幸手において、奥羽地方の事務に当った。その時の本山よりの令達は左の通りであった。

触　書

一、今般王政御一新ニ付、本山修験道之儀は天朝御附属管領聖護院御支配旨御改メ相成、右ニ付朝命ヲ以東京府御役所江被㆓仰付㆒候間、以来修験一派一同可㆓相心得㆒、就テハ古来より有髪旨候間、衣服相改メ、儀式之節ハ装束着用之上、帯剣結袈裟、当用者羽織袴帯刀ニ而大務公用共可㆓相務㆒旨申渡し候、已上

王政御布告之通り、朱印除地之神社別当者、復飾変職当然之義ニ候処、即今時勢之動揺ニ泥ミ、前書神社別当ニ無㆑之、其領主附属且其村々より帰依由緒ヲ以、院跡譜代附属之神社之分も、一様ニ変職復飾思ひ立候輩も有㆑之趣に相聞候、右者御布告之御趣意ニ相振候条、其頭本先達職年行事職江談判之上、急度取調可㆑令㆓復本㆒候事、七社引導之儀は、修験道御廃止之儀更ニ無㆑之間、古例之通り可㆓相心得㆒、併是迄区々ニ候間、追而御願立ニ相成候御治定之事

本山修験道、是迄宗法之通自身引導自己葬祭ニ相成有レ之候向も有レ之、或ハ院主者自己葬祭ニ而、家族ハ頼寺之向も有レ之、又者、院内悉皆頼寺之向等ニ而、区々ニ相成候事故、右ハ神勤等ニも致二関係一候宗体ニ而、右様相成有レ之候得共、両部御廃止之上ハ、向後本山修験道ニおゐて、不レ残自己葬祭之段、府藩県より御布告ニ相成候様被二仰出一候事

神仏混淆不レ致様、先達而御布令有レ之候得共、破仏之御趣意ニハ決而無レ之、僧分ニおゐてハ、妄ニ復飾之儀願出候者有レ之、不レ謂事ニ候、若も他ニ伎芸有レ之、国家ニ益する儀ニ而還俗いたし度事ニ候得ハ、其能御取調之上、御聞済ニ可二相成一候得共、仏門ニ蓄髪いたし候儀ハ不二相成一候間、心得違無レ之様御沙汰ニ候事

右之通り被二仰出一候事

今般若王子室霞返上被レ致候ニ付、御直ニも相成候得共、東京御役所指揮難レ被レ行場合も可レ有レ之候ニ付、奥羽両国並常州等御支配取調向被二仰付一候間、以来願向等当方江願出可レ申、且遠路之義ニ有レ之候間、当用之儀ハ蒲倉大祥院並須賀川徳善院等江可レ被レ遂二談判一候事

巳(明治二年)二月　　　　幸手

不動院室役所印

奥羽両国並常州

本山修験中

これで見るといろいろ思い違いや行き過ぎもあったにせよ思いのほかに復飾する者の数が多く、上之坊派だけから言えば、当時「九十四軒のうち五十三軒復飾、内四十一軒修験ニ而相続可レ仕旨申出ル」とある。上之坊宗山も、長年にわたる修験職をやめて神職になったので、中興より数えて九代、上之坊の先祖より伝えて六十二世という。

時に旧藩では、旧来の家臣を土着帰農させる方針を以て、一時知行地を回収しこれを再配分するいわゆる「土着」の方法をとった。上之坊も一旦上地させられたが、願の通り小泉のもとの地に土着安堵にきまり、復飾を仰付けられたのは明治四年十二月二十日、士族に仰付けられたのは明治五年五月二日で、士族の辞令には元中村県とある。

おわりに

元亨三年、領主の相馬氏について下総の相馬から奥州相馬に下って住みついてからおよそ五百五十年、上之坊の記録の見えはじめた文明年間からは四百年になる。しかし私共の注意し問題にしたいのは、岩城の出なる岩崎氏が上之坊を継いだ天和元(一六八一)年から三百年近い間である。それはこの間あまり欠けることなく記録が残っているからであって、これを別に整理したのが「修験道資料上之坊岩崎文書」(『東北学院大学東北文化研究所紀要』㈡、㈢、㈣、㈤、㈥)であった。なお私の興味を引くのは、細々ながら長年続いてきた田舎の小さな修験寺であっても、それなりに、本山との行き交い、配下の統率を常に考え、貧窮の中にあって、修験道本来の目的を遂げようと常に努力をおしまなかったその真面目な代々の院主の生きざまであった。そして上之坊に関する限り、修験道というものを通じて、地域に大きなよい影響を与えてきたように思われる。

私はこのたび(昭和五十一年七月)、祖先の往来を重ねた吉野に遊び、重畳たる山岳の翠微を望み、さらに遠く未だ見ない大峯を想見しながら、去年遊んだ熊野に再び思いを馳せたことであった。

民俗のふるさと

祖霊と山〈天に昇るかけ橋〉

日本人の思想の源をどの辺に求めたらよいか、民俗学的にみても重要なことであるが、一応祖霊と生命の問題などから考えてみたい。古代の日本人は霊魂は不滅だと考えていたようであるが、死ねば魂は肉体から離れ去って魂の無いナキガラとなる。タマ呼バイをしてみてもむだだと知ったとき、その魂の行く先はどこと考えていたものか、そこには幾通りかの考え方があった。

一つには、死骸は現実に土中に埋められるから否応なしに一応は土中の世界を考えたに相違ない。『古事記』を見ても、イザナギ命が妻イザナミ命と国造りの途中で、妻の命が火の神を生んだので身体が焼けて夜見の国に行かれたと説き、その夜見の国というのはまっくらな感じの国らしい。楽天的で現世謳歌の日本人は、死後のじめじめした暗黒世界を想像することを好まなかったと見えて、『古事記』ていど以上には夜見の国の説明はないようである。

これは仏教で極楽浄土を克明に描写しているのとは大へんな相違である。仏教では極楽のある場所として夕日の沈む西方を尊ぶので、ここから仏たちが手をさしのべて死者を迎えに来ると説くのである。日本で西方を尊ぶのはおそらく仏教以後であって、以前はむしろ東方日輪の昇る方を尊んだように思われる。日の出る海の彼方に蓬萊理想の国を考えたのである。

太陽の光豊かな洋上に心ひかれたもう一つの理由は、日本人の先祖のやってきた方角という意味からである。古代の先祖たちは何回にもわたって海の彼方から来たものであろうが、その中には稲作技術を持って南方から来たものもあったろう。それらの子孫が海の彼方に先祖の国、母の国を考えるのはむしろ当然と思われる。後の古墳などに、南方や東方に入り口を設けてあるものが多いのも偶然とばかりはいえないと思う。福島県浜通りで舟型古墳を発掘していた時に、つくづく見ていた村の老婆が「舟さのってご先祖さまの国さゆくように昔の人は舟のお棺をつくったんだべ」と言っているのを聞いて面白いと思ったことがある。

死後の魂の行く場所は天とも考えたようである。ここに居たかと思えば次の瞬間には千万里も遠くへ行けるような融通無礙なものだとも魂のことを考えていた。

天に行くには山をかけはしとして行くので、さし当たっては山へ行くという考えも同じと思われる。ことに天では少しく現実性がとぼしいとすれば、朝夕に目に親しい村の彼方の青山の姿、ああいう所に住んでみたいというような山が里々にはあるもので、そういう山も対象であった。それはあえて名山高岳ならずとも、里に近い端山でも、身近に親しく感ぜられている山でよいのである。湯殿山にはご先祖が住んでいるとか、恐山に行けばご先祖に会えるとかみなその類であって、そういう言い伝えをもつ山は今でもたくさんある。昔はなおさら多く、そういう霊地には寺や社も建ちやすかっ

恐山の賽の河原地蔵堂の前で口寄せしているイタコ（昭和46年，岩崎真幸氏撮影）

た。月山などには今でもまれに遺骨を持って登り岩かげに埋葬してくる人もあるという。つまり人の霊魂は里近くの山にのぼって行ってここに住み、朝夕子孫の生活を守ってくれると信じられていたのである。

私の知友の親が死ぬときに、「おれはお前たちを見守ってやるのだから、死んだなら家の見える山の上に埋めてくれろ」と遺言したというが、これが多くの日本人のもっている気持ちのように思われる。私の伯父は本家なる私の家から分家したのであったが生前に墓碑を建てた。共有墓地のまん中でどこの家の墓碑も一様に道路の方を向いているのに、一つだけ背を向けてあらぬ方を向いている。聞けば本家の方に向けたのだ、との答えであった。

子孫の生活といっても、もっとも大事なのは稲作であったので、四月八日前後種まき時節に祖霊は山から下りて田んぼに出て耕作を手伝ってくれる。秋収穫がすむと家族たちと食を共にして十月八日前後に山に帰って休むものだと信じられた。世にいう山の神と田の神との交代であるが、本当は交代ではなくて、同じ祖霊が山の神になったり田の神になったりするだけのことと思われる。ゆえに農家でする山の神講は著しく作神的な要素をもっている。もともと山にいる神はおのずから別個の神である。また祖霊神の特徴として託宣が多く、人々は翌年の作柄の予知をあらかじめ心に期待する。

さて古来の神観念に仏教の仏の思想が入ってから複雑化したのはぜひもないが、やはり古い時代のものにもいろいろ気付かせられることがある。仏教でも三十三年忌までは仏としての供養をするが、三十三年忌をトムライアゲと称して、あとは神さまになるというのである。つまり日本本来の姿になることで、逆にいうと三十三年の間を仏教の管轄にまかせたのである。それまでは汚れが多いから、たびたびの忌辰の供養を重ねてゆくうちに汚れも薄れて行き、同時に霊は山の高いところへのぼって行くと信じたのである。

祖霊と海〈潮浴びて神再生〉

縄文時代の生活は知るよしもないが、山で狩りをしていたとすることには異論がない。おそらく海から海岸に寄りついた人々の中には、そのまま居ついた人もあったに違いないが、鳥獣は山の方に多いうえに飲み水があり、見晴らしがきいて敵から攻められることもなく、猛獣におそわれるおそれも少ない山の高台をすみよい場所と考えたと思われる。道路のない谷地湿地を避けて直接小舟で川をさかのぼったと考える。

弥生時代になると稲が入ってきた。元来縄文人は狩りをして鳥獣を常食としていたといわれているが、稲が入ったとなるとよほど米のうまさに魅せられたとみえて、たちまち米一辺倒になってしまう。これを見れば、平和愛好の日本人はもともと植物性の食物の方が性に合っていたもののようである。

稲作がはじまると、水が要る、田んぼは固定する、仕事は共同のものとなる。仕事の区切りの時期も同じになる。人々は山より下りて田んぼの周辺に定着せねばならない。村ができる。収穫の後に分配がある。分配のあるところに平等不平等の問題が起こる。力の差等があらわれてきて階級の上下がはっきりしてくる。こうして共同体の社会になっていく。

稲作には雨がほしい。雨をふらせるのは海の竜神であり、空の雷神である。山に降った雨は川を流れ下って下々の田んぼをうるおす。山と海をつないでいる川は神の往き来の道ともなる。農夫は田んぼから山を仰ぎ、漁師は沖から山を拝む。

山に住む神々が海に下る「浜下り」の神事というのがあって、これも古い信仰のようである。例えば宮城県加美郡宮崎町の熊野神社ははるばる鳴瀬川を下って浜市の海で潮浴びをなさる。名取の熊野神社は閖上の浜に下って、潮ゴリをなさる。そのほか宮城県や福島県の海岸地方で浜下りをなさる神社がたいそう多い。今はいろいろと容易でないので何年何十年に一度というようにもなったが、やはり毎年というのが本式らしくそれに今は諸々の神であるが、起こりは祖霊系の作神だったろうと考える。

普通潔斎というのは、祭を前にして奉仕する人々が心身をきよめるために行うものであるが、浜下りに限って神自ら潮水に浴するのが特徴である。思うに潮水こそもっとも強烈な浄化力があるだけでなく、ものを生成する偉大な力も併せてもっているからと思われる。生物の根源は海にあるという。イザナギ神が夜見の国のけがれに触れて潮をあびた時、目鼻を洗うごとに新しい尊い神々の誕生をみたことは何よりの証拠である。神のみそぎこそは、古い魂がいったん死んで新しい魂に生まれかわるもっとも大事なさかい目の行事と考える。山の神ならば田の神に生まれかわるのである。

海の生物の中でとくに不思議に思われたのは貝であった。ものすごく生命力が強いうえに形が見事で、しかも真珠のようなたぐうものもない宝石をうみ出す不思議な力をもっている。生命の蘇生・生命の持続をあらわすのにもっともふさわしいものは潮水にもまれて生まれた貝であって、古代財宝に数えられたことは世界共通の観念であった。それは宝・財など貝のつく文字の数多いことをみてもわかる。

古代のうずまきの文様は、たつまきや海のうずまきなどエネルギーの源泉となるものを形どったものと考えるが、巻き貝の文様などもそのなかまに入れてよいように思う。一つのものが——生命にしても——つながってかぎりもなく続いてゆく呪符の役目を果たしているものと思う。同時に死者を蘇生させる呪いにも通ずると考える。子供たちがふざけて、座っている人のまわりをぐるぐるまわるのを、死んだ時にすることだと親に戒められたり、死んだネコの周囲をまわると化けて動き出す、と信じられたこととも関連がありそうに思われる。

古代の墓の特色は、肉体は滅びても霊魂は蘇生して続いてゆくという信仰から、さまざまな蘇生の呪術が施されていることに気付くのであるが、貝塚なども決して貝のたべがらを捨てたごみすて場ではなく墓であり、霊場であると考える。海の幸なる貝を敷き並べた上に屍を横たえ、上に山のように貝を積んで、霊魂の復活を祈念したもののように思われる。前方後円の形なども帆立貝の形に相違ない。

墓を貝で覆うことは外国にも例があり、貝墓というそうである。

貝殻は現在でも奉賽物として、穴をあけ糸で通して祠堂に供えてあるのを見るが、相馬の原釜にある地蔵などは貝殻をもとから供えたとみえて貝殻地蔵と呼んでいる。

宝貝・子安貝の名も『竹取物語』以後よく知られていて、出産の時、まくら元におくと安産するという。

とにかく貝は古代から知られ、日本人の心にいつもつながって育ってきたという感じである。

古代の祭〈共同体の運命占う〉

私は近ごろ東北地方の祭を見ているが、なるべく古い形の残っている祭をできるだけ詳細に記録に残そうと考えている。祭こそは日本人の思想の源に直接つながるものだからである。

結局祭とは生命の永久を祈念することを儀式化したものと思うのであるが、それが古い神社の古い祭にはかすかながらも随所に名残をとどめているように思われる。

祭の本質を私はかつて祭場への神の降臨、ものいみ、神饌、神幸、託宣、音楽舞踊などに分けてみたことがあるが、要するに祭場に神をまねいて食事をすすめ、音楽を奏で、神の声を聞いてそれをまつりごとに利用することが中心であったと思うのである。

まず祭の前には厳重なものいみが必要となる。神に近づき神に奉仕する身の清浄さを要求されることは今のわれわれの考えおよばぬくらい厳しかった。山形県羽黒山の松例祭などもよい例であるが、村人を代表する形の二人の松聖が一ヶ月以上にわたる潔斎を重ねる。この間髪をくしけずらずつめを切らず、そのほかいろいろの厳しい条件にたえなければならないことは鳥海山の大物忌神社に似ていた。おそらく大物忌みの方はそれが神社名になったぐらいであるから想像をこえた厳しいものいみであったのであろう。ものいみはもともと鳥海山の噴火に関係したことと思われる。この山は噴火するごとに神の怒りとして恐れられたからである。

福島市松川の羽山神社の夜ごもりもなかなか厳格で、行屋ともいうべき社務所に集まり数日の潔斎に入る。この間女性を近づけず、他と火を交えず、水をあびて身を清める。一同の中に生ぐさを食った者があればたちまち露顕して一同垢離のとり直しをさせられる。行屋で使う言葉も忌み言葉であった。

ある年の祭の際、行屋で大なべで飯を炊いていたがいくらマキをくべても煮たたないのであまりふしぎなので占ってみると、けがれた木の枝が混じっているとの託宣であった。そういわれて思い当たったことは、庭に積んであったマキの中に子供の小便のかかった枝が混じっていたらしかったという。火を消して炉を塩できよめ新しい火にしたら容易に煮立った。ある時は祭壇の鏡に立てかけられてある神幣が風もないのに倒れたので、不吉のこととして占ってみると、炉の上を見よとのことで、天井を見るとヘビのぬけがらがあった。驚いてとり除き、これまた火を改めて事なきを得たことがあった。

祭はまず祭場に神の降臨を願うことによってはじまる。古代の祭場は山が多く、ここに神を降ろすのである。祭が終われば神はいずれかへ帰り去ると思われていた。後世になるといつも神に居てもらいたくなって神社を建て、神をとどめるようになり、常時奉仕の神主もできるようになった。山の祭場には依代となる石や樹木のあることも多かった。

祭の中心は神の託宣を受けることであって、託宣の中心は来年の作柄のよしあしであった。後には村に病気や、火事のあるなしから、個人のことまでうかがいを立てるようになったが古い時代は村全体として共同で聞いたもので、その結果は村の政治に反映された。明らかに祭政一致であった。

もともと人の心は不安定で迷うことが多いから、大事なことは神に聞くのがもっともよかったわけである。しかし直接神の言葉を聞けることは少ないから何かの方法で神の意志を知ろうとする。無心の馬を二頭走らせて勝った方をよいとする競馬とか、つなひき、相撲、石投げ、火打ち合いなどみな同じような意味をもつ。大ていの競技の源は信仰にあるといわれているゆえんである。けんか祭も似たものである。

このほか筒粥の神事でも、酒占いの神事でも牛王宝印でも神の意志を知る卜占は数多く見られる。神に代わって託宣をする人をノリワラというが、これのできる人は近年ほとんど無くなった。ノリワラの普通の巫女と違う点は、日常は村人の一員にすぎないのに祭の日にだけ神の代理をつとめることである。また祈禱や占いをたつきのかてにしていないことである。

祭はトウヤ(頭屋)によって奉仕される所が東北地方にもなお多い。福島県南会津田島の田出宇賀神社の祇園祭、山形県鶴岡在大山の椙尾神社の犬祭、宮城県箟岳白山神社の作祭などは頭屋によって行われている祭である。中には当屋として何十年に一度しかまわって来ない祭だというので、むしろ当番になるのを待ちかねていて手落ちなく立派に行う人が多い。トウヤ制度は神主だけに頼らずに村全員が氏子という観念のもとに共同して神に奉仕する古くからの神祭の一つの形態であった。

昔の祭は夕方からはじまって、夜をこめて行われ、あかつきニワトリのなくころに終わるのが普通であった。夜のほのぼのあけに、祭を終えて満ち足りた気持ちで下山する時の心のさわやかさ清らかさは、古代の日本人の心に通ずるもののように思われる。

旅の庶民性〈ほのかな温かさ〉

今日は富山の薬売りが毎年のことで見覚えのある四角な風呂敷包みを背負ってきて、家の者と話しながら薬を取り換えている。私の覚えていたじいさんと違うので聞いてみると、毎年来ていたじいさんは旅先で交通事故で亡くなって、今はその娘むこだという。それは昨年あたりのことで、自家でも心ばかりのおくやみを上げたということを後で家内から聞いた。

昔は今のように常時開いている店は少なく、月のうち五の日とか十の日とか日を決めて臨時に市が立つていどで、人々はその日を待ちかねて買いに行く。その名残が今に残っているところが多い。そして福島県浪江町の出羽神社の十日市のように、神社や寺の祭や縁日に関係していることも多かった。市神を臨時に出してまつるところもあった。暮市・盆市などの定期的なものから、毎日の朝夕の魚市・野菜市までいろいろである。

市のほかでは行商人が来るのを頼りにした。多くは小間物の類であったが、海岸近くならイサバヤが魚をボテ籠に入れ天秤棒でかついで来る。相馬辺では魚と取り換えるのは農村ならたいてい米であった。村に固定した店のできはじめたのは案外近いころで、大正に入ってからのところも多い。はじめの店の多くはいわゆるなんでもやといわれるような雑貨屋であったが、酒屋、キグスリヤなども早かったようである。

行商ではないが正月になると三河や会津から万歳がやってくる。そのほかゴゼ、座頭の坊が来た。祭文語り、猿まわし、粟島さま、オシンメさまなどもときどき来た。離れないように長い棒につかまって三、四人のゴゼが、手ぬぐいを頭にかぶり古ぼけた三味線を抱え、一軒ごとに立ち寄って、所望されれば縁側に腰かけて見えぬ目であらぬ方を見つめながらしわがれた声を張りあげるのを、子供心にもものあわれに見たものであった。

寒に入ると白い行衣を着て法螺貝を吹きならす法印の寒行姿が見られた。道々巻き散らすお札がほしくてどこまでもついて行った子供のころが懐かしい。ワカサマと呼ばれる仏おろしをする老女も盲目であった。

私らの代では覚えがないが、最上の人買いも通ったそうだ。きたならしい風体の鼻たらし子供が三人も四人も逃げられないように、手首をなわでしばられて数珠つなぎになって人買い男に連れられて通る。いわき市の辺ではこれを買い取る者もいた。やはりみめよい子供は高く売れたらしい。よく勤めて居つくのもいたが、途中から逃げ出すのも多かったそうである。

村では定期的にやってくる行商や旅芸人を待っていて彼等に宿を借すのを当たり前のことに考えていた。したがって毎年大体宿が決まっていて、そこを根城に毎月付近に商売に出かけるのである。時には宿の主人が世話をして集まった隣近所の人々に芸を披露して喜ばせることも多かった。さしづめ今の民宿である。

東北地方は大きな山脈がたてに三列に走っていて、これを横切るにもいたるところに峠がある。この漢字は国字であろうがトウゲという読み方は日本のもので、ものを手向ける、タムケ(手向)からきたとの説もある。諸所の峠にある「助ケノ観音」などもその例で、雨雪に行き暮れた旅人のよりどころであった。わらじやぞうりのあがっている足尾さまもよく峠にまつられてある。ヒダル神などという神も峠にいて人にとりつくから、飯粒の一つでも供えよということ。つまりものをたむけて通るところゆえにトウゲというのだという。そういえば山形県羽黒山のとうげは手向と書く。

道祖神も道路の神で路傍にある。名取の笠島の道祖神などとくに古来著名であった。「道祖神の招きにあひて」奥の細道の旅に出た松尾芭蕉は白河の関を越えてはじめて「旅心定まりぬ」といっている。道祖神は本来道路関係の神であろうが、その機能にはおどろくほどの変化があり、ことに縁結びとか裾の病を治す神ともなっている。

西行・芭蕉ならずとも、「一家に遊女も寝たり萩と月」（芭蕉）、川端康成の『伊豆の踊り子』のようなそこはかとない哀歓こそは旅のものであった。ハタゴといわれた時代の旅はやりきれないわびしいものがあったろうが、庶民的なにおいとほのかなあたたかさは、宿屋にも道路にも満ちていたに相違ない。

会津大内に今も残る昔のハタゴヤの、軒を並べた数十軒のたたずまいの見事さは強く印象に残っている。道路の両側を音立てて流れている水の清さも、そこで洗っていた大根の白さも忘れられない。

稲作と米の魅力〈薬にもまさる力〉

「これ婆や、おれは死にがやとて、まんま、肝煎居ねが」

これは旧仙台領で採集した女子学生の民俗ノートの一節である。藩時代白米などは死ぬ時しか食べられず、それも肝煎に見つかると容赦なく取り上げられるから、びくびくしながら口にした言葉だというのである。振米の伝説と似て半ば笑い話化された話であるが、それほど白米は貴重であった。

日本は気候温暖で稲作に適するとはいっても、冷涼な気候の東北地方のすみずみにまでおよぶのには、あきれるほどの月日がかかっているのである。東北地方が文化にたちおくれがちだったのも気候風土のためであり、冷害と戦いながら、何としても米を食いたいものと悲愴なまでの執念から、寒さに適する品種改良に全力を傾けて他を顧みる暇もなかったからだと思う。今から考えてみれば、必要以上の犠牲をはらっていたようにも思われる。

それというのも、米とはこんなにもおいしいものだと思いこんだのは、縄文時代が終わり弥生時代のはじまるころからであった。狩猟を主とする、したがって肉食の時代であっても植物性の食物も摂取していたろうが、何を食っていたか明らかでない。ヒエであったかもしれずイモであったかもしれない。それが稲が入るとすべてをすてて、米に走ったという感じである。そして案外急速な勢いで国の北端までおよんだと考古学者は言っている。縄文土器からは異質文化のにおいが消えないのに、弥生式土器となるとはじめて簡素優美な日本風があらわれてきた。縄文土器が動物の肉の感じがするとすれば、弥生土器から受ける感触は植物の米である。

　当初しばらくの間は、この貴重な米は神に供えるためのものだったと思う。神に上げるモチ、しとぎ、酒、赤飯、団子、みな米でつくる。これらをその年の新しいわらにのせて神に供える風は今も氏神の祭に名残をとどめている。秋の収穫がすむと、氏神の祠を新ワラでこしらえ、中に新しい御幣をまつり、新米の食物を供える風は、宮城・福島どこにも通じて見られる清々しい風景である。そして新ワラのツトッコ(苞)こそは神霊を入れまつる容器であった。

苗代のミナクチマツリ，昭和39年で消滅した
（郡山市湖南，橋本武氏撮影）

　だんだん稲作が普及して容易に人は米を食うことができる時代になっても、米をもって神への供えものとすることは長く変わっていない。東北に残る振米の伝説とは、死にかけた老人が、米というものを食って死にたい、せめて音だけでも聞きたいというので、竹筒に入れて耳元で振って見せてやったら元気になったという笑い話になっているが、病気もいやす米の呪力を示したものである。

　正月の稲穂つけ、団子さし、まゆ団子等みな米に霊力を認め、来る年の豊穣を祈る予祝であった。鳥海山の大物忌神社、宮城県佐倉の諏訪神社、そのほか多くの神社に残る筒粥の神事は、アシの茎をなべに入れてカユを煮、アシの筒に入ったカユ粒の多少などによって作占をする神事である。福島県岩代町広瀬熊野神社の作占は、闇の中で目かくしをした神主が太鼓の上に撒いた米の状態によって作占をしていた。山形県吹浦の大物忌神社の玉酒の神事、同蕨岡の大物忌神社の種蒔神事などいずれも作占である。

磐梯山の山麓の村々では、山に消え残る雪の形によって種まきをはじめる。宮城県ではタネマキザクラが咲くと種まきをはじめるところが多い。宮城県大和町の船形山神社では、今は五月一日を作祭としているが、神主がサクミコブシの花が真っ白に咲いているあたりから、神体を抱いて出てくるのは印象的であった。コブシのよく咲いた年も作がよいという。福島県飯舘村深谷にはサクミの井戸というのがあって、立春の日に水の加減を見に行く。多ければ作がよいとする。

いわき市あたりでは、戦争前ごろまではワセ、ナカテ、オクテときめて三ケ所に米を分けて田んぼの畦におき、カラスがきて一番はじめについばんだのをまくとその年豊作になる。この行事をオカラス、オミサキなど呼んでいた。苗代に種をまき終えると苗見竹を立て、水口に牛王の札を立て焼き米を供えた。お稲荷さまが天竺からひそかに種もみを日本へ持って来て田にまき、しるしにアシを刺して、ここは何もナイナイと言った。そこから苗が芽を出したので苗をナイという。天竺では追いかけてつかまえたところ、持っていたのは焼き米だったので、焼き米なら芽を出すまいからと見のがした、という伝説である。

苗代づくりの際、馬の鼻取りをするのは多く子供の役目であった。それがいなくて困っていた時、どこからともなく現われた小僧が、

「おじさん、おれ手伝ってやっから」

という。大変上手で容易にでき上がった。夕飯でも食べさせようと思ったら姿が見えない。泥の足あとをたどって行くと、汗をかいた地蔵さまが手足を泥んこにして立ってござった。よほど急がれたとみえて片足はまだ台にのっていなかった――などといっている。この田植地蔵・鼻取り地蔵の類も多い。

近ごろようやく米作り一辺倒から脱却しようとしている東北であるが、これが百年も早かったら東北の農村もかなり違った形になっていたろうと思う。

年中行事から見た美意識〈自然の風物たたえる〉

日本人の持っている美の観念は外国人のそれとかなり違うように思われる。理くつでなく感覚に直接うったえようとする。月の世界も身近になって殺風景な実態がわかってしまった今でもなお、菜の花畑のおぼろ月、萩、薄の向こうにながめる秋の名月を理くつなしに美しいものと思う夢をなかなか改めようとしない日本人である。

日本ほど美しい自然美にめぐまれている国も少ないというが、そしてそれは気候風土から来ているのであろうが、それを美しいものとして感得することのできる人々の性格にもよることと思われる。子供がウサギのモチつきを月の世界に見ることができたにも似た素朴無雑な見方が日本人にもできるというのであろうか。

古くは雪月花で代表されたように、自然にめぐまれた日本は、現世的な日本人によっていっそう生き生きと活かされてきた。四季の変化がはっきりしていて、それ自体が日本的特徴となっていると見られるくらいで、俳句や和歌のような文学が起こり、日本画も生け花も庭園も発達した。茶道や能も自然とむすびついている。建築も木と紙とできているといわれるぐらい、自然の中に育ってきた。青葉の中にそびえる古都の五重塔の美しさを見るがよい。

春の七草・秋の七草も自然界の代表的な風物であった。雪間の若菜に春の喜びをとらえた日本人である。岐阜提燈に描かれた萩・薄の優雅さも、女性の振袖模様や帯に描かれた自然美の風物にも目を見張らされるものがある。

「一葉落ちて知る天下の秋」という観念を日本人は好む。これは余韻余白を残すことを大切に考える日本画や俳句と無関係ではない。歩く道は人の体の幅さえあればよいというものではない。むだに見える何倍かの広さがなければ活きた道にはならないのである。見えざる所をも見、聞こえざる所にも耳を傾けることのできる日本人は、生まれながらにして画人詩人の素質を持っているといえるかもしれぬ。しかし、悪くいえばにえきらないあいまいさとなっている場合も多いと見える。日本人はよく不思議な笑いをわらう国民といわれているが、これも不徹底な性格の故であろう。

日本の年中行事は長い年月、陰暦のこよみとともに育ってきた。すべて月の満ちかけが中心であったから、月の十四、五日の満月のころと、上弦の七、八日、下弦の二十三、四日ごろ、それに朔日に行事が多いのである。一年を通して見れば、正月と盆とに行事が集中しているのは、ともに祖先の霊魂を迎えて家族ともども遊び楽しむ古い姿が残っているからだといわれている。

正月は神道風に厳粛なものとなり、盆は仏霊を迎えるのが新しい精霊を迎えることにおもきをおくためにやや寂しいものになった観はあるが、かつては盆も祖霊とともに共飲共食して楽しんだものだったらしいと柳田国男などは言っている。そういえば両者は似通う点が多くあり、例えば正月は年神を迎えると称して山から松や榊をとってきて年棚をつくってまつる。盆にはお精霊(ご先祖様)を迎えると称して山から盆花をとってきて盆棚をつくってまつる、などである。中世の兼好の『徒然草』のつごもりの夜のところに「亡き人の来る夜とて魂まつるわざは、この頃都にはなきを東の方にはなほすることにてありしこそあはれなりしか」と見える。正月も盆も、すがすがしい心やさしい感じの魂まつりという点で、日本人の心のよくあらわれた行事といえる。

五節供はその名の通り、季節にちなんだ中国より輸入の行事というが、雪間の七草、三月の桃の花、端午のショウブやヨモギやチマキ・カシワモチ、笹竹を夜空に立てる星祭、菊酒楽しむ秋節供などよほど日本風になっているが一貫して残っているのは自然の美しさといえる。このほか卯月八日の山からの花迎えにしても、花見・月見にしても自然の風物をとり入れたものがほとんどである。冬至は太陽の新しくなる大事な時で、古来生命の蘇生復活を祈ることにつながる諸々の行事が行われたが、クリスマスなどもそれであろうかと言われている。

近年急に年中行事がすたれてきたのは、一つには太陽暦にかわったので時期が合わなくなり、季節感が薄れたこともあろうし、社会事情が一変して行事そのものが追いつかなくなったこと、人の心が無関心になったことなどいろいろあろう。とにかく五月節供のカシワモチの葉がビニール製か何かになっても平気なのを見ると、日本人の自然に対する美意識もだいぶ低下したものだと思う。

雪国の家〈外に出ない工夫〉

東北地方は昔にくらべるとどこも雪が少なくなったというが、それでも日本海に面する積雪地帯では大変で、二階から出入りするとか電線の辺まで雪が積もるなど、暖国の人の想像もおよばないことがある。民俗調査で会津の野沢に冬の何日かを過ごしたが、毎朝雪ふみ俵で常口の雪をふみかためるキュッキュッという音で目をさました。屋根の雪も時々おろさなければ家もつぶれる。

どこの家も腰高の障子があり、また雨戸もあり、冬が近づくと萱や葦などで家の周囲を雪がこいしなければならない。だから家の中はまっくらである。南部や会津の曲がり屋も、なるべく濡れずに馬屋にも薪小屋にも行ける工夫の結果だという。この辺が勝手からニワ(土間)だと思って「こんにちは」と戸に手をかけると、そこは馬屋で驚いた顔

雪がこいした家（福島県・会津檜枝岐，石川純一郎氏撮影）

の馬がいたりするが、しかしそこから続いてニワか勝手になっているのだから引き返すことはない。雪国の人の飼い馬に対しての愛情はこまやかなもので、家族の一員ぐらいに考えている。

昭和のはじめごろまでの山間地方の家などにはまことに粗末なものがあって、ほんとうの掘っ立て小屋もまれに見られた。ニワにもみがらを敷き、上にむしろを敷いて生活している人もあった。いわき市地方の平たん地でさえ、元禄の建築とかいわれる建物が解体されるというので行ってみたが、やはり小便所とふろ場がニワの入り口に並んであった。こんな家はごく最近まで見られたが、この下水は大事な田畑の肥料になった。

寒国では外で働く期間が少なくそれに雪が降るから、とり入れ後の稲の始末のため農家のニワは驚くほど広かったが、今は作業小屋は別棟となり、ニワの広いのも必要なくなって、縁板を張り、ござを敷き、たたみを敷いて、座って使う場所を多くしている。

出産は多く納戸であったが、土間の一隅をむしろなどで仕切り、わらを敷きこれをス(巣)と称したところもある。大小の土ベッツイも多くはこのニワの一隅におき、朝夕の食事の煮たきも馬に飲ませる湯もここでわかした。

ことに冬は寒いがふとんの類は少ないのでこれにもいろいろ工夫が必要である。会津の辺では寝箱というものがあって夜はこの中にねる。こんなに暖かなものはないそうだが、家具でみても見なれない私どもは奇異な感じを受ける。

阿武隈山中の村々でも、昭和のはじめごろまでは、里からめずらしい客でも見えると孫が祖父さんの使いで、「こんばんん、好い火あっから、あたりさ来なんしょど」と近くの二、三軒に知らせたものだ。夕飯のすんだころ、爺婆のだれかれが提燈もってジョウグチの坂をのぼってくる。とっておきのナラやクヌギの太い薪をおしげもなく燃やして、「ああ、なんてぜい火だごだ」などと感嘆しながら火に当たるのである。寒い晩はよい火が何よりのごちそうなのであった。はては丸出しにした腹をあぶり背中をあぶり、それを何べんもくり返して帰って行った。この家の小さな孫たちまで大人をまねてする腹あぶりはまことに面白かった。

私は客なのでナカノマにわらぶとん二枚亘ね敷いた上に寝せられる。寝てはるかにながめると、家族たちは炉の周囲にうすい布団を敷き、ぼろのような着物を何枚もかけてねる。足は炉の方に向け放射線状に寝るのであった。

あかりももとはランプで、その前は炉ぶちで松を割っては燃やしていたから新しい家でも煤で百年もたった家のようになってしまう。私の生まれたのは福島県の相馬であるが、はじめて電燈のついたのは大正九年である。その日は朝から人夫が戸毎にまわって設備にかかっていたが、私ははじめてパッと電燈がともるところが見たかったので人夫の立ち働く辺りを離れずにウロウロしていたが、何の拍子か隣に遊びにいった留守中についてしまって、ひどく残念に思った妙な印象がある。当時の電燈は十燭光というものであったが、それでも驚くほど明るいという感じであった。

こんな状態の生活だから火事が多かった。火伏せの呪いもいろいろあって、福島市の辺から会津にかけては、家を新築した際、木やわらで陰陽物をつくり主婦が背負って梁などにしばりつけてくるならいであったので、今でも古い家にはそれがある。福島県浜通りのように魚とか蛇とか水にちなむものをわらでこしらえる所もあり、宮城県では憤怒の相のカマガミサマを台所の柱にかけておく所も多い。火伏せのなわを年に一回梁に巻きつける風習も相馬地方に見られた。同地方には七月十四日の夜、家ごとにひしゃくで水をかけて歩くところがあるが、私の家などでもそれに似て、家の外まわりの四つの柱に次の呪文歌をとなえながらやはりひしゃくで水をかけてあるいた。

この家は氷の家にしがばしら（氷柱）雨のたるきに露のふき草

れていた。

食べ物と日本人〈神の力をいただく〉

日本では古い時代もっとも大切な食べ物は米の飯であったが、米の少なかった古代から神への大切な供えものとさ

本来食物はオヤシナイと称せられるように身のかてとなるものであるが、神と共に食べる風習、それも一同が集まってする直会などと呼ばれる共食の風は古いものである。神にささげて霊力の付着した食物を下げて食べるところに、すなわち神の力をいただくところに意義を感じたのである。例えば山形県大山の椙尾神社の祭礼に行きあったことがあるが、みこしが町のあちこちにお休みになると、付近の人々が野菜などを持って行き、一たん供えて拝んでから持ち帰る。同じく吹浦の大物忌神社の筒粥の神事の時、かゆを煮た残り火に、町の人たちはもちを持って行って焼き、わが家に持ち帰って家族と共に食うのである。福島県いわき地方では昭和の初めごろまで鳥小屋という小正月の行事が盛んであったが、秋田のカマクラなどに似て田圃や空き地に炭俵やむしろで小屋をつくり中に年神さまをまつる。小屋には高くボンデンを立てた。中に炉をつくり子供たちはもちを焼き、でんがくをつくる。人々は七小屋まいりをすれば厄難をのがれるといって小屋をまわりもちをもらう。ちょうどノメができたとき、付近の家々から物をもらって食えば治るというので、メボイト、メコジキといわれるのと似ている。八月十五夜の名月に、よそのだんごを盗んでもよいなどというのは、盗むことがよいのではなくて他家の食物をもらって食うことに意味があったのである。

ものの贈答の精神もこれで、自分にないものを他よりもらって食うわけで、とくにもちが喜ばれたのは米のもつ呪

力のつよさのためである。

酒も米からできるもので、これも古くは神にだけ上げ、やたらに飲めるものではなかった。祭の時に神の前で飲んだのは、精神を恍惚とさせ、神と交わり神の言葉を聞きやすい状態にするためのものだったと思われる。

一升もちや一升飯を食うことも、山伏の強飯や若者たちのことに成年式の作法と結びついていたところも多いが、もともとはやはり直接信仰に根ざしていたもので、作神系統の神事や祭礼についていることが多かった。家々から一升ずつ集めたもち米を、山の神講などの際ついてもちにして食うのであるが、あけ方近くまでかかって食うにしても死にものぐるいの苦しさであった。米が豊富にとれたことを神に感謝し来年の豊作を祈る気持ちがそれて、難行にたえる試練のようにも考えられたのである。

精進料理は少しく意味が異なり、ナマグサや四つ足類を用いない料理である。今は神仏混じているようであるが、神道では魚はかまわない。それどころか魚介をめでたいものとした思想は古く、当然仏教以前よりのものであった。ゆえに仏教でも精進を切りあげたら、ふだんの生活、すなわち魚介のあるめでたい生活に帰ることに抵抗を感じていない。めでたいしるしに熨斗あわびを用いる風もかなり古くからのものであったらしい。

魚介をもってめでたいとするのは、なまぐさいからではなくて、塩気のあるものという意味で塩が考えの基礎になっていると思われる。

陰膳ということもある。家に旅立つ人があれば、その留守中その人の分の膳をこしらえる。旅行中の当人が腹がすかないようにするのだという説明であるが、飯茶わんのふたをとってみて、ふたの裏に水滴がついていれば無事、ついていなければ変事があると占う風などのあるところよりすれば、もっとかくれた大事な要素があったのかもわからない。

大抵の農家では白米が少なかったから、日常の食事はカテ飯が多かった。カテキリというものがあって、大根葉やその他カテになるものは何でもカテ飯の材料にした。第二次大戦の時でさえ、私共の食膳にのるものは、米粒の方が少ないようなカテ飯であった。岩手の方などはヒエ飯が多かった。

カテキリがまた嫁の仕事であったから、田圃で男とともに働き、夕方一足先に家に走り帰って飯の用意をする。また家族の飯の給仕をする。それでいて家族と同じく食事は終えなければならなかったから、ろくろく食べることができなかったし、また何かの都合で飯が足らなくなると食わずにがまんしなければならなかったのも嫁である。亘理辺の旧家に今も台所の一隅にある嫁カクシ柱は、家人の食事の余り物をこの陰にかくれて食べた名残だという。

私などもまだ覚えているが、農村でお茶うけに出すものはきまってたくあんや菜っぱのつけ物類でとびきり上等なものは白砂糖であった。桃生郡辺ではいつのころだったか、黒砂糖を与えるのは病人だけ、それも命危くなってからなめさせたという。振り米の話と似て泣き笑いしたくなるような話である。私など子供の時分、黒砂糖を買いにやらされるのが楽しみだったのは、岩のようなのを少しずつ欠いてはなめなめ帰れるからであった。

頭を布で覆う習性〈頭に手ぬぐい、足は素足〉

衣服を民俗学から見るとき、生活に左右されやすい仕事着の方に興味がひかれる。東北地方の気候風土のもとで、日常の労働に適する衣服とその着かたが自然にきまるものだ。実用一点張りでいいといっても、やはり着て着よいだけでなく見て見よいように、ことに若い女性なら女性らしく、笠の緒一つにも心くばりのあることが、女らしい優しさとされたのである。

おじいさんからつくってもらったという家族たちの背中当てに、各自の名前がボロ布で見事に編み出してあったのを見て感心したことがあった。

別にもいったが、昭和の初めごろまでは、家族全員のはくわらじや草履を冬中につくってニワ(土間)の天井につるしておくのはちょっと壮観という感じであった。そして女の子にはそれらしく赤い布切れをまぜてつくってあるのも、うすぐらい土間ながらもそこはかとない愛情のただよいを感ずるものであった。

阿武隈の山中の村々など歩いていて気のつくことは、立ち寄る家のおばあさんなど、よく新しい手ぬぐいをかぶり直して出てくることであった。柳田国男に言わせると、日本人はもともと頭を布で覆う国民だそうで、それが祭のみこしをかついだり葬式の棺をかつぐ人のはち巻きに名残をとどめているというのである。

福島市松川の羽山神社の夜ごもりに、潔斎した人たちが神前で拝む時に限ってかぶるカンムリというのは実は手ぬぐいであった。前記老婆によれば、人前に出る時とかお祭に行く時とかちょっと町へ出る時などにかぶるかぶり方は少しずつ違うそうであって、仕事をする時のかぶり方ではやはり失礼に当たるのであった。ほおかぶりや姉さんかぶりではだめなのである。

足は反対にたびをはかず素足が本当なのだそうで、私の地方では今も葬式の時棺をかつぐ人は素足にわらじである。近ごろはわらじをはくのも面倒になり、それにわらじは無くなり、ひもの結び方を知る人も少なくなってか、はかずに腰に下げて格好だけつけることもあるようである。近年までは頭にかぶる手ぬぐいと足にはくわらじとは衣服を代表するものとして、葬式の時には必ず喪家からロクシャクに渡されたものであった。

江戸時代まではふろに入るにはユカタ(浴衣)すなわち湯カタビラをつけた。また男はフンドシを、女は湯具(ユグ、ユモジ、コシマキ)をつけた。フロの語はムロ(室)と関係があって、古くはむしぶろのようなものであったというが、のちの洗湯になっても、ぬれた着物を包むために湯ぶねの近くに敷いておいたものがふろ敷という名のもとだというから、裸の基準も変わったものである。

今は六尺フンドシなどは野蛮なもののように思う人も居ようが、明治ころまでは大人になったしるしとして必ず身につけたもので、女子の腰巻きも同様であった。

美しくありたいと願うことは昔から女性の本能でありまた特権でもあった。縄文時代の貝塚からイヤリングとも見られそうな土製の輪を発見したことがある。貝の腕輪も古いものである。勾玉や管玉・小玉などを美しく糸にさしぬいたネックレスはむしろ男性用で、主たる機能は魔よけのためであった。

顔などにベニガラようのものを塗ったのも一種の化粧で何かの呪いのためか、女性なら神に仕える人に多かったように思う。赤色は後世の紅を思わせるが、装飾よりも魔よけの観念が古くは基になっていたようである。

仕事着の材料は明治前は麻が多かった。ニギタエと呼ばれた絹は古代からあったが生産量は少なく貴人でもなければ用いられず、働く庶民はアラタエと呼ばれる麻とか藤のせんいで織った着物を着た。木綿がわが国に入ったのは千年の前と伝えているが、田舎のすみにまでおよんだのは徳川も末期ごろと言われている。丈夫一方で固くごわごわした感じの麻の着物にくらべて、木綿はまことにはだざわりがよく、着物に仕立てる作業も容易、染めても美しく染め上がったから、女性にとっては大変な人気ものとなった。丈夫だというので比較的おそくまで麻は残ったが、股引きにしても目があらいので、ブヨとかセセリに食われてひどかったと老人たちは述懐している。

私の小学生時代は大正の末に当たっていたが、級には洋服が一人もなく、みなかすりの和服にはかまであった。ただ一人、上級生に洋服を恥ずかしそうに着ている子がいたので珍しかったが、洋服屋の息子だということであった。しかし中学に入ると入ったばかりは着物でよかったが、六月一日の衣替えの日からは一斉にきめられた夏服に替えなければならなかった。

土地にしみついた民間信仰〈何かにすがる心〉

直接には神道や仏教にも関係がなく、しかも庶民の間に根をおろし案外にぬくべからざる力を持っているのはいわゆる民間信仰とよばれる雑然たる信仰である。宗教以前の信仰の素材のようなもので、個々の事象がそれなりに村々に定着して変遷をくり返してきた。民間信仰の特徴ともいうべきことは庶民の生活に基礎をおいていることと、思いのほかに修験道の大きな影響を受けていたことである。民間信仰を除外しては国の信仰は半分しかわからない。二、三の例をあげてみよう。まずその一つは講である。

庚申講、山神講、二十三夜講そのほか村々の講はすこぶる雑多であるが、福島県石城地方の十九夜講を見てみよう。山間地方といわれる部落の中には、昭和になってからも医者はむろん産婆の居ない所もあった。たよりとするのは助産について多少の経験のある村のばあさまであったがそのばあさまの不在のとき生まれそうになった。あわてて田圃からあがって夫に手伝ってもらって湯をわかし、産児のへその緒も自分で始末した。そういう話をきくと驚くのであるが、そんなことは昔はありがちなことで、それゆえに難産で死ぬ者が多かったというのである。彼女らは月の十九日に宿に集まり、豆腐のでんがくていどのごちそうで、十九夜観音をまつって安産を祈願し、月の出るのを拝んで散会した。二十三夜のところもあった。路傍いたるところに見るこれらの供養塔は、彼女らの不安を除く他力依存の記念碑である。

村で病人が死にそうになるとはじめて医者をよぶ。「太郎あんにゃもとうとうだめか、けさ医者をあげたようだ」となる。部落のだれ彼の家の前に黒い人力車がとまっていればきまって医者をよんだ危篤の病人の家であった。部落からは一軒一人ずつ出て鎮守の森に集まる。これをオ千度マイリというわけは社のまわりをあるいは鳥居と社との間を千回往復して病人の回復を祈願するからである。人数の多いほど早くすむ。だれか一人木の葉を一枚ずつ置いたりして数をよむ。しかし多くは医者にも見放された危篤の場合が多いので、オ千度マイリのおかげで全快したという例はあまりなかったようである。

雨乞いもよくあった。何日も降雨を見ず田圃が干割れてくると、一軒一人ずつみの笠姿で丘の上の鎮守の森に集まり、海の方を向いて笠を手にして雨呼バリをするのである。

雨たんもれ竜王や
沖から雲立ってきて
ザーザーと降って来ー
笠もみのもたあまんねえー

まれには本当に雨が降ることもあって、そんな時の人々の喜びようといったらなかった。相馬の辺では妙見さまをはじめ多くの神々が海岸に下って雨を祈ってもなお降らない時は、いよいよ八幡の雷神さまが文字通りみこしをあげて浜に下られるということであった。いわき市の辺では水戸の雷神様からお水をもらってくることがあった。途中休んだ所に雨が降るというので、夜通し休まず帰ってきた。人々は村境に出迎え、水は分けて数滴ずつでも田圃にふりかけたものである。雨乞いの方法としてはセンバタキといって山上でマキを燃やすことが多かったが、わらでこしらえた竜を池に沈めるとかいろんな方法があった。

生まれた子供が弱そうな時は一たん捨ててだれかに拾ってもらう捨て子の風もあった。また取り子というのは、神社やお寺に連れて行って神や仏の子としてもらうのであるが、実際にはそこの神主や僧侶や法印が取り子親になってくれた。戸籍の名とは別に名をつけてくれることもあった。

東北地方に多いオシラサマの信仰も特徴あるものである。棒の先に顔をつけた一種の人形にオセンダクと称する着物を大きなはたきのように重ねつけた一対の神像であるが、その性格はいろいろに考えられている。家つきの一種の神で遊行を好み、祟りやすい神のようにも思われている。包頭のものと貫頭のものとあり、また男神、女神の別あり、中には馬頭のもある。岩手の方のオシラには天正年間の記銘あるものが古く、宮城県の例では慶長あたりのが発見されている。しんの棒は木が多く竹も少しある。桑の木でなければならないという地方もあり、そういう所のは蚕の信仰と結びついている。

同じ系統の神であるが福島県ではオシンメイサマと呼んでいて、桑や蚕の信仰は見られない。

ザシキワラシというものも岩手県などでは旧家の座敷にすんでいて時々姿を見せると信じられていた。ワラシとは子供のことである。家の盛衰とも関係があるらしく、これのいる間はよかったが、「おら、やんだくなったからほがさ行ぐ」といって他へ出ていってからはその家は急におとろえはじめた、という話である。

このほかイタコ、ワカなどよばれている巫女の仏オロシや、法印山伏たちの行、ことに道キリなどの祈禱やらないにも注意すべきことが多く見られる。

会津河東町にある八葉寺に奉納されてある五輪塔は文禄年間より昭和の現在まで一万数千基に達しすこぶる壮観である。家の中に死人があるとその歯とか骨・毛髪などを小さな木製の五輪塔に封じて、ここの阿弥陀堂に納めるのである。

宮城周辺の野の信仰

追分とむかしの旅〈人々の心にともしび〉

バスや自動車の流れの尽きない道路にも、忘れ去られたように、古い道しるべの石を見つけることがある。塩釜街道と八幡街道の交わる十字路にも「東八幡八まん、西御城下、南長町、宮城野、いてふ道、北塩がま、松島」と書いた石が立っているのはなつかしい。

古い街道には、赤いよだれかけをかけた石地蔵さまや、見ザル聞カザルのかしこまっている庚申塔や、たくさんわらじのそなえてある足尾さまや、いろいろの石神石仏の類が、思い思いの方角を向いて立っている。

今はすっかり忘れられても、かつてはその一つ一つがそれぞれの歴史をもち、町や村の人々の心の中に生きていたのである。理由もなしに存在する石仏などは一つだってなかったからである。追分の石も大事な役目をつとめたが、野の仏たちはそれ以上に、長いあいだ、人の心のともしびであった。

たぶん、芭蕉の辻のにぎやかであったころまでは、仙台城下から、村々国々に通じていた道路はおもに足で歩く旅人のためのものであった。西行も芭蕉も、峠の神の祠にものをたむけ、追分に立っては、足をさすりさすりして、日数かさねる旅を続けたことであったろう。

現在も仙台市内で、焼き印や金属文字彫刻の仕事を続けている瀬川善太郎氏(明治三十五年生まれ)が、若いころの旅の話をしてくれたのが私の印象に残っているので、ここに記して、道しるべ碑の解説のかわりにしようと思う。

「私は焼きばんを積んだ重い荷車をひいて、父親と一緒に売り歩いた。北は釜石辺から南は平辺まで行ったが、千人峠を通って宮古まで行く道など、子供の自分にはつらかった。そのころの越河峠なども、道は険しいうえに木は茂り、昼でも暗い恐ろしい所で、よく通ったものだと今でも思う。

鉄道もバスもない時代で、荷馬車が幅をきかせていたころで、地下足袋はまだなく、下駄かわらじばきで、すげ笠をかぶり、着ござを着、しりからげたかっこうであった。

大正のはじめで、小学校を出てすぐだったから、十三歳くらいからだったと思う。一年ぐらいするうち、品物の売り方やはたごのとまり方を覚えた。それに父親は神経痛をもっていたので、私の一人旅が始まった。それでも仙台の町うちは何となく気まりが悪いので売り歩かず、在の方にばかり出た。

〃旅は道づれ〃というが、その通りで、長い道中、あとになり先になりして行く人と仲よくなることが多く〃伊豆の踊り子〃のようであった。

そのころの宿屋は、あきんどを大事にしてくれた。大きな町の宿屋には電燈はすでにあったが、普通はまだランプで、なかには行燈もあった。夏はかやをつってくれたが、何とか草をいぶして蚊やりにしているところもあった。はたご賃は七十銭から八十銭ていどであった。

国ざかいには関所があったが、同じ道なのに領分が違うため、二ヶ所にあることもあった。今となって、もとの関所あとがわからないとよくいうが、中にはこういう場合もあったのである」

われわれは車に奪われた道を、生命ある人間の自由に通行できる道として再び取り返したいものだ。そして路傍に残る古い石神・石仏をも、遅々たる春の日ざしに再びよみがえらせたいものだと思う。

名取市愛島北目の庚申塔（東街道に沿う塚の上，三崎一夫氏撮影）

庚申塔〈驚くほど複雑な縁起〉

庚申はカノエサルで、暦に結びついた信仰である。古く中国に起こったもので、人間の身体の中には、尸という虫がいて害をする。生命を縮めるのもこの虫のためだ。ことに庚申の日に、人が眠っている間に、この虫は天にのぼって、天帝に人の罪を告げる恐れがあるので、この日は、昼夜眠らないで身をつつしむ。それが守庚申だというのである。

そして道教だけの思想でなくなり、仏教にもとり入れられ、日本にはいっては、修験道や神道にも結びつき、驚くほど雑多に変化した。

おそらく、暦が日本にはいってからのことであろうが、このカノエサルの信仰は、平安・室町ころは、仏教との結びつきが多く、おもに貴族や武家の間に行われ、江戸時代になると、一般庶民の間に広まって、民間の雑信仰と混同して、雑多に変化したらしい。

たとえば室町時代に、庚申の功徳が説かれて庚申縁起がつくられ、青面金剛像などがまつられて、いっそう仏教的になっていき、また後には神道の猿田彦と結びついて、これを本体とする庚申塔が多く見られるようになり、また青面金剛像を猿田彦に見たてたり、一方道祖神と混同して、道案内、開拓、縁結びの信仰ができたり、吉田神道では北斗星と結びつけたり、まことに目まぐるしいばかりである。

このほか、地蔵、観音、不動、阿弥陀等と混同したのもある。したがってご利益と称するものも、五穀豊穣、豊漁、商売繁盛、金もうけ等々万般に及ぶのは、場所や職業によって、どうにでも変わる自由さを、民間信仰というものはもっているからである。

ところがこのようにいくら変化しても、つつしみの生活と夜を徹するという、二つの習俗だけはついに変わらず、千年の今にいたるまで名ごりをとどめているのは、面白いというよりは、やはり民俗にかくれている一つの法則のようなものであろうと思う。

宮城県の庚申は、多くは宿に集まって講の形で行われてきた。庚申の掛け軸をかけ、供物をそなえてともに飲食し、庚申念仏を唱える。途中で地震があると、はじめからやり直すという風も広い。食物は小豆粥が多かった。早くから信仰的面は薄れて、「話は庚申の晩に」ということがいわれるように、村の寄り合いにあてたりして雑談に費やすレクリエーション的になってきていた。

昔は、庚申待は月一度行う所も多く、また春秋二回大きな行事をするところもあった。

郡山市の湖南地方では、六十年目の庚申ごとに、塚を築く風習があって、最後の大正九年かの庚申の時に築いた塚のことを、多くの人がよく覚えていた。そういう古くからの塚が、今に幾つか残っているのは見事である。

しかしたいていは庚申塔と彫った手軽な石碑を建てることが仙台の辺でも多い。たくさんの碑を一ヶ所に並べ立てたのを百庚申という。

写真の供養塔は、三面六臂の青面金剛像に雌雄の鶏と三猿をあしらった見事なものである。よく見ると、神の性格がにじみ出ているが、長い風雪にたえながら、人間の信仰が食い入って、石にも少しずつ生命が生じてきているからである。

ミワタリからニワトリへ〈もともと水の神〉

東北地方に広く分布している、大そう古い神にみわたり様というのがある。ミワタリ、ニワタリ、ネワタリ、ニワトリなどいろいろにいい、文字も当て字が多いのは、どういう神だか今ではわからなくなっているからである。

祠の所在を見ると水に何かの意味でかかわりのある所が圧倒的に多い。ことに水の湧出するところ、そこから田んぼの水がかかっていく源にあたる辺などである。福島県田村地方を歩いていた時も、目立って多いと思ったが、ここでは皆、低い丘の両方からせまった奥の方に水がわいている。そういう所に水神と書いた石があって、それがミワタリ様なのであった。

祭神はいろいろであるが、天村雲(あめのむらくも)や天水分(あめのみくまり)がもっとも多いのは、水神だからであり、私はいろいろの資料からみて、やはり、水配分すなわちみくまり系の信仰だろうと思っている。

民間信仰の特色は、祭神などの吟味でなくて、庶民の実際の信仰を分析してみることが先である。そういう見方からすれば、この信仰の第一に考えられることは、やはり水の配分を主としていること、第二は少し狭くなって田んぼの灌漑ということになり、ことに近世の信仰はこれが主になっていたように思われる。

第三には、水に縁があるとはいうものの、その水そのものの利用ではなくて、水の上を渡る方、すなわち海や川を渡る、いわば渡海安全を祈るみわたりがあることである。この場合は海岸や大きな川の近くにみられる。第四には、例は少ないが、そして川にも関係をもつが荷物を安全に運搬する祈願で、これはニワタリ(荷渡)などになった場合である。第五には坂上田村麻呂などと結びついて、鬼退治から賊平定の伝承をうんでいるのは、オニワタリ(鬼)に変わったからである。

第六に、これは非常に例が多いが、ミワタリからニワタリに変わった場合で、こうなると水にはまったく無縁になって、咳ことに百日咳の治療を祈る信仰となる。鶏がクックッと鳴くのを、子供がせいて苦しむのを連想してのことといわれている。

このほか、神様が四方を見渡して、一番よさそうな場所に鎮座した、だからミワタシだなどいっている所もあった。このように驚くほどに千変万化したのは、前述のように、何がもとの姿であったかわからなくなったためであるが、それと同時に、時代の変化により、社会情勢により、または人々の生活上の必要によって、神の信仰形態にも変化をもたらす部面のありうることを示すものである。しかしよく注意してみれば、一定の法則にしたがった民俗上の変化に過ぎない。

ところで、諸所に現存する鶏権現は、小社やお堂になっていることが多く、石碑になっているのは、かえって珍しい。ところによっては、この石碑に水をかける、また絵馬なら逆さに掛ける風もある。鶏を虐待して咳とともに追い出してしまうという俗信で、きく薬も注射もなかった時代には、百日咳は子供の大敵で、あの苦しみを見る親の方が身も細る思いをした結果うまれた信仰であった。近世風な功利的な感じのする安易な俗信のよい例である。心願には鶏の絵馬や卵を上げる。

飢饉餓死供養塔〈悲惨、天明の凶作〉

「天明卯の餓死年」といえば、三年の大凶作のことであるが、飢饉は天明八年ころまで続いた。仙台藩はむろん、南の相馬藩でも北の南部藩でも、多くの餓死者を出したために、何ともいえぬ心寂しさを、数十百年の後までも持ち伝えながら、感慨をこめて語り継がれた年号であった。

宮城県宮城町芋沢にある飢饉供養塔
(銘文＝為去甲酉歳飢渇亡霊法界萬霊供養塔天保十三年，三崎一夫氏撮影)

元禄時代は奢侈文弱にふけって泰平を謳歌した時代であったが、次第に国力が消耗し、宝暦五年ころから時々凶作の年が現われ、ついに天明時の連年の大凶作となったのであった。天明三年の仙台藩の減収は五十六万五千石と伝えている。

「飢饉録」等によれば、天明三年は曇天雨がちで、六月土用にはいっても、寒くてひとえも着られず諸民悲嘆のまゆを開くことなし、セミさえろくに鳴かないとある。

翌四年になると、飢饉はいっそうひどく、三月ごろからは疫病が流行し、日ごとに死ぬ者数千人をかぞえた。城下で餓死した者およそ三、四万人というが、四年三月から、八、九月ごろまでのことらしい。天明年間の、仙台領の死者総数は三十万人と伝えられている。藩ではかゆを施したり、銀札を発行したり、または仙台通宝を鋳造したり、いろいろ工夫して、藩の財政たて直しをはかったが、多くは失敗に終わっていよいよ絶望的になっていた。

隣の相馬などは六万石の小藩で、苦しみは一そうひどかった。天明七年には、人口は三万二千人で、多かった元禄十五年に比べると五万七千人の減少であり、取納米も同じく三分の一に激減している。

天明三年には、春の末から霖雨しきりに降り続き「前代未曽有の大飢饉の兆歴然」と、記録にも見える通り、米穀は欠乏し、物価は騰貴して、食うものがなく、路傍に死ぬ者が多かった。相馬藩では、長文の歎願書を幕府に提出して、借金を歎訴したが、かねて凶作の用意もしないでおきながら、今さら歎願するとは「上をはばからざる不埒の至りに候」としかりながらも、申し入れの半額の五千両を貸してくれたが、藩主は譴責せられ、謹慎を命ぜられた。藩はこの金で米やヒエ、塩、荒布などを買い求めて無料で藩民に配ったが、飢餓に彷徨する幾千の生命を長くささえることは不可能であった。

当時の惨状を『天明救荒録』によって見れば、

一、味噌醤油なければ、水に塩を入れ、あるいは香物の漬汁にて、色々の木の葉草の根、或は谷地蟹などを煮て食し、或は米しひなを炒りて餅となし、またわらをきざみ炒りてひき、糧を交え、こねて餅や団子となし飢をしのぐ。

一、卯年不順の気候により、時疫一般に流行して、病に臥する者、家内に二人三人ありといえども、親族も見廻りもせず、近所の者も見届けず、死しても僧を請じて引導も受けず、父子兄弟の間にて、こもや莚に包み背負い出して掘埋め、それにも力及ばぬ者は、前庭を掘り、たたみのまま引きずり出して埋めたり、または埋むる者なく、その家にて朽ちただれ、蒼蠅など多く臭気甚し。

天保の飢饉も、これに劣らないもので、これらがたたみ重なって藩の崩壊を一そう早めたのであった。今からふり返って見れば、ある意味では人災でもあったのである。

しばり地蔵〈願かけるなわ目〉

地蔵ほど、民間に広くゆきわたって、愛され、利用されている信仰はない。仏教本来の地蔵信仰からほど遠くなっても、そんなことはおかまいなしに、自由にのびのびと、あらゆる方面に、変化を重ねながらこの信仰は広がっているのである。

六地蔵などは、よほど本来の姿を残しているものであるが、そろっているのは近来めずらしくなった。古い共同墓地の入り口などに立っている六地蔵を、「受けとり地蔵」などと呼んでいるが、新しい冥土へのお客を迎えてくれるかと思って、昔の人はまず頼みをかけたものである。

峠にもよく「峠地蔵」とか「助けの地蔵」とか呼ばれる地蔵さまが立っていて、旅に難渋する人々の、心のよりどころであった。雪に降りこめられた旅人が、ようよう峠の地蔵堂にたどりついて、凍死の危難から救われた話はあまりにも多い。陣が森峠の地蔵その他、有名な峠の地蔵は、いくつもあった。

賽の河原の地蔵も印象に残るものが多い。蔵王山の賽の河原の、荒涼たる石積みの風景は、何とも言えぬ寂しさであった。いわき市豊間の海岸どうくつの中の地蔵にも、いくつも小石が塔に積まれていたが、夕方潮がさしてきて、波がガラガラとくずれ去るのを見ていると、どう中にひびく波音と共に、人の世のものとも思えぬ寂しさであった。定義如来の賽の河原の石地蔵も心に残っている。

子供を守ってくれるという信仰も、むろん広く行われており、お堂の地蔵さまを引っぱり出して、なわでしばったり、背にまたがったりして遊んでいたのを、村のおとなたちが見て驚いて「この罰あたりめが」と子供を追い散らし、さんざん地蔵さまにおわび申して、ふたたびお堂におさめたところ「おれはせっかく子供たちと遊んでいたのに、お前はおせっかいな奴だ」と夢枕でしかられたという話は、宮城県のみならず、どこにもある。子供が死んだ時に石地蔵を建てる風習も全国的である。

東北独特といわれる人形の「こけし」は、地蔵と直接のつながりはあるまいが、あれを赤ん坊がなめたりしゃぶったりしているのを見ていると、何ということなしに、私は地蔵さまのかわいい坊主頭と、子供に結びついた、信仰とまでも言えない一種の感慨を心の中にいだくのである。

民間の地蔵は、おもにその機能によって千変万化している。子安、子育て地蔵の類、火伏せの勝軍地蔵の類、延命地蔵、雨ごい地蔵から、北向、枕返し地蔵、いぼとり、とげぬき地蔵の類、道祖神と結びついた地蔵もある。香煎、功戦地蔵も多い。

尊像を虐待して、首や手を欠いたり、なわでしばったりする風習は、おそらくは新しいもので、もともとは、子供と仲よく遊ぶところから来たものと思われる。なわで引っぱるもの、鼻を欠くもの、石地蔵と相撲をとってころがすもの、村の子供の無邪気なしわざであった。

県内にも例の多いしばり地蔵の多くは、「どうぞ病気をなおしてください、なおったら解いて上げますから」と、願をかけ仏体をしばることになっている。仙台市米ヶ袋の「しばり地蔵」など有名で、今もその名ごりはある。仙台市角五郎丁の「しばり不動」も同じ信仰で、尊体が全く見えないまでに、なわがぐるぐる巻いてあるので中を確かめることも出来ない。ここでは、その人の年の数だけの長さのなわをまきつけるといい、百日ゼキ、ハシカにはとくに霊験があるという。

鴛鴦伝説〈仏教の『慈悲』と結びつく〉
延宝五年というから、今からおよそ三百年前のこと、相馬の鹿島町小島田という所に、兵九郎という木こりがいた。ある日、椁原(じさばら)で、羽のきれいな一羽の鳥が死んでいたのを見つけ、これを持って山へのぼり、木を切っていると、死鳥に羽のよく似た鳥が、しきりに林のあたりを飛びめぐるのに気がついた。家へ帰ってからも、ついて来て、庭の木の枝にとまったり、はては家の中にはいってきて、人をおそれる様子もないので、捕えて、死鳥と一緒にかごに入れておいた。翌朝見たら、くちばしを食い合わせて死んでいた、という話である。

木こりは驚いて、このことを藩にとどけ、また、西光寺に供養を頼んで、石の卒塔婆を千日堂に建てた。碑は二基あって、一つには「南無阿弥陀仏、畜生でも一度仏名を唱えれば、長く苦を離れて仏果を得るものだ、心ある二羽の鳥よ、成仏せよ」という意味のことが書かれ、「時に延宝五年極月七日、導師双誉上人」と刻まれてあると『奥相志』という本に書いてあるが、碑はまだ見つけずにいる。もう一基は、「双鳥」とあり、「延宝五丁巳年閏十二月十八日」とかすかに読まれる。相馬市慶徳寺山門の中、参道の西側にひっそりと立っている。

珍しい話は、だれも同じことで、「おらの村にはこういう話がある」と、自分の村にばかりあることのように思い込みがちであるが、同じような話はどこにもあるもので、それゆえにこそ伝説とも言われるわけで、類話の無い伝説はあり得ない。

右の話は、「鴛鴦(えんのう)伝説」という、伝説の一つの型で、全国に分布している。鴛鴦とはおしどりのことで、雌雄大層仲むつまじい、いわゆるおしどり夫婦のおしどりである。キスしたまま死んでいたのを見ては、昔の人も大いに感動したのであろう。仏教の慈悲と結びつくのには、まことによい材料だったのである。

「伝説」は、遠く神話に糸をひき、昔話などとともに、いくつかの型を保ちながら、口々にことばで伝えられてきた。ただ昔話と違って、それぞれの土地に落ち着くと、その土地の地名を借りて、昔からあった土地の話のようになってしまう。一種の口承文芸でもあるから、話はいろいろと変わっていくが、やはり何百年たっても、「伝説」の本質は少しも変わらず、そして「型」という範囲から逸脱することはない。

もう一つ、ついでに相馬の例をあげよう。相馬重胤は元亨三年下総国から相馬に移ってきたが、その前の話というから、これまた六百五十年も前の古いことになる。やはり相馬市の鴛鴦寺、今は円応寺と書くが、この寺の創建にまつわる縁起にもなっていて、同寺にくわしい記録がある。

ある冬の日、小高郷の小谷のあたりの沼で鴛鴦が二羽遊んでいたのを、猟師がその一羽を射殺した。翌年冬、ふたたびこの沼で、残る一羽をも射殺して見るに、これは雌であったが、去年の雄の首を片翼の下に堅くはさみこんでいた。猟師はあわれに思い、鳥を沼のほとりに埋め、カシワの木をうえて墓印とした。そして草庵を作って菩提をとむらった。のち文明年中、藩主がこれを聞いて、改めて鴛鴦寺を建てたということになっている。

昔話の地蔵〈日本人の心持ち表現〉

貧しい爺さまと婆さまとがおって、正月が来るというのに、もちを買う銭もないので、二人で笠をつくり、爺はそれをもって、この辺でいえば仙台のような、雪の降る町へ売りに出た。

途中まで行くと、道ばたに、六地蔵さまが、頭から雪をかぶって寒そうにしているので、気の毒に思い、持っていた笠を一つずつかぶせてあげたが、一つ足らないものだから、自分のもぬいで、それもかぶせて帰ってきた。

婆さまが迎えて、もちはと聞くから、地蔵さまのことを話すと、それはえごとしたと一緒に喜び、ほんだら火でもあたって寝っぺと、やがて床についた。

翌朝暗いうちに、外の人声に目をさまし雨戸をあけると、軒下に、つきたてのもちがたくさんおいてあって、きのうの笠をかぶった六人の地蔵さまが、爺の笠をかぶった一番大きな地蔵を先頭にして、門口から出ていくところであった。

昔話の発生は、だいたいにおいて、普通考えられているより古い場合が多く、そして日本人の心持ちを表現しているものが多い。話そのものも、古い時代のものほど、信仰にむすびついているようである。それが新しくなるとだんだん教訓的になったり、さらにこっけいな話になったりもする。

この話なども、本来の地蔵の慈悲と、貧しい爺婆との、あたたかな心のふれあいが思われる。民衆の中に育った地蔵の信仰は、よほど人間くさく俗っぽく、親しみがありそしてユーモアがある。それだからこそ昔話の世界にもはいりこんでいるともいえる。「団子コロコロ」の地蔵浄土という話や、爺が地蔵のまねをする猿地蔵の話など、ラジオもテレビもなかった時代、大いに子供に喜ばれた話であった。教科書のない時代、教科書の役目を昔話はしていたのである。

地蔵は子供との縁も深かった。死んだ子のために地蔵を信仰するのは、子供の守り仏としての仏教の教えだろうが、現実の社会においても地蔵は子供のよい遊び相手であった。

地蔵を引っぱり出して、なわをつけて遊んでいる子供を追い払って、大事そうにお堂の中に安置したおとなたちが「せっかく子供と遊んでいたのに、おせっかいなことをする」と、かえって地蔵にしかられたという話はどこにもある。

子供たちが輪になって、中に仲間の一人を入れて目かくしさせ、手にナンテンの枝など持たせて、地蔵をつけて遊ぶ遊びが明治の末年ごろまであった。やがて中の子供に地蔵さまがついて、聞けばいろいろと託宣まがいのことをいったものである。これは遊びといっても、非常に源は古く、信仰に根ざしたもので、昔はおとなたちが、一人に神かに仏をつけて、年の豊凶や、村に病気のあるなし、その他を占ったことに系統を引く、大変に意義のあることが、だんだん変わって子供の遊びのようになって名ごりをとどめているわけである。

とにかく、地蔵さまは、道の辻に立ち、風雨にさらされながら、庶民の生活を見守ってくれている。それがかえって本来の姿といえるのである。

竜王と雨ごい 〈八大竜王は水神〉

「時により過ぐれば民の歎きなり八大竜王雨止めたまへ」

これは源実朝の有名な歌であるが、雨を降らせるのもやめさせるのも、竜王のしわざと信ぜられていた。この歌は、雨が降りすぎて人々が困っているから、竜王よ雨をやめさせてもらいたい、という意味で、その通りに雨はやんだという話になっている。

竜王は竜神のことで、八大竜王は八柱の神で、形はみな竜で、水の神であった。竜は想像上の動物で、古く中国から伝来したものであろうが、日本にも早くからやまたのおろちのような大蛇が考えられていた。おそらくはじめは、ヘビの気味悪い不思議な姿が人の心をとらえ、とくに水と関係づけられてカメなどとともに水の精霊として、民間にもひろく浸透したものであろう。

竜王は日本流にいえばわたつみの神(海神)で、その住む宮が竜宮であった。四周みな海の日本に海幸山幸(うみさちやまさち)のような、たぐいまれな美しい海の伝説の生まれたことも偶然でない。

中世は祈禱禁厭のさかんに行われた時代であったが、記録や物語にもっとも多く出てくるのは雨ごい祈禱であった。

近世以降の雨ごいは、いろんな形に分化して、あるいは山で火を焚いたり、淵にわらなどで作った竜を沈めたり、主の住むという沼の水を濁したり、その他さまざまな中に、とくに多く見られるのは、一戸から一人ずつのみの笠のいでたちの村人が、山の頂の神社などに集まり、神主の祈禱ののち、一斉に海に向かって降雨を竜王に訴える方法であった。手で笠を高くかざして雨を招くわけである。

その時の呪文は所によって、少しずつ異なるが、

「あーめーたんもれ竜王やー
沖から雲立って来て
ざあざあと降ってこー
みーのもかーさもたあまんねえー」

といったたぐいであった。

福島県の海近くの村々などには、竜王の社はわたつみ神社という名で分布しているが、むしろ山沿いの高台にあることが多い。雷雨は山に降って川を流れ下り、下の田んぼをうるおすゆえに、山口にまつられてもよいわけである。このように、竜王にたのんで降らせてもらう雨はほとんど雷雨であったから、当然雷神に降雨を祈ることも多かった。しかし雷神社の境内で雨ごいする場合でも、呪文の対象は竜王であることが多かったのは面白い。

とにかく降ればよいので、たとえ一粒であっても格好がついたのである。ましてみるみるうちに空が雲り〃篠つく〃雨が沛然と降ってきたりした時の村の人々の喜びは何ともいえないものがあった。しかしこういうことも、実際に経験することが何度もあったという。

これも福島県の海岸地方ではひでりの時遠い雷神さまから雨をいただいてくるならわしがあった。十数里の道を出かけて行ってお札とお水をいただいて来る。止まった所に降るというので、帰りは休まずに夜通し歩いてきたものだったという。雷神さまからもらってきた水を、部落の高い所の田に、数滴ずつ落とす方法もあった。田の水のあるなしは死活に関する大事であったから、まことに真剣なものだったのである。

安産と子育て〈死に連なる難事〉

安産と子育てを引き受けてくれる村の神仏は、観音や山の神であった。このほかには地蔵もあった。昔は医者も産婆も少なく、村によっては、経験豊かなしろうとのばあさん——取りあげばあといわれる——が居るだけ、というような心細いところも多かったから、出産は母子ともに生死につながる大事であり、したがって難産で死ぬ女性が非常に多かった。

若い彼女らは、女同士の心安さからまれに宿に集まっては、念仏や和讃を唱えて難産の恐怖をはらいのけ、豆腐のでんがくぐらいの質素な飲食で満足しながら、生まれ出てくる子の無事を、神仏に念じてやまなかったのである。十九夜講とか二十三夜講、子安講のように、講組織になっていることも多かった。たいてい月待ちの信仰であったが、観音を対象とする場合が多く、また二十三夜など勢至の信仰になっている所もあった。おそくまで起きていて、月の出を拝んで散会するのである。

今こそ若い嫁の地位は高くなり、出歩く用事も多く課せられる時代になったが、大正から昭和初期ごろまでは、村の集まりは男性に限られていた。それでもこの女の講だけは、さすがに公認のかたちで、レクリエーションをかねた相談事をし合う唯一の機会として、しゅうとに気がねのないおしゃべりの会をもつことができたわけであった。集まりがすむと、部落のそちこちにある供養碑におまいりした。子供を抱いた観音石像も見られ、また観音には如意輪が多いようである。

山の神の信仰の中にも安産があって、ことに小牛田の山神は名高く、碑は宮城県下に多く見られる。

出産の時間になってもなかなか生まれず、産婦が苦しんでいる場合など、「山の神迎え」ということをする所があった。馬を引いて山の神を迎えに行くわけである。途中で馬が動かなくなると、山の神さまがお乗りになったのだと喜んで戻ってくる。すると無事に子供が生まれるものだというのであった。

安産を祈願して、山の神にほうきを上げる風は各地に見られる。伊具郡でわらをほうきのように束ねて上げてあるのを見たことがあり、福島県の浜通りには、もろこしぼうきを供えてある山神があった。

安産のまくらや麻を借りてくる習いはさらに広い。そういう社やお堂には、白や赤の小まくらがうず高く積まれてあるものだが、その一つを借りてきて産婦のまくらもとにおくと安産するという信仰であった。麻は産婦の頭髪を束ねるのに用いた。安産後、お礼参りをして、まくらを二つにしてお返しするのである。

乳神様というのも多い。そこの泉の水を飲めば乳が出るとか、供えてある米粒を一つまみいただいてきて、御飯にたきこんで食べれば乳が出るという類である。越河辺であったか、二つの乳房を一つの石に浮き彫りにした石碑がいくつも並んでいるのを見たことがある。

江戸時代の末、嬰児圧殺の弊風がどこの藩にも流行した時、幕府でもたびたびお布令を出してこの悪習をとめさせようとし、その一つの方法としても、こうした神仏に子育てを祈願させた。

今はほとんど信仰のなくなった忘れられたこれらの碑にも、かつての若い女性たちの苦しみと悲しみのツメあとだけは歴然と残っているのを見るのである。

動物の碑〈ネズミよけの願い〉
宮城県伊具・亘理方面には、ネコを刻んだネコ供養の碑を多く見かける。どうしてもネコが育たない家で、供養のためにたてることも多いが、一方、ネズミよけの信仰で、養蚕がよくいくようにとの願いがこめられているという。蚕の敵であるネズミをとってくれるのがネコだからである。いわき市長友でも、寺の門前にネコの碑のあったのを見たことがある。

丸森の神明社に「子」の字を一字だけ大きく刻んだ自然石の碑が立っていたが、由来を聞かずにしまった。あるいはこれもネズミに関係あったかも知れなかった。

蚕神と書いた碑は、養蚕の盛んな地方ならいくつも見られる。

ヘビの形を刻んだ碑もまれながら見られる。この信仰も古くてそして広い。ヘビは諏訪神のお使いにもなっており、また水の霊のようにも思われていて火伏せのため一役買ったりする。家を新築した時、わらでヘビの形をつくって棟に結びつけておくとよいという。昔は農家では米を俵のまま積んでおいたから、ネズミに食われる。そのネズミを退治してくれるのはネコと共にヘビであったから、家の梁などにすみついているヘビを殺すようなことはしなかった。ヘビには金持ちになるという信仰もあり、諸所に巳待供養塔が見られる。巳待講も昔は村々にあった。諸芸上達の弁天信仰とも関係があった。

刈田地方に白鳥を刻んだ碑が見られる。よくまだ聞いていないが、日本武尊の伝説のある土地に多いかと思われる。『日本書紀』や『古事記』に、みことが死ぬと、その霊魂が白鳥になって諸所にとび立った、その止まった所にそれぞれ墓をつくって祭ったと書いてある。

肉体は朽ちてほろびても、霊魂はそこからとび出して長く生命を保つと、古代人は信じていた。この場合、白鳥はみことの霊魂だったのである。

福島県の原町市に、ツルの伝説があって、小鶴明神という小祠が今もある。

同市の鶴谷(つるがい)という辺は、昔は広い原であったが、近くに行徳(ぎょうとく)という信仰深い老人が住んでいた。ある時、一つがいのツルが舞い降りて、池のみぎわの老松に巣をつくり卵をうんだ。彼の不在中、となりの真門(まかど)という悪者が、巣中の卵をとって煮てしまった。

彼が帰宅してみると、ツルの騒ぎがただならない様子なので、真門に聞けば知らぬという。その夜五老星が天よりくだって真門の家をまわったので、驚き恐れて実を告げた。行徳も驚いて、煮た卵を巣に返し、悲しみながら数日を暮らすうち、十六夜の夜ふけにひなヅルの声を聞いた。見ればひなが生まれており、かたわらにあった親鳥のくわえてきた異木は、七日の間焼けば死者は必ず蘇生するという、反魂木という木であった。今も近くに子鶴明神があり、また行徳塚も残っている。

海岸地方には、魚の供養塔を見ることがある。中には「魚鱗供養」などと刻んだものもあった。

「虫供養」は昔は盛んに行われたが、行事として行われただけで、虫を石に刻んだものはまだ見たことがない。

道祖神〈近年は交通安全祈願〉

民間信仰は、時代により所によって千変万化するものであるが、とくに道祖神などはその変わりようがはなはだしい。

一般には、さいの神、どうそ神、どうろく神などと呼ばれているが、『古事記』に出てくるくなどの神、ちまたの神などにも、信仰がつながっているものといわれている。さらに古くは縄文時代の石棒信仰にまで糸をひいているのである。

全く同じでないにしても、似かよった信仰が、より合わされたなわのように、石器時代から原子力時代の現代まで続いているというのは大変なことで、信仰に変遷のあるのはむしろ当然である。

俳人芭蕉は「道祖神の招きにあひて、取るもの手につかず」笠の緒つけかえて東北の旅に出たと『奥の細道』にみえる。つまり旅の安全を守ってくれる神だったのである。さらに古くは道路の神であり、また道案内の神でもあった。祭神としてはよく猿田彦命があてられている。村祭の行列などに先導の役をする鼻の高いあかい顔のあのてんぐさまのことである。

それらとは別に、石棒の類を神とまつる古い信仰が石器時代からあったところへ、道祖神の信仰が結びついて、性的な性格をつよくもつ神になってきた。石棒は男性を象徴するものであり、五穀豊穣などの生産祈願にもさかんに利用された。村境などに立てる場合は、疫病よけとか魔よけとかの意味もあったのだろうといわれている。

近世となっては縁結びの神として道祖神は考えられることが多く、その場合の神体はやはり石棒のことが多かった。むろん奉賽物として用いられることもあった。

ところが近ごろ、縁がこわれる信仰になっているのを見て驚いた。まったく反対だからである。郡山市外などにもその例があったが、道路のかたわらの小高い雑木林の中に道祖神の石祠があって、今はもうでる人もなく荒れたままであるが、面白いことには、嫁入りの行列はここを通らず、田んぼのあぜ道を遠まわりして、先の方へ行ってもとの本道に出るのである。ドウラク神の下の道を通ればせっかくの縁がこわれるのだという。いつのころからか、道陸神が道楽神に代わってしまい、相手にうわ気されては大変というわけであった。

近年は、交通がひんぱんになって事故も多くなったが、交通安全を祈願する道祖神もふえてきた。福島市外方木田の道祖神は、やはり嫁入りの行列からはきらわれているようだが、交通安全の方ではなかなか人気があって、自動車の運転手などもよく参けいするという。「ケガ無い」という縁起からだそうである。ここの神像は、行儀のよい男女神双立の石像であった。

神像といえば、男女神双立のものは、東北地方にはなかなか見当たらない。ただ南部の福島県などにわずかに見られるのは、もちろん関東地方あたりの影響であろう。仙台付近ではまだ管見にはいらない。とにかくあられもない石棒の類が目にふれるのを嘆いた明治ごろの人たちの手で、この行儀のわるい神様たちは、あるいは土中に埋められあるいはこわされて、今はほとんど残らない。しかし非常に古い信仰でこのように長く続いている信仰は珍しい。

足尾のわらじから〈願いと感謝の気持ちから〉

神や仏に祈願して、もろもろの病気をなおしてもらったり、入学試験に合格させてもらったり、とにかく願いをかなえてもらう以上、何か差し上げたくなるのも人情であろうが、そこは現代人かたぎで、どうせ受け取らない神様の足もとを見て、五円とか十円ぐらいのおさい銭となる。これこそ本当の「心ばかり」である。

しかし中には、そして今でも、金銭を考えない心こもった奉賽物も見られないことはない。よいことには、神様はこちらのまじめな願いを必ずきいてくれるものと信じていた。きいてくれないのはこちらの真心が足らないんだ。そう考えることが昔の人には出来たのであった。

山の神には、オコゼという魚を今でも上げる所がある。山国ではオコゼは珍しいから、海からとれたそれを苦労して山の神様に持って行く。ふところから魚の頭だけちょっと出して見せ、狩りの獲物をたくさん授けてくださるならあとで上げますと祈る。山の神はオコゼほしさに多くの獲物をえさせてくれるという信仰である。

峠(トウゲ)の語源はタムケ(手向)であるといわれる。峠には神や仏が居たから、旅人はここでものを手向けて、旅の行き先の安全を祈ったのである。

旅といえば、よく山坂などに、足尾という神が居った。足王・足尾などと刻んだ石が多いが、これにわらじやぞうりの類がたくさん上がっている。なかにはトタンやブリキのいわゆる金(かね)のわらじや、足型の石がうず高く積まれていることもあり、特製の大わらじが奉納されていることもある。

ものを豊富に、また大きなものを上げるというのは、穀物でも魚でも野菜でも、たくさんよいものをとらせてくださいという祈り、またお蔭でこんなにいっぱいとれましたという感謝の心、そうしたものの反映といわれる。

ものを神仏に供えるのは、そういうためばかりではなかった。上げたものを皆で少しずつ頂けば、神仏の霊力がめいめいに付くという気持ち、つまりお蔭をこうむるわけである。ドンド焼の歳徳神の火で焼いたもちを家族で食えば、一年中病気をしないとか、目星(めぼし)ができた時、他の家から物をもらって食えばなおるというのも、同じ考えの延長といわれる。贈答の起こりも結局はこれで、たとえば五月節供にかしわもちやちまきを互いにやりとりするのも、自分にもっていない力を互いに交換して補い合うわけで、そうでなければ同じものを交換する意味が考えられない。

仙台付近でも、石や貝や木のわんなどに穴をあけたものに糸を通し、お堂に下げてあるのをよく見ることがあるが、これは「通る」という意味から、耳などがよく通って聞こえるようになるという、古い時代からの呪術のなごりのように思われる。

ことに貝や石を信仰の対象にしたのは古く、起源は縄文時代からであった。たいそうとっぴな考えのように思われているが貝塚時代に人が死んだ場合、生きたままの貝を並べて死体をのせ、上にも貝を山と積んで葬ったのが、つもりつもって貝塚になったに違いない。霊魂蘇生には海の貝があずかって力があった。古代人が貝をとって食べた殻をすてたちり捨て場だという説に、私は賛成することが出来ないのである。

山と海の霊場〈霊魂の集まる場所〉

人が死ねば、その魂はどこへ行くか、という問題は、古今東西を問わず、おそらくすべての人の考えたことであったろうと思われる。

われわれの祖先もまた、いろいろに考えたらしいことは、縄文時代以来の埋葬の形式などによっても、多少は推測されることである。

仏教では、死ねば極楽世界に行くという。あの世のことを、仏教では細かに想定し、そして方角は西の方で、距離も大変に遠いという。しかし霊魂だから、遠くても少しも苦にならないのである。われわれが現在この世でうけている結果のその原因はすべて過去にありとする。来世でよい暮らしがしたいなら、現在の世で善根を積まなければならないと説く。そしてこの世は仮の世なので、死後のあの世こそ真実の世界だから、死を悲しむなともいっている。

仏教以前の日本人の霊魂観こそ知りたいものだが、悠久の昔のこととて何ともわからない。しかし古代の日本人は、仏教の極楽世界のような、固定した大きな世界は考えていなかったように思う。かなり流動的な考えではなかったかと思われる。

多少の資料によって推測すれば、人が死ねばその魂は肉体から離れて浮遊する。そして高天原へ行って空をとびかけると考えた。あるいは海のかなたの常世の国へ行って住むと考えた。あるいは地中の夜見の国へ去ると考えた。そのほか、山へ行く、海岸へ行くなどいろいろに考えて、それは必ずしも固定した一ヶ所でなければならないというものでもなかったらしい。

おそらくそこへ行けば「御先祖さまに会われる」と今でも伝えているような、たとえば恐山とか月山とか、そういう霊場が、村近くにも数多くあったのではないかと思われる。

さいの河原という名は、仏教以来のものであろうが、あの荒涼たる石原は、例外なしに寂しいものだ。たしかに死霊・生霊たちのより集まるのにふさわしい感じの場所だから、仏教以前から諸霊の集まる所と思われていたのではないかと思われる。

海岸にもさいの河原はあるもので、これも寂しい所が多く、溺死者がよくここにうち上げられるというのも、潮流の関係かららしい。

さいの河原で、石を積んで仏を供養するというのも、案外古い風習で、古代、貝を積み重ねて死者の祭をしたらしいことなどに糸を引いているように思われる。とにかく仏教の一手販売でもなかったようである。

東北地方の諸所に、はやまという山がよくあって、葉山、麓山、羽山などいろいろの字をあてているが、奥山に対する端山(はやま)で、これも霊魂の祭場の一つであった。

山形県の山寺へ行けば、山の半面を覆ってたてられてある塔婆の山に驚くのであるが、こうした霊魂の集まる所は宮城県中田町の弥勒寺、鶴岡市清水の森山、山形県飛島のさいの河原などにも見られるという。松島の雄島もそうで、今も突端に近く骨塔と呼ばれる石塔があり、この中に死者の遺骨や遺髪などを納めて、そのめい福を祈ったものだと伝えている。

湯殿塔と馬頭観音〈豊作の祈りささげる〉

これまでの村の生活は、おもに農業に頼ってきたから、稲の出来不出来は決定的な影響を人々に与えたわけで、東北のような気候の冷涼な土地柄にあっては、つねに神の力に頼らなくてはならなかった。人為的な方策のほとんど考えられなかった昔にあって、毎日の天気に一喜一憂するほかに、計画的に頼みがいのあると思われる神に、真心こめて、祈願の誠をささげる必要があったのである。

そうした豊作の祈りを受け入れてくれる神の中にも代表的なのは、山形県の、湯殿をもって代表される月山、羽黒、湯殿の三山信仰である。「奥の三山」とも呼ばれ、参詣を「奥まいり」ともいう。

なぜ奥の三山が、これほどまでに信仰せられ、ことに作神としての信仰があつかったかはよくわからないが、おそらく諸所の山に多くあった祖霊の集まると信ぜられた山であるゆえに、ここにとどまっているわれわれの先祖の霊たちが、子孫の仕事の中でもっとも大切であったはずの農業を見てくれ、守ってくれるという信仰に導かれているのだろうと考えられる。

熱烈な祈願をするためには、非常に厳重な潔斎精進が必要と思われたのであって、お山にのぼる者は、行屋とよばれる村の潔斎小屋にこもって、朝に夕に水を浴び、なまぐさを断ち、心身を清めてから、白い行衣を着、わらじ、きゃはんに身をかためて、「六根清浄　お山繁昌」を唱えながら、三山に登っていった。そのお山がけの日には、留守の家族はもちろん親類の者まで水を浴びて、家人の無事を祈ったものであった。無事お山から帰ってくると、お山おろしをして、部落の湯殿塔に参詣した。五穀の豊穣を得るためには、これほどの真剣な祈願が要請されたわけである。

いわゆる奥の三山が現在のように固定したのは、必ずしも古い時代からではないという。かつては葉山なども三山に数えられた時代もあるらしい。とにかく東北南部では、三山の中でも湯殿が表に出ていて、この碑が大層多いのである。

路傍の碑でとくに多く目につくものに、馬頭観音の碑がある。たいていは馬頭観音と文字を刻んであるが、まれには三面六臂の神像を刻んだ石もあり、馬頭を頭にいただいた像もないわけではない。

馬頭観音は、聖観音や千手観音などと共に六観音の一つに数えられているが、馬を飼育している者が馬の安全を祈って立てることが多く、したがって馬産地にことに多く見かける。もとは荷馬車ひきなども信仰していた。部落部落に石の碑があるほかに、そちこちにやや大きな馬頭観音堂があって、祭の日には、馬をひいて行って参詣し境内のササをとって食わせたり、餅を買って与えたりする風もよくあったという。馬頭講という信仰団体のある所もあった。

近年、農村は機械化して、馬の数は急激に減じて、子供が馬を知らなくなる時もすぐ来ようとしている。まして馬頭観音とは何であるか、だれもわからなくなるであろうが、石碑だけはなおこれからも長く残っていくことであろう。これなどは民俗信仰の変遷の、もっとも著しい例となりそうである。

伝説の地蔵〈庶民の生活に生きる〉

何度も地蔵のことを書くようであるが、もう一度伝説の地蔵をとりあげてみたくなった。

今では「鼻取り」といってもわからなくなってきたが、近年まで、田植の直前馬鍬を引く馬の鼻づらに長いさおをつけて、方向づけをして歩かせるのがたいてい子供の仕事であった。

ある時、人手がなく、馬の鼻どりをしてくれる者がおらず、おやじ一人で困っていると、どこからか一人の小僧が現われ、

「おじさん、おれ鼻取りしてやっから」

という。

「そいつはありがたい、頼む」

ということになったが、小僧はなかなかじょうずで、やがて日暮れ方にみごと出来あがった。おやじは喜んで夕飯で

も食わせようと思ってひょいと見ると姿が見えないから、どこさ行ったんだべと思って捜すと、泥の足あとが点々とついていた。たどってみると足跡は辻堂のところで消え、中に足を泥にした地蔵さまが汗をかいて立ってござった。よほど急いだと見えて片足は台座にかけたままであった。

これは「田植地蔵」とも呼ばれる有名な伝説で、各地にひろく分布している。

ネコの手も借りたいという忙しい田植時に、地蔵が見かねて手伝った話である。

陣が森峠の地蔵のような伝説もよく聞くところであった。ある時一人の悪者がいて、峠で人を殺し金を奪った。気がついたらそばに石地蔵が立っていたので、

「おい地蔵、おれが人を殺したことをだれにも言うな」

と言ったら、石地蔵は口をきいて、

「おれは言わないが、お前こそ言うな」

といったという話で、後に悪者自身の口からばれて捕えられた、という型の話になっている。鉈切峠の地蔵にも同じいいつたえがあるという。

山には山の信仰があり、海には海の信仰があり、また農村には農村の信仰があった。そしてあるものは今なお続いているが、常に忘れてならないのは、民間の庶民の生活の中に生きてきたということである。生活に必要ならば信仰は新しく生まれ、必要がなくなれば消え去るか、または別な信仰となって続いていくこともある。これが民間信仰の大きな特色である。

戦争があれば八幡さまにお参りする人が跡を断たず、疫病が流行すれば天王さまが栄えたが、その要がなくなればさびれてしまう。十年前までは多かった馬がいなくなって、馬頭観音が手持ちぶさたに路傍に忘れられたようなもの

である。しかし科学万能の時代とは口で言っても、なおまだ精神的空白を、安易で非科学的な俗信・迷信の類、ことに禁厭・卜占の類でうずめようとする、未開原始の社会に共通する観念は、そうやすやすとなくなりそうにもない。もっとも文化の程度の高いはずの大都会の真ん中にさえ、弥生時代にでもあったような古い観念が顔を出して、最先端を行く文明と同居しているのに気づくことがある。何とも不思議な感にうたれるが、これが日本人なのであろう。

舞踊の発生

舞踊・歌の起源

普通、舞踊の起源を巫女の神がかりの状態に求めているように、最初は著しく信仰的なものであった。着飾ってとんだりはねたりの華やかなものではなくて、よく神社の祭の巫女舞に見られるように、眠くなるような単調なものがむしろ多かった。神楽の起源は普通、『古事記』に見える姉君にあたる日の神天照大神が、弟の素盞嗚命の乱暴を見かねて天の岩戸の中にかくれられたので天地が真闇になった。神々は相談して、天鈿女命（あめのうずめ）に舞を舞わせた。

……天のうずめの命、天の香山の天の日影をたすきにかけて、天のまさきをかづらとして、天の香山の小竹葉を手草に結ひて、天の岩屋戸にうけふせてふみとどろこし、神懸りして、胸乳をかき出で、裳緒を陰（ほと）におし垂れき。

ここに高天原とよみて、八百万の神みなわらひき。

そこで大神は、自分が隠れて天地みな暗く人々困って居るはずなのに、この楽しいさまは何事ぞと細目に戸を開けて覗き見をなさろうとしたところを、傍に待ちかまえていた手力男命が岩戸をあけて中の大神を導き出したので、天下は再び明るさをとりもどしたとある。この文を見ても、アメノウズメは巫女であることがわかり、日影のかづらを襷にし、真拆のかづらを鉢巻にし、小竹葉を執物（とりもの）とし、桶をふせた上で足でとんとん太鼓代りに音楽を奏でながら、夢中になって踊るということで、舞踊の要素がみな揃っている。

本来、わが国の祭の原型は、神がかりして神に代って神の言わんとする所を云い、動作（神懸り）がそれに伴う姿であった。現在も見られる青森県恐山の円通寺の地蔵盆に集まるイタコ達にその面影が残っているように、古代社会にあって神のついたノリワラ（憑依者）の告る多少律語を含む神の言葉（神言）が基となって歌や文学が発生し、神懸りの神の動作が舞になって行ったと見られている。そし次第に芸能化が進んで洗練され、リズミカルな美しい楽しいものとなり、神の意を迎え神を慰める要素が多くなって行く。

一方踊の発生には次のようなことも考えられている。一つには大地をふみしめ踏み鳴らして、ねむっている地の霊をめざめさせ、活動を盛んにさせる。一つには動作をはげしくして悪魔を払う、という考えである。十日夜などの行事は前者であり、悪疫神を鉦や太鼓で村境まで追いやるなどは後者の例である。

舞から踊へ

単純素朴な神事的な舞から、信仰を離れて、見て見よく聞いて聞きよい楽しめるものに変って行く、即ち舞から踊への芸能化的移行が進むと、目的も変ってしまい、神事であったことも忘れられがちになる。即ち巫女の神語りから巫女舞を経てその華やかな踊に進む。例えば福島市松川の羽山籠りに行われる神つけを伴う田遊びは、潔斎した裸体の男達によって行われる豊作祈願の神事であり、いわき市錦の熊野神社の田楽は芸能化されてもなお古風を残す舞であり、会津高田の伊佐須美神社のお田植祭に演じられる佐布川部落の田植踊などはすっかり芸能化された踊である。

田植踊にはよく男が女装して、しかも正装で踊ることのあるのは、かつてはサオトメと呼ばれるぐらい、田の神をまつり田植を行うのは男でなくて女であった名残りである。おそらく古代にあっては、一定の期間潔斎した女性たちが、山から田の神をおろして、田圃に楢の木やニワトコなどの木の枝を立てて神をまつり、神の面前で田植をしたことであろうと思われる。

歌・踊の効用

上述のごとく、歌も踊も律語のある神言や霊動を伴う神態（かみわざ）から出たとすれば、神の言葉なるが故にそのままでも効果があり、それに節をつけて歌えば一そう効果が出る。つまり歌うことによってハカが行く。中だるみの田植作業が美声をはりあげた田植歌に勢いづけられて作業のすすむのはよく知られるところである。神の動作そのままの、あるいはそれを模した舞踊に効果のあることも同様であって、神前で田植を再現するのも、来年もかくあれかしと五穀豊穣を祈願すれば、その通りに実現するという考えによるものである。ヒョットコが出て来てセックスの動作をすることなどしばしば見られるのも、実りや五穀成就のあやかりの観念である。古代筑波山の歌ガキ、カガイの類も配偶者を決める際、男女双方から歌でかけ合いをして相手の応答をまつ、歌の効果の如実に現われる方法であった。

音楽の必要

祭には音楽で神をおろし、祭る間中音楽を奏するのがならいであり、音楽は古代から魂鎮め、魂振りに無くてならないものであった。先に言った高天原の「桶伏せて」もその音が大事だったのである。

古代から祭の楽器にはさまざまなものが用いられた。琴、笛、太鼓、鉦、すりがね、笙、ササラ、弓(弦を鳴らす)、鐘もある。臼は神聖な食具であるが、霊の昇降に杵で音させることもある。

踊につきものの囃子も大切なものであった。神霊を神さびさせ、神の活動を活発にさせるためのものであって、祭には極めて重要な要素になる。つまり祭には騒ぎがつきもので、賑やかにするほど御利益が多いのである。喧嘩まつり、悪態まつりも、神輿のあばれる荒れ祭も、勝ち負けを争うこともさることながらにぎやかに騒ぐことに意味があった。白河辺の天道念仏もその一例である。

競技との関連

競技も古いものは信仰に、ことに卜占に用いられたものが多く、したがって祭につきものの競技も多い。人力で及ばないところ、判断のつかないところを神の意志によって知ろうとするもので、例えば無心の馬を走らせてみて、勝った方に神の意志があるとしてその方に決めるようなもので、これが競馬の起りとなる。

福島県小高町の益田嶺神社の「垂谷(たりや)(地名)の馬おろし」は、潮を浴びて潔斎した馬を、早稲(わせ)、中稲(なかて)、晩稲(おくて)ときめて、一頭ずつ崖上より追いおろし、その様子によって来年の豊作を占った行事である。同じくいわき市錦の熊野神社には田楽のあることは上にも述べたが、長い竹竿の先につけた兎鉾と烏鉾を二組に分れて持走り、早く社前に立てた部落が豊作豊漁になるという。これなどは芸能化競技化されていない神事であるが、普通の綱引き、俵引きや流鏑馬その他でも、起源を神事にもつ競技が多い。

子供の遊びと玩具

子供の遊びの中には、大人の信仰的な行事を真似て子供なりに遊戯化したものも多いといわれるが、「地蔵遊び」なども、大人の「仏おろし」のまねである。「鬼ごっこ」も信仰行事の変ったものである。玩具の中にも、大人をまねた、また祭に糸をひくものがあり、「デンデン太鼓に笙の笛」など、今でも祭礼の店先に必ず並んでいるものの一つであろう。

依代(よりしろ)としての執物(とりもの)の必要

神おろしをして、神の前で舞い踊るのが本来の姿の故に、神が祭の間とどまるより所となるものが必要になる。それは地上に立てた常緑樹であり、また柱、ボンデン、幣束、花の類であるが、それが手に移って持ちものの一つになったのが手草(たぐさ)などとも呼ばれる執物の類で、榊、笹、南天の枝、花などであり、またササラや数珠や扇もそう見てよい。頭にかざすから髪刺しカンザシで、花が多く用いられたが、古くは蔓草なども用いられた。『古事記』のヒカゲノカツラのことは前にあげたが、やはり同書日本武尊の条に、熊カシの葉を髪飾りにするとある。踊りの際にかぶる花笠もかざしの変ったものであり、踊りの庭に高くかかげる花や燈籠も依代の意味をもつことがある。

祭の際の化粧（扮装）

化粧は現在では主に女性が、わが身を美しく装うためになされているが、かつては神に仕える人が行うものだったと言われている。朱を塗り白粉をつけ入墨もあったらしいという。その度に扮装する代りに仮面ができた。面をかぶることによってそのもの(神)になる。そして邪霊よけにもなった。オカメの面はアメノウズメの命を、ヒョットコは火男で火の神を象るともいう。首につける曲玉はじめ種々の玉類も、まるいと思われた魂の霊力の宿る呪力あるものとして身にはなさずに着けていたのである。

その他踊りによく見られる散ったり集まったり、ことに輪になったり渦巻になったりする形態も、ただ無意味にそういう形をとるのではなくて、古代の呪法・呪術に糸をひいている意味ある形らしいということを知った時に、舞踊のもつ意義、ことに発生的に見た場合の舞踊に心引かれるもののあることに気付くのである。

晴れの日の食物
――岩手・宮城・福島周辺――

もともと日本人は稲作農耕民族だったので、祭や年中行事などの晴れの日に残っている伝統食物は米であった。米と塩とは欠くことのできないめでたい食品であった。

月々の神日、祭、正月や盆、祝儀不祝儀などに用いられる酒、餅、団子、しとぎ(粢)、赤飯、粥などはみな米でつくられ、別に魚や貝や海藻も塩気のあるめでたいものである。結納などに用いられる鰹節、昆布、のしあわび、するめなど、みな海のめでたいものだからである。

とくに東北地方は寒冷で、うまい米がとれず、まずい稗を常食にしている地方もあったから、なおさら米は貴重品あつかいで、五穀豊穣を祈る神祭をつねに行い、できた米はまず初穂として神に捧げ、残りを頂戴するのがきまりであった。これがなおらい(直会)である。この米を酒とし、餅、団子、強飯として供え、神の力のついたものを下げて一同で頂くのである。このほか米の粉をねったシトギや粥なども晴れの日の食品であった。次に年中行事や祭などのおもな食べものと食べ方を見てみたい。

餅と団子

正月に年神様に供えるお供餅に代表されるように、餅はとくにたいせつな食品で、まるく中高にまるめるのが神のおぼしめしにそう作り方であった。輝くような白い色も清浄そのものである。福島県相馬地方では、正月白餅を神に供え、一般に食べる餅は白を遠慮して、カテの入った餅か小豆など入れて少し色をつけたアカアカ餅を用いた。また東北一般に餅より団子の方がむしろ多いのも、貴重な餅より米粉などで簡単にできる団子の方を庶民のものとして多く用いる習慣があったからである。「盆と正月が一緒に来たようだ」とは御馳走の多いことをいい、その御馳走は「お正月はよいもんだ、木端（こっぱ）のような餅食って、油のような酒のんで」の童謡のように中心は餅とお神酒（みき）であった。いくら貧しい家でも正月と盆は白米の御飯であった。

岩手では晴れの日の食物は団子で、つくる日はきまっており、小正月のミズキ（水木）団子、二月と十二月の八日のヨウカ団子、三月と九月の十六日の十六団子、福運のあたる十一月二十四日大師講のカホウ（果報）団子などであった。宮城でも大体同じで、小正月のをダンゴ木、稲花、粟穂、稗穂などと呼び、三月十六日のは岩手では農神オロシの団子であるが、宮城では三月の方は稲まきの、九月の方は刈り上げのノウズラ様の団子になっている。福島では小正月はダンゴサシで、やはり山から水の木をとってきて、枝もたわわに団子を飾り、部屋も明るくなるほどであった。養蚕を祈っていわき辺のようにマユ形のマユ団子につくるところもある。また普通、団子は米粉などでつくるが、正月の団子はついた餅を団子にまるめて木の枝につけるところが多い。

月の八日、とくに二月と十二月の八日の神日には必ず餅をつく。「一人子を売っても搗け」、「つく餅がなければせめて空臼（からうす）でも鳴らせ」、という大切な日であった。宮城では十二月八日に出雲へ立つ神送りの団子をアサダンゴ、二月八日出雲から帰る神迎えの団子をユウダンゴと呼んでいるかと思えば、岩手では二月九日はお年神様はつとめを終えてこの日帰るので、尾頭つきの魚を添えてお膳を供えるという。なお福島県でも年神は十二月八日に来て二月八日に帰って行かれるという所がある。

シトギと氏神祭・マッコ(馬っ子)つなぎ

福島県海岸地方などでは、九月の氏神祭には、新藁で氏神様や水神様の小さな祠(ほこら)をつくりかえ、新米をシトギや赤飯にして藁のツトコに入れて供える。岩手の遠野辺では、旧六月十五日に藁で馬を二匹つくり、田の水口や井戸端に立てて馬の背にシトギをのせる。福島には八朔まつりにシトギや強飯を田の神に供えるところもある。

昔は、水で炊いた現在のような御飯ではなく、蒸した強飯が日常の食べものであったが、人の好みが変って今のようになったことはよく知られている。古い作り方の強飯が祭や節日に名残をとどめているわけである。めでたい時には小豆など入れて赤飯にし、葬式の時などには白ブカシにすることが多い。

粥も晴れの食物

七草がゆの習俗は今も少し残っているが、なずな、芹など七種の野菜を刻んで粥に入れ、香ばしい春のかおりを楽しんだのは、積雪のために春の遅い東北ではひとしおのことであった。雪をかきわけて早くも芽を出したなずなを摘みとってきて、年棚の前で「七草なずな、唐土(とうど)の鳥の、わたらぬ先に、七草たたけ」と叩く。福島県会津辺では、大正の頃まで七歳の子は、向う三軒両隣から一種ずつの野菜を貰ってきて母親に粥をつくってもらい、氏神に供える風習があったが、後に述べる小正月の七小屋まいりなどと同じ意味をもつものであった。

一月十五日は正月送りで、アカツキ粥をつくって年神を送る風は三県とも今も行われている。大師講の粥もひろい。宮城地方では十一月三日、十三日、二十三日(福島などのように四の日の所も見られる)を三大師と称し、萩や茅の長い箸を添えて小豆粥をつくって供える。大師さまは子福者で十二人の子持ちともいう。遠くに座っている子供に食べさせるため重い箸が必要なのだという。柳の枝の所もある。

鳥小屋とサイノ神焼き

小正月の行事として福島県いわき地方に多いのは鳥小屋であった。本来は田畑の害鳥を追う鳥追いを伴っていた。数日前から子供達が中心になって田圃に小屋をこしらえ、中に年神様をまつる。十四日近郷の人々が七小屋まいりと称して小屋小屋をまわり歩き、多少のお賽銭を上げて、小屋のいろりで焼いた餅などを御護符として頂く。十五日早朝、人々の持ち寄った正月飾りと共に小屋を焼く。その煙で来年の作占い（さくうらない）をする。現在もさかんに行われている猪苗代湖南地方のサイノカミ祭も同じで、ここでもサイノカミ小屋を焼いた火を神聖なものとし、餅など持って行って焼いて食べる。要するに神の恵みを食物を通じて身体に受けて、おのれの生命の充実をはかるものであり、七小屋まいりなども同じ趣旨のものである。

ミタマの飯と盆の食物

岩手や宮城県では、ミタマの飯と称して、多くは握飯を十二個（閏年には十三個）つくり、それぞれに箸を一本さし立てたものを箕（み）の中に並べて年神様に供える。宮城県ではホトケ様の年とりとも言い仏壇に上げる所もある。おそらく年神と祖霊とは同一と考えられていたことからこの習俗は生まれたものであろう。室町時代の『徒然草』に「亡き人の来る夜とて魂まつるわざは、この頃都にはなきを、東（あづま）の方にはなほすることにてありしこそあはれなりしか」と見える、かつての正月の魂祭の名残かといわれるものである。

盆の食物には餅、団子、そうめんの類が多い。また餅でも団子でもまるくつくり、まるい蓮の葉などにのせて上げるとよいという。蓮が無ければ里芋のまるい葉にのせて上げる。このほか、ほおずきでも茄子でも豆でも、まるみのあるものを仏さまがお好きというのは、魂はまるいものという考えと関係があるのであろう。

福島県いわき市辺では、近年まで盆に女の子達が、庭先や川原などに小さなかまどをつくって、門火（かどび）で盆飯（ぼんめし）を炊き、茶碗がわりに豆の葉などに載せてたべたボンガマの風習は、七日の行事のようにも考えられていた。

葉山（はやま）講の高盛り飯

神に供える飯の盛り方は、高盛りにするのがほんとうで、ことに作神系の神々には一升餅や一升飯にする風が多い。「お蔭で今年はこんなにたくさん米がとれました。また来年もどうぞ」との感謝の意味をもつものである。福島県下の諸所の葉山講などは収穫終りの新嘗の意味が強く、一升餅を食べる風がもとは多かった。一同、千本杵でついた餅を神前に供え、一斉に箸をとって食べるのであるが、一戸一升ずつ集めてあるもち米を残さず全部餅にするので、一人あたり一升になる餅を三碗ぐらいに分けて食べる。どうしても腹に入らなくなり、口を開けばのどに白い餅が見え、笑えば口から出る始末で、全く笑いごとでない苦しみであったという。つくったものはすべて残さず鍋の洗い水まで飲まねばならないしきたりであった。熊野講なども農耕関係の神祭で、福島県石川町母畑（ぼばた）のそれなど、よい古い名残を今に伝えている。

祭の食事

上にも述べたように古い祭の食事の中心になる食物は酒と餅であった。そして神に供えたものを腹一杯頂くことで

神様とともに　お浜下りの途中部落ごとに神様をお迎えして，持参の重詰めを開いてご馳走を食べる。（福島県双葉郡大滝神社）

あった。

　宮城県篦岳山白山神社の正月の祭に行われるオフクデンなどは、供饌、共食の面からみても注意してよい行事である。仮屋で調理されるオシトギアゲの行事は数日にわたる。同県古川市の鹿島神社の祭の調理も特色がある。福島県会津田島の祇園祭は党屋によって行われる夏祭で、蕗祭とも言われるほど蕗を用いるのが特色である。

　このほか同県いわき市の飯野八幡神社や富岡町の麓山神社の七十五膳のように、村でできたもっともよい野菜などを奉る風はひろい。神社でなくて家々の祭でも、同族の氏神まつりは言うまでもなく、岩手地方に多いオシラサマやマイリノホトケのまつりなど、一族が仲よく集まって神饌を奉り共飲共食する姿は美しいものだ。福島県楢葉町大滝神社など名もない山間の小祠であるが、四月八日のお浜下りには、山の宮を出た御神体は村人に交替で負われながら数キロ遠い浜にお下りなる途中、いくつもの部落では、老幼男女それぞれ待ちかまえていて、御神体を路傍に休ませ、持ち寄りの重箱を開いて神様に上げ自分たちも食べながら歓びを尽くすさまなど、ことに印象に深く残っている。

岩崎敏夫の人となり

岩本由輝

一

昭和十(一九三五)年七月三十一日から八月六日にかけて、柳田国男の還暦を記念して日本青年館で開かれた日本民俗学講習会に出席し、各講師の講演に熱心に耳を傾け、ノートをとっていた一人の青年教師がいた。若き日の岩崎敏夫である。岩崎は、当時、福島県平市(現いわき市平)にあった県立磐城高等女学校(現磐城女子高等学校)に奉職していたが、同僚の山口弥一郎に誘われてこの講習会に参加したのであった。国学院大学高等師範部に学んだ岩崎は、折口信夫や金田一京助の講義のなかで、折にふれて柳田のことについて聞き、偉い先生らしいということは知っていたが、このときまで柳田に会ったことはなかった。柳田の著書についても、それと意識して読んだのは、この年の七月に刊行されたばかりの『遠野物語・増補版』(郷土研究社)を講習会の参加に先立ち入手したときが最初であった。だから、このときまで岩崎は民俗学についてまったく白紙の状態であったのである。

講習会では講演と並行して出席者による座談会が行われたが、七月三十一日の自己紹介のさい、山口のつぎに順番

のまわってきた岩崎は、座長の柳田の「岩崎君、何かお話ありませんか」という問いかけに、

私は只今お話になりました山口さんと同じ所に住んで居りますが平に参つたのは今から一年半ばかり前でした。私の郷里は野馬追と流山(れ)の民謡で少しばかり名高くなつて居る相馬でありまして、相馬と磐城とは隣合になつて居る郡でありますが、私の郡は歴史も相当古くありまして、民俗の古い姿も相当残つて居るやうに思へるのであります。その為に日曜などはお握び(握り飯)を持つて出掛けて、足にまめばかり拵へて居ります。只今のところは採訪にばかり気を取られて、纏める力がまだありませんので唯歩いてばかり居るやうな次第であります。先程金田一先生並に折口先生に五年ぶりにお目にかかることが出来て涙が出るほど嬉しく感じました。その時に折口先生が、機会があれば向ふに行つてみたいと仰しやつたのでありますが、先生のやうなお方がおいで下さつて、私共のやうな眼の無いものに眼を着けて戴きたいと思ひまして、それを今から楽しみにして居ります。

（柳田国男編『日本民俗学研究』岩波書店、一九三五年十二月、四二〇〜二一頁）

と答えている。これをみると、講習会参加以前から岩崎が、何か漠然とではあるが、郷土を知ろうとして行動をはじめていたらしいことがわかる。郷土研究とか郷土教育といったことが学校でも話題になることがあったろうし、とにかく山口とともにそうした行動の指針となるべきものを求めていたのである。

自己紹介が一巡したあと、座談会は、食物の問題（八月一・二日）、民謡の問題（八月二日）、祭礼の問題（八月三・四日）、婦人と労働の問題（八月四・五日）をとりあげ、最終日（八月六日）には在京者の紹介が行われたが、岩崎は、八月三日、祭礼の話題がとりあげられたところで、

練武の行事が変つて祭礼になつた一例として相馬の野馬追の事を簡単に申上げます。野馬追は下北(総)の駒ヶ原(小金)で野馬を追出したのが初めださうでありまして、それから数百年の今日に至るまで相変らず伝はつて居る神事であ

ります。野馬追の名称から申しますと、その当時野原に居つた野馬を、一里或は二里離れて居る所に柵を築いてその柵の中に遠くの方から追入れます。その時に藩を挙げて大勢の武士達があらゆる戦術とか戦略を用ひて、或は隊伍を整へ、或は散開して上手に追い入れたことに初まり、さう云ふ風にして毎年武術を鍛へて居つたのであります。ところが徳川時代になつて、表はに(には)武を備へることは憚らなければならないことになつた為に、方法を変へて、相馬の氏神であるところの妙見神社の神事祭礼に名前を藉りて祭として行ふやうになつたのであります。さう云ふやうにして祭に変化して行く一方に、野原に暢気な馬が段々居なくなつて、今では純然たる祭になりました。今の祭には野馬を追ふことをやめて、花火を打上げ(で)たり(トル)御神旗の争奪戦に変化してしまつたのであります。この祭は(れ)流山民謡にもある通り元は五月の中の申に行ひましたが、只今は新暦七月の十一・十二・十三の三日間に行ひます。十一日を宵乗と云つて馬術の練習をし、十二日は野馬追と云つて御神旗の争奪戦をし、十三日は野馬懸と云つて神社の境内の隅の方に設けられた所に馬を集める。(集め、その一匹を捕へて妙見社に奉る。)そのやうにして元は練武の為に出来た行事が今では純然たる祭礼に変化しましたけれども、昔の練武の精神或は尚武の意気が未だにあらゆる行事に残つて居ります。

(前掲『日本民俗学研究』、五一五頁)

と発言している。それまで郷土研究を、いわゆる郷土史の範疇でとらえていた岩崎の問題意識は、このように常民の学としての民俗学からはかなり遠いところにあったが、また、それだけに岩崎は民俗学という新しい学問について一週間の講習会で多くのものを吸収した。八月三日には、約百五十人といわれた講習会の出席者のうち、六十人ほどが成城の柳田邸に招待されたが、岩崎もそのなかに含まれていた。岩崎の感激はさぞ大きかったことであろう。岩崎はこのときから柳田を生涯の師として仰ぐことを心に決めた。

短歌をよくする岩崎は、柳田が米寿を迎えた昭和三十七(一九六二)年に、

この師ありてわが来し道もはろばろとたゆたひつつも絶えずありけり

（岩崎敏夫著『歌集・積乱雲』萬葉堂書店、一九七九年一月、五二頁）

と詠み、また、同年八月八日、柳田が没すると、師を喪った悲しみのうちにも、

わが生涯のよろこびは柳田先生と同じ世に生きしといふこと

（前掲『積乱雲』、五三頁）

という一首をものして感慨を明らかにしている。

ところで、柳田は、初対面の山口と岩崎がともに適切な指導者を渇望していることを知り、平市に近い福島県石城郡草野村（現いわき市草野）に住む高木誠一の指導を受けるように勧めた。高木は、草野村の篤農家で、農事改良を積極的に進めていた頃、法制局参事官で、独自の農政理論を持って活躍していた当時の柳田の知遇をえていた。柳田の年譜をみると、明治四十（一九〇七）年八月一日から三日にかけて、小田原で開かれた報徳会講習会に講師として出席したときに高木とはじめて会ったことがわかる。おそらく柳田の最も古い門人の一人ということができよう。高木は、その後、明治四十三（一九一〇）年十二月に柳田が新渡戸稲造とともに郷土会を創立すると、ときに上京してこれに出席したり、また、大正二（一九一三）年三月に柳田が雑誌『郷土研究』を創刊すると、第一号からその熱心な寄稿者となるなど、民俗学への模索を続けていた柳田に一貫して師事してきた在野の研究者として、すでに知る人ぞ知る存在であった。しかし、山口も岩崎もそれまで高木についてまったく知らず、柳田の前で頭をかくよりほかなかった。

講習会から帰った岩崎は山口とともに、早速、草野村北神谷の高木宅を訪れ、柳田の意を通じて磐城民俗研究会を発足させる。そこには高木の甥和田文夫もいた。和田は、「昏の山道で、故障でバスは運休だという、土産にもらった干柿を分けてかじりながら、歩いて山道を下ったり、真夏の昼下り、畑で買った、一抱えのトマトで昼食にしたりした気紛れ者の四人の集まりを、磐城民俗研究会と名付け」（和田「岩崎敏夫・河北文化賞受賞に寄せて」〈『磐城民俗研究会

報』第四号、磐城民俗研究会、一九六六年三月、二頁〉たといっている。このような状態であったから、もとより研究会とはいっても、会長はおらず、会費もなかった。それでも趣旨に賛同して加わってくる者もあり、初期の写真をみると、おのずから会長格の高木を中心に、山口、岩崎、和田の気紛れ四人組のほか、竹島国基、赤木軍喜の顔があり、少しあとに内藤丈夫が入っている。しかし、この小さい会は、各会員が寸暇をみつけては採訪に出かけ、その成果を報告しあいながら、着実に成果をあげて行った。岩崎は、「ほんとうに楽しくてしかたない会であった」と述懐しているが、そうした雰囲気のなかで民俗学の研究者としての研鑽を積んでいったのである。

二

岩崎敏夫は、明治四十二(一九〇九)年八月二十一日、父喜彦(よし)、母ナツの長男として、福島県相馬郡松ヶ江村小泉(現相馬市小泉)に生まれた。実は一ヶ月前の七月二十一日の生まれであるが、このように届けられた事情は、これから述べることによってわかるであろう。

岩崎の生家は、祖父宗山の代まで代々修験を家職とし、本山派に属して高平山阿弥陀院上之坊寛徳寺と呼ばれたが、その系譜は古い。文明九(一四七七)年七月十八日、上之坊の遠祖治部公が本山派の本山である園城寺聖護院から奥州東海道行方郡(現原町市、相馬郡鹿島町・小高町・飯舘村)における熊野参詣先達職に任ぜられたことを示す史料が確実なものとして伝わっている。そして、明応八(一四九九)年七月七日には、標葉郡(現双葉郡の北半部)と宇多郡(現相馬市、相馬郡新地町)も上之坊のもとで熊野霞の支配下に入っている。当時の上之坊は行方郡高平村(現原町市高平)にあったが、延宝九=天和元(一六八一)年、中興開山と称される湛清(俗名を岩崎治部卿と称し、岩崎三郎平隆久の後裔)の代に宇多郡小泉村(現在地)に移っている。湛清のあと、貞清―真清(貞清弟)―俊清(養子・草野正頼二男)―晃清―雨潤(晃清弟)―慈潤―永潤と続き、万延元(一八六〇)年に岩崎の祖父宗山が上之坊第六十二世となっている。

天保十二(一八四一)年生まれの宗山は、家職である修験を継いだものの、個人的には平田篤胤に私淑し、尊皇の念が篤く、賀茂真淵や本居宣長以来の国学に傾倒しており、慶応四(一八六八)年の戊辰の役にさいしては配下の修験たちをひきいて無敵隊を組織し、中村藩が奥羽越列藩同盟を脱して勤皇派につくことを明確にしたとき、城下の警備にあたるなどの活躍をしている。上之坊には、由来、儒学・仏典・漢学など修験道に必要な学問に加えて国学に関心を示す者がしばしば出たといわれるが、宗山のときに時代の風潮もあって、それが表面に出て来たのであろう。島崎藤村の『夜明け前』にみられるような平田国学の影響が奥州浜街道にも及んできていたのである。そして、宗山は、明治四(一八七一)年になると、神仏分離を実践することとなり、歴史のある修験上之坊を廃し、中村県に申し出て、「復飾被申付」れ、岩崎宗山として上之坊の寺域内にあった熊野神社をはじめ近隣の神社の神官をつとめるにいたる。この過程で、宗山は家督を文久元(一八六一)年生まれの長男武彦に譲り、形式的に隠居するが、実質上の当主であることには変わりがなかった。明治五(一八七二)年、壬申戸籍の作製にあたって、宗山は岩崎治部の名で士族に編入されている。治部はすでに廃された上之坊の代々の名のりであるが、上之坊が歴代の中村藩主相馬氏の寄進をしばしば受けるなど、深い信任をえていた寺院であったことがこのような措置のとられた理由である。武彦は、その後、北海道に渡り、明治三十六(一九〇三)年、嗣子なきまま没し、宗山も明治四十(一九〇七)年十月十四日に世を去っている。かくて、岩崎家の本統は、一時海軍にいたときを除けば、それまで小泉で宗山とともに暮していた明治八(一八七五)年生まれで、四男の喜彦によって継がれることとなり、明治四十一(一九〇八)年三月十日付で家督相続の届出がなされている。そして、喜彦は、家督を継いで間もない四月四日、初代中村町長門馬経貞の六女で、明治二十(一八八七)

年生まれのナツと結婚し、明治四十二(一九〇九)年七月二十一日、岩崎が生まれている。

しかし、このような事情で岩崎家の家督となった喜彦は、それまで父宗山のもとで神職をつとめてはいたが、すでにそれぞれ一家をなしていた兄たちをさしおいて本統をみずからの直系に継ぐことには遠慮があったらしく、岩崎が生まれる前後に、弟で、当時、海軍の軍人であった明治十三(一八八〇)年生まれの宗山の七男本彦を順養子とする手続きをとり、それが明治四十二(一九〇九)年八月十九日に認められたので、一ヶ月前に生まれていた岩崎を八月二十一日の生まれとして届出たのである。だから、岩崎敏夫は生物的にではなく、社会的に誕生させられたのである。今日からみれば奇異にみえるこうした戸籍の細工は、家族制度の重視された当時、しばしば行われたことで決して珍しいことではない。私の身近にもそうした例は多い。家族制度の重視という点では同じでも、民法や戸籍法の規定どおりでは都合が悪いとなれば、人々は〝イエ〟の必要に応じて戸籍を手玉にとることを平気でしたことは重要であろう。それが、この場合、いわば義理を守ることにつながった。とにかく、この結果、岩崎は、戸籍上は叔父本彦の養弟ということになったが、本彦も兄から譲られた岩崎家の本統をそのまま継ぐことをいさぎよしとせず、自分の長女幸子を養女に出すことによって、その実を示したうえで、昭和九(一九三四)年一月十三日、岩崎を順養子にして、そのときすでに亡かった兄喜彦への義理を果している。

ところで、喜彦には長男の岩崎のほか五人の子供がいた。うち、岩崎の妹になる次女国と弟の次男正夫はいまも健在であるが、三男三郎は第二次世界大戦中の昭和二十(一九四五)年一月十七日、フィリピン海上にて散華しており、また姉の長女ノブと末妹の三女トク子はいずれも生後間もなく没している。そして、喜彦は、大正十四(一九二五)年四月十四日、岩崎が十五歳のとき長逝したが、未亡人となったナツとまだ年端の行かない岩崎ら四人の面倒をみてくれたのは、喜彦の順養子となっていた叔父本彦であった。岩崎が生まれたとき細工された戸籍が実質的な意味を持ってきたのである。海軍軍人であった本彦は、第一次世界大戦中に駆逐艦柳の艦長として地中海に出動してのち、海軍大佐まで昇進して退官し、中村町向町(現相馬市向町)に居を構え、妻鉄恵とともに恩給生活に入っていたが、兄嫁と甥や姪たちの生活のたつよういろいろと配慮してくれたのである。こうして岩崎は、二人の父を持つことになったわけであるが、宗山の血を和歌と書道の面でひいたこの叔父が悠々自適のなかでものした作品は多く、やはり歌と書をたしなむ岩崎に大きな薫陶を与えたことは否めないところである。なお、岩崎を順養子としたこの叔父は、昭和二十六(一九五一)年三月十三日、立派に成長した岩崎らを見届け、亡兄喜彦への義理を果した思いに満足して冥府に赴いたのである。岩崎は、このとき、

空をゆく白き雲ありとこしへのいのちの無きがほとほと淋しく　(前掲『積乱雲』二八頁)

という一首を作って叔父に手向けている。

三

岩崎は、大正五(一九一六)年四月、福島県相馬郡中村町立中村第一尋常高等小学校(現相馬市立中村第一小学校)に入学、大正十一(一九二二)年三月、尋常科を卒業し、同年四月、福島県立相馬中学校(現相馬高等学校)に進学する。小学校からの同級生に自由民主党の元幹事長斎藤邦吉らがいた。児童・生徒時代の岩崎はおとなしいがよくできる子供であったようである。岩崎の同級生の誰に聞いても、岩崎が喧嘩をしたり、大きい声を出したりするのをみたことがないという。芯は強かったが、それを表に出すようなことはなかった。それは今にいたるまでの岩崎の人となりであろう。決してきらびやかな行動をするわけではないが、いつの間にか取り組んでいた仕事を立派になしとげる着実さ

は、幼時から育まれてきたものなのであろう。

しかし、岩崎にとって、中学四年、上級学校への進学を心がけていたとき、父喜彦が鬼籍に入ったことから受けた衝撃は大きかった。幸い、父の死後、家事全般にわたって相談にのってくれた叔父本彦が、岩崎が学問を好むことを見抜き、進学を勧め、経済的にも援助してくれたので、岩崎は昭和二(一九二七)年三月、相馬中学校を卒業するとともに、中学校の教師となることを目ざして、同年四月、国学院大学高等師範部に入学することができた。岩崎は国学院大学で国文学を専攻するが、これは上之坊の伝統であり、とくに祖父宗山が力を入れた家学である国学を学ぼうとしたからであろう。「柳田先生との邂逅がなかったら、〃万葉集〃を研究していただろう」と述懐する岩崎であるが、それは岩崎家に伝わる和本の蔵書をみてもうなずける。国学院大学において、岩崎は折口や金田一の講筵に列した。当時、折口は、師である柳田とはかなり性格を異にする民俗学の方向を進めていたわけであるが、岩崎には折口の民俗学になじんだ形跡はない。明るくほがらかなことを好む岩崎にとって、暗い翳りのなかから黒く浮きあがってくるような折口は性格的に相容れず、教室で接する先生以上には親しくなれなかったのかも知れない。昭和五(一九三〇)年三月、国学院大学を卒業した岩崎は念願の国語科漢文科中等教員免許状を得て相馬に帰って来たものの、世界大恐慌のさなか、就職難の時代であったから、つとめ先も見つからず、母を手伝って屋敷まわりの畑仕事をするなど、二年半ばかり文字どおり晴耕雨読の毎日を送らなければならなかった。その頃から岩崎は作歌をはじめ、昭和六(一九三一)年から昭和八(一九三三)年にかけて、『短歌研究』に投稿し、いくつかの作品が北原白秋・佐々木信綱・尾上柴舟・窪田空穂・釈迢空などの選に入っている。それらのなかで、

色づきし柚子のかたまり夜ながら月の光にぬれとほる見ゆ　(前掲『積乱雲』一五八頁)

は、岩崎が好んで色紙などに書く歌であるが、迢空、すなわち折口の選である。

このような生活を続けていた岩崎は、昭和八(一九三三)年十二月三十一日付で、ようやく福島県立磐城高等女学校教諭に任ぜられた。暮も押し迫った大晦日、しかも冬休み中の辞令であったから、単身赴任で独身のこの青年教師が女学生たちのきらきら光る瞳を一身に受けて教壇に立ったのは、昭和九(一九三四)年一月に入って正月の松がとれた頃であったろう。岩崎が授業のとき、心持ち顔を上向き加減にして、軽い冗談を交えながらも表情をあまり変えずに一寸抑揚のある一語一語区切るような淡々とした口調で話すのは、このとき以来の習い性となっているのかも知れない。同僚に地理の山口弥一郎がいて、すぐ親しくなった。岩崎より七歳年長の山口は、昭和六(一九三一)年頃から炭礦集落の研究をはじめ、坑夫の習俗に関心を示すなど、炭礦民俗誌の方向に進んでいたが、『地学雑誌』などに発表していた一連の論稿が柳田の目にとまり、昭和十(一九三五)年、柳田から日本民俗学講習会に参加を求められ、岩崎を誘って出席したのが、民俗学者岩崎を生むきっかけとなったのである。

講習会から帰った岩崎たちが、すぐに高木誠一を訪れ、磐城民俗研究会をはじめたことは、さきにみたとおりである。また、研究会をはじめて間もなくの昭和十(一九三五)年十月十四日、岩崎は只野清の三女で、大正二(一九一三)年生まれのミワと華燭の典を挙げている。当時、中村町中野に住んでいた只野は母ナツの姉の夫で、岩崎の義理の伯父であるが、昭和八(一九三三)年三月に磐城高等女学校を定年退職しており、いわば岩崎はその入れかわりであった。そして、岩崎の妻となったミワは磐城高女の卒業生であった。なお、岩崎が結婚する少し前の、昭和十(一九三五)年一月十日には、岩崎の妹で、明治四十五(一九一二)年生まれの国が只野の長男一郎と結婚しており、これで両家は重縁となった。只野は、退職後、旧中村藩主相馬家の依嘱で、泉田胤信・海東三郎・飯塚清通らによって進められてきた『相馬藩史』の編纂事業を継承していたが、ようやく完成をみた全原稿を在京の相馬家に納めたのも束の間、第二次世界大戦中、アメリカ軍の空襲で相馬家が焼け、折角の原稿は烏有に帰してしまったのである。岩崎が現在、『相馬市史』の編纂に力を注いでいるのは、いわばこうした只野らの報われなかった遺志を実現しようとの気持に出でいるものと思われる。

結婚した岩崎は、大いに張り切って教壇に立つとともに、休日はもとより、少しでも暇があると民俗採訪に出かけている。その最初の成果を、岩崎は、昭和十一(一九三六)年二月の『福島県教育』第五十三巻第二号(福島県教育会)に「民俗採集」と題して発表したが、いろいろなことがとりあげられていたので、これを読んだ柳田は、「今度はどの部分かをもう少し狭く深く見てみることにして御覧なさい」とコメントしながら、「昔話は一度おもしろみがわかつたら、もう出て行く人はありません」(一九三六年六月四日付書信)といって、岩崎の採集のなかにいくつかみられた昔話に研究を集中するよう暗に勧めている。岩崎は、その頃、磐女の生徒の手を借りながら、昔話の採集に努め、すでにその成果を『昔話研究』(三元社)や『旅と伝説』(三元社)などに寄稿しはじめていたから、わが意をえた思いであったろう。岩崎は、昭和十二(一九三七)年夏、柳田を訪れ、かなりの量の昔話をすでに集めていることを告げ、帰宅後、それらを四冊の仮綴本にして柳田にみて貰うために送っている。柳田はそれらの昔話のいちいちに短評を加え、また話者を選ぶときの心得を書いて送り返したが、やがて、これをもとにして、岩崎は、柳田編『全国昔話記録』の一冊として刊行された『磐城昔話集』(三省堂、一九四二年七月)を著わすことになる。柳田はこの『全国昔話記録』のすべてにつけた趣意書において、「磐城昔話集の岩崎君のやうに、細心な注意を以て之を整理し、又精選する必要があるわけである」(『定本柳田国男集』第三十巻〈新装版〉、筑摩書房、一九七〇年十一月、二九六頁)という高い評価を与えている。このような柳田のことばは、まだ若かった岩崎にとって望外の欣びであったろう。柳田に認められたという気持を励みとして、岩崎は、このあとも昔話の研究を続けた。とくに、第二次世界大戦末期の昭和二十(一九四五)年二月二十八日、疎開の意味もあったであろうが、岩崎は柳田が作った「昔話のカード全部」を「好きなように使用せよ」ということで托され、これを責任をもって保管することを約し、折をみて書き写しながら、柳田の昔話研究の方法論を学んでいる。岩崎は、戦後すぐにカードを柳田に返しているが、のち柳田の生誕百年を記念して、『柳田国男の分類による日本の昔話』(角川書店、一九七七年九月)をまとめたのは、このような因縁によるものである。

ところで、岩崎の民俗学開眼にとってもう一つの機会があった。それは、昭和十二(一九三七)年九月二日、柳田が東北帝国大学法文学部に出講の途中、平に立ち寄り、磐城民俗研究会主催で「郷土研究に就いて」と題して講演を行い、地方民俗学徒の進むべき道を説いたのを聞いたことである。この講演は竹島国基が筆記した要旨が『福島県教育』第五十四巻第一号(一九三八年一月)に載っているが、これまでみずから模索を続けてきた新しい学問を「郷土研究」と称したり、「民間伝承」と呼び、他から「民俗学」と名づけられることはあっても、この名称を用いることをためらっていた柳田が、この年から東北帝大において日本民俗学という正式の講座名のもとで集中講義を始めたのであり、その後半の講義におもむこうという大いに意気に燃えていたときであったから、話にもおのずと熱がこもっていた。岩崎は、柳田が、民俗学は懐古趣味にもとづく割拠的な従来の郷土研究とは異なり、そのような「地方史の研究と引離れて日本中の研究」をすることによって、「日本人の真の生活を知」るために、他地方の人々と共同して研究を行い、それらの研究を照合して「歴史に伝わらない一般の人々が一体どんな生活をして居ったかを調」べるための学問であると述べる(『福島県教育』第五十四巻第一号、一頁)のを直接耳にし、非常な感銘を受けたのである。柳田はまた当時の磐城民俗研究会の会員の研究には「生活史の研究が少ない」ことと「限地的のもの」が多く、外に目が向いていないことを欠点として指摘している(同上、一頁)が、こうした柳田の発言は、「郷土研究とは文献歴史を主とする地域郷土の研究とばかり思い込」み、「今まで自分の土地ばかりのことを考えていた」岩崎らにとってまさに「晴天の霹靂」であった(岩崎「柳田先生最初の『民俗学』の話―磐城民俗研究会での講演―」〈『磐城民俗』第二十二号、磐城民俗研究会、一九七一年四月、一頁〉)。このような形で、民俗学の市民権を敢然と求めて立ちあがった柳田ではあったが、この講演のなかで同時に、

独逸では一九二五年に独逸国民生活史を教員採用試験の一課目とした。それを日本に真似せよと言へば出来ない事もなからうが、然し独逸は之れ以上の国家が無いと言ふ結論をこしらへて置いてそれに照してものを見て行く。我々は長所及び短所をありのままの姿で知り度いのであり、その間非常な差がある。臭い物に蓋をしたのではいけない。独逸の方法はその点が我々と合はない。この点に就いて当局が賛成されないのなら十年・二十年後れても止むを得ない。我々は独逸の道を歩まないつもりである。(『福島県教育』第五十四巻第一号、六頁)

と明言し、ナチズムにとりこまれ、ゲルマン民族の優秀性とその純血を裏付けるために躍起になっているドイツ民俗学のあり方を批判し、日本民俗学がその市民権獲得のために時局便乗することを厳に戒めていることは重要である。折から日本でも皇国史観が濶歩していたのであり、柳田の国史批判は当初の文献主義にだけ向けられていたものではなくなってきたのである。とにかく、さきに日本民俗学講習会で民俗学の洗礼を受けてきた岩崎ではあったが、この講演を通じて、柳田の目ざしている民俗学の目的が自分たちの過去の生き方を反省しながら、日本人の将来の幸福な生活を求めるところにあることをはっきりとつかむことができたのであった。

それは岩崎以外の磐城民俗研究会のすべての会員も同じであった。彼らは柳田の意を体して磐城民俗研究会を理想的なものとして育てて行った。柳田もそれをあたたかく見守っていた。柳田は、『民間伝承』第十一巻第十・十一合冊号(民間伝承の会、一九四七年十月)所載の折口信夫・穂積忠との座談会「仙石鼎談」において、「高木君を中心にしてゐる石城人たちだけは、『これは皆知るまい』といふ態度はとらない」(『民間伝承』第十一巻第十・十一合冊号、二三頁)といい、また、『民間伝承』第十三巻第二号(一九四九年二月)所載の「民俗学の過去と将来・座談会」(下)で、「磐城の一

部分はあの連衆にまかせておけばよい。（中略）磐城は既に開発された。そんな例が他にあるかな」（『民間伝承』第十三巻第二号、二五頁）という評価を与えている。ここで柳田が述べていることからわかるように、磐城民俗研究会は、各会員が自分の集めた資料を独占することなく、全員に披露し、みんなで利用したところに特徴があった。お互いに集めた資料を藁半紙を四つ切りにした柳田伝授の整理カードに記入し、それを交換しあって全員のものとしたのである。岩崎はいつもこのような研究会で、自分が育ってきたことを話すのを大きな誇りとしている。

このほか、岩崎に強い学問的刺激を与えたのは、祖父宗山の次弟である相馬郡太田村（現原町市）高の分家岩崎康隆の長男で、明治十九（一八八六）年生まれの直人は、全国でも数の少ない林学博士の学位をとったことであった。北海道帝国大学農科大学を卒業した直人は、秋田営林署に勤めていたが、その学位論文は『秋田杉林の成立竝に更新に関する研究』（興林会、一九三九年三月）であり、その刊行を岩崎は一族とともに慶びとした。

四

しかし、好事魔多しというとおり、岩崎が民俗学の研究を進めながら、教師としても充実した日々を送っていたとき、妻ミワが結核に侵される。昭和十五（一九四〇）年のことであった。当時、結核は不治の病と思われていた。岩崎はそのときの心境を、

妻病みて　三月過ぎたり　かりそめの　ことと思へるに　かりそめの　ものにはあらで　月あまた　ここに重ねつ　梅の花　ゑみて開きぬ　さくら花も　咲きて散るらむ　閼伽井嶺の　雪はとく消え　若草も　いや萠え出づるに　ひねもすを　部屋にこもりゐ　あつき息　枕にはきて　うつせみの　身を歎きつつ　ぬば玉の　夜をあか

すらむ　われも亦　ひとり起き出でて　暁の　鶯の音も　夕暮の　鐘のひびきも　いつよりか　身にもしまずて
かまの火を　灰と吹上げ　葱大根　きざむわびしさ　熱高き　妻を思へば　丈夫と　思へる我も　立ちて居て
歎くこと多し（後略）
（前掲『積乱雲』一七三～七四頁）

という長歌に托している。岩崎が浪人中にたしなんだ和歌に再び親しむようになったのは、この妻の発病と無縁であるまい。昭和十六（一九四一）年に入ると、細井魚袋の主宰する『真人』に長歌二首と短歌七十一首を投じている。そして、さしもの岩崎も、昭和十五（一九四〇）年二月の『旅と伝説』第十三巻第二号に「磐城における講の資料」を載せてからしばらく、民俗学についての発表をしていない。おそらく妻の看病と自炊を強いられる生活のなかで、しばらく採集なども手につかなかったのであろう。和歌を詠むことが、岩崎のそうした心の空隙を埋めることにつながったわけである。それでも岩崎は気をとりなおし、『磐城昔話集』の上梓に向けて、柳田の指導を受けながら、原稿の整理に力を注ぐとともに、新たな採集をはじめ、それらの成果を昭和十六（一九四一）年九月の『民族学研究』第七巻第二号（日本民族学会）に「磐城の古碑」、同年十月の『国学院雑誌』第四十七巻第十号に「磐城の神明」、昭和十七（一九四二）年五月の『民間伝承』第八巻第一号に「磐城の食物」を発表し、同年七月に待望の『磐城昔話集』の刊行をみている。妻の病気という心にかかることはあっても、岩崎の欣びは大きかった。幸いこの『磐城昔話集』は好評で、昭和十八（一九四三）年九月には再版を出しているが、この頃から第二次世界大戦の敗色も濃厚となり、出版事情が極度に悪くなって岩崎も発表の機会を失ってくる。

ところで悪いときには悪いことが重なるもので、昭和十七（一九四二）年の暮、中村の岩崎の生家ではすでに成人して他所につとめるようになっていた息子や嫁いでいた娘の里帰りを待って正月の準備をしていた一人暮らしの母ナツが厨房でころび、足を折るという大怪我をしてしまった。以後ナツは、このときの骨折がもとで、昭和四十二（一九六七)年十一月二十八日、八十歳で長逝するまで、ついに杖を手放せないような身体になってしまったのである。妻は病魔に魅入られ、いまここに母が不自由な身体となると、長男である岩崎は一家をまとめる必要に迫られた。岩崎は、その頃、平を中心とする石城地方の氏神のあり方に関心を抱き、その調査に必要な指導を柳田に仰ぎはじめていたが、それはそれとして中村の生家に戻ることを考えなければならなかった。そして、その希望がかない、岩崎は、昭和十九(一九四四)年三月三十一日付で、母校の相馬中学校に転任することとなり、最初の任地であった平を離れ、中村に帰ってきたのである。

こうして自宅から通って相中の教壇に立つことができるようになった岩崎ではあったが、第二次世界大戦も急速に末期的症状を呈しはじめていたときのことであったから、民俗学の研究を続けながら、病妻をみとり、母に孝養をつくすという生活は許されなかった。学徒動員が始まったのである。岩崎は、いささか小康をえているとはいったものの戦時の物資不足のなか薬や栄養も十分にとれない妻と足の怪我のあとのはかばかしくない母の二人を残して、生徒を引率して家を離れなければならなかった。

岩崎は、昭和十九(一九四四)年八月十五日から九月十六日まで日本鉱工業福島工場に五年生を率いて出かけたのを手始めに、同年十月十七日には今度は四年生を率いて神奈川県川崎市の東京芝浦軽電気大宮町工場に赴かなければならなかった。しかし、この非常時の川崎への学徒動員が岩崎に、柳田に頻繁に会い、直接教えを受ける機会を与えたのは何としても皮肉であった。柳田の昭和十九(一九四四)年から二十(一九四五)年にかけての日記『炭焼日記』には岩崎の名前がしばしば登場する。昭和十九(一九四四)年十月二十八日、「氏神の調査に付て意見をきかん為」(『定本柳田国男集』別巻第四〈新装版〉、筑摩書房、一九七一年四月、一一八頁)に、岩崎は柳田を訪れたのを皮切りに、いろいろな疑問をたずさえて十二月十一日、昭和二十(一九四五)年一月一日、二月七日、二月二十八日と、訪問は続く。とくに中村に帰っての戻り、何か手土産を持って訪ねては、柳田を喜ばせることが多かったようであるが、この二月二十八日に、岩崎は柳田の昔話のカードを全部借り出している。岩崎はこのカードを川崎の工場でリュックサックに入れていつでも持ち出せるようにしておきながら、寸暇をみて写し取り、つぎに中村に帰ったとき、それらのカードを疎開させたのである。

こうするうち、岩崎をまた悲報が襲う。兵隊に行っていた末弟三郎の戦死の公報が岩崎の留守宅に入ったのである。岩崎は帰宅し、母や妻と悲しみを分った。『先祖の話』(筑摩書房、一九四六年三月)を執筆中であった柳田は、このことを知って、昭和二十(一九四五)年四月十五日、中村の岩崎の自宅あてに悔状を出している。この悔状に、柳田は岩崎の帰省中、毎晩のように空襲に見舞われる川崎にいる相中の生徒の安否を気遣って、「川崎の危険には生徒も無事だつたかどうかそれのみ懸念しをり候」と書いているが、その懸念が不幸にも的中して、翌四月十六日の川崎大空襲で大宮町工場の寮の一部が焼け、生徒一名が負傷している。そして、すでに生産機能を果たせなくなっていた大宮町工場では、これらの生徒を必要としなくなったため、四月二十一日の神奈川県知事の緊急命令で彼らは横浜市磯子区の石川島工場に職場転換させられている。弟の葬儀を終えた岩崎は四月二十六日、生徒のもとに帰り、その後、五月十二日に柳田を訪れている。そして、六月十日には、前年、三年生のときから、横浜市金沢区の海軍航空技術廠支廠に動員されていた生徒のうち二名が夜勤を終えて寮に帰る途中、空襲にあい、京浜急行湘南富岡駅近くのトンネル内に逃げこもうとしたところを直撃を受け、爆死している(岩崎「相中生徒被爆の日」〈『相中相高八十年』福島県立相馬高等学校創立八十周年記念事業実行委員会、一九七八年五月、三二一~三二三頁〉)。直接、岩崎の率いた班の生徒ではなかったが、岩崎は運ばれてきた二人の遺体の確認をすると、郷里への連絡を引き受けながら、そのうちの一人が母一人子一人の境遇であったことに思いを馳せていた。六月十二日、柳田を訪れた岩崎は、このことを話したのであろう。柳田は「あはれな母の話をきく」(『定本柳田国男集』別巻第四、二一三頁)と『炭焼日記』に書いている。このあと、岩崎は、六月十八日、五年生になっていた自分の班の生徒を連れて、ようやく帰校するが、七月一日、学徒動員中の後片付けのため、二、三日やってきたからといって柳田のところに立ち寄っている。このとき、柳田は岩崎に「本を色々や」り、また柳田の三兄井上通泰に私淑しているという岩崎の叔父で、養父の本彦のために井上の歌集『南天荘歌集』を贈っている(『定本柳田国男集』別巻第四、二二〇頁)。おそらく、このときの二人には、もしかするとお互いこれが最後の対面となるかも知れないという気持があったのではなかろうか。

それから間もなく、八月十五日の敗戦を迎えた。平和になったが、岩崎の妻の病状は悪くなり、再び病臥の毎日を送らなければならなくなっていた。岩崎は教壇に戻ったが、多くの人たちは敗戦による虚脱状態にあった。そうしたなかで、岩崎は、『村の生活聞書』の稿本づくりに精を出している。そうしたことを岩崎からの便りで知った柳田は、十月十五日付の書信で、岩崎を励ますべく、

御近況を承り候。御令室御臥床にてさぞ御困りと存じ候。さういふ中でなほ向学心をすてたまはず、真の同志の一人と可申、心強く候。記念の御稿本は一度拝見したく、序に御送り被下べく候。(後略)

と書き送っている。そこで岩崎が柳田に送った『村の生活聞書』は十一月十七日、柳田の手元に届くが、これを受けとった柳田は、『炭焼日記』に、「終日之をよむ」と書きつけ、十九日までに「抄し了」り、「新らしいこと多し」(『定本柳田国男集』別巻第四、二六九頁)との感想を記している。この『村の生活聞書』は、柳田邸で再開された木曜会に出席する人々の間で評判を呼び、回覧され、岩崎の手元に戻されたのは、昭和二十二(一九四七)年になってからのことであった。これはやがて柳田の監修した各地民俗誌の一冊として、『磐城民俗誌』と題して刊行される予定であったが、版元が挫折したため、ついに今日にいたるまで全体がまとまった形で上梓されたことはない。

岩崎はまた平にいたとき手がけていた氏神の研究を、今度は相馬において進めようとしていたが、柳田が昭和二十一(一九四六)年十二月に『新国学談』第一冊として刊行した『祭日考』(小山書店)に付された「窓の燈」のなかに、

> 氏神研究に関する民俗資料は、十年近くも前から熱心に集められてゐる。地方の採訪にあるくほどの人は、之に就いて何も聴かずに還つて来るやうな者は無かつた。相馬の岩崎敏夫君などは、計画を立てゝ是ばかりの調査に取りかかつてゐる。さうしてこの福島県の沿海地帯の如きは、殆ど各溪谷の伝承が僅かづゝながら、隣どうしやゝちがつてゐることが判つて来た。(『定本柳田国男集』第十一巻〈新装版〉、筑摩書房、一九六九年四月、二七八頁)

と述べているのを知り、大いに嬉しく思うとともに、柳田の氏神研究が新国学の名のもとに行われていることを知って、岩崎家の家学である国学につながるものとして意を強くしたのであった。

岩崎は、昭和二十二(一九四七)年十月に柳田の古稀を記念して刊行された『日本民俗学のために』(民間伝承の会)に、「氏と氏神」を載せたのを手はじめに、『国文学・解釈と鑑賞』(至文堂)、『民間伝承』(民間伝承の会→日本民俗学会)、『民俗学研究』(日本民俗学会)、『日本民俗学』(実業之日本社)、『日本民俗学会報』(日本民俗学会)に続々と論文を発表する。そして、それらのなかに、岩崎の学位論文『本邦小祠の研究—民間信仰の民俗学的研究—』(岩崎博士学位論文出版後援会、一九六三年三月)の中核をなす〝はやま〟についての研究が目立ってくる。〝はやま〟には葉山・羽山・麓山・端山などの字があてられるが、要するに奥山に対する端の山の意であり、多くは里近い田園の見渡されるようなところに位置している。みずからの生地の福島県の沿岸地方を北から南に走っている阿武隈山脈の両側の村々から宮城県の南部にまでみられる〝はやま〟の信仰を克明に調査した岩崎は、この地方の里に住む人々が〝はやま〟に祖霊が集まり、自分たちの暮しを見守ってくれるが、自分たちもやがてそこに行き、〝御先祖になる〟と信じていることをつきとめたのである。学徒動員の生徒を引率して川崎や横浜に行っていた頃、折から『先祖の話』を書いていた柳田から氏神

の研究についていろいろと指導を受けたことが早くも結実したのである。そして、〝はやま〟の信仰は、そうした祖先信仰・祖霊信仰であるのみならず、その神が春になれば山から降りて田の神となり、秋の収穫後、山に戻って山の神となるものとして信仰されていることをも明らかにしたのである。岩崎は、阿武隈山系各地の〝はやま〟の祭を調査するなかで、昭和二十七（一九五二）年には、

夜をこめてまつる祭かやまつみのかがりの影の峡に照りたる　（前掲『積乱雲』三二頁）

という一首をものしている。

敗戦後の平和を迎えて、岩崎は母校の教壇に立ちながら、民俗学の研究に精を出すことができるようになったが、昭和二十三（一九四八）年五月には東北民俗学会創立の中心となり、昭和二十八（一九五三）年までに謄写刷ながら珠玉のような論稿を集めた『東北民俗研究』を三冊刊行している。なお、昭和二十三（一九四八）年四月一日から学制が変わり、相中は相馬高等学校となった。このようななかで、岩崎にとっていつも心がかりであったのは、妻の病気に好転のきざしがみられないことであった。昭和二十三（一九四八）年春に詠んだ「春の夜」と題する七首は妻に寄せたものであるが、そのうちの、

ひたぶるに心に触るるものありてゆふべの虹はいたづらに濃き　（前掲『積乱雲』一頁）

という一首は、当時の岩崎の心境を端的に物語っているものであろう。しかし、岩崎は、ここで自分までが滅入ってはならないと、みずからに鞭うつように研究活動に力を入れるのである。それはこの時期の岩崎の論文の執筆の量や東北民俗学会の創立といったことをみれば明らかである。おそらく、そのようにせずにはおれなかったのであろう。そして、ついに、昭和二十三（一九四八）年十二月十四日、妻の死という不幸に遭遇しなければならなかったのである。享年三十六歳であった。柳田は、昭和二十四（一九四九）年一月四日、岩崎にいたわりの気持をこめた悔状を出してい

る。そして、そのあと、柳田は、『民間伝承』に短文でもいいから頻繁に投稿することを勧めたり、〃はやま〃のことに大いに関心がある旨を告げる書状を出して岩崎を励まし、また、岩崎もそれにこたえるべく努力している。

その後、昭和二十五(一九五〇)年五月十日、岩崎は、縁があって、平市の飯塚信市郎の二女サト子と再婚する。サト子は大正十二(一九二三)年三月十八日生まれで、昭和十四(一九三九)年三月、磐女の卒業生であるから、岩崎の教え子である。在学中はバスケット・ボールの選手で、主将をつとめ、福島県大会で優勝したこともあるという。卒業後、常陽銀行平支店につとめたが、間もなく日赤の看護婦養成所に入り、従軍看護婦として中国中部に転戦し、敗戦により引き揚げてきてから、母校の磐女に勤務していた。世話する人があり、この良縁が成立したのである。柳田は、昭和二十五(一九五〇)年五月二十五日、早速、このことを慶ぶ書信を岩崎に呈している。母一人子一人の暮しとなっていた岩崎の家庭に健康な笑いが呼び戻された。そして、昭和二十六(一九五一)年十二月二十二日には長男真幸が、昭和二十九(一九五四)年六月三十日には次男光二が生まれている。健康なサト子は、母によくつくして家事万端をとりしきるとともに、岩崎の好伴侶として筆耕にあたるなど、研究の一端を支えることになる。

五

私が岩崎に最初に会ったのは、昭和二十八(一九五三)年四月、相馬高等学校に入学したときである。しかし、その以前から岩崎の名は、立派な学者ということでよく知られており、私は岩崎の授業を受けるのを一つの楽しみにして相高に入った。それは、岩崎が昭和二十四(一九四九)年九月に刊行した『郷土の社会科』(福島県教員組合相馬支部)を小学生のときから何回も何回も繰り返して読んでいたためであったろう。この本は、折から社会科教科書の編纂に腐心していた柳田から、好ましくないとして、かなり厳しく指弾されたため、岩崎は業績として数えることをいつもためらうが、それはそれとして私にとっては、いまのようなことをやるにいたる文字どおりの入門書であったのであり、大変なつかしいものである。

ところで、私は高校時代の三年間、岩崎から国語乙、つまり古文を学んだ。私が曲りなりにも古文を読むことができるのは、大学でそれを学んだ覚えがないから、もっぱら岩崎のおかげである。軽妙なタッチで進められる岩崎の授業は、聞いていても楽しかったが、また、その程度は受験用とは別の次元で高かったのである。

岩崎は、一年の教科書として吉沢義則編『近世文学選』(星野書店)を使った。最初の時間は、近世和歌であった。賀茂真淵の、

にほどりの葛飾早稲の新しぼりくみつつをれば月かたぶきぬ

という和歌の説明から始まった授業で、にほどりは葛飾の枕詞であるとか、この歌は『万葉集』巻十四東歌のなかの、

鳰鳥の葛飾早稲を饗すともその愛しきを外に立てめやも

という歌の本歌どりであるといったことを学んだ記憶がいまも鮮明である。つぎの時間は擬古文で、本居宣長の『玉勝間』であったが、このとき、「師の説になづまざる事」という話が出てきた。それ以来、私はどうもこの宣長の言をよいことにして、実は岩崎ら恩師たちに迷惑をかけるような所業を重ねるようになっているのかも知れない。

私の高校における岩崎との接触は、週二回の授業時間に留まらなかった。二年先輩の大迫徳行の誘いもあって、岩崎が顧問をしている郷土クラブに入り、ほとんど毎日のように顔を合わせることとなった。郷土クラブは、岩崎の意図からいえば、民俗学を基礎にした郷土研究をすることが大きな目的なのであったろうが、当時、考古学ブームということもあって、クラブ員のほとんどは民俗学のような地味なことをやるよりも派手な貝塚や古墳や住居趾の発掘に

熱心であった。三年間、夏休みなどにはクラブ員として合宿をしては、これら遺跡の発掘に従事した。岩崎は決して生徒に自分のやろうと思っていることを強いるタイプの教師ではない。ただ、クラブ員が自主的に計画した発掘計画や、それにともなう合宿計画に支障が生じないよう、しかるべき心遣いだけを、しかも生徒の気付かないところでしてくれた。そうしたことを、私などむしろあとになって気付いたようなわけであるが、在学中、大いに自主的にやっていたつもりのことで、なお気が付かない配慮を受けていたことが多くあるのかも知れないのである。だから、クラブ員は誰でも岩崎の存在に重圧を感ずることなく、その春風駘蕩たる風姿に接していつも心なごむ思いをするのであった。岩崎の郷土クラブの運営の苦心、とくにその活動の中心となった郷土室のあり方については『郷土研究講座』第八巻(角川書店、一九五八年八月)に詳しい。

岩崎は、このようなかで、自分の民俗学の研究を黙々と続けていた。昭和二十八(一九五三)年一月には『日本の年中行事(磐城篇)』(海外協会図書館)を出している。また、『移住』を共通課題とした昭和二十九(一九五四)年五月八日の第八回九学会連合大会には、柳田とともに日本民俗学会を代表する形で「宗教移民の同化について」を報告した。この岩崎の報告は、幕末期の中村藩が進めた北陸浄土真宗移民の領内各地への定着の歴史をその後裔からの聞き書を中心にしてまとめたものであるが、一緒に壇上に立った柳田の「海上の移住」、すなわち、のちの『海上の道』の構想を示した報告があまりにセンセーショナルな内容のものであっただけに、多くの人々の興味をその方に奪われてしまったとはいえ、具眼の士は、昔話や氏神の研究者であった岩崎のもう一つの側面を認識することができたのである。私は、うかつにも岩崎がこのような研究をやっていることを知らなかった。ただ、岩崎が東北大学文学部の石津照璽・堀一郎・楠正弘といった宗教学者たちと、考古学狂いの生徒とは別に何かむずかしい研究をやっているらしいという程度のことは察していたが、どだいそうしたことに関心を持つクラブ員もいなかったし、岩崎もまたその調査に私たちを動員することもなかった。しかし、岩崎が九学会連合大会に出席するため、授業が休講になることを知って、「おれたちの先生はずい分偉いんだな」と誇りに思うようになったものである。その後の岩崎とのつきあいでわかったことであるが、岩崎は決して民俗学の研究にあたっても、手をとって教えるということはしない。まして調査に誘ったりもしない。こちらが関心を示して接触すると、喜んで連れて行ってくれるだけである。ついて行った者は、そこでの岩崎の調査のしかたを実際にみて学ぶしかないのである。質問すれば、親切に教えてくれるが、積極的に働きかけてはこない。しかし、これが教師の一つのあり方ではないかと思う。高校生のように、なおあらゆる可能性を持つ者に対し、決して型にはめようとしないやり方は有難いものである。もとより、その有難さはいまになってわかってきたことであるが、私のように少なくとも民俗学を専攻することにならなかった者も、調査先での岩崎の話者に対する真摯な態度や、単に業績を積み重ねるためだけの研究とは異なる日々のたゆまない研鑽については大いに学ばせて頂いたつもりである。みずからにきびしい教師である岩崎は、本当にこわい教師なのかも知れない。怠け心が出て来たようなとき、私はいつも岩崎のそうした姿を思い出すこととしている。

高校といえば、とうぜん将来の進路のことが問題になる。岩崎は受験のための勉強ということは授業でも口にすることがなかった。それでも高校三年のとき、課外をお願いしたら、他の科目の先生たちと喜んで補習授業をして下さった。何もお礼をしたわけではないから、余計な骨折をおかけしたわけであって、いま思うと申し訳ない気がするが、とにかく岩崎に国語を学んだことによってつけた力はいまもってそのままで役立っている。岩崎の受験指導も考えてみればユニークである。これも研究の場合と同じで、どこを受けろともどうしろともいわない。少なくともそのことで働きかけはない。相談に行くと、親身になって話を聞いてくれる。そして、よくありがちな点数でもって大学や学部を選ばせることは決してしないのである。生徒のやりたいことや家庭環境をよく聞いたうえで、「それなら〇

○大学の△△先生のところに行ったら」という助言を与えてくれる。そして、この指示が実に適切なのである。生徒はその△△先生が××学部に属しているから、結果的に××学部の学生となる寸法である。別に働きかけをするわけでない岩崎のこうした受験指導を受けた者はあまり多くはないと思うが、その指示を仰いで進学した者はすでにみなそれぞれの方面の第一線でのびのびと活躍することができている。その意味でも岩崎はえがたい教師であった。

ところで、宗教移民を手がけてからの岩崎は、小冊子ながら『相双の歴史』(丁字屋書店、一九五五年五月)や『相馬の二宮仕法』(二宮尊徳先生百年祭奉賛会、一九五五年十月)を著わしたり、幕末中村藩の地誌である『奥相志』百七十九巻の訳註という仕事にとりかかる。これは母方の伯父であり、岳父でもあった只野清らの完成した『相馬藩史』が戦災で灰燼に帰したものを再編しようとの気持の一端をこの頃から具体化しはじめたものであろう。また、この頃の岩崎は、いまの壮健ぶりから考えればおかしいほど神経痛に悩まされることが多かったのも印象深いものがある。

六

私は昭和三十一(一九五六)年三月、相馬高校を卒業した。そして、岩崎も同年四月、相高の筋むかいにある県立相馬女子高等学校教諭として転任した。生徒として岩崎に日常接することはなくなったわけであるが、私は岩崎の勧めにより東北大学経済学部の中村吉治のもとで日本経済史を専攻するようになるとともに、次第に研究者としておつきあいを頂くことになっていった。日曜などよくお訪ねし、いろいろなことを学ばせて頂いた。また、生意気な民俗学批判をぶちながら、それでも祭の写真などをとりに行くとき、手伝わせて頂くこともあった。私はいまでもよく民俗学批判を口にするが、岩崎からみれば相変わらず嘴が黄色い奴ということであろう。しかし、嘴が黄色いことは若いことというつもりで、岩崎よりすでに頭の頂点が薄くなってもそうした所業を続けているのであるから、やはり度し難いということかも知れない。そのくせ、柳田国男論に首を突っこんだりしているのは、岩崎との出会いがなかったらありえなかったことであろう。

岩崎は、昭和三十四(一九五九)年秋、文学博士の学位請求論文『本邦小祠の研究』を国学院大学に提出したが、その論文の浄書にあたって妻サト子は一ヶ月も帯を解かず炬燵にごろねをしながら手伝っている。それを見兼ねて角野憲夫や小泉武が夫人ともども手伝いを申し出、私なども一部をお預りして書写した。書写といっても六十万字にのぼるものを正本副本と三部つくるのであったから大仕事であった。一段落のあと、筆耕を手伝った者たちは岩崎からお礼に招かれたが、とにかく写すだけでも何人もかかって相当の時日を要するものを、高校の教壇に立ちながら一人で書きあげた岩崎の努力にはいかなる讃辞をもってしてもつくされないものがあるというのが一同の気持であった。

ところで、岩崎は、浄書が完成した時点で、国学院大学に論文を提出する前に柳田に見て貰いたいと思い、依頼の便りを出したところ、昭和三十四(一九五九)年八月二十一日付の書信において、

御原稿は時日が許すならば拝見したいと思つてゐました。但し健康の変化もあるので、必ず全部を見てしまつて意見を述べられるとは限りませんが、ともかくも君の著述として一読して置きたいものです。右御返事のみ。

と、快諾の旨を伝えている。岩崎は早速、当時、国学院大学文学部在学中の相高での教え子大迫徳行に托し、柳田のところにこの原稿を届けている。すでに八十四歳という老年の柳田ではあったが、二週間ほどの間にほとんど全部に目を通し、参上した岩崎に「人の原稿をこんなに熱心に見たことは近年無かった」といい、はやまの項にはとくに多くの書きそえをして返している。国学院大学では、旧制学位令廃止を前にして、多くの申請があったが、岩崎の論文は主査西角井正慶、副査金田一京助の手で審査が行われ、昭和三十七(一九六二)年三月十三日、岩崎はみごと文学博

士の学位を取得している。高校の教師への学位授与は珍しくもあったので、各新聞は大きく取りあげた。碩学に対して与えられた当然の栄誉であるが、この頃から岩崎は前にもまして知名の士となる。しかし、岩崎は嬉しさは嬉しさとして、少しも高ぶることなく、その日常は、このことによって変わることがなかった。業績をあげることにのみ汲々としているアカデミズム育ちの研究者とは異なる壮烈なアマチュア精神のしからしむるところであろう。昭和十(一九三五)年の柳田との最初の出会い以来、岩崎にとって、今日は、いつでも昨日の続きの今日でしかないのである。

学位記の授与式に出席した岩崎は、その足で柳田に報告に赴く。すでに米寿の祝いを前にして、岩崎の眼からみても、よほど衰えの目立っていた柳田は、夫人孝とともに、二度、学位記を広げてあたかもわがことのように喜んでくれたという。柳田からすれば、多くの門人がいろいろな過程で離れて行くことが多かったなかでも、岩崎が終始変わらず、至誠の心をもって師事し続けたことを嬉しく思っていたに違いない。私など直接柳田を知らない者からみても、狷介な感じのする柳田に岩崎がつき従ったのは、決して岩崎が従順なだけの人であったからではなく、いつもしっかりと自分を持っていたから可能であったのであろうと思う。私など、岩崎をよく知っているつもりであるが、岩崎が他人と争うのを見たことがない。ときによっては、県や市町村から岩崎が委託された調査の手伝いをするときなど、依頼者への不満があってもそれを岩崎があからさまに相手に伝えようとしないので物足らない思いをすることがないでもなかったが、与えられた条件で誠意ある仕事をやることによって、結局、報われるのは岩崎だけでなく、調査に参加した者一人一人であったことがこの頃になってようやく呑みこめたような気がする。先方の事情を考えながら仕事をするということも大切なことなのである。もちろん、そうはいっても自分の節は曲げる必要はないわけで、黙って率先して調査に、論文執筆に励む岩崎の姿は、なまじことばでもって叱責されるよりよほど畏しいといえよう。

さて、岩崎の学位論文『本邦小祠の研究』は四百字詰原稿用紙一五〇〇枚にのぼる大稿である。刊行しようにもおいそれと出版してくれるところはなかった。そこで岩崎の先輩にあたる当時の相馬高校校長の持舘泰の肝入りで、相馬市教育委員会委員長荒利美を会長とする岩崎博士学位論文出版後援会が昭和三十八(一九六三)年一月に発足することとなり、岩崎の知友で私の東北大学での先生でもある中村吉治の口利きで仙台市の笹気出版印刷株式会社の笹気幸助が採算を度外視して印刷してくれることとなった。私は東北大学大学院経済学研究科に在籍中であり、割に時間的に自由になる頃であったので編集校正などの仕事を引き受けることができた。できあがった本は、あとで往年の『中央公論』の名編集長で、戦後は日本評論社につとめていた畑中繁雄から、「これはあなたが造ったものですか」といって讃められるほどの出来ばえであった。もとより笹気出版印刷の技術によるところが大きいのであるが、私としても本作りの本職に認められていささか得意であった。なお、本書は、昭和三十八(一九六三)年十月、第二回柳田国男賞を受けるという栄誉に輝き、また、刊行後一年足らずで一冊も残部が無くなるほどの売れ行きで、誰にも損をかけず、素人の事業として大成功に終ったことは、内容からいえばあたりまえのことであるが、出版社が売れ行きを心配して二の足を踏んでいたものだけに本当によかったと思っている。本書の出現によって岩崎の学者としての地位は不動のものとなった。その学問的評価については、私は専門を異にするので、本著作集の下巻にのる桜井徳太郎の解説に全面的に委ねたい。なお、一年経たないうちになくなってしまった本書は、稀覯本として洛陽の紙価を高め、古書目録などにゴチック体で載っているその値段は驚くほどのものとなった。そうしたことから本書が昭和五十一(一九七六)年九月に文字どおりの名著として名著出版から複刻されたことは、この本の最初の刊行にたずさわったものとして嬉しい限りである。

この間、岩崎は、後進の指導を考え、地方での学会の組織にも力を入れるようになる。昭和三十五(一九六〇)年二月には、それまでの東北民俗学会を発展的に解消し、堀一郎などとともに、新たなメンバーを加えて東北民俗の会を発足させ、昭和四十一(一九六六)年六月からは機関誌『東北民俗』を発行する。また、昭和十(一九三五)年秋にはじまった磐城民俗研究会は、一時、全国の民俗学者の範と柳田に賞讃されるほどの活躍をしたが、高木の物故や、会員の転任などによりしばらく休眠状態にあったのを、昭和四十二(一九六七)年二月に機関誌『磐城民俗研究会会報』(現在は『磐城民俗』)を刊行して復活させている。この方は、この研究会の創立当時からの会員和田を相談相手に、大迫を事務局長として、相高・相馬女子高で岩崎の謦咳に触れて民俗学を志すようになった者のほか、岩崎の学風を慕う福島県下の中学・高校の教諭をもって組織されている。そして、福島県教育委員会などの委託により県内各地の民俗調査を合宿形式ですすめ、会員の研鑽をはかってもいる。さらに、昭和四十六(一九七一)年七月には福島県民俗学会を創立し、その初代会長をつとめ、機関誌『福島の民俗』を刊行するにいたったことも特筆すべきであろう。ほかに、さきの『本邦小祠の研究』の出版後援会を事業体として解散するとき、その実行委員であった二十名が中心となり、岩崎からの寄金をもとに、昭和三十九(一九六四)年八月には相馬郷土研究会が組織されている。そして、月例研究会の開催のほか資料叢書や会員の研究などを発刊頒布してきたが、昭和五十七(一九八二)年四月には機関誌『相馬郷土』を創刊するにいたっている。

ところで、岩崎は、相女に転任して二年のちの昭和三十三(一九五八)年四月から教頭の職につき、間もなく校長としての転出の声がかかるようになる。しかし、岩崎は学校行政にあたることなど本心から好まなかったから、そのたびに辞退を繰り返した。そのうち、昭和三十七(一九六二)年三月に文学博士の学位をとる。学位を持った教頭のいるところに、いつの間にか岩崎より年下の校長がくるようになってしまった。福島県の教育委員会では校長への就任を固辞する岩崎の処遇に頭を悩ましたようである。その間にも昭和四十(一九六五)年十一月三日には福島県文化功労賞受賞、昭和四十一(一九六六)年一月十七日には第十五回河北文化賞受賞という栄誉が岩崎の上に輝く。また、岩崎の学殖の深さが知られるにつれ、大学の教壇に立つようにとの誘いがくるようになる。岩崎は、すでに昭和四十(一九六五)年四月から、相女の教頭として在職のまま、母校の国学院大学文学部非常勤講師をつとめていたが、昭和四十二(一九六七)年四月からはさらに仙台の東北学院大学文学部非常勤講師に就任する。ほかにもいくつか話しがあったようであるが、東北学院大学学長小田忠夫と文学部史学科主任教授古田良一の懇切な招請があったことと、母ナツが高齢であること、真幸・光二の二児がまだ小さいことなどの事情を考慮して、相女を退職してからも自宅から通勤できる東北学院大学に行くことに決めている。早く夫を失ない、岩崎らを育てるのに苦労することも多かった母ナツは、このように功成り名遂げた岩崎をまのあたりにして、安心したように昭和四十二(一九六七)年十一月二十八日、享年八十歳で瞑目している。そして、昭和四十三(一九六八)年三月三十一日、相女教頭を勧奨にもとづき退職した岩崎は、四月一日から東北学院大学文学部の専任となり、助教授として一年つとめてのち、昭和四十四(一九六九)年四月から教授に昇任し、現在にいたっている。

東北学院大学での岩崎は、民俗学概論、民俗学特殊講義、民俗学演習を担当したが、当時、東北地方や北海道の大学には民俗学の講座を有しているところがなかったから画期的なことであった。幸い民俗学を受講し、また専攻して卒業論文を書く学生も多く、岩崎を喜ばせたが、岩崎は卒論のために学生が集めた貴重な資料を編集し、昭和四十六(一九七一)年から『東北民俗資料集』(萬葉堂書店)と題して毎年一冊ずつ刊行し、すでにそれが十巻に達している。岩崎の学生の仕事に対するこうした心遣いは実はなかなかできるものではない。しかし、岩崎は、自分が若い頃、磐城民俗研究会でお互いに調査した資料をカードにして交換しあい、それを会員すべてで利用した経験に閲して、自分の指導する学生が集めた資料を、学生たちの間だけではなしに、学界全体で共有しようという大きな目的をもって実行したのであろう。柳田が第二次世界大戦中の出版事情の悪くなる折から、『磐城昔話集』を出すのに尽力してくれたことが今の自分をあらしめたことへの報恩の意味も含まれていよう。岩崎は講義でも柳田の民俗学を忠実に再現して伝えようとしている。それは決して柳田におもねろうとしているのではなく、いわゆる柳田ブームのなかで、また民俗学がさまざまな方向を模索しているとき、柳田の教えを直接受けた者として、その意図しているところを正確に伝えることが自分に課された義務であると考えているからである。学生がそれをどのように受け止め継承するかは、岩崎にとって問題ではない。ただ、岩崎は、縁あって民俗学を専攻した学生に、本当に民俗学をやってよかったと思えるような雰囲気づくりをできるだけしてやっているのである。そうすることが、たとえ遅々としているようではあっても、民俗学の発展につながるものと信じている岩崎である。

岩崎は、多くの学生に慕われて教育活動をするかたわら、みずからの研究のためにフィールド・ワークを続け、その成果を『東北学院大学論集』や『東北文化研究所紀要』や学会誌に続々と発表する。このあたりから、岩崎は、〝はやま〟の研究をさらに発展させ、日本人の祖霊信仰をきわめようとしていることがうかがえる。昭和四十八(一九七三)年十一月に刊行された編著『会津八葉寺木製五輪塔の研究』(萬葉堂書店)は、その一端を示すものであり、〝はやま〟との比較研究のための鳥海山や飛島や庄内各地のモリノヤマの調査にあたっては、山形大学にいる私も、あまり役には立たない道案内として、一部に参加することもあった。さらに東北学院大学では、学生に博物館学芸員の資格を与えるために、昭和四十四(一九六九)年からその関係の科目を開講するが、岩崎も前掲の担当科目に加えて博物館学の講義を持ち、博物館実習における指導にもあたる。このほか東北学院大学の附属研究所である東北文化研究所の主事を昭和四十九(一九七四)年四月から昭和五十五(一九八〇)年三月までつとめ、その運営にもあたった。

岩崎の活動は大学の外でも広がりを持つ。岩崎の学問的成果が社会的に評価されるにつれ、県史や市町村史の監修・編集や執筆などの依頼も多くなっている。高度経済成長期において地方財政に余裕が生じていたことと、明治百年にちょうど遭遇したことが、自治体のこうした事業に岩崎が参加する機会を増加させたともいえる。すでに相女に在職中の昭和三十七(一九六二)年七月に福島県史編纂委員を委嘱されたのを手始めに、原町市史・郡山市史・鹿島町史・相馬市史・飯舘村史・いわき市史・双葉町史・小高町史・大熊町史・国見町史・新地町史などに岩崎はかかわりを持つ。これらはすでに刊行を終えたものもあれば、続刊中のものもあり、これら市町村史のためにみずからの研究論文や著書の執筆に加えて書かれる原稿は驚くべき量に達するのである。そして、岩崎は、これらのいくつかに磐城民俗研究会の会員の全員あるいは一部を執筆者として推挽している。岩崎はまた県や市町村の文化財関係の仕事に従事することも多く、昭和三十六(一九六一)年四月から福島県文化財専門委員をつとめていたが、昭和五十一(一九七六)年四月からは福島・宮城・岩手三県の文化財保護審議会委員をそれぞれ委嘱されている。余人をもってかえがたいということであろう。

このような岩崎の一連の活動に対し、昭和五十三(一九七八)年六月二十七日には文化庁創設十周年記念功労者表彰が、昭和五十六(一九八一)年四月二十九日には勲四等瑞宝章が、授与されている。

最後に、岩崎について特記すべきは、すでに余技の域をはるかにこえている和歌と書道であろう。いずれも祖父宗山から、叔父で養父の本彦を経て、岩崎に伝えられている文芸の血筋である。

和歌の評価を私にする資格はないが、それでも措辞のたしかさなど、さすがなものである。その作品のいくつかについては本稿でもとりあげている。岩崎は、自己流にすぎないと謙遜しながらも、作歌の信条として「写実の抽象化」を掲げ、それは「写実を濾過して純粋なものにした上で単純化して表現するという意味である」(前掲『積乱雲』後記)と述べている。また、書であるが、宗山、本彦、岩崎の揮毫したものをみるとき、血筋とはいっても決して似てはいない。草書を好んで書いた宗山に対し、本彦と岩崎はむしろ仮名を得意とするようであるが、やはりこの二人の書体も違う。岩崎は若い頃から御家流を好まず、和様書道の能書家である三蹟の一人藤原行成を手本として学んだとのことである。近時の岩崎は、非常に枯れた感じの字を書くが、みずから良寛の書を範としているとのこと、むべなるかなである。

（山形大学教授）

初出書誌一覧（掲載順）

第一篇　東北民間信仰の特質

東北民間信仰の特質（書下し）

東北のハヤマとモリノヤマの考察

日本民俗学会編刊『日本民俗学』第一三七号所収、昭和五十六年九月。（原題「ハヤマとモリノヤマの考察」）

福島金沢の羽山籠り

福島県文化センター編刊『福島県歴史資料館研究紀要』第二号所収、昭和五十五年三月。（原題「金沢の羽山籠り神事」）

山形県清水のモリと三ヶ沢のモリ（書下し）

第二篇　東北民間信仰の原点

「遠野物語の成立」はしがき——東北民間信仰の原点として——（書下し）

遠野物語の成立

東北学院大学東北文化研究所編刊『東北文化研究所紀要』第十二号所収、昭和五十六年三月。

第三篇　東北における祖霊観

霊魂の再生と祖霊観——東北の民間信仰を中心として——

東北学院大学東北文化研究所編刊『東北文化研究所紀要』第八号所収、昭和五十二年三月。

氏と氏神――相馬・磐城地方に於ける――

折口信夫他編『柳田国男先生古稀記念文集 日本民俗学のために』第四輯所収、民間伝承の会刊、昭和二十二年十月。のち、『本邦小祠の研究』(岩崎博士学位論文出版後援会刊、昭和三十八年三月。複刻版=昭和五十一年九月、名著出版刊)に収載(第一編第二章第二節)。

氏神まつり――相馬・磐城地方の氏と氏神――

民俗学研究所編『民俗学研究(民俗学研究所紀要)』第一輯所収、日本民俗学会刊、昭和二十五年六月。のち、前掲『本邦小祠の研究』に収載(第一編第二章第三節)。

第四篇　中世の庶民信仰

中世岩手県の庶民信仰資料――納骨五輪塔・笹塔婆・巡礼納札・まいりのほとけ――(書下し)

八葉寺小型木製五輪塔調査概略(書下し)

第五篇　民間信仰の種々相

東北のオシラ信仰(書下し)

神送り・人形送り・虫送り等の風習(書下し)

ただし、1　才の神送り・2　神事送りは、福島県教育委員会編刊『福島県の祭り』所収、昭和五十五年三月。(原題「八、神送り神事　1、湖南地方の才の神祭　2、金沢の神事送り」)

岩手のザシキワラシ(書下し)

絵馬に見る東北の人と風土
東北学院大学文経法学会編『東北学院大学論集　歴史学・地理学』第八号所収、東北学院大学刊、昭和五十二年十二月。

相馬野馬追の意義と考察
相馬野馬追編集委員会編『相馬野馬追』所収、相馬野馬追保存会刊、昭和五十六年三月。（原題「第一章第四節野馬追の意義と考察」）

相馬の修験道――上之坊寛徳寺の五百年――
東北学院大学文経法学会編『東北学院大学論集　歴史学・地理学』第七号所収、東北学院大学刊、昭和五十一年十二月。（原題「相馬に於ける一修験本寺の生き方――上之坊寛徳寺の五百年――」）

民俗のふるさと
河北新報社『河北新報』昭和四十八年八月三日〜昭和四十八年十月十三日連載（全十回）。

宮城周辺の野の信仰
河北新報社『河北新報』昭和四十四年四月二日〜昭和四十四年八月八日連載（全十五回）。（原題「野の信仰」）

舞踊の発生（書下し）

晴れの日の食物――岩手・宮城・福島周辺――
石毛直道・辻静雄・中尾佐助監修『週刊朝日百科　世界の食べもの・日本編　郷土の料理③岩手・宮城・福島』（通巻第八十三号）所収、朝日新聞社刊、昭和五十七年七月。（原題「盆、正月、祭りと食べ物」。収録にあたり加筆訂正した。）

岩崎敏夫の人となり（岩本由輝・書下し）

新装版　東北民間信仰の研究（上）　**岩崎敏夫著作集**

2019年（令和元年）7月20日　新装版　第1刷

著　者　　岩崎　敏夫

発行所　　株式会社　名著出版

〒571-0002　大阪府門真市岸和田2-21-8　電話072-887-4551

発行者　　平井　誠司

印刷・製本　株式会社　デジタル・パブリッシング・サービス

ISBN978-4-626-01846-5　　C3339